Praktische Grammatik der katalanischen Sprache

Jenny Brumme

Praktische Grammatik der katalanischen Sprache

2. Auflage

gottfried egert verlag
2007

Praktische Grammatik der katalanischen Sprache

von
Prof. Dr. phil. habil. Jenny Brumme, Universitat Pompeu Fabra, Barcelona

Bibliografische Information der Deutschen Nationalbibliothek
Die Deutsche Nationalbibliothek verzeichnet diese Publikation in der Deutschen Nationalbibliografie; detaillierte bibliografische Daten sind im Internet über http://dnb.d-nb.de abrufbar.

ISBN 978-3-936496-53-6 2., überarbeitete Auflage 2007
(ISBN 3-926972-53-X Erstausgabe) 1997

www.egertverlag.de
Gedruckt auf Recyclingpapier aus 100% Altpapier

Herstellung: WM-Druck GmbH, Wiesloch
Printed in Germany

Vorwort

Die vorliegende *Praktische Grammatik der katalanischen Sprache* ist eine Lern- und Nachschlagegrammatik für deutschsprachige Katalanischlernende. Sie wendet sich vor allem an Studierende des Faches Katalanistik, das an einer immer größeren Zahl von Universitäten im deutschsprachigen Raum angeboten wird. In Aufbau und Konzeption folgt diese Grammatik den 1989, 1991 und 1994 im selben Verlag erschienenen praktischen Grammatiken der italienischen, spanischen und französischen Sprache von Wolfgang Reumuth und Otto Winkelmann. Bei der Erarbeitung erwies sich die Möglichkeit, auf ein Modell zurückgreifen zu können, als willkommener Leitfaden. Die Anregung, eine katalanische Grammatik dieser Art zu verfassen, stammt von Otto Winkelmann, dem ich für seine unermüdliche und uneigennützige Unterstützung sowie die zahlreichen Verbesserungsvorschläge zu tiefem Dank verpflichtet bin.

Wie in den vorangegangenen Grammatiken werden zu allen Kapiteln zahlreiche Beispielsätze geboten. Vokabular, Ausdrücke und Wendungen sind so gewählt, dass sie möglichst nutzbringend in der Alltagskommunikation von Katalanischlernenden verwendet und ohne Schwierigkeiten abgewandelt werden können. Den Beispielen sind stets deutsche Übersetzungen beigefügt, mit deren Hilfe die Lernenden zugleich ihren Wortschatz erweitern können.

In der Beschreibung der sprachlichen Erscheinungen wird die traditionelle grammatische Terminologie verwendet. Alle Kapitel sind nach demselben Schema aufgebaut: An einen kurzen einführenden Überblick schließt sich eine Zusammenstellung der Formen an. Danach folgt die Darstellung des Gebrauchs, und zum Schluss werden Besonderheiten der betreffenden sprachlichen Erscheinung behandelt. Die kleiner gedruckten Anmerkungen enthalten zusätzliche Informationen für fortgeschrittene Katalanischlernende. Vor allem werden hier regionale Besonderheiten, stilistische Feinheiten und umgangssprachliche Erscheinungen, die nicht mit dem Standard übereinstimmen, erläutert. Das ausführliche Inhaltsverzeichnis und das detaillierte Wort- und Sachregister am Ende des Buches ermöglichen ein schnelles und gezieltes Nachschlagen grammatischer Fragestellungen.

Eine Grammatik für das Katalanische vorzulegen, ist nach wie vor ein Wagnis, weil diese Sprache – vielleicht stärker als andere Sprachen – zur Zeit tiefgreifenden Wandlungsprozessen unterworfen ist, die sich in der Standardnorm nicht widerspiegeln. Selbstverständlich kann der Ausgangspunkt in einer praktischen Grammatik nur eine gepflegte, dem alltäglichen Gebrauch der Sprache zugleich nahe Variante des Standards sein. Die Beschreibung einer solchen Variante ist aber außerordentlich schwierig, weil ganze Bereiche – so weite Teile der Syntax – bisher unzureichend dargestellt und normiert sind. Die Anstrengungen seitens der offiziellen Organe, die Veränderungen im Standard zu normieren und in breiten Sprecherschichten zu verankern, können nicht hoch genug bewertet werden. Während der Erarbeitung der Grammatik verabschiedete das „Institut d'Estudis Catalans" mehrfach Neuregelungen zu orthographischen und regionalen Erscheinungen. Die wichtigste Errungenschaft der letzten Jahre bildet jedoch das vom „Institut d'Estudis Catalans" veröffentlichte *Diccionari de la llengua catalana* (1995; ^{2}2007). Trotz all dieser Anstrengungen bleibt abzuwarten, ob und wie sich der neue Standard durchsetzen wird. Aus dem Wissen um die Schwankungen im derzeitigen Gebrauch heraus habe ich mich bemüht, einige wichtige Erscheinungen aus der mündlichen Umgangssprache zu beschreiben. Die Stilebene wurde im Wesentlichen durch eine adäquate Übersetzung ins Deutsche kenntlich gemacht. Dort, wo das nicht möglich war, habe ich den Beispielen registerspezifische Markierungen, wie z. B. „literarisch", „umgangssprachlich" oder „familiär", hinzugefügt. Sie sollen dem Lernenden helfen, sich in den einzelnen Situationen adäquat auszudrücken.

Für die kritische Durchsicht des Manuskripts und wichtige Verbesserungsvorschläge möchte ich Lluís Batlle (Wien) meinen herzlichen Dank aussprechen. Mit Hinweisen und Diskussionen begleiteten mich auf dem Weg der Erarbeitung der Grammatik Xavier Lamuela, Oriol Gil, Núria Borda, Jordi Tàsies, Cristina Gelpí und Martin B. Fischer. Des Weiteren bedanke ich mich für das Korrekturlesen bei meinen Studentinnen Carolina Díaz, Francisca Romeu, Mari-Carmen Cuyàs und Marta Rodríguez. Das Wort- und Sachregister erstellte Josep Caldés. Nicht zuletzt bleibt zu erwähnen, dass mich die „Universitat Pompeu Fabra" (Barcelona) mit Soft- und Hardware unterstützt hat. Die Hürden beim Erstellen des Layouts half mir Carme Bach zu überwinden.

Mein Dank gilt schließlich dem Verleger Gottfried Egert, der der sich verzögernden Fertigstellung der Grammatik geduldig geharrt hat.

Des Weiteren soll nicht unerwähnt bleiben, dass die „Generalitat de Catalunya" und das „Institut d'Estudis Catalans" das Projekt 1992 mit einem dreimonatigen Stipendium befördert haben.

Barcelona, im Dezember 1996 Jenny Brumme

Vorwort zur zweiten Auflage

Zehn Jahre nach dem Erscheinen der ersten Auflage der Grammatik hat es sich als notwendig erwiesen, eine zweite, überarbeitete und aktualisierte Fassung folgen zu lassen. Einerseits ist es unvermeidlich, dass sich die beschriebene Sprache in diesem Zeitraum verändert. Andererseits sind in der Normierung des Katalanischen und der zur Darstellung der Standardnorm verwendeten Terminologie Veränderungen vorgenommen worden. Wenngleich die normative Grammatik, die das „Institut d'Estudis Catalans" vorbereitet, nur auszugsweise veröffentlicht ist, waren jedoch andere Entscheidungen zu berücksichtigen, wie zum Beispiel die Vereinheitlichung der Bezeichnungen für die Tempora.

Wie bereits in dem zusammen mit Elisenda Bernal herausgegebenen *Übungsbuch zur katalanischen Grammatik* (mit Lösungsschlüssel, 2006) wurden diese Neuerungen behutsam in die Neuauflage eingefügt, ohne die Herangehensweise und Anlage der Grammatik anzutasten. Dabei habe ich die Gelegenheit benutzt, Irrtümer und Fehler weitgehend auszumerzen, einige Erscheinungen deutlicher zu erklären und Anregungen aus den zur Grammatik veröffentlichten Rezensionen aufzunehmen.

Für kritische Hinweise danke ich vor allem Eva Boadas Prunell, Elisenda Bernal, Hildegard Resinger und Carsten Sinner.

Mein besonderer Dank gilt darüber hinaus Otto Winkelmann, der die Erarbeitung dieser zweiten Auflage wiederum mit ausdauerndem Interesse begleitet hat. Und selbstverständlich möchte ich meine Dankbarkeit auch dem Verleger Gottfried Egert gegenüber zum Ausdruck bringen. Er hat die Aufnahme der Grammatik im deutschsprachigen Raum gespannt verfolgt und nachhaltig befördert.

Barcelona, im März 2007 Jenny Brumme

Inhaltsverzeichnis

Kapitel 1 Laut und Schrift (Pronunciació i escriptura)

Das Alphabet (l'alfabet) 1

1. Das katalanische Alphabet umfasst folgende Buchstaben:

a	(a)	***h***	(hac)	***o***	(o)	***u***	(u)
b	(be alta)	***i***	(i llatina)	***p***	(pe)	***v***	(ve baixa)
c	(ce)	***j***	(jota)	***q***	(cu)	***w***	(ve doble)
d	(de)	***k***	(ca)	***r***	(erra)	***x***	(xeix/ics)
e	(e)	***l***	(ela)	***s***	(essa)	***y***	(i grega)
f	(efa)	***m***	(ema)	***t***	(te)	***z***	(zeta)
g	(ge)	***n***	(ena)				

Anmerkung 1: In Klammern ist der Name der Buchstaben angegeben; zur Aussprache vgl. § 2. Das *x* wird *xeix* genannt, wenn es [ʃ] gesprochen wird, als [ks] heißt es *ics*.

Anmerkung 2: Das ç wird *ce trencada* und das *l·l* wird *ela geminada* genannt.

Anmerkung 3: Daneben gibt es eine Reihe von Digraphen wie *gu, ix, ll*, *ny*, *qu*, *rr*, *ss*; manchmal werden auch *ig*, *tg*, *tj* und *tz* dazugerechnet.

2. Zur Schreibung des katalanischen Wortschatzes werden 25 Buchstaben verwendet, wobei ***y*** nur in der Verbindung ***ny*** erscheint. Die Schriftzeichen ***k*** und ***w*** kommen nur in Fremdwörtern vor (z. B. *kelvin* Kelvin, *karate* Karate, *waterpolo* Wasserball).

Beachte: Viele Fremdwörter werden nach ihrer Integration in den katalanischen Wortschatz auch in der Schreibung angepasst (z. B. *quilòmetre* Kilometer, *iot* Jacht, *quetxup* Ketchup).

3. Die Buchstaben sind feminin (z. B. *una a*, *dues bes*, *tres emes*, *la ve baixa*). Es erfolgt keine Kontraktion des bestimmten Artikels bei Vokalen und bei den Buchstaben, die mit Vokal beginnen (z. B. *la o*, *la ena*, *la erra*).

Die Aussprache (la pronunciació) 2

In der Tabelle wird, von den Buchstaben und Buchstabenverbindungen ausgehend, die katalanische Aussprache nach dem Transkriptionssystem der *Association phonétique internationale* (API) angegeben:

Buchstabe	Laut	Beispiel
a betont	[a]	*m**à*** Hand, *m**a**r* Meer
a unbetont ('*vocal neutra*')	[ə]	*port**a*** Tür, *p**a**raul**a***
b im Anlaut und meist im Silbenanlaut	[b]	***b**ústia* Briefkasten, *tam**b**é* auch, ***b**alcó* Balkon
b zwischen Vokalen, nach *l*, *r*, *s* und vor *r*, *s*, teils vor *l*	[β]	*sa**b**ó* Seife, *al**b**ercoc* Aprikose, *bis**b**e* Bischof, *po**b**re* arm, *pro**b**lema* Problem
b im Auslaut	[p]	*o**b**tenir* erhalten, *a**b**sent* abwesend, *a**b**stenir-se* sich enthalten, *or**b*** blind
b im Auslaut nach *m*	-	*am**b*** mit
bl (vgl. § 5)	[bbl]	*fe**bl**e* schwach, *po**bl**e* Volk
c + *a/o/u*, vor *c/t/s/z/r*, nach *n/r/s* und im Wortauslaut	[k]	***c**asa* Haus, ***c**osa* Sache, ***c**ub* Würfel, *a**c**ció* Handlung, ***c**rim* Verbrechen, *en**c**ara* noch, *bus**c**ar* suchen, *àne**c*** Ente
c + *e/i*	[s]	***c**ent* hundert, ***c**inc* fünf
c vor stimmhaftem Konsonant	[g]	*anè**c**dota* Anekdote
cl (vgl. § 5)	[kkl]	*arti**cl**e* Artikel
ç (nie vor *e/i*)	[s]	*pla**ç**a* Platz, *can**ç**ó* Lied, *ven**ç**ut* besiegt, *dol**ç*** süß
d im Anlaut und Silbenanlaut	[d]	***d**ent* Zahn, *ten**d**a* Zelt, *pren**d**re* nehmen
d zwischen Vokalen, im Silbenanlaut nach *r, s* und vor *r*	[ð]	*po**d**er* können, *or**d**re* Ordnung, *es**d**evenir* werden, *pe**d**ra* Stein
d im Auslaut und vor stimmlosem Konsonant	[t]	*fre**d*** kalt, *solitu**d*** Einsamkeit, *a**d**quirir* erwerben, *a**d**scriure* zuschreiben
d nach *n* und *l* in einer Silbe	-	*profun**d*** tief, *heral**d*** Herold
d zwischen *r* und *s* im Nexus	-	*els ver**d**s* die Grünen, *per**d**s* du verlierst
e betont (vgl. § 3)	[ɛ]	*n**e**t* sauber, *con**è**ixer* kennen
e betont (vgl. § 3)	[e]	*n**é**t* Enkel, *carr**e**r* Straße, *f**e**t* Tatsache, *f**e**sta* Fest
e unbetont (außer vor betontem oder unbetontem *a*)	[ə]	*mar**e*** Mutter, ***e**x**e**rcici* Übung
e unbetont vor betontem oder unbetontem *a*	[e]	*t**e**atre* Theater, *r**e**al* wirklich
f	[f]	***f**er* machen, ***f**ill* Sohn, *xi**f**ra* Ziffer

Buchstabe	Laut	Beispiel
g + *a/o/u/* Konsonant (im Silbenanlaut)	[g]	***g**at* Katze, ***g**os* Hund, ***g**ust* Geschmack, ***g**ran* groß
g + *e/i*	[ʒ]	***g**ent* Leute, ***g**ir* Drehung
g nach Vokal oder *l, r, s* sowie vor *l, r*	[ɣ]	*va**g**ó* Waggon, *al**g**ú* jemand, *car**g**ol* Schnecke, *es**g**otar* verausgaben, *es**g**lésia* Kirche, *a**g**radar* gefallen
g im Auslaut	[k]	*diàle**g*** Dialog, *amar**g*** bitter
ig im Auslaut	[tʃ]	*des**ig*** Wunsch, *ma**ig*** Mai, *lle**ig*** hässlich
ng im Auslaut	[ŋ]	*sa**ng*** Blut, *fa**ng*** Schlamm
gl (vgl. § 5)	[ggl]	*re**gl**a* Regel
gu + a	[gw]/ [ɣw]	***gu**anyar* gewinnen, ***gu**ant* Handschuh, *llen**gu**a* Zunge/ Sprache
gu + *e/i*	[g]/[ɣ]	***gu**erra* Krieg, ***gu**itarra* Gitarre, *fi**gu**es* Feigen
gü (nur vor *e/i*)	[gw]/ [ɣw]	*ai**gü**es* Gewässer, *pin**gü**í* Pinguin
h	-	***h**i **h**a* es gibt, ***h**ome* Mensch
i	[i]	*m**i**nut* Minute, *v**i*** Wein
j (nur vor *a/o/u*)	[ʒ]	***j**ardí* Garten, ***j**oc* Spiel, ***j**ust* gerecht
k (in Fremdwörtern)	[k]	***k**elvin* Kelvin
l im Silbenanlaut	[l]	***l**ent* langsam, *ma**l**alt* krank, *do**l**ent* schlecht, *omp**l**ir* füllen
l im Silbenauslaut	[ɫ]	*mala**l**t* krank, *ge**l*** Frost, *fa**l**ta* Fehler
ll	[ʎ]	***ll**una* Mond, *ga**ll*** Hahn, *en**ll**aç* Verbindung
l·l (zwischen Vokalen)	[ll]	*co**l·l**ega* Kollege, *sí**l·l**aba* Silbe
m	[m]	***m**andra* Faulheit, *esti**m**ar* lieben
n	[n]	***n**oia* Mädchen, *a**n**ar* gehen
n vor *f* und *v*	[m]	*u**n** forn* ein Backofen, *ca**n**viar* wechseln
n vor [g] und [k]	[ŋ]	*a**n**gle* Ecke, *e**n**cara* noch
gn	[ŋn]	*di**gn**e* würdig, *ma**gn**et* Magnet
ny	[ɲ]	*a**ny*** Jahr, *gua**ny**ar* gewinnen

Buchstabe	Laut	Beispiel
o betont (vgl. § 3)	[ɔ]	*p**o**rta* Tür, *per**ò*** aber, *j**o**c* Spiel
o betont (vgl. § 3)	[o]	*c**o**pa* Glas, *m**ó**n* Welt, *canç**ó*** Lied
o unbetont	[u]	*d**o**nar* geben, *parl**o*** ich spreche
p	[p]	***p**a* Brot, ***p**orta* Tür, *ca**p*** Kopf
p nach *m*	-	*tem**p**s* Zeit, *cam**p*** Feld
p vor stimmhaftem Konsonant	[b]	*ca**p**gròs* Kaulquappe, *ca**p** gota* kein Tropfen
qu + *a/o*	[kw]	***qu**atre* vier, ***qu**otidià* täglich
qu + *e/i*	[k]	***qu**è* was, *a**qu**í* hier
qü (nur vor *e/i*)	[kw]	*fre**qü**ent* häufig, ***qü**estió* Frage
r im Wort- und Silbenanlaut und nach *l, m, n*	[rr]	***r**àdio* Radio, *el **r**iu* der Fluss, *som**r**iure* lächeln, *en**r**ogir* erröten
r zwischen Vokalen sowie vor und nach Konsonant (außer *l*, *m*, *n*)	[r]	*a**r**a* jetzt, *somriu**r**e* lächeln, *g**r**an* groß, *quat**r**e* vier
r im Auslaut (vgl. § 5)	-	*canta**r*** singen, *pode**r*** können, *enrogi**r*** erröten, *po**r*** Angst, *sence**r*** ganz, *gene**r*** Januar
rr (nur zwischen Vokalen)	[rr]	*gue**rr**a* Krieg, *to**rr**e* Turm, *da**rr**er* letzter
s im Silbenanlaut und -auslaut u. a. (vgl. § 5)	[s]	***s**ol* Sonne, ***s**is* sechs, *pi**s*** Etage
s zwischen Vokalen und vor stimmhaftem Konsonant	[z]	*ca**s**a* Haus, *pro**s**a* Prosa, *pri**s**ma* Prisma, *e**s**devenir* werden
ss (nur zwischen Vokalen)	[s]	*po**ss**ible* möglich, *bo**ss**a* Tasche, *pa**ss**ar* vorbeigehen
t	[t]	***t**ia* Tante, *cos**t**ar* kosten, *po**t**ser* vielleicht
t im Auslaut nach *l* und *n*	-	*mol**t*** viel, *san**t*** heilig, *constan**t**men**t*** beständig
t zwischen *r* und *s* im Nexus	-	*dimar**t**s* Dienstag
tm (vgl. § 5)	[mm]/ [dm]	*se**tm**ana* Woche, *ri**tm**e* Rhythmus/ *a**tm**osfera* Atmosphäre
tn (vgl. § 5)	[nn]/ [dn]	*co**tn**a* Schwarte/*e**tn**ologia* Ethnologie
tl	[ll]	*a**tl**eta* Athlet, *a**tl**es* Atlas

Buchstabe	Laut	Beispiel
tll	[ʎʎ]	*subra**tll**ar* unterstreichen, *bi**tll**et* Fahrkarte, *ame**tll**a* Mandel
tg + *e/i*	[dʒ]	*via**tg**e* Reise, *me**tg**e* Arzt
tj + *a/o/u*	[dʒ]	*via**tj**ar* reisen, *lle**tj**or* Hässlichkeit
tx im An- und Auslaut	[tʃ]	*despa**tx*** Büro, ***tx**ec* Tscheche
tx zwischen Vokalen	[tʃ]/[ttʃ]	*co**tx**e* Auto, *despa**tx**ar* ausfertigen
tz (nur zwischen Vokalen)	[dz]	*a**tz**avara* Agave, *a**tz**ur* Azur, *organi**tz**ar* organisieren
u	[u]	***ú**til* nützlich, *ll**u**na* Mond, *f**u**sta* Holz, ***ú**s* Gebrauch
v im Anlaut und nach Nasal	[b]	***v**all* Tal, *can**v**i* Wechsel
v zwischen Vokalen, nach *l, r, s* und vor *r, s, l*	[β]	*ca**v**all*, Pferd, *hi**v**ern* Winter, *el **v**i* der Wein, *ser**v**ir* dienen
w (in Fremdwörtern)	[b]/[w]	***w**att* Watt, ***w**agnerià* Wagnerianer
x (vgl. § 5)	[ʃ]	*cai**x**a* Kasse, *mar**x**ar* weggehen, ***x**oc* Stoß, ***x**errar* plaudern
x (in Latinismen; vgl. § 5)	[gz]/	*e**x**amen* Prüfung, *e**x**emple* Beispiel
	[ks]	*ta**x**i* Taxi, *mà**x**ima* Maxime
z	[z]	***z**ero* null, *sal**z**e* Weide, *al**z**ina* Steineiche

Besonderheiten der Aussprache

Weitere Einzelheiten können dem *Diccionari ortogràfic i de pronúncia* (Enciclopèdia Catalana, Barcelona 1a edició 1990; 2a edició, revisada i ampliada 2004) von Jordi Bruguera i Talleda entnommen werden.

Die Vokale (les vocals) 3

1. Während betontes ***a*** immer erhalten bleibt, wird unbetontes ***a*** – ebenso wie unbetontes ***e*** – als [ə] ausgesprochen ('vocal neutra'), so in *ara* [arə] jetzt.

Anmerkung: Unbetontes *a* wird in den westkatalanischen Dialekten immer [a] ausgesprochen, also *ara* [ara].

2. In der betonten Stellung kann ***e*** offen [ɛ] oder geschlossen [e] sein; in der unbetonten Position ist es immer [ə]: *set* [sɛt] Durst, *beure* [bɛwrə] trinken, *nét* [net] Enkel, *carrer* [kərre] Straße, *mare* [marə] Mutter, *germanes* [ʒərmanəs] Schwestern.

Beachte: Zum Teil gibt der graphische Akzent an, wie die betonten Vokale gesprochen werden (vgl. § 7). In anderen Fällen sollte ein Aussprachewörterbuch konsultiert werden.

Anmerkung 1: In den westkatalanischen Dialekten, so auch im Valencianischen, wird [ɛ] als [e] ausgesprochen: *set* [set], *beure* [bewre]. In den balearischen Dialekten wird dagegen in vielen Fällen [ɛ] als [ə] ausgesprochen, z. B. *set* [sət], *beure* [bəwrə].

Anmerkung 2: Unbetontes *e* ist im Westkatalanischen oft [e]: *mare* [mare], *germanes* [ʒermanes].

3. In der betonten Stellung kann **o** offen [ɔ] oder geschlossen [o] sein; in der unbetonten Position ist es immer [u]: *porta* [pɔrtə] Tür, *però* [pərɔ] aber, *copa* [kopə] Glas, *món* [mon] Welt, *ferro* [fɛrru] Eisen, *donar* [duna] geben.

Anmerkung: Das *o* in unbetonter Stellung wird in großen Teilen Mallorcas und in den westkatalanischen Dialekten nicht [u] ausgesprochen, sondern [o], so etwa in *ferro* [fərro].

4 Die Diphthonge (els diftongs)

Man spricht von einem Diphtong, wenn zwei Vokale in der Aussprache eine enge Verbindung eingehen und zusammen eine Silbe bilden. Liegt der Hauptton auf dem ersten Vokal und gibt der zweite seinen vollen Vokalwert auf, liegt ein fallender Diphtong (diftong decreixent) vor. Gibt der erste Vokal seinen vollen Vokalwert auf und liegt der Hauptton auf dem zweiten, entsteht ein steigender Diphtong (diftong creixent).

1. Wenn im Katalanischen *i* oder *u* auf irgendeinen Vokal folgt, so entsteht ein fallender Diphthong, das heißt, der Hauptton liegt auf dem ersten Vokal:

- *ai* [aj]: *mai* nie, *aire* Luft
- *ei* [ej]/[ɛj]: *llei* [ʎej] Gesetz, *feina* [fɛjnə] Arbeit
- *oi* [oj]/[ɔj]: *noi* [nɔj] Junge, *boira* [bɔjrə] Nebel
- *ui* [uj]: *avui* heute, *fruita* Obst
- *au* [aw]: *pausa* Pause, *blau* blau
- *eu* [ew]/[ɛw]: *neu* [new] Schnee, *veu* [bɛw] Stimme
- *ou* [ow]/[ɔw]: *dinou* [dinow] neunzehn, *ploure* [plɔwrə] regnen, *bou* [bɔw] Ochse
- iu [iw]: *festiu* festlich
- *uu* [uw]: *duu* er bringt

2. Wenn in einem Wort drei Vokale unmittelbar aufeinandertreffen und der mittlere ein *i* oder *u* ist, so bilden diese einen steigenden Diphthong mit dem nachfolgenden Vokal. Gewöhnlich sind nur die folgenden:

- *ia* [jə]: *noia* [nɔjə] Mädchen, veia [bɛjə] er/sie sah
- *ie* [je]/[jə]: *creient* [krəjen] (der) Gläubige, *noies* [nɔjəs] (die) Mädchen
- *ue* [wə]: *creuen* [krɛwən] sie glauben, *cauen* [kawən] sie fallen

3. Wenn *gu* oder *qu* vor *a* oder *o* steht bzw. *gü* oder *qü* vor *e* oder *i*, so bilden die beiden aufeinander folgenden Vokale einen steigenden Diphthong, das heißt, der Hauptton liegt auf dem zweiten Vokal:

- *ua* [wa]/[wə]: *quan* [kwan] wann, *llengua* [ʎeŋgwə] Sprache
- *uo* [wo]/[wɔ]: *quocient* [kwosien] Quotient, *quota* [kwɔtə] Quote
- *üe* [we]/[wɛ]/[wə]: *següent* [səywen] folgend, *qüéstió* [kwəstio] Frage, *conseqüència* [kunsekwɛnsiə] Konsequenz
- *üi* [wi]: *ambigüitat* Zweideutigkeit

4. Am Wortanfang bildet *i* mit dem nachfolgenden Vokal einen steigenden Diphthong:

- *ia* [ja]: *iambe* Jambus
- *io* [jo]/[jɔ]/[ju]: *io-io* [jojo] Jojo, *ioga* [jɔɣə] Joga, *iogurt* [juɣurt] Joghurt
- *ie* [je]: *iemenita* Jemenit
- *iu* [ju] *iuca* Yucca

Beachte: In allen anderen Fällen bilden zwei aufeinander treffende Vokale zwei verschiedene Silben: *aviat* [əβiat] bald, *gràcies* [grasiəs] danke, *duana* [duanə] Zoll, *caos* [kaos] Chaos. Die Umgangssprache neigt jedoch im Falle eines unbetonten *i* zur Bildung eines Diphthongs [j]: *gràcies* [grasjəs] danke, *estació* [əstəsjo] Bahnhof.

Die Konsonanten (les consonants) 5

1. ***b*** und ***v*** werden im Katalanischen in der Aussprache nicht unterschieden. Je nach lautlicher Umgebung werden sie entweder als [b] oder [β] ausgesprochen (vgl. § 2).

Anmerkung: In den balearischen Dialekten, im Camp de Tarragona und insbesondere im Valencianischen (ausgenommen die Stadt València) wird zwischen [b] und [v] unterschieden. Bspw. *beure* [bɛwrə] 'trinken' und *veure* [vɛwrə] 'sehen' statt beide [bɛwrə].

2. ***b***, ***d*** und ***g*** mit den Lautwerten [b], [d] und [g] werden im Gegensatz zum Deutschen voll stimmhaft gesprochen.

3. ***b***, ***c*** und ***g*** vor ***l*** werden geminiert, d. h. mit größerer Dauer gesprochen als die einfachen Konsonanten: [bbl], [kkl], [ggl], so *amable* [əmabblə] liebenswürdig, *possible* [pussiblɔ] möglich, *públic* [pubblik] öffentlich, *miracle* [mirakklə] Wunder, *segle* [seggIə] Jahrhundert.

Aber: *Bíblia* [biβliə]

Anmerkung: Im Valencianischen wird *bl* als [βl] realisiert, etwa *poble* [pɔβlə] statt [pɔbblə] Volk.

4. ***b***, ***d*** und ***g*** werden im absoluten Auslaut als [p], [t] bzw. [k] gesprochen: *orb* [ɔrp] blind, *fred* [frɛt] kalt oder *amarg* [əmark] bitter. ***b*** und ***d*** werden darüber hinaus auch vor stimmlosem Konsonant zu [p] und [t] entsonorisiert: *dissabte* [disaptə] Sonnabend, *adquirir* [ətkiri] erwerben.

5. ***c*** und ***g*** werden zusammen mit einem Nasal velarisiert:

- ***c*** und ***g*** nach ***n*** im Auslaut lauten [ŋ]: *banc* Bank, *cinc* fünf, *sang* Blut, *fang* Schlamm.
- ***c*** und ***g*** vor ***n*** werden [ŋ] gesprochen: *tècnic* [tɛŋnik] technisch, *digne* [diŋnə] würdig.

Anmerkung: Im Valencianischen werden *-nc* und *-ng* als [ŋk] ausgesprochen: *banc* [baŋk], *sang* [saŋk].

6. Zur Aussprache von ***c*** bzw. ***q*** und ***g*** bzw. ***j*** vor Vokal gilt es zu berücksichtigen:

- ***c*** und ***g*** vor ***a***, ***o*** und ***u*** werden [k] bzw. [g] gesprochen: *casa* Haus, *cosa* Sache, *cub* Würfel, *gat* Katze, *gos* Hund, *gust* Geschmack.
- ***c*** und ***g*** vor **e** und ***i*** werden [s] bzw. [ʒ] ausgesprochen: *cent* hundert, *cinc* fünf, *gent* Leute, *gir* Drehung.
- ***j*** steht nur vor ***a***, ***o*** und ***u*** (nicht vor *e* und *i*] und wird [ʒ] ausgesprochen: *jardí* Garten, *joc* Spiel, *jugar* spielen.
- ***qu*** und ***gu*** vor ***a***, ***o*** und ***u*** werden [kw] bzw. [gw] gesprochen: *quatre* vier, *quotidià* täglich, *guanyar* gewinnen, *llengua* Sprache.
- ***qu*** und ***gu*** vor **e** und ***i*** werden [k] bzw. [g] oder nach Vokal oder *l*, *r*, *s* sowie vor *l*, *r* [ɣ] ausgesprochen: *què* was, *aquí* hier, *guitarra* [gitarrə] Gitarre, *digui* [diɣi] sagen Sie!

- ***qü*** und ***gü*** vor ***e*** und ***i*** sprechen sich [kw] und [gw] aus: *freqüent* häufig, *qüestió* Frage, *aigües* Gewässer, *pingüí* Pinguin.
- ***tg*** nur vor ***e*** und ***i*** sowie ***tj*** nur vor ***a***, ***o*** und ***u*** werden [dʒ] ausgesprochen: *viatge* Reise, *metge* Arzt, *viatjar* reisen, *lletjor* Hässlichkeit.

Anmerkung 1: *j* kann vor *e* oder *i* stehen in den Verbindungen *-jecc-/-ject-* (*injecció* Spritze), im Verb *jeure* liegen/ruhen, in hebräischen Namen (Jesús, Jerusalem) sowie einigen anderen Wörtern wie z. B. *jerarquia* Hierarchie, *jersei* Pullover, *majestat* Majestät, *jeroglífic* hieroglyphisch.

Anmerkung 2: Im Westkatalanischen werden *g* + *e*, *i* sowie *j* + *a, o, u* zumeist [dʒ] gesprochen, etwa *gent* [dʒent] Leute.

7. ***c*** vor den Konsonanten ***c***, ***t***, ***s***, ***z*** im Silbenauslaut, vor ***r***, nach den Konsonanten ***n***, ***r***, ***s*** sowie im Wortauslaut wird als [k] ausgesprochen: *acció* Handlung, *actitud* Haltung, *sacsejar* schütteln, *èczema* Ekzem, *crim* Verbrechen, *encara* noch, *aparcar* parken, *buscar* suchen, *ànec* Ente.

8. ***ig*** im absoluten Wortauslaut und ***tx*** im An- und Auslaut werden [tʃ] gesprochen: *desig* Wunsch, *maig* Mai, *lleig* hässlich, *despatx* Büro, *txec* Tscheche. Zwischen Vokalen kann ***tx*** sowohl [ttʃ] als auch [tʃ] lauten: *cotxe* Auto, *despatxar* ausfertigen.

9. Bei der Aussprache von ***l*** gilt es zu beachten:

- ***l*** im Silbenanlaut wird [l] gesprochen, so in *lent* langsam oder *malalt* krank.
- ***l*** im Silbenauslaut wird velarisiert [ɫ], d. h. die Artikulationsstelle wird hin zum weichen Gaumen verschoben, z. B. in *malalt* krank, *el gat* die Katze oder *molt* viel.
- ***l·l*** erscheint nur zwischen Vokalen und wird geminiert gesprochen [ll], so in *intel·lectual* intellektuell oder *síl·laba* Silbe.
- ***tl*** wird zur Geminate [ll], z. B. in *atleta* Athlet, *atles* Atlas.
- ***l*** wird palatal gesprochen [ʎ], wenn ein Palatal folgt, so in *el llop* [əʎʎo̱p] der Wolf oder *el llavi* [əʎʎa̱βi] die Lippe.
- ***ll*** zählt als ein Laut [ʎ], etwa in *callar* schweigen oder *llop* Wolf.
- ***tll*** wird zur Geminate [ʎʎ], z. B. in *batlle* Bürgermeister oder *bitllet* Fahrkarte.

Anmerkung 1: In den balearischen Dialekten wird *ll* [ʎ] häufig [j] ausgesprochen, so in *orella* [orɛ̱jə] statt [urɛ̱ʎə] Ohr.

Anmerkung 2: Im Valencianischen wird *tll* meist [ʎ] gesprochen, z. B. in *bitllet* [biʎe̱t].

10. Eine Reihe von Konsonanten ist unter bestimmten Bedingungen stumm (vgl. auch §§ 2, 5.5 und 5.12):

- ***b*** und ***p*** nach ***m*** sind stumm: *amb* mit, *tomb* Wendung, *temps* Zeit, *camp* Feld.
- ***d*** und ***t*** im Auslaut nach ***l*** und ***n*** sind stumm: *herald* Herold, *molt* viel, *sant* heilig, *constantment* [kunstanmen] beständig.
- ***d*** und ***t*** verstummen im Nexus zwischen ***r*** und ***s***: *perds* [pers] du verlierst, *dimarts* [dimars] Dienstag.
- ***s*** ist in Pluralendungen wie *-igs*, *-nxs, -xs*, *-çs* stumm: *desigs* Wünsche, *falçs* Sicheln.

Beachte: In der Wortgruppe verhalten sie sich z. T. anders (vgl. § 6).

Anmerkung: In den balearischen und westkatalanischen Dialekten (besonders im Valencianischen) wird u.a. *t* nach *l* und *n* ausgesprochen, so in *molt* [molt], *constant* [konstant].

11. ***p***, ***t***, ***c*** (mit Lautwert [k]), ***k*** und ***qu*** (mit Lautwert [k]) werden im Gegensatz zum Deutschen nicht aspiriert (behaucht).

12. Bei der Aussprache von ***r*** und ***rr*** ist zu beachten:

- ***r*** im Wort- und Silbenanlaut, z. B. in *ràdio* Radio, oder nach ***l***, ***m***, ***n***, so in *el riu* der Fluss, *somriure* lächeln oder *enrogir* erröten, wird als langes Zungen-*r* stark gerollt.
- ***r*** zwischen Vokalen, etwa in *ara* jetzt, sowie vor und nach Konsonant (außer ***l***, ***m***, ***n***), *gran* groß oder *quatre* vier, wird als kurzes Zungen-*r* gesprochen.
- Das erste ***r*** in *arbre* [aβrə] Baum und *prendre* [pendrə] nehmen wird nicht gesprochen.
- ***rr*** erscheint nur zwischen Vokalen im Wortinnern und wird stets stark gerollt, z. B. in *guerra* Krieg.
- ***r*** im Auslaut bleibt fast immer stumm, so in allen Infinitivendungen sowie den Suffixen *-ar, -er, -or, -dor* und *-tor*:

parlar	[pərla]	sprechen
saber	[səβe]	wissen
córrer	[korrə]	laufen
venir	[bəni]	kommen
colomar	[kuluma]	Taubenschlag
arxiver	[ərʃiβe]	Archivar
cirerer	[sirəre]	Kirschbaum

dolor	[dulo]	Schmerz
calor	[kəlo]	Wärme/Hitze
blancor	[bləŋko]	Weiße
dictador	[diktəðo]	Diktator
compositor	[kumpuzito]	Komponist

Anmerkung: Im valencianischen Sprachraum wird das Auslaut-*r* ausgesprochen, z .B. *portar* [portar] tragen, *compositor* [kompozitor].

Wichtige Ausnahmen, bei denen stets das auslautende ***r*** gesprochen wird, sind:

cor	[kɔr]	Herz
mar	[mar]	Meer
amor	[əmor]	Liebe
terror	[tərror]	Terror
futur	[futur]	Zukunft
favor	[fəβor]	Gefallen
militar	[militar]	militärisch
posterior	[pustərior]	letzter/später
ulterior	[ultərior]	später

13. Bei der Aussprache von ***s***, ***ss***, ***ç*** und ***z*** ist zu berücksichtigen:

- ***s*** lautet [s] im absoluten An- und Auslaut, vor und nach Konsonant im Wortinnern (ausgenommen stimmhafte) und nach Präfixen, so in *sol* Sonne, *sis* sechs, *estació* Bahnhof, *càpsula* Kapsel, *antisocial* unsozial.
- zwischen Vokalen oder vor stimmhaftem Konsonant wird ***s*** [z] ausgesprochen, z. B. *casa* Haus, *prosa* Prosa, *prisma* Prisma, *esdevenir* werden.
- ***ss*** steht nur zwischen Vokalen und wird [s] ausgesprochen, wie in *possible* möglich, *bossa* Tasche, *passar* vorbeigehen.
- ***ç*** lautet ebenfalls [s]: *plaça* Platz, *cançó* Lied, *vençut* besiegt, *dolç* süß. Die unterschiedliche Schreibung ist z. T. etymologisch bedingt.

Anmerkung 1: In der gesprochenen Sprache wird *-sc-* als [s] realisiert, so in *ascensor* Fahrstuhl, *ressuscitar* wiedererwecken.

Anmerkung 2: *s* vor *j*, *r*, *x* [ʃ] kann zu [ʒʒ], [rr], [ʃʃ] assimiliert werden: *Israel* [irrəɛl], *desxifrar* [dəʃʃifra] entziffern.

14. Für das ***t*** wurden einige Aussprachebesonderheiten bereits unter 8, 9, 10 und 11 erklärt. Weitere sind:

- ***tz*** kommt nur zwischen Vokalen vor und wird [dz] gesprochen: *atzavara* Agave, *atzur* Azur.
- ***tm*** und ***tn*** werden als Geminaten [mm] und [nn] gesprochen, so etwa *setmana* Woche, *ritme* Rhythmus, *cotna* Schwarte. In einigen anderen Wörtern (vor allem Fachtermini) lauten sie allerdings [dm] bzw. [dn]: *atmosfera* Atmosphäre, *etnologia* Ethnologie.

15. ***x*** wird gesprochen:

- als [ʃ] im Wortanlaut, nach Konsonant, Diphthongen, die ***i*** als zweiten Bestandteil aufweisen (das ***i*** entfällt dann), und nach ***i***: *xoc* Stoß, *xenofòbia* Fremdenhass, *xerrar* plaudern, *marxar* weggehen, *caixa* [ka̲ʃə] Kiste/Kasse, *guix* [giʃ] Gips/Kreide, *puix* [puʃ] da/denn.

- als [gs] oder [ks] in einer Reihe von Gräzismen und Latinismen. [gs] steht vor stimmhaftem Konsonant, im Präfix *ex-* und vor *h*: *examen* Prüfung, *exemple* Beispiel, *expresident* Ex-Präsident, *exhaustiu* exhaustiv/erschöpfend. Sonst spricht man [ks]: *taxi* Taxi.

Anmerkung: Im Westkatalanischen wird in der Gruppe *-ix-* das *i* mitgesprochen, so *caixa* [ka̲iʃa].

Weitere Erscheinungen werden in § 6 zur Satzphonetik erläutert.

6 **Die Satzphonetik** (la fonètica de la frase)

Eine ganze Reihe von Erscheinungen, die die Aussprache der einzelnen Wörter kennzeichnen, sind auch für die Wortgruppe gültig. Sie wurden bereits erläutert (vgl. § 5), so dass hier nur Schwerpunkte vorgestellt werden.

1. Anders als im Deutschen ist die Wortgrenze nicht unbedingt die Silbengrenze:

un altre	[un a̲ltrə]	ein anderer
no hi ha indústria	[no ja̲ indu̲striə]	Es gibt keine Industrie.

2. Wenn an der Wortgrenze [ə] und ein Vokal, ausgenommen [i] und [u], zusammentreffen, entfällt das [ə]:

una hora	[un ɔrə]	eine Stunde
beure aigua	[bɛwr ajɡwə]	Wasser trinken

3. Treffen zwei gleiche Vokale aufeinander, so bilden sie einen Vokal in der Aussprache:

comprar armes	[kumpr arməs]	Waffen kaufen
l'arxiver entra	[ləriβ entrə]	Der Archivar tritt ein.

4. Ebenso wie innerhalb des Wortes werden [b], [d], [g] in der Wortgruppe nach Vokal [b], [g] nach [l], [r], [z] sowie [d] nach [r] und [z] zu [β], [ð], [ɣ]:

els vins de València	[əlz βinz ðə βəlɛnsiə]	die Weine Valèncias
la bella	[lə βeʎə]	die Schöne
les dents	[ləz ðens]	die Zähne
la gana	[lə ɣanə]	der Hunger

5. Ebenso wie im Wortinlaut wird [n] in der Wortgruppe vor [b], [f], [m], [p], [z] als [m] gesprochen:

un bany	[um baɲ]	ein Bad
un pa	[um pa]	ein Brot
parlen bé	[parləm be]	sie sprechen gut

6. [n] vor [ɡ] und [k] wird [ŋ] ausgesprochen:

un gat	[uŋ ɡat]	eine Katze
un cos	[uŋ kos]	ein Körper

7. [p], [t], [k] im Wortauslaut werden vor anlautendem stimmhaften Konsonanten [b], [d], [g]:

cap gos	[kəb ɣɔs]	kein Hund
un petit jardí	[um pətid ʒərði]	ein kleiner Garten

Vgl. *anècdota* [ənɛgdutə] Anekdote.

8. Auslautendes [s], [ʃ], [tʃ] wird vor anlautendem stimmhaften Konsonanten sowie vor Vokal zu [z], [ʒ], [dʒ], [dz]:

mig mort	[midʒ mɔrt]	halbtot
el mateix dia	[əl mətɛʒ diə]	am gleichen Tag
més o menys	[mez ɔ mɛɲs]	mehr oder weniger
tots dos	[todz ðos]	alle beide

9. Im absoluten Auslaut ausfallende Konsonanten können in der Wortgruppe wieder hörbar werden. Besonders gilt dies für das ***r*** im Infinitiv vor angehängtem, schwachem Personalpronomen und für ***t*** vor Vokal sowie im *gerundi* vor angehängtem, schwachem Pronomen mit Vokal im Anlaut:

donar-me	[dunar mə]	mir geben
Sant Antoni	[sant əntɔni]	der hl. Antonius
portant-hi	[purtant i]	während er dorthin bringt

7 **Die Betonung** (l'accentuació)

1. Mehrsilbige katalanische Wörter werden in der Regel entweder auf der letzten Silbe (paraules agudes), auf der vorletzten (paraules planes) oder auf der drittletzten Silbe (paraules esdrúixoles) betont:

*germ**à***	(paraula aguda)	Bruder
*llibert**at***	(paraula aguda)	Freiheit
*lleg**í***	(paraula aguda)	ich las

*germ**a**na*	(paraula plana)	Schwester
*in**ú**til*	(paraula plana)	unnütz
*(re)con**è**ixer*	(paraula plana)	(wieder)erkennen

***è**poca*	(paraula esdrúixola)	Epoche
*esgl**é**sia*	(paraula esdrúixola)	Kirche
*s**í**ntesi*	(paraula esdrúixola)	Synthese

Zu den Regeln der Akzentsetzung vgl. § 8.

2. Diphthonge (vgl. § 4) werden auf dem Vollvokal betont, d. h. in der Regel auf *a*, *e* oder *o*; z. B. *pausa* Pause, *veu* Stimme, *dinou* neunzehn. Beachte: Unbetontes *i* und *u* nach Konsonant und vor Vokal bildet keinen Diphthong. So sind wie viele andere folgende Wörter 'paraules esdrúixoles': *es-glé-si-a* Kirche, *di-a-ri* Zeitung, *pèr-du-a* Verlust.

3. Wird ein Adjektiv durch Anfügen der Endung *-ment* zu einem Adverb, so weist letzteres zwei Tonstellen auf, den Hauptton auf der letzten Silbe und einen Nebenton auf der Silbe, auf der das entsprechende Adjektiv betont wird. Ähnliches gilt für Komposita und präfigierte Wörter (z. B. mit *anti-*, *contra-*, *ex-*):

cortesament	[kurt'ɛzəmen]	höflich
normalment	[nurm'almen]	üblich(erweise)
guarda-roba	[gw'arðə rrɔβə]	Garderobe
antifeixista	['antifəʃistə]	Antifaschist
expresident	['ɛksprəziðen]	Ex-Präsident

Die Akzentsetzung (l'accentuació) 8

1. Das Katalanische kennt zwei Arten des graphischen Akzents, den Gravis (` = accent greu o obert) und den Akut (´ = accent agut o tancat). Dabei wird auf *a* immer ein Gravis gesetzt; *u* und *i* werden immer mit Akut benutzt. Im Falle von *e* und *o* wird danach unterschieden, ob der Vokal offen oder geschlossen ist: Offenes *e* oder *o* wird durch Gravis angezeigt, geschlossenes dagegen durch Akut:

però	[pərɔ]	aber
nació	[nəsio]	Nation
telèfon	[təlɛfun]	Telefon
Déu	[dew]	Gott

2. Der Akzent dient in erster Linie zur Angabe der Tonstelle in mehrsilbigen Wörtern. Er steht

- bei mehrsilbigen Wörtern, die auf der letzten Silbe betont werden (paraules agudes) und die auf Vokal, Vokal + ***s*** bzw. ***-en*** oder ***-in*** auslauten:

català	Katalane
cafè	Kaffee
cantí	ich sang
cançó	Lied
comú	gemeinsam
cauràs	du wirst fallen
cafès	Kaffees, Cafés
paradís	Paradies
nerviós	nervös

andalús	Andalusier
entén	er/sie versteht
Berlín	Berlin

Beachte: Die Vokale *i* und *u* dürfen nicht zu einem fallenden Diphthong gehören; z. B. *festiu* festlich, *palau* Palast, *remei* Hilfsmittel, *avui* heute.

- bei Wörtern, die auf der vorletzten Silbe betont werden (paraules planes) und auf Konsonant (außer Vokal + *s* bzw. *-en* oder *-in*) oder fallenden Diphthong enden:

xenòfob	fremdenfeindlich
diàleg	Dialog
fàcil	leicht
cantàvem	wir sangen
telèfon	Telefon
escrivíssiu	dass ihr schreibt
còncau	konkav

3. Aus diesen beiden Grundregeln der Akzentsetzung ergibt sich, dass alle Wörter, die auf der drittletzten Silbe betont werden (paraules esdrúixoles), immer mit Akzent geschrieben werden:

química	Chemie
cèlebre	berühmt
màquina	Maschine
família	Familie

4. Wird ein Adjektiv, das einen Akzent trägt, durch Anfügen von *-ment* zu einem Adverb, so behält es den Akzent unverändert bei (zur Betonung vgl. § 7.3):

difícil	*difícilment*	schwierig
hàbil	*hàbilment*	geschickt

5. Auch bei Großbuchstaben wird ein nach den Regeln erforderlicher Akzent gesetzt: *És estudiant.* – Er ist Student.

6. Falls – in äußerst seltenen Fällen – ein Diphthong einen Akzent erhält, erscheint dieser auf dem tontragenden Vokal, nicht auf dem Halbvokal:

iàmbic	jambisch
iòdic	jodisch
quòrum	Quorum

7. Bei einer Reihe von ein- und zweisilbigen Wörtern gibt der Akzent nicht die Tonstelle an, sondern dient zur Unterscheidung der Bedeutung (accent diacrític):

bé	gut	-	*be*	Lamm/b
dóna	er/sie gibt	-	*dona*	Frau
dónes	du gibst	-	*dones*	Frauen
és	er/sie ist	-	*es*	sich
fóra	er/sie wäre	-	*fora*	draußen
mà	Hand	-	*ma*	mein [fem.]
més	mehr	-	*mes*	Monat
mòlt	gemahlen	-	*molt*	viel
nét	Enkel	-	*net*	sauber
ós	Bär	-	*os*	Knochen
pèl	Haar	-	*pel*	für den/das
sí	ja	-	*si*	wenn/h (Note)
sòl	Boden	-	*sol*	Sonne/allein/g (Note)
són	sie sind	-	*son*	Schlaf/sein/ihr
té	er/sie hat	-	*te*	dich, dir/Tee/t
ús	Gebrauch	-	*us*	euch
véns	du kommst	-	*vens*	du verkaufst
vénen	sie kommen	-	*venen*	sie verkaufen
vós	Sie/ihr	-	*vos*	euch

8. Als Interrogativ- oder Relativpronomen nach Präpositionen (vgl. §§ 100 und 127) trägt *què* einen graphischen Akzent, als Relativpronomen, Konjunktion oder Adverb erscheint es ohne Akzent (*que*).

Das Trema (la dièresi) 9

1. Mit dem Trema wird angezeigt, dass ein ***i*** oder ***u*** kein Halbkonsonant ist und nicht zu einem Diphthong gehört, sondern einen einfachen Vokal bildet:

veïna	Nachbarin
països	Länder
traduïa	ich übersetzte
diürn	Tages-

Beachte auch: *beneït* gesegnet, *beneit* einfältig, *reïna* Harz, *reina* Königin

Nach *g* und *q* werden die steigenden Diphthonge immer *üe* bzw. *üi* geschrieben (vgl. § 5.6).

2. **Kein** Trema wird gesetzt,

- wenn ohnehin ein graphischer Akzent steht:

veí	Nachbar
país	Land

- bei Suffixen wie ***-isme***, ***-ista***:

egoisme	Egoismus
egoista	Egoist

- beim Infinitiv der Verben auf ***-ir*** sowie deren *futur*, *condicional* und *gerundi* (auf *-int*):

traduir	übersetzen
traduiré, traduiràs…	ich werde, du wirst … übersetzen
traduiria, traduiries…	ich würde, du würdest … übersetzen
traduint	beim Übersetzen

- bei den lateinischen Endungen auf ***-us*** und ***-um***:

Xènius	Pseudonym für Eugeni d'Ors
aquàrium	Aquarium

- nach den Präfixen ***auto-***, ***co-***, ***contra-***, ***re-***:

autoinflamació	Selbstentzündung
coincidir	zusammenfallen
contraindicació	Gegenanzeige
reunir	vereinigen

10 **Die Silbentrennung** (la divisió de les síl·labes)

Bei der Silbentrennung ist Folgendes zu beachten:

1. Diphthonge und Triphthonge bilden eine eigene Silbe, sie werden nicht getrennt.

Diphthong: *io-gurt* Joghurt, *no-ia* Mädchen, *cre-uar* kreuzen, *fei-na* Arbeit, *ciu-tat* Stadt, *cau-re* fallen, *beu-re* trinken, *cui-na* Küche
Triphthong: *cre-ieu* ihr glaubt, *cre-ueu* ihr kreuzt, *guai-tar* spähen.

2. Ein Hiat wird in zwei Silben getrennt: *ti-a* Tante, *pà-tri-a* Vaterland, *ca-mi-ó* Lastwagen, *ses-si-ons* Sitzungen, *du-a-na* Zoll, *su-or* Schweiß, *du-es* zwei [fem.].

3. Ein einfacher Konsonant bildet mit einem folgenden Vokal eine Silbe: *ca-ta-là* katalanisch, *a-ra* jetzt.

4. Intervokalische Gruppen aus zwei Konsonanten – auch *rr, ss, sc, st, ix, tj, tg, tx, tz* und *l·l* – werden getrennt (Ausnahmen vgl. 5.): *sor-ra* Sand, *mas-sa* zu viel, *es-ce-na* Szene, *fes-ta* Fest, *cai-xa* Kasse, *plat-ja* Strand, *met-ge* Arzt, *flet-xa* Pfeil, *dot-ze* zwölf, *til-la* Linde.

5. Intervokalisches *gu, qu, gü, qü, ll* und *ny* bildet eine Silbe mit dem folgenden Vokal: *se-**gu**ir* folgen, *pa-**qu**et* Paket, *pin-**gü**í* Pinguin, *fre-**qü**ent* häufig, *fi-**ll**a* Tochter, *gua-**ny**ar* gewinnen.

6. Mit Präfixen (*des-, en-, ex-, in-, inter-, pan-, sub-, trans-* usw.) zusammengesetzte Wörter bewahren das Präfix bei der Silbentrennung: *des-mi-li-ta-rit-zar* entmilitarisieren, *in-ter-ur-bà* zwischen Städten, *sub-rat-llar* unterstreichen, *trans-at-làn-tic* transatlantisch. Ebenso werden andere Komposita in ihre Bestandteile zerlegt (z. B. *tot-ho-ra* immer, *nos-al-tres* wir, *cor-a-gre* Sodbrennen, *com-mou-re* erschüttern).

7. Ist der letzte Konsonant in einer Konsonantengruppe *l* oder *r*, so bildet er mit dem vorangehenden Konsonanten und dem nachfolgenden Vokal eine Silbe: *a-cla-rir* klären, *a-gra-ir* danken, *ca-bra* Ziege, *cam-bra* Kammer, *sim-ple* einfach, *te-a-tre* Theater.

8. Intervokalisches *tll* wird getrennt: *rat-lla* Zeile.

9. Das Trema bleibt bei der Trennung erhalten: *ve-ï-na* Nachbarin, *di-ürn* Tages-.

Die Großschreibung (l'ús de les majúscules) 11

Im Katalanischen werden groß geschrieben:

1. Wörter, die am Satzanfang, nach einem Punkt und nach einem Frage- oder Ausrufezeichen stehen;

2. Eigennamen von Personen, Städten, Regionen, Ländern, Flüssen, Meeren, Bergen und Gebirgen, wie *la Montserrat* (Mädchenname), *en Jordi, València, Catalunya, els Països Catalans, França, el Llobregat, el Pacífic, Montserrat* (Berg), *els Pirineus*.

Aber: *la mar Roja* das rote Meer, *el delta del Danubi* das Donaudelta.

Ist der bestimmte Artikel Bestandteil eines Städtenamens, so wird er nur groß geschrieben, wenn der Name am Satzanfang steht (vgl. 1) oder einzeln aufgeführt wird (wie z. B. auf einer Landkarte): *L'Alguer, L'Havana, El Caire, La Haia* (auch *L'Haia*) Den Haag;

3. Ausdrücke, die sich auf Gott oder auf die Jungfrau Maria beziehen, wie *Déu, el Creador* der Schöpfer, *el Totpoderós* der Allmächtige, *la Verge* die Jungfrau, *la Mare de Déu* die Mutter Gottes; so auch die Abkürzungen *St. – sant* und *Sta. – santa* (*St. Jeroni* der hl. Hieronymus).

4. Titel von Periodika, so *l'Avui, el Serra d'Or, el Butlletí Oficial*;

5. die Namen wichtiger nationaler und internationaler Institutionen und Organisationen, z. B. *la Generalitat de València* die autonome Regierung von València, *el Consell Insular Balear* die autonome Regierung der Balearen, *les Corts* das spanische Parlament, *la Borsa* die Börse, *el Ministeri de Cultura* das Ministerium für Kultur, *la Comunitat Europea* die Europäische Gemeinschaft, *les Nacions Unides* die Vereinten Nationen;

6. die Namen von Straßen und Plätzen, so *la plaça de Catalunya, les Rambles, el passeig de Gràcia, l'avinguda de les Corts Catalanes*;

7. die folgenden Abkürzungen (z. B. in brieflicher oder protokollarischer Anrede): *V. = vostè* Sie [Sing.], *Vs. = vostès* Sie [Pl.], *Sr./Srs. = senyor(s)* Herr(en), *Sra./Sres. = senyora/senyores* Frau(en), Dame(n); *Excm. i Mgfc. Sr. = Excel·lentíssim i Magnífic Senyor* Exzellenz; *M. H. Sra. = Molt Honorable Senyora* Sehr geehrte Frau, *Dr./Dra. = Doctor(a)* Herr/Frau Doktor.

8. Feiertage u. a., so: *la Setmana Santa* die Karwoche, *el Divendres Sant* Karfreitag, *Pasqua de Resurrecció* Ostern, *Pasqua de Pentacosta* Pfingsten, *l'Onze de Setembre* der 11. September, *Nadal* Weihnachten.

Die Satzzeichen (els signes de puntuació) **12**

Als Satzzeichen werden im Katalanischen verwendet:

.	*el punt (final)*	der Punkt
,	*la coma*	das Komma
;	*el punt i coma*	das Semikolon
:	*els dos punts*	der Doppelpunkt
?	*l'interrogant*	das Fragezeichen
!	*el signe d'admiració/ el signe d'exclamació*	das Ausrufezeichen
…	*els punts suspensius*	die Fortführungspunkte
-	*el guió*	der Gedankenstrich
'	*l'apòstrof*	der Apostroph
«» oder " "	*les cometes (angulars o volades)*	die Anführungsstriche/ Gänsefüßchen
( )	*els parentesis*	die runden Klammern
[ ]	*els claudàtors*	die eckigen Klammern

Zum Gebrauch des Kommas im Katalanischen

1. Das Komma wird gesetzt:

- vor adversativen Konjunktionen (z. B. *però, sinó*; vgl. § 294): *Eren molts, però s'entenien perfectament.* – Es waren viele, aber sie verstanden sich hervorragend. *No és metge, sinó actor.* – Er ist nicht Arzt, sondern Schauspieler.

- nach Nebensätzen, Partizipial- und Infinitivkonstruktionen, die dem Hauptsatz vorausgehen: *Quan vaig arribar, ell ja havia sortit.* – Als ich ankam, war er schon weggegangen. *Rentat el cotxe, vaig arreglar la bicicleta.* – Nachdem das Auto gewaschen war, reparierte ich das Fahrrad. *Abans d'anar al cinema, soparem.* – Bevor wir ins Kino gehen, essen wir Abendbrot.

- nach längeren Adverbialkonstruktionen, wenn sie dem Hauptsatz vorausgehen: *A cada cop, jo tancava els ulls.* – Ich schloss jedes Mal die Augen.

- bei pleonastischem Gebrauch: *De germanes, en tinc dues.* – Ich habe zwei Schwestern. *Que no t'ho creies, això?* – Glaubst du das denn nicht?

- bei elliptischem Gebrauch, vor allem bei Auslassung des Verbs: *Hi havia molts professors; d'estudiants, no gaires.* – Es waren viele Professoren da, Studenten weniger.

- bei Ausrufen oder der Anrede: *Déu meu, escolta'm d'una vegada.* – Herrgott nochmal, hör mir doch endlich zu! *Mira, Anna, quina sorpresa!* – Schau mal, Anna, was für eine Überraschung!

- bei Aufzählungen zwischen Wörtern gleicher Wortart: *És rossa, alta, prima.* – Sie ist blond, groß, schlank.

- zwischen in einem Intonationsbogen aufeinander folgenden Hauptsätzen: *Es va asseure, va demanar una cervesa, va encendre un cigarret.* – Er setzte sich, bestellte ein Bier, zündete eine Zigarette an.

- bei erklärenden Einschüben oder Relativsätzen: *Ella, visiblement emocionda, va començar a parlar.* – Sie begann, sichtlich erregt, zu erzählen. *He trobat el teu professor, que m'ha parlat del teu comportament.* – Ich habe deinen Lehrer getroffen, und er hat mir von deinem Betragen erzählt.

- bei Konjunktionen wie *no obstant això, tanmateix, doncs, per tant, ara bé, en efecte, és a dir* und *en fi*, wenn diese durch eine Pause abgehoben werden (vgl. § 294-296): *No cal, per tant, amoïnar-se.* – Es ist folglich unnötig, sich zu beunruhigen.

2. **Kein** Komma wird im Katalanischen gesetzt:

- vor Nebensätzen, Infinitiv- und Gerundialkonstruktionen: *No hi vaig perquè tinc por.* – Ich gehe nicht dorthin, weil ich Angst habe. *Havent sopat anirem al teatre.* – Nachdem wir Abendbrot gegessen haben, gehen wir ins Theater.

- vor einem indirekten Fragesatz: *Saps on són?* – Weißt du, wo sie sind?

- vor *que* 'dass': *Li he dit que vindré.* – Ich habe ihm gesagt, dass ich komme.

- vor einschränkenden Relativsätzen (vgl. § 124): *No trobo el llibre que m'has deixat.* – Ich finde das Buch nicht, das du mir geliehen hast.

- vor einem Infinitiv: *Som aquí per aprendre català.* – Wir sind hier, um Katalanisch zu lernen.

Kapitel 2 Das Substantiv (El substantiu)

Das katalanische Substantiv ist seinem Genus nach entweder maskulin oder feminin. Ein Neutrum wie im Deutschen gibt es nicht; es besteht aber in beschränktem Maße die Möglichkeit, mit Hilfe des sogenannten neutralen Artikels (vgl. § 40) insbesondere Abstrakta zu bilden, die mit dem deutschen Neutrum wiedergegeben werden. Genus und Numerus können z. T. an der Endung des Substantivs abgelesen werden, wobei in vielen Fällen jedoch Abweichungen auftreten. Kasusunterschiede wie im Deutschen gibt es bei den katalanischen Substantiven nicht; die Kasusfunktion wird durch Präpositionen und durch die Wortstellung ausgedrückt. Das Substantiv bildet mit bestimmten anderen Wortarten die Nominalgruppe (vgl. § 31). Im Satz kann es verschiedene Funktionen erfüllen; so kann es Subjekt, Objekt, prädikative Ergänzung u. a. sein (vgl. § 32).

Das Genus

Feminine Substantive sind im Katalanischen markiert und enden meistens auf ***-a***, während maskuline Substantive nicht markiert sind.

Das feminine Genus (el gènere femení) 13

Feminin sind:

1. Substantive auf ***-a***:

la filla	die Tochter	*la porta*	die Tür
la veïna	die Nachbarin	*la casa*	das Haus

Vgl. § 14.6.

2. Substantive auf ***-ie***:

la sèrie	die Reihe/Folge
la superfície	die Oberfläche
la calvície	die Kahlköpfigkeit

3. Substantive auf ***-i***, die zumeist griechischen Ursprungs sind:

la crisi	die Krise	*la tesi*	die These
l'anàlisi	die Analyse	*la paràlisi*	die Lähmung
la metròpoli	die Metropole	*l'acròpoli*	die Akropolis

Aber: *el parèntesi* – die Klammer, *l'èxtasi*, m. – die Ekstase, *l'oasi*, m. – die Oase, *el monopoli* – das Monopol, *l'èmfasi*, m. oder f. – der Nachdruck/ die Emphase

4. Substantive auf ***-ió***:

la solució	die Lösung	*la generació*	die Generation
la missió	die Mission	*la complexió*	der Körperbau
la compassió	das Mitleid	*l'annexió*	die Annektion
la versió	die Fassung	*l'explosió*	die Explosion

Ferner sind feminin einige Substantive auf *-ó*: *la raó* – die Vernunft, *la saó* – die Reife, *la lliçó* – die Lektion

Beachte die maskulinen Substantive auf *-ó* (vgl. § 14.1).

5. Substantive auf ***-dat*** und ***-tat***:

la maldat	die Bosheit	*la veritat*	die Wahrheit
la bondat	die Güte	*la vanitat*	die Eitelkeit
l'edat	das Alter	*la ciutat*	die Stadt

6. Substantive auf ***-tut*** und ***-tud***:

la senectut	das Alter	*la virtut*	die Tugend
la joventut	die Jugend	*la rectitud*	die Rechtschaffenheit
la quietud	die Stille	*l'actitud*	die Haltung

7. Substantive auf ***-itis***:

l'apendicitis	die Blinddarmentzündung
l'otitis	die Mittelohrentzündung
l'amigdalitis	die Mandelentzündung

8. im Allgemeinen die auf unbetontes ***-a*** endenden Ortsnamen (Städte, Inseln, Regionen, Länder, Kontinente), wenn sie näher bestimmt werden:

la Lleida antiga	das alte Lleida
la Florència renaixentista	das Florenz der Renaissance
la Barcelona olímpica	das olympische Barcelona
la Gotinga de Gauss	das Göttingen von Gauß
la Mallorca desconeguda	das unbekannte Mallora
la nova Sardenya	das neue Sardinien
l'antiga Europa	das alte Europa

l'Amèrica llatina	Lateinamerika
la França republicana	das republikanische Frankreich
la gran Catalunya	Groß-Katalonien

Beachte den unterschiedlichen Gebrauch des bestimmten Artikels (vgl. § 38.11).

9. Namen von Motorrädern (*la moto*):

l'Honda	die Honda
la Bultaco	die Bultaco
una Harley-Davidson	eine Harley-Davidson

10. Substantive auf Konsonant, sofern sie nicht maskulin sind (vgl. § 14.17):

la muller	die Ehefrau	*la pell*	die Haut
la serp	die Schlange	*la paret*	die Wand
la falç	die Sichel	*la gent*	die Leute
la fam	der Hunger	*la carn*	das Fleisch
la mort	der Tod	*la set*	der Durst
la nit	die Nacht	*la salut*	die Gesundheit
la sang	das Blut	*la faç*	das Antlitz
la mel	der Honig	*la ment*	der Geist

Anmerkung: Eine Reihe von Substantiven auf *-or* ist feminin, wogegen andere auf *-or* maskulin sind (vgl. § 14.5): *la fredor* – die Kälte/Kühle, *la calor* – die Wärme/Hitze, *la suor* – der Schweiß, *l'escalfor*, f. – die Wärme/Glut, *la grisor* – das Grau, *la verdor* – das Grün, *la bonior* – das Raunen, *la gelor* – die (eisige) Kälte. Daneben wird eine Reihe maskuliner abstrakter Substantive, die im Altkatalanischen feminin waren, in der Literatursprache manchmal feminin verwendet: *amor* – Liebe, *ardor* – Glut/Feuer, *color* – Farbe, *dolor* – Schmerz, *favor* – Gunst/Gefallen, *honor* – Ehre, *humor* – Laune/Stimmung, *rancor* – Groll, *rumor* – Gerücht, *sabor* – Geschmack, *temor* – Furcht, *valor* – Mut.

11. Substantive auf halbvokalisches ***-u***, sofern sie nicht maskulin sind (vgl. § 14.18):

la neu	der Schnee	*la veu*	die Stimme
l'allau	die Lawine	*la nou*	die Nuss
la nau	das Schiff	*la pau*	der Frieden

12. Die Buchstaben werden immer feminin gebraucht: *una a*, *una b* (vgl. § 1.3).

14 **Das maskuline Genus** (el gènere masculí)

Maskulin können sein:

1. Substantive auf betonten Vokal (ausgenommen *-ió*):

el germà	der Bruder	*el vi*	der Wein
el cosí	der Cousin	*el meló*	die Melone
el lleó	der Löwe	*el carbó*	die Kohle
el sabó	die Seife	*el baró*	der Baron
el saxó	der Sachse	*el cautxú*	der Kautschuk
el tro	der Donner	*el ble*	der Docht
el cafè	der Kaffee	*el campió*	der Meister (im Sport)
el bastió	das Bollwerk		

Beachte: *el milió* – die Million

Ausnahmen: *la mercè* – die Gnade, *la mamà* – die Mama, *la mà* – die Hand, *la fe* – der Glauben, *la fi* – das Ende, *la marató* – der Marathon

Anmerkung: Ebenfalls maskulin sind desubstantivische Ableitungen auf *-ó*, wie z. B.: *el cartó* – der Karton, *el batalló* – das Bataillon, *el medalló* – das Medaillon.

2. Substantive auf ***-e***:

el sogre	der Schwiegervater
el mestre	der Lehrer/Meister
l'alumne	der Schüler
el compte	die Rechnung
el dubte	der Zweifel
el deute	die Schuld
l'ase	der Esel
el nexe	der Zusammenhang

Ausnahmen: *la mare* – die Mutter, *la torre* – der Turm, *la febre* – das Fieber, *la síndrome* – das Syndrom, *la síncope* – die Synkope, sowie die von einendigen Adjektiven abgeleiteten Substantive wie *el/la jove* – der/die Jugendliche, *el/la noble* – der/die Adlige

3. Substantive auf unbetontes vokalisches oder halbvokalisches ***-i***:

el noi	der Junge	*l'heroi*	der Held
el rei	der König	*l'avi*	der Großvater
el notari	der Notar	*el noticiari*	die Nachrichten
el taxi	das Taxi	*el testimoni*	der Zeuge

Ausnahme: *la llei* – das Gesetz

4. Substantive auf ***-o*** [u]:

el carro	der Wagen	*el ferro*	das Eisen
el lloro	der Papagei	*el mosso*	der Junge/ der Diener
el metro	die U-Bahn	*el gerro*	die Vase

Ausnahmen: *la moto (la motocicleta)* – das Motorrad, *la foto (la fotografia)* – das Foto, *la ràdio* – das Radio, *el/la soprano* – der Sopran/die Sopranistin

5. Substantive auf ***-or***, sofern sie nicht feminin sind (vgl. § 13.10) oder poetisch feminin gebraucht werden:

el dolor	der Schmerz	*el valor*	der Wert/Mut
l'horror	der Schrecken	*el color*	die Farbe
el fervor	der glühende Eifer	*el rigor*	die Strenge

6. Substantive auf ***-ma*** und ***-ta*** (häufig griechischen Ursprungs):

el cinema	das Kino	*el problema*	das Problem
el sistema	das System	*el programa*	das Programm
el clima	das Klima	*el telegrama*	das Telegramm
el poema	das Gedicht	*l'enigma*	das Rätsel
el diploma	das Diplom	*el drama*	das Drama
el pijama	der Schlafanzug	*el tema*	das Thema
el poeta	der Dichter	*el profeta*	der Prophet
el dèspota	der Despot		

Anmerkung: Weiterhin gehören dazu Substantive auf *-a*, die eine männliche Person bezeichnen: *el papa* – der Papst, *el col·lega* – der Kollege, *el recluta* – der Rekrut (vgl. § 15.11). Ebenfalls: *el dia* – der Tag.

Ausnahmen: *la dama* – die Dame/der Damestein, *la trama* – die Intrige/die Handlung (in einem Theaterstück)

7. Ableitungen auf ***-ment***:

el compartiment	das Abteil	*el ressentiment*	der Groll

Ausgenommen: *la ment* – der Geist

8. Ableitungen auf ***-atge*** und ***-isme***:

l'avantatge	der Vorteil	*el cinisme*	der Zynismus
el tatuatge	die Tätowierung	*el tecnicisme*	das Fachwort

9. Substantive auf ***-às***, ***-ès***, ***-és***, ***-ìs***, -***òs***, ***-ós***, ***-ús***:

el matalàs	die Matratze	*el caparrós*	das Vitriol
el burgès	der Bürger	*el vernís*	der Lack

10. als Substantive gebrauchte Wörter anderer Wortarten:

el bé	das Gute	*el menjar*	das Essen
el perquè	das Warum	*el dos*	die Zwei
el no-res	das Nichts	*el saber*	das Wissen

11. die Monate und Wochentage:

el gener	der Januar
el dilluns	der Montag

12. im Allgemeinen die auf betontes ***-a*** oder anderen Vokal sowie auf Konsonant endenden Ortsnamen (Städte, Inseln, Regionen, Länder), wenn sie näher bestimmt werden:

el Panamà del futur	das Panama der Zukunft
el Lió modern	das moderne Lyon
el Berlín cosmopolita	das weltbürgerliche Berlin
el Londres de Purcell	das London von Purcell
el Madrid elegant	das elegante Madrid
el Mèxic revolucionari	das revolutionäre Mexiko

13. Namen von Automarken (*el cotxe*): *un Fiat*, *un Seat, un Volkswagen*

14. die Namen der Sportclubs und Fußballmannschaften: *el Barça*, *el Figueres*, *el Sabadell*, *el Real Madrid*

15. die Grund- und Vervielfältigungszahlen: *el cinc* – die Fünf, *un deu* – eine Zehn, *el doble* – das Doppelte, *el triple* – das Dreifache (vgl. § 85, Anm. 3)

16. die Noten: *el do* – C, *el re* – D, *el mi* – E

17. Substantive auf Konsonant:

el braç	der Arm	*el temps*	die Zeit
el quadern	das Heft	*el catàleg*	der Katalog
el calaix	die Schublade	*el gust*	der Geschmack

Ausnahmen: Feminine Substantive auf Konsonant (vgl. § 13.10, daneben besonders Substantive auf *-dat* und *-tat*, vgl. § 13.5, *-tut* und *-tud*, vgl. § 13.6)

18. Substantive auf unbetontes vokalisches oder halbvokalisches ***-u***:

l'individu	das Individuum	*l'hereu*	der Erbe
el iugoslau	der Jugoslawe	*el peu*	der Fuß
el ritu	der Ritus	*el bou*	der Ochse

Beachte § 13.12

Die Bezeichnungen von männlichen und weiblichen Personen 15

Zur Bezeichnung von männlichen und weiblichen Personen gibt es im Katalanischen verschiedene Bildungsmuster:

1. Sehr viele feminine Substantive werden gebildet, indem an die maskuline Form, wenn sie auf Konsonant endet, ein ***-a*** angehängt wird:

el fill	der Sohn	- *la filla*	die Tochter
el nét	der Enkel	- *la néta*	die Enkelin
el director	der Direktor	- *la directora*	die Direktorin
l'espòs	der Ehemann	- *l'esposa*	die Ehefrau
el pagès	der Bauer	- *la pagesa*	die Bäuerin

Beachte: Durch die Anfügung des *-a* entfällt mitunter der graphische Akzent (wenn er nicht diakritisch ist) oder muss hinzugefügt werden, um die Betonung der entsprechenden Silbe aufrechtzuerhalten.

2. In der Regel wird die feminine Form der Substantive auf ***-ant***/-(***i***)***ent*** auch durch Anhängen eines ***-a*** gebildet:

l'estudiant	der Student	- *l'estudianta*	die Studentin
el comediant	der Schauspieler	- *la comedianta*	die Schauspielerin
el dependent	der Verkäufer	- *la dependenta*	die Verkäuferin
el parent	der Verwandte	- *la parenta*	die Verwandte

Ausnahmen vgl. § 15.9

3. Bei einer Reihe von Substantiven wird der stimmlose Stammauslaut durch das Anfügen des ***-a*** stimmhaft realisiert:

[p] ~ [β]	*l'orb* *l'orba*	der Blinde die Blinde
[t] ~ [ð]	*el nebot* *la neboda*	der Neffe die Nichte

[k] ~ [ɣ]	*l'amic* *l'amiga* *el mag* *la maga*	der Freund die Freundin der Magier die Magierin
[f] ~ [β]	*el serf* *la serva*	der Leibeigene die Leibeigene
[s] ~ [z]	*el burgès* *la burgesa* *el marquès* *la marquesa*	der Bürger die Bürgerin der Marquis die Marquise
[w] ~ [β]	*l'esclau* *l'esclava*	der Sklave die Sklavin

Beachte: *l'hereu* – der Erbe, *l'hereva* – die Erbin, aber auch: *l'hereua*; *el reu* – der Angeklagte, *la rea* – die Angeklagte, *el romeu* – der Pilger, *la romeva* – die Pilgerin, aber auch: *romeua.*

Vgl. weitere Veränderungen besonders für substantivierte Adjektive im Kap. 11, § 134.2

4. An maskuline Substantive auf ***-e*** und ***-o*** wird zur Bildung des Feminins ebenfalls ein ***-a*** an den Stamm angefügt:

el moro	der Maure	- *la mora*	die Maurin
el monjo	der Mönch	- *la monja*	die Nonne
el sogre	der Schwieger-vater	- *la sogra*	die Schwieger-mutter
el mestre	der Meister/Lehrer	- *la mestra*	die Lehrerin
l'alumne	der Schüler	- *l'alumna*	die Schülerin
el deixeble	der Jünger/Schüler	- *la deixebla*	die Schülerin
el psiquiatre	der Psychiater	- *la psiquiatra*	die Psychiaterin

Anmerkung: Neben *mestra* ist auch *mestressa* gebräuchlich (vgl. auch § 15.10).

Beachte: Bei den Substantiven auf *-e* ist das Genus nur graphisch markiert; bei der Aussprache wird in beiden Fällen [ə] realisiert.

5. Bei den maskulinen Substantiven, die auf einen betonten Vokal enden, wird das Femininum mit ***-na*** gebildet:

el germà	der Bruder	- *la germana*	die Schwester
el cosí	der Cousin	- *la cosina*	die Cousine
el padrí	der Pate	- *la padrina*	die Patin
el degà	der Dekan	- *la degana*	die Dekanin

6. Maskuline Substantive auf ***-òleg*** bilden die feminine Form auf ***-òloga***:

el psicòleg	der Psychologe	- *la psicòloga*	die Psychologin
el sociòleg	der Soziologe	- *la sociòloga*	die Soziologin

7. Eine Reihe von maskulinen Substantiven erhalten das Suffix ***-essa*** zur Bildung der Feminina:

el comte	der Graf	- *la comtessa*	die Gräfin
el duc	der Herzog	- *la duquessa*	die Herzogin
el baró	der Baron	- *la baronessa*	die Baronin
el poeta	der Dichter	- *la poetessa*	die Dichterin
el sastre	der Schneider	- *la sastressa*	die Schneiderin
el jutge	der Richter	- *la jutgessa*	die Richterin
l'alcalde	der Bürger-meister	- *l'alcaldessa*	die Bürger-meisterin
el metge	der Arzt	- *la metgessa*	die Ärztin
el sacerdot	der Priester	- *la sacerdotessa*	die Priesterin
l'hoste	der Wirt	- *l'hostessa*	die Wirtin
l'abat	der Abt	- *l'abadessa*	die Äbtissin
el prior	der Prior	- *la prioressa*	die Priorin
el diable	der Teufel	- *la diablessa*	die Teufelin
el gegant	der Riese	- *la gegantessa*	die Riesin

Beachte: *el déu* – der Gott, *la deessa* – die Göttin

Anmerkung 1: Zur Bezeichnung von Frauen, die den Beruf der Ärztin, Richterin, Apothekarin usw. ausüben, werden heute zum Teil die Bildungen auf *-essa* verwendet, häufiger aber die Ableitung von der maskulinen Form lediglich auf *-a*, sodass mitunter zwei feminine Formen existieren: *La Maria era apotecariessa/apotecària però volia arribar a ser doctoressa/doctora.* – Maria war Apothekerin, doch sie wollte Ärztin werden. *Aviat em presentaran la consolessa/la cònsula.* – Bald wird man mir die Konsulin vorstellen. *La Imma és advocadessa/advocada.* – Imma ist Anwältin.

Anmerkung 2: Volkstümlich oder ironisch können die Formen auf *-essa* auch 'die Frau des ...' (z. B. *l'alcaldessa* - die Frau des Bürgermeisters) bedeuten.

8. Die Bezeichungen der männlichen und der weiblichen Person unterscheiden sich durch ein Suffix:

l'actor	der Schauspieler	- *l'actriu*	die Schauspielerin
l'emperador	der Kaiser	- *l'emperadriu*	die Kaiserin

l'institutor	der (Haus-)Lehrer/ Erzieher	- *l'institutriu*	die (Haus-)Lehrerin/Erzieherin
l'orfe	der Waise	- *l'òrfena*	die Waise
el rei	der König	- *la reina*	die Königin
l'heroi	der Held	- *l'heroïna*	die Heldin
el tsar	der Zar	- *la tsarina*	die Zarin
el príncep	der Fürst/Prinz	- *la princesa*	die Fürstin/ Prinzessin

Anmerkung: Ein anderes Suffix weisen auch die maskulinen Ableitungen von femininen Substantiven auf: *la dida* – die Amme, *el didot* – der Mann der Amme, *la bruixa* – die Hexe, *el bruixot* – der Zauberer/Hexenmeister.

9. Männliche und weibliche Personen können durch Substantive gleicher Form aber verschiedenen grammatischen Geschlechts bezeichnet werden, wenn diese auf *-ista*, *-cida*, *-aire* oder seltener *-ant/-(i)ent* enden:

a) Substantive auf ***-ista***:

el turista	der Tourist	- *la turista*	die Touristin
el periodista	der Journalist	- *la periodista*	die Journalistin
el taxista	der Taxifahrer	- *la taxista*	die Taxifahrerin
l'artista	der Künstler	- *l'artista*	die Künstlerin

b) Substantive auf ***-cida***:

l'homicida	der Mörder	- *l'homicida*	die Mörderin
l'infanticida	der Kindesmörder	- *la infanticida*	die Kindesmörderin

c) Substantive auf -***aire***:

el captaire	der Bettler	- *la captaire*	die Bettlerin
el drapaire	der Lumpensammler	- *la drapaire*	die Lumpensammlerin
el dansaire	der Tänzer	- *la dansaire*	die Tänzerin
el rondinaire	der Nörgler	- *la rondinaire*	die Nörglerin

d) seltener Substantive auf ***-ant/-(i)ent*** (vgl. § 15.2):

el cantant	der Sänger	- *la cantant*	die Sängerin
el pacient	der Patient	- *la pacient*	die Patientin

Beachte: Umgangssprachlich auch *la pacienta*

10. In wenigen Fällen (zumeist Verwandtschaftsgrade) werden die männlichen und weiblichen Personen durch maskuline und feminine Substantive mit verschiedenem Wortstamm bezeichnet:

el pare	der Vater	- *la mare*	die Mutter
l'home	der Mann	- *la dona*	die Frau
l'oncle	der Onkel	- *la tia*	die Tante
el gendre	der Schwiegersohn	- *la nora/jove*	die Schwiegertochter
el padrastre	der Stiefvater	- *la madrastra*	die Stiefmutter
el marit	der Ehemann	- *la muller*	die Ehefrau
l'amo	der Herr/Besitzer	- *la mestressa*	die Herrin/Besitzerin

Anmerkung: Sehr häufig werden für *oncle* und *tia* die Bezeichnungen *tiet* und *tieta* gebraucht. Bei *tio/tia* gilt es zu beachten, dass diese umgangssprachlich-familiär für 'Mann/Frau' oder 'Typ' stehen und oft abwertend gebraucht werden.

11. Bei den folgenden Substantiven sind die Bezeichnungen für die männliche und die weibliche Person identisch:

el col·lega	der Kollege	- *la col·lega*	die Kollegin
el testimoni	der Zeuge	- *la testimoni*	die Zeugin
el guia	der Reiseführer	- *la guia*	die Reiseführerin
el jove	der Jüngling	- *la jove*	das junge Mädchen
el recluta	der Rekrut	- *la recluta*	die Rekrutin

Die Bezeichnungen von männlichen und weiblichen Tieren 16

Im Katalanischen gibt es verschiedene Möglichkeiten, das weibliche Tier einer bestimmten Gattung vom männlichen zu unterscheiden.

1. Die Bezeichnungen für das männliche Tier und das weibliche Tier haben denselben Wortstamm, jedoch eine andere Endung (f. ***-a***). Endet das maskuline Substantiv auf betonten Vokal, so wird ***-na*** angefügt (vgl. § 15.5):

el mul	der Maulesel	- *la mula*	die Mauleselin
el gat	der Kater	- *la gata*	die Katze
el cérvol	der Hirsch	- *la cérvola*	die Hirschkuh
el lleó	der Löwe	- *la lleona*	die Löwin

2. Die Bezeichnungen für das männliche und das weibliche Tier haben zwar denselben Wortstamm, doch wird der stimmlose Stammauslaut stimmhaft (*k* ~ *g*, *p* ~*b*, *t* ~ *d*; vgl. § 15.3):

l'ànec	der Enterich	- *l'ànega*	die Ente
el llop	der Wolf	- *la lloba*	die Wölfin

3. Das männliche und das weibliche Tier werden durch verschiedene Wörter bezeichnet:

el cavall	das Pferd/der Hengst	- *l'egua/l'euga*	die Stute
el moltó	der Hammel	- *l'ovella*	das Schaf
el marrà	der Schafbock		
el porc	das Schwein	- *la truja*	die Sau
el boc	der Ziegenbock	- *la cabra*	die Ziege
l'ase	der Esel	- *la somera*	die Eselin
el bou/ toro/brau	der Stier/Ochse	- *la vaca*	die Kuh

Beachte: *el gall* – der Hahn, *la gallina* - das Huhn/die Henne

4. Bei sehr vielen Tieren gibt es im Katalanischen wie im Deutschen nur eine maskuline oder feminine Gattungsbezeichnung. Um das Männchen dennoch vom Weibchen zu unterscheiden, setzt man entweder ***mascle*** oder ***femella*** hinzu:

la girafa mascle	das Giraffenmännchen
el rossinyol mascle	das Nachtigallenmännchen
el pinsà femella	das Finkenweibchen
el lleopard femella	die Leopardin
la cadernera mascle	das Stieglitzmännchen
el pit-roig femella	das Rotkehlchenweibchen

17 Das Genus bei Bezeichnungen von Bäumen und Früchten

Die Namen von Pflanzen (Bäume, Sträucher und Kräuter) können sowohl maskulin als auch feminin sein.

1. Maskulin sind:

l'erable	der Ahorn
el freixe	die Esche
el til·ler	die Linde
el boix	der Buchsbaum
el bedoll	die Birke
el pi	die Pinie/Kiefer
el pollancre	die Erle/Schwarzpappel

Beachte: *l'acàcia*, f. – die Akazie

2. Die Namen von Früchten sind in der Regel feminin. Die Bäume, Sträucher oder Pflanzen bezeichnenden Kollektiva auf *-er* und *-erar* sind maskulin, während die Ableitungen auf *-eda*, *-ereda* oder *-osa* feminin sind.

a) die Ableitungen auf *-er* und *-era* sind beide geläufig:

la nou	die Walnuss	*la noguera/ el noguer*	der Walnussbaum
la poma	der Apfel	*la pomera/ el pomer*	der Apfelbaum
la pera	die Birne	*la perera/ el perer*	der Birnbaum
la pruna	die Pflaume	*la prunera/ el pruner*	der Pflaumenbaum
el préssec	der Pfirsich	*la presseguera/ el presseguer*	der Pfirsichbaum
l'oliva, f.	die Olive	*l'olivera/l'oliver*	der Olivenbaum
la móra	die (schwarze) Maulbeere/ Brombeere	*la morera/ el morer*	der Maulbeerbaum
el dàtil	die Dattel	*la datilera/ el datiler*	die Dattelpalme

b) nur die Ableitung auf *-era* ist gebräuchlich:

la figa	die Feige	*la figuera*	der Feigenbaum
l'espàrrec, m.	der Spargel	*l'esparreguera*	die Spargelpflanze
la fava	die Bohne	*la favera*	der Bohnenstrauch
l'alfàbrega	das Basilikum	*l'alfabreguera*	das Basilikumkraut
la maduixa	die Erdbeere	*la maduixera*	die Erdbeerpflanze

Merke auch: *la palmera* – die Palme, *la serbera* – die Eberesche

Beachte: *l'esbarzer*, m./*la romeguera* – der Brombeerstrauch

c) nur die Ableitung auf *-er* wird verwendet:

la cirera	die Kirsche	*el cirerer*	der Kirschbaum
la taronja	die Orange	*el taronger*	der Orangenbaum
la castanya	die Kastanie	*el castanyer*	der Kastanienbaum
l'ametlla	die Mandel	*l'ametller*	der Mandelbaum
l'albercoc, m.	die Aprikose	*l'albercoquer*	der Aprikosenbaum
la llimona	die Zitrone	*el llimoner*	der Zitronenbaum

3. Unterschiedliche Bezeichnungen für die Früchte und die entsprechenden Bäume, bei denen zum Teil das Genus wechselt, weisen auf:

el raïm	die Weinbeere/ -traube	*la vinya*	der Weinstock
la faja	die Buchecker	*el faig*	die Buche
la pinya	die Ananas	*l'ananàs*, m.	der Ananasstrauch

4. Die Bezeichnung von Frucht und Pflanze stimmt überein:

el mirtil	die Heidelbeere/ der Heidelbeerstrauch
la grosella	die Johannisbeere/ der Johannisbeerstrauch

18 Gleichlautende Substantive mit unterschiedlichem Genus und unterschiedlicher Bedeutung

el canal	der Kanal	*la canal*	die Leitung
el capital	das Kapital	*la capital*	die Hauptstadt
el clau	der Nagel	*la clau*	der Schlüssel
el còlera	die Cholera	*la còlera*	der Zorn
el coma	das Koma	*la coma*	das Komma
el cremallera	die Zahnradbahn	*la cremallera*	der Reißverschluss
el delta	das (Fluss-)Delta	*la delta*	Delta (Buchstabe)
l'editorial, m.	der Leitartikel	*l'editorial*, f.	der Verlag
el fi	der Zweck	*la fi*	das Ende
el guia	der Reiseführer (Person)	*la guia*	der Reiseführer (Buch)
el llum	die Leuchte/Lampe	*la llum*	das Licht
l'ordre, m.	die Ordnung	*l'ordre*, f.	der Befehl
el planeta	der Planet	*la planeta*	das Schicksal
el pols	der Puls	*la pols*	der Staub
el post	der Posten	*la post*	das Brett
el pudor	die Scham	*la pudor*	der Gestank
el regne	das Königreich	*la regne*	der Zügel
el salut	der Gruß	*la salut*	die Gesundheit
el son	der Schlaf	*la son*	die Müdigkeit
el talent	das Talent	*la talent*	der Hunger/Appetit
el terra	der (Fuß-)Boden	*la terra*	die Erde/das Land
el vall	der Graben	*la vall*	das Tal

Beispiele:

Apaga el llum.	Mach das Licht/die Lampe aus.
la llum del dia	das Tageslicht
El món és una vall de llàgrimes.	Die Welt ist ein Tal der Tränen.
Han fet un vall per a la conducció de l'aigua.	Sie haben einen Graben für das Wasser gezogen.
Ara li ve la son.	Jetzt wird er müde.
Té el son fort.	Er hat einen tiefen Schlaf.
L'editorial d'avui és força crític.	Der heutige Leitartikel ist sehr kritisch.
L'ha publicat en una editorial ben coneguda.	Er hat es in einem wohl bekannten Verlag veröffentlicht.
El metge pren el pols al malalt.	Der Arzt fühlt dem Kranken den Puls.
Hem de treure la pols dels mobles.	Wir müssen den Staub von den Möbeln wischen.

Paare maskuliner und femininer Substantive mit unterschiedlicher Endung und unterschiedlicher Bedeutung 19

el banc	die Bank/die Sitzbank	*la banca*	der Hocker
el bot	der Schlauch	*la bóta*	das Fass
el coll	der Hals	*la colla*	die Gruppe
el cost	die Kosten	*la costa*	die Küste
el cuc	der Wurm	*la cuca*	das Insekt/Tierchen
l'estat	der Stand/Staat	*l'estada*	der Aufenthalt
el forc	die Spanne	*la forca*	die Gabel
el mill	die Hirse	*la milla*	die Meile
el moll	das Mark/die Mole	*la molla*	die Krume
el parell	das Paar	*la parella*	das Paar/Pärchen
el port	der Hafen	*la porta*	die Tür
el pot	der Topf	*la pota*	die Pfote
el traç	der Strich	*la traça*	die Spur/das Geschick
el tron	der Thron	*la trona*	die Kanzel/der Kindersessel
el tub	die Röhre	*la tuba*	die Tuba
el vel	der Schleier	*la vela*	das Segel

20 Paare maskulin und feminin gebrauchter Substantive ohne Bedeutungsunterschied

Folgende Paare maskuliner und femininer Substantive werden ohne Bedeutungsunterschied gebraucht:

l'art, m./f.	die Kunst
el/la fantasma	das Phantom/Phantasma
l'èmfasi, m./f.	der Nachdruck
el/la mar	das Meer

21 Paare maskuliner und femininer Substantive mit unterschiedlicher Endung und geringem Bedeutungsunterschied

Folgende Paare maskuliner und femininer Substantive weisen einen geringen Bedeutungsunterschied auf. In den meisten Fällen bezeichnet das Femininum das Augmentativ:

l'anell	der Ring	*l'anella*	das Kettenglied/der Griff
el cistell	der Korb	*la cistella*	der große Korb
el fruit	die Frucht/der Nutzen	*la fruita*	das Obst
el full	das Blatt (Papier)	*la fulla*	das Blatt (am Baum)
el ganivet	das Messer	*la ganiveta*	das Hackmesser
el gerro	die Vase	*la gerra*	der Krug
l'hort, m.	der Garten	*l'horta*, f.	das Gartenland
el pal	der Stab	*la pala*	die Schaufel
el pla	die Fläche/der Plan	*la plana*	die Ebene
el prat	die Weide	*la prada*	die Wiese
el roc	der Stein	*la roca*	der Fels

No menges fruita?	Isst du kein Obst?
el fruit del seu treball	die Früchte seiner Arbeit
Dóna'm un full (de paper).	Gib mir ein Blatt Papier.
Els arbres han perdut totes les fulles.	Die Bäume haben alle Blätter verloren.

Anmerkung: Ohne Bedeutungsunterschied werden verwendet: *el rajol/la rajola* – die Fliese/der Ziegel, *el papalló/la papallona* – der Schmetterling, *l'oronell/l'oronella* – die Schwalbe.

Substantive mit Genusschwankungen

Bei folgenden Substantiven treten in der weniger gepflegten Umgangssprache häufig Unsicherheiten hinsichtlich ihres Genus auf.

Maskulin sind:

l'avantatge	der Vorteil
el compte	die Rechnung
el corrent	der Strom
el costum	der Brauch
el deute	die Schulden
el dubte	der Zweifel
el fel	die Galle
el front	die Stirn
el llegum	die Hülsenfrucht
el pendent	der (Ab)Hang
el senyal	das Zeichen

Feminin sind:

l'anàlisi	die Analyse
l'aroma	das Aroma
la calor	die Wärme/Hitze
la dent	der Zahn
l'olor	der Duft
la pols	der Staub
la resplendor	der Glanz
la resta	der Rest
la suor	der Schweiß
la vall	das Tal
la xocolata	die Schokolade

Beispiele:

el corrent elèctric	der elektrische Strom
un costum antic	ein alter Brauch
Fa bona olor.	Es riecht gut.
una anàlisi negativa	eine negative Analyse
un pendent cobert de neu	ein mit Schnee bedeckter Hang

23 Ähnlich lautende Substantive mit unterschiedlichem Genus im Katalanischen und Deutschen

l'anunci, m.	die Annonce	*el control*	die Kontrolle
l'aroma, f.	das Aroma	*l'espionatge*, m.	die Spionage
el balanç	die Bilanz	*el front*	die Front
el bilió	die Billion	*el garatge*	die Garage
el cigar	die Zigarre	*el gest*	die Geste
la col	der Kohl	*el grill*	die Grille
el còlic	die Kolik	*el grup*	die Gruppe
el còmic	die Komik	*el guarda-roba*	die Garderobe
la consonant	der Konsonant	*la marxa*	der Marsch
el massatge	die Massage	*la protesta*	der Protest
el meló	die Melone	*la resta*	der Rest
el mètode	die Methode	*la ruïna*	der Ruin
el milió	die Million	*la sal*	das Salz
el minut	die Minute	*la sala*	der Saal
el nas	die Nase	*el segon*	die Sekunde
l'oasi, m.	die Oase	*la tarifa*	der Tarif
el passatge	die Passage	*el violí*	die Violine
el porus	die Pore	*la vocal*	der Vokal

Der Numerus (el nombre)

Wie im Deutschen gibt es auch im Katalanischen den Singular (el singular) und den Plural (el plural). Das Zeichen des Plurals ist im Allgemeinen ein *-s*, das an den Singular angehängt wird. Es lassen sich zwei Haupttypen unterscheiden: 1) Bildungen auf *-s* und 2) Bildungen auf *-os*.

24 Die Pluralbildung auf *-s*

Beim ersten Haupttyp lassen sich folgende Gruppen unterscheiden.

1. Die meisten Wörter bilden den Plural auf ***-s***. Dazu gehören:

Substantive, die auf einen unbetonten Vokal (außer *-a*) enden, fügen im Plural ein ***-s*** an:

el pare	der Vater	*els pares*	die Väter
el remei	das Hilfsmittel	*els remeis*	die Hilfsmittel
el mosso	der Junge/Diener	*els mosses*	die Jungen/Diener

el llibre	das Buch	*els llibres*	die Bücher
l'individu	das Individuum	*els individus*	die Individuen
la moto	das Motorrad	*les motos*	die Motorräder
la ràdio	das Radio	*les ràdios*	die Radios
el metro	die U-Bahn	*els metros*	die U-Bahnen

Die meisten Substantive, die auf Konsonant enden (außer *-ç*, *-x*, *-sc*, *-st*, *-tx*, *-xt* und *-s*), bilden den Plural auf ***-s***:

l'any	das Jahr	*els anys*	die Jahre
el bec	der Schnabel	*els becs*	die Schnäbel
el diàleg	der Dialog	*els diàlegs*	die Dialoge
l'esnob	der Snob	*els esnobs*	die Snobs
el nen	das Kind	*els nens*	die Kinder
el pal	der Pfahl	*els pals*	die Pfähle
la paret	die Wand	*les parets*	die Wände
el pilar	der Pfeiler	*els pilars*	die Pfeiler
el record	die Erinnerung	*els records*	die Erinnerungen
la serp	die Schlange	*les serps*	die Schlangen

Beachte: Das stumme End-*r* wird auch im Nexus *-rs* nicht mitgesprochen, so: *el color* [kulo̲] – die Farbe, *els colors* [kulo̲s] – die Farben.

2. Substantive, die nicht endbetont sind und im Singular auf unbetontes ***-a*** enden, haben im Plural ***-es***. Dabei kann es zu orthographischen Veränderungen kommen.

Keine orthographische Veränderung verzeichnen:

la casa	das Haus	*les cases*	die Häuser
el dia	der Tag	*els dies*	die Tage
el problema	das Problem	*els problemes*	die Probleme
la noia	das Mädchen	*les noies*	die Mädchen
la farmàcia	die Apotheke	*les farmàcies*	die Apotheken

Orthographische Veränderungen entstehen in folgenden Fällen:

- Substantive auf ***-ca/-ga*** bilden den Plural auf ***-ques/-gues***:

l'oca	die Gans	*les oques*	die Gänse
la boca	der Mund	*les boques*	die Münder
el col·lega	der Kollege	*els col·legues*	die Kollegen
l'amiga	die Freundin	*les amigues*	die Freundinnen

- Substantive auf ***-qua/-gua*** bilden den Plural auf ***-qües/-gües***:

la llengua	die Sprache	*les llengües*	die Sprachen
la pasqua	Ostern	*les pasqües*	Ostern

Beachte: *estar content com unes pasqües* – sich wie ein Kind/Schneekönig freuen

- Substantive auf -***ça/-ja*** bilden den Plural auf ***-ces/-ges***:

la plaça	der Platz	*les places*	die Plätze
la pluja	der Regen	*les pluges*	die Regenfälle
la corretja	der Riemen	*les corretges*	die Riemen
la platja	der Strand	*les platges*	die Strände

3. Substantive, die im Singular auf betonten Vokal enden, bilden den Plural entweder durch das Anfügen von ***-ns*** oder nach der allgemeinen Regel durch das Anfügen von ***-s***.

Bei den meisten Substantiven wird ***-ns*** angefügt:

el pa	das Brot	*els pans*	die Brote
el camí	der Weg	*els camins*	die Wege
el botó	der Knopf	*els botons*	die Knöpfe
el capità	der Kapitän	*els capitans*	die Kapitäne
el vi	der Wein	*els vins*	die Weine
el maniquí	das Mannequin	*els maniquins*	die Mannequins

Einige Substantive bilden den Plural auf ***-s***:

- die Namen der Buchstaben (*la a - les as*, *la be - les bes*, *la ce - les ces*, *la de - les des*);
- die Namen der Noten (*el do - els dos*, *el re - els res*, *el mi - els mis*, *el fa - els fas*);
- substantivierte unveränderliche Wörter (*el perquè - els perquès*, *el sí - els sís*, *el però - els peròs*, *el no - els nos*);
- das Pronomen *vostè* (*vostè - vostès*).

- einige Substantive, die zumeist aus dem Französischen entlehnt sind, wie z. B.:

el bisturí	das Skalpell	*els bisturís*	die Skalpelle
el cafè	der Kaffee	*els cafès*	die Kaffees
el cautxú	der Kautschuk	*els cautxú*	die Kautschuke
el clixé	das Klischee	*els clixés*	die Klischees
el consomé	die Kraftbrühe	*els consomés*	die Kraftbrühen
l'esquí	der Schi	*els esquís*	die Schier
el jaqué	der Frack	*els jaqués*	die Fräcke
la mamà	die Mama	*les mamàs*	die Mamas
el menú	die Speisekarte	*els menús*	die Speisekarten
la mercè	die Gnade	*les mercès*	die Gnaden
el pagaré	der Wechsel	*els pagarés*	die Wechsel
el papà	der Papa	*els papàs*	die Papas
el puré	das Püree	*els purés*	die Pürees
el quinqué	die Öllampe	*els quinqués*	die Öllampen
el sofà	das Sofa	*els sofàs*	die Sofas
el te	der Tee	*els tes*	die Tees

Die Pluralbildung auf *-os* 25

Beim zweiten Haupttyp lassen sich folgende Gruppen unterscheiden.

1. Endbetonte Substantive, die auf ***-ç***, ***-s***, ***-x*** (bzw. *-ix*) und ***-tx*** enden, bilden den Plural durch Anfügen von ***-os***. Dabei gilt es zwischen den Substantiven zu unterscheiden, deren Endkonsonant keine Ausspracheveränderung durchläuft, und denen, deren stimmloses ***s*** am Ende im Plural stimmhaft gesprochen wird.

a) Keine Ausspracheveränderung erfolgt bei:

el braç	der Arm	*els braços*	die Arme
el complex	der Komplex	*els complexos*	die Komplexe
el despatx	das Büro	*els despatxos*	die Büros
l'esforç	die Anstrengung	*els esforços*	die Anstrengungen
el curs	der Kurs	*els cursos*	die Kurse
el pols	der Puls	*els polsos*	die Pulsschläge
el vals	der Walzer	*els valsos*	die Walzer
el vers	der Vers	*els versos*	die Verse
l'esquitx	der Spritzer/ Knirps	*els esquitxos*	die Spritzer/Knirpse
el peix	der Fisch	*els peixos*	die Fische
el sufix	das Suffix	*els sufixos*	die Suffixe

Bei folgenden Substantiven und vielen anderen wird das Stamm-*s* im Plural stimmhaft ausgesprochen:

l'avís	die Bekanntmachung	*els avisos*	die Bekanntmachungen
el cas	der Fall	*els casos*	die Fälle
l'espòs	der Ehemann	*els esposos*	die Ehemänner
el mas	das Gehöft	*els masos*	die Gehöfte
el mes	der Monat	*els mesos*	die Monate
el país	das Land	*els països*	die Länder
el pis	die Wohnung	*els pisos*	die Wohnungen
l'ús	der Gebrauch	*els usos*	die Bräuche

2. Einige maskuline Substantive auf ***-s***, die auf der letzten Silbe betont werden, bilden den Plural auf ***-os***. Dabei bleibt das -*s* nach Vokal stimmlos und wird deshalb in der Graphie verdoppelt:

el cos	der Körper	*els cossos*	die Körper
el congrés	der Kongress	*els congressos*	die Kongresse
el fracàs	die Niederlage	*els fracassos*	die Niederlagen
el nas	die Nase	*els nassos*	die Nasen
el succés	das Ereignis	*els successos*	die Ereignisse
el tapís	der Wandteppich	*els tapissos*	die Wandteppiche
el tros	das Stück	*els trossos*	die Stücke

3. Eine Reihe von Substantiven folgt nicht diesen Regeln und bildet den Plural auf ***-s***. Ihre Aussprache bleibt also unverändert. Dazu gehören:

Nichtendbetonte Substantive:

l'índex	der Index	*els índexs*	die Indizes
l'apèndix	der Appendix	*els apèndixs*	die Appendizes

Endbetonte Substantive:

la falç	die Sichel	*les falçs*	die Sicheln
la calç	der Kalk	*les calçs*	die Kalkschichten

26 Einige Besonderheiten der Pluralbildung

1. Substantive, die auf ***-sc***, ***-st*** und ***-xt*** enden, bilden den Plural durch Anfügen von ***-s***. Diese Form wird jedoch fast ausschließlich in der Schriftsprache verwendet, wohingegen in der gesprochenen Sprache der Plural auf ***-os*** gebildet wird. Beide Formen sind schriftsprachlich:

el bosc	der Wald	*els boscs/boscos*	die Wälder
el casc	der Helm	*els cascs/cascos*	die Helme
el disc	die Schallplatte	*els discs/discos*	die Schallplatten
el gust	der Geschmack	*els gusts/gustos*	die Geschmäcker
el pretext	der Vorwand	*els pretexts/pretextos*	die Vorwände
el risc	das Risiko	*els riscs/riscos*	die Risiken
el rusc	der Bienenkorb	*els ruscs/ruscos*	die Bienenkörbe
el test	der Blumentopf	*els tests/testos*	die Blumentöpfe
el text	der Text	*els texts/textos*	die Texte

Anmerkung: Feminine Substantive auf *-st* bilden den Plural nicht auf *-os*, sondern auf *-s*: *la post* – das Brett, *les posts* – die Bretter, *la host* – das Heer, *les hosts* – die Heere.

2. Die Substantive, die auf ***-ig*** enden, bilden in der Regel den Plural auf ***-igs***. Viele von ihnen haben jedoch noch eine zweite, als weniger hochsprachlich angesehene, aber häufig gebräuchlichere Pluralform auf ***-os***, die zugleich graphische Veränderungen (*-jos*) aufweist:

el desig	der Wunsch	*els desigs/desitjos*	die Wünsche
l'enuig	der Ärger	*els enuigs/enutjos*	die Ärgernisse
el faig	die Buche	*els faigs/fajos*	die Buchen
el goig	die Freude	*els goigs/gotjos*	die Freuden
el mig	die Mitte/Hälfte	*els migs/mitjos*	die Hälften
el passeig	der Spaziergang	*els passeigs/passejos*	die Spaziergänge
el raig	der Strahl	*els raigs/rajos*	die Strahlen

Unveränderliche Substantive 27

1. Unverändert bleiben einige Substantive, die bereits im Singular auf ***-s*** auslauten:

el fons	der Boden	*els fons*	die Böden
el globus	der Globus	*els globus*	die Globusse
la ics	das X	*les ics*	die X
el llapis	der Bleistift	*els llapis*	die Bleistifte
l'òmnibus	der Omnibus	*els òmnibus*	die Omnibusse
la pols	der Staub	*les pols*	die Staubwolken
la plebs	der Pöbel	*les plebs*	der Pöbel
el temps	die Zeit	*els temps*	die Zeiten
el tipus	der Typ	*els tipus*	die Typen

Beachte: Die Namen der Wochentage (außer *dissabte* und *diumenge* sind unveränderlich, so (*el*) *dimarts* – der Dienstag, *el*(*s*) *dimarts* – dienstags (vgl. § 38.5).

2. Nicht verändert werden Familiennamen: *els Vayreda* – die Vayredas, *els Pujol* – die Pujols.

28 Sonderbedeutungen katalanischer Pluralformen

Die folgenden maskulinen Substantive können im Plural Mann und Frau bezeichnen:

l'avi	der Großvater	*els avis*	die Großeltern
el fill	der Sohn	*els fills*	die Kinder
el pare	der Vater	*els pares*	die Eltern
el rei	der König	*els reis*	das Königspaar

29 Der Plural zusammengesetzter Substantive

Die zusammengesetzten Substantive folgen entsprechend ihrer Bedeutung zum Teil den Regeln der Pluralbildung einfacher Substantive, zum Teil anderen Regeln. In folgenden Zusammensetzungen wird wie bei einfachen Substantiven nur der letzte Bestandteil verändert:

1. Substantiv + Substantiv (zusammengeschrieben):

la coliflor	der Blumenkohl	*les coliflors*	die Blumenkohlköpfe
el filferro	der Draht	*els filferros*	die Drähte
el ferrocarril	die Eisenbahn	*els ferrocarrils*	die Eisenbahnen
el llirijonc	die Gladiole	*els llirijoncs*	die Gladiolen

2. Substantiv + Adjektiv (zusammengeschrieben, mit oder ohne Bindestrich):

l'aiguafort	die Radierung	*els aiguaforts*	die Radierungen
el celobert	der Lichthof	*els celoberts*	die Lichthöfe
el capgròs	die Kaulquappe	*els capgrosses*	die Kaulquappen
el pit-roig	das Rotkehlchen	*els pit-roigs*	die Rotkehlchen
la ratapinyada/ el ratpenat	die Fledermaus	*les ratapinyades/ els ratpenats*	die Fledermäuse

3. Adjektiv + Substantiv (zusammengeschrieben):

la bonaventura	das Glück	*les bonaventures*	die Glückssträhne
el curtcircuit	der Kurzschluss	*els curtcircuits*	die Kurzschlüsse
el gentilhome	der Edelmann	*els gentilhomes*	die Edelmänner
el migdia	der Mittag	*els migdies*	die Mittage
la mitjalluna	das Hackmesser	*les mitjallunes*	die Hackmesser

4. Verb + Substantiv (mit oder ohne Bindestrich):

el gira-sol	die Sonnenblume	*els gira-sols*	die Sonnenblumen
el gratacel	der Wolkenkratzer	*els gratacels*	die Wolkenkratzer
el parabrisa	die Windschutzscheibe	*els parabrises*	die Windschutzscheiben
el paraigua	der Regenschirm	*els paraigües*	die Regenschirme
el para-sol	der Sonnenschirm	*els para-sols*	die Sonnenschirme
el passaport	der Reisepass	*els passaports*	die Reisepässe
el portaveu	der Lautsprecher	*els portaveus*	die Lautsprecher

Beachte: *l'eixugamà/l'eixugamans* – das Handtuch, *els eixugamans* – die Handtücher

5. Präposition/Adverb + Substantiv:

l'avantbraç	der Unterarm	*els avantbraços*	die Unterarme
l'avantprojecte	der Entwurf	*els avantprojectes*	die Entwürfe
la sempreviva	die Immortelle	*les semprevives*	die Immortellen

6. Weitere Zusammensetzungen wie:

el cul-de-sac	die Sackgasse	*els cul-de-sacs*	die Sackgassen
el maldecap	das Kopfzerbrechen	*els maldecaps*	die Sorgen
el quefer	die Beschäftigung	*els quefers*	die Beschäftigungen
el rebesavi	der Ururgroßvater	*els rebesavis*	die Ururgroßväter
el vaivé	das Hin und Her	*els vaivens*	das ständige Hin und Her

Nur der **erste** Bestandteil des zusammengesetzten Ausdrucks wird verändert, wenn zwei Substantive (auch mit Präposition) unverbunden nebeneinander stehen:

el cop d'ull	der Blick	*els cops d'ull*	die Blicke
el cuc de seda	die Seidenraupe	*els cucs de seda*	die Seidenraupen
el mal de cap	der Kopfschmerz	*els mals de cap*	die Kopfschmerzen
el paper moneda	das Papiergeld	*els papers moneda*	die Geldscheine
l'ull de poll	das Hühnerauge	*els ulls de poll*	die Hühneraugen
el vagó llit	der Schlafwagen	*els vagons llit*	die Schlafwagen

Beide Bestandteile werden verändert, wenn Adjektiv + Substantiv oder Substantiv + Adjektiv unverbunden nebeneinander stehen:

el baix relleu	das Flachrelief	*els baixos relleus*	die Flachreliefs
la targeta postal	die Postkarte	*les targetes postals*	die Postkarten

Unverändert bleiben Zusammensetzungen,

1. wenn in der Kombination Verb + Substantiv das Substantiv bereits im Plural steht:

el parallamps	der Blitzableiter	*els parallamps*	die Blitzableiter
el para-xocs	die Stoßstange	*els para-xocs*	die Stoßstangen
el portamonedes	das Portemonnaie	*els portamonedes*	die Portemonnaies
el salvavides	der Rettungsring	*els salvavides*	die Rettungsringe
el somiatruites	der Träumer	*els somiatruites*	die Träumer

2. wenn in der Kombination Substantiv + Substantiv beide im Plural stehen:

el vetesifils	der Kurzwarenhändler	*els vetesifils*	die Kurzwarenhändler
el plats-i-olles	der Geschirrhändler	*els plats-i-olles*	die Geschirrhändler

3. wenn sie aus Numeral + Substantiv im Plural bestehen:

el centcames	der Tausendfüßler	*els centcames*	die Tausendfüßler
el milhomes	der Tausendsassa	*els milhomes*	die Tausendsassa
el trespeus	der Dreifuß	*els trespeus*	die Dreifüße
el setciències	der Neunmalkluge	*els setcièn-cies*	die Neunmalklugen

Numerusunterschiede zwischen deutschen und katalanischen Substantiven 30

1. Nur im Singular werden im Katalanischen gebraucht:

la gent	die Leute
el raïm	die Weintraube(n)
la varicel·la	die Windpocken
la rosa	die Röteln
el xarampió	die Masern
el cost de la vida	die Lebenshaltungskosten

Merke auch: *la mà d'obra* die Arbeitskraft/die Arbeitskräfte

2. Nur im Plural werden im Katalanischen gebraucht:

els afores	die Umgebung, die Außenbezirke
les postres	die Nachspeise
les ulleres	die Brille
els molls	die Feuerzange
les tisores	die Schere
els enagos	der Unterrock
els calçotets	die (Männer)Unterhose
les calces/les bragues	die (Damen)Unterhose
els voltants	die Umgebung

Die Struktur der Nominalgruppe 31

Substantive können allein stehen oder sich mit anderen Wortarten, präpositionalen Fügungen oder Relativsätzen zu mehr oder weniger umfangreichen Nominalgruppen verbinden.

Nominalgruppen können bestehen aus:

1. einem Eigennamen bzw. dem persönlichen Artikel + Eigenname: *Villalonga, la Maria* (mit den entsprechenden Einschränkungen zum Artikelgebrauch; vgl. Kap. 3, § 43);

2. einer Form des bestimmten Artikels oder des unbestimmten Artikels (vgl. Kap. 3) + Substantiv: *la noia* – das Mädchen, *una noia* – ein Mädchen;

3. einem Demonstrativadjektiv (vgl. Kap. 4) + Substantiv: *aquesta gent* – diese Leute;

4. einem Possessivadjektiv (vgl. Kap. 5) + Substantiv: *els nostres avantpassats* – unsere Vorfahren (zum Artikelgebrauch vgl. § 38.14), *mon pare* – mein Vater;

5. einem Indefinitadjektiv (vgl. Kap. 6) + Substantiv: *alguns nois* – einige Jungen;

6. einem Zahlwort (vgl. Kap. 7) + Substantiv: *vint anys* – zwanzig Jahre;

7. einem Interrogativadjektiv (vgl. Kap. 8) + Substantiv: *quant sucre*? – wie viel Zucker?, *quin llibre*? – welches Buch?;

8. einem Exklamationsadjektiv (vgl. Kap. 8) + Substantiv: *quina llàstima*! – wie schade!, *quina alegria*! – welch eine Freude!;

9. einem Adjektiv + Substantiv bzw. einem Substantiv + Adjektiv (vgl. Kap. 11) oder auch Substantiv + Partizip (vgl. Kap. 16): *aigua freda* – kaltes Wasser, *pantalons estripats* – zerissene Hosen;

10. einem Substantiv + präpositionaler Fügung (vgl. Kap. 24): *noies d'ulls verds* – Mädchen mit grünen Augen;

11. einem Substantiv + einem Relativsatz (vgl. Kap. 10): *nois que parlen bé el català* – Jungen, die gut Katalanisch sprechen;

12. einem Substantiv + Apposition (Ergänzung durch eine weitere Nominalgruppe): *mon germà, un noi ben plantat* – mein Bruder, ein gut aussehender Junge.

Ein Substantiv kann mehrere der aufgezählten Wortarten zu sich nehmen und außerdem durch eine präpositionale Fügung oder durch einen Relativsatz erweitert werden:

uns quants gats tranquils	ein paar ruhige Katzen
Quina flor més bella!	Was für eine schöne Blume!

la quarta part d'una taronja	der vierte Teil einer Apfelsine
un xicot jove, simpàtic i intel·ligent	ein junger, sympathischer und intelligenter Bursche
totes tres noies que vaig veure	alle drei Mädchen, die ich gesehen habe

Den Kern einer Nominalgruppe bildet gewöhnlich ein Substantiv oder ein Eigenname, doch können auch andere Wortarten seinen Platz einnehmen und substantiviert werden. So kann es ersetzt werden durch:

1. ein Adjektiv (substantiviert mit Hilfe des neutralen Artikels, vgl. Kap. 3, § 40): *el vermell de les seves galtes* – das Rot ihrer Wangen.

2. einen Infinitiv (vgl. Kap. 18): *El menjar d'aquest restaurant és excel·lent.* – Das Essen dieses Restaurants ist ausgezeichnet.

3. ein Possessivpronomen (vgl. Kap. 5): *El seu funciona millor que cap.* – Seins geht besser als irgendeines.

4. ein Demonstrativpronomen (vgl. Kap. 4): *Això és el que vol.* – Das ist es, was er will.

5. ein Indefinitpronomen (vgl. Kap. 6): *Tothom hi va anar.* – Alle sind hingegangen.

6. ein Interrogativpronomen (vgl. Kap. 8): *Quants sou?* – Wie viele seid ihr?

7. ein Relativpronomen (vgl. Kap. 10): *Qui no vulgui pols que no vagi a l'era.* – Wer keinen Staub will, gehe nicht zur Tenne. (Wer den Sturm nicht will, darf keinen Wind säen.)

8. ein Zahlwort (mit dem entsprechenden Artikel; vgl. Kap. 7): *El segon és el millor.* – Der Zweite ist der bessere.

9. ein betontes Personalpronomen (vgl. Kap. 9): *Nosaltres no hem anat mai a Catalunya.* – Wir, wir waren noch nie in Katalonien.

32 Die Funktionen der Nominalgruppe im Satz

Die Nominalgruppe (zur Stellung vgl. Kap. 25) kann im Satz erscheinen als:

1. Subjekt: *El pare treballa.* – Der Vater arbeitet.

2. direktes Objekt: *Has vist el pare?* – Hast du den Vater gesehen?

3. indirektes Objekt: *Ja he escrit al pare.* – Ich habe dem Vater bereits geschrieben.

4. Präpositionalobjekt: *Sempre parlem del pare.* – Wir sprechen immer vom Vater.

5. adverbiale Ergänzung: *En el seu pare veia la personificació de la bondat.* – In seinem Vater sah er die personifizierte Güte.

6. prädikative Ergänzung: *En Jaume és pare de tres noies.* – Jaume ist Vater von drei Mädchen.

Kapitel 3 Der Artikel (L'article)

Übersicht über die Formen des bestimmten Artikels, des unbestimmten Artikels und des persönlichen Artikels (les formes de l'article definit, indefinit i personal) 33

Artikel	Numerus	maskulin	feminin
bestimmter Artikel	Singular	*el, l'*	*la, l'*
	Plural	*els*	les
unbestimmter Artikel	Singular	*un*	*una*
	Plural	*uns*	*unes*
persönlicher Artikel	Singular	*el (en), l' (n')*	*la, l'*

Vgl. § 43 für weitere Formen des persönlichen Artikels

Der bestimmte Artikel (l'article definit) 34

1. Der bestimmte Artikel ist unbetont und wird dem von ihm bestimmten Wort vorangestellt:

Em va dur la bossa.	Er brachte mir die Tasche.
L'estació del metro?	Zur U-Bahn-Haltestelle?
Es renta les mans.	Er wäscht sich die Hände.

2. Vor Konsonant ist der maskuline Artikel im Singular ***el***; vor Vokal oder *h* steht ***l'***. Im Plural wird immer ***els*** gebraucht:

el pare	der Vater	*els llibres*	die Bücher
l'oncle	der Onkel	*els arbres*	die Bäume
l'home	der Mensch	*els ocells*	die Vögel
l'avi	der Großvater		

Anmerkung 1: Bei halbkonsonantischem Anlaut wird nicht *l'* verwendet, sondern *el*; z. B. *el iambe* – der Jambus, *el iode* – das Jod, *el iogurt* – der Joghurt, *el iot* – die Jacht, *el hiat*(*us*) – der Hiat.

Anmerkung 2: Unsicherheiten hinsichtlich der Apostrophierung treten vor allem bei Neologismen (in den meisten Fällen sind es Anglizismen) auf, die in der Herkunftssprache mit den Konsonantenverbindungen *sc-*, *sn-*, *sp-*, *st-*, *sl-* und *sr-* beginnen und im Katalanischen ein prothetisches e- [ə] (Stützvokal) erhalten. Dabei ist zu beachten, dass der Stützvokal in der Aussprache immer eingeschoben wird, was orthographisch korrekt so aussieht: *l'estàndard* – der Standard, *l'estand* – der Stand, *l'estrès* – der Stress, *l'eslògan* – der Slogan.

Anmerkung 3: Ein Apostroph steht auch vor Numeralia, wenn sie mit Vokal beginnen, so *l'11 de setembre* (*l'onze*) – der 11. September.

3. Der feminine Artikel ***la*** wird vor Konsonant und unbetontem *u* oder *i* bzw. *h* und *u* oder *i* gebraucht. ***L'*** steht vor Vokal oder *h*, ausgenommen unbetontes (*h*)*i* und (*h*)*u*. Im Plural wird immer ***les*** verwendet:

la mare	die Mutter	*la universitat*	die Universität
l'aigua	das Wasser	*la història*	die Geschichte
l'illa	die Insel	*les àvies*	die Großmütter
l'ungla	der Fingernagel	*les noies*	die Mädchen
l'hora	die Stunde	*les preguntes*	die Fragen

Anmerkung 1: Die graphische Regel wird in der gesprochenen Sprache zumeist nicht beachtet oder sogar umgekehrt. So sagt man z. B. *la Índia* statt *l'Índia* – Indien, *l'universitat* statt *la universitat* – die Universität, *la orella* statt *l'orella* – das Ohr. Die Aussprache schwankt hier jedoch.

Anmerkung 2: Der feminine Artikel *la* bleibt vor den Bezeichnungen der Vokale erhalten; z. B. *la e* – das e, *la o* – das o, *la u* – das u.

Anmerkung 3: Der feminine Artikel in der Vollform erscheint u. a. vor Wörtern wie *la host* – das Heer, *la ira* – der Zorn, vor halbkonsonantischem Anlaut wie in *la iaia* – die Oma und Fremdwörtern mit aspiriertem *h*, z. B. *la hansa* – die Hanse. Beachte auch bei der Zeitangabe: *És la una.* – Es ist ein Uhr. Aber: *L'una em va dir això, l'altra el contrari.* – Die eine sagte mir das, die andere das Gegenteil.

Anmerkung 4: Vor Substantiven, die das Präfix *a-* (Verneinung) aufweisen, wird ebenfalls der nichtapostrophierte Artikel gebraucht; z. B. *la anormalitat* – die Anomalität. Dadurch werden diese Wörter von den entsprechenden ohne Präfix (z. B. *la normalitat* – die Normalität) unterschieden. Überhaupt wird in Fällen, in denen Verwechslungen auftreten können, *la* benutzt; z. B. *La Haia* - Den Haag (im Unterschied zum Vornamen *Laia*).

4. In einigen west- und nordwestkatalanischen Mundarten, im Camp de Tarragona sowie in Alguer lautet der maskuline Artikel im Singular *lo* (vor Konsonant) und *l'* (vor Vokal) und im Plural *los*:

lo cor/los cors	das Herz/die Herzen
Ho he vist amb los meus ulls.	Ich habe es mit eigenen Augen gesehen.

Anmerkung: Einige feststehende Wendungen haben diesen älteren Artikel ebenfalls bewahrt. Er kann aber zunehmend durch den modernen ersetzt werden; z. B. *tot lo dia/tot el dia* – der ganze Tag, den ganzen Tag lang.

5. Neben dem literarischen Artikel in der Schriftsprache verfügen die balearischen Dialekte über einen weiteren, den sogenannten *article baleàric* oder *article salat*. Er hat folgende Formen:

Artikel	maskulin	feminin
Singular	*es* (vor Konsonant)	*sa* (vor Konsonant sowie unbetontes *(h)i* und *(h)u*)
	s' (vor Vokal sowie *h* und Vokal)	*s'* (vor Vokal sowie *h* und Vokal)
Plural	*es* (vor Konsonant)	*ses*
	ets (vor Vokal sowie *h* und Vokal)	

es cavall	das Pferd	*sa cuina*	die Küche
s'arc	der Bogen	*ets homes*	die Männer
ses dones	die Frauen	*s'ansa*	der Henkel
sa unió	die Einheit		

Anmerkung: Nach der Präposition *amb* steht *so* (maskulin Singular) bzw. *sos* (maskulin Plural); z. B. *amb sos meus ulls* – mit meinen Augen.

Übersicht über die Kontraktionsformen des bestimmten und des persönlichen Artikels 35

Folgende Präpositionen verbinden sich mit dem bestimmten und dem persönlichen Artikel:

Präposition	Artikel		
	maskulin Singular	maskulin Plural	persönlicher Artikel
	el	*els*	*en*
a	*al*	*als*	-
de	*del*	*dels*	-
per	*pel*	*pels*	-
ca	*cal*	*cals*	*can*

Anmerkung 1: Wenn der Artikel apostrophiert werden muss, findet keine Kontraktion statt: *Anem a l'hospital.* – Wir gehen zum Krankenhaus. *Venim de l'hospital* – Wir kommen vom Krankenhaus. *Passem per l'hospital.* – Wir kommen am Krankenhaus vorbei. *Vaig a ca l'Antoni.* – Ich gehe zu Antoni.

Anmerkung 2: Die Kontraktionsformen *al, del* und *cal* unterscheiden sich in der Aussprache nicht von den apostrophierten Formen *a l'*, *de l'* und *ca l'*. Die Regel der Apostrophierung hat jedoch Vorrang; z. B. *Es queixen de l'hivern.* – Sie klagen über den Winter. *L'hem tret del calaix.* – Wir haben sie aus der Schublade gezogen. *Anem a ca l'Andreu.* – Wir gehen zu Andreu.

Anmerkung 3: *ca* ist die Kurzform von *casa* und meint soviel wie 'bei ... zu Hause/bei/zu/nach'; z. B. *Anem a cals sogres.* – Wir gehen zu den Schwiegereltern. *Pots trucar-me a can Xavier.* – Du kannst mich bei Xavier anrufen. Besonders im Landesinnern Kataloniens sind Bildungen wie *cal peixater* 'beim Fischhändler' oder *cal forner* 'beim Bäcker' lebendig: *És a cal metge.* – Er ist beim Arzt (im Haus des Arztes).

36 Zum Gebrauch der Kontraktionsformen

1. Neben ***per*** (durch, um zu) gibt es jedoch noch die Präposition ***per a*** (für), deren Kontraktionsformen ***per al*** und ***per als*** mit denen von ***a*** übereinstimmen.

Ho han dut per al pare.	Sie haben es für den Vater mitgebracht.

Anmerkung: In der gesprochenen Sprache im ostkatalanischen Dialektgebiet wird häufig nicht zwischen *per* und *per a* unterschieden, weshalb allgemein die Form *pel* erscheint.

2. Entsprechend der dialektalen Gliederung des katalanischen Vokalsystems sind in den östlichen Gebieten, in denen *e* und *a* im neutralen Vokal [ə] verschmelzen, ***el*** und ***al*** sowie ***els*** und ***als*** gleichlautend (Homophone). Die Bedeutung gibt Aufschluss über die exakte Schreibung, wobei auch der Vergleich mit weiblichen Substantiven in den entsprechenden Wendungen hilfreich ist:

Pujarem a la muntanya.	Wir werden auf den Berg steigen.
Pujarem al pic.	Wir werden auf den Gipfel steigen.
Escalarem la muntanya.	Wir werden auf den Berg klettern.
Escalarem el pic.	Wir werden auf den Gipfel klettern.

3. Der sogenannte *article salat* verbindet sich im Maskulin Singular mit den Präpositionen *a*, *de*, *per* und *ca* zu *as*, *des*, *pes* und *cas* (oder *a's*, *d'es*, *p'es* und *c'as*):

Venc des teatre.	Ich komme aus dem Theater.
Passem pes carrer.	Gehen wir über die Straße.

Anmerkung: Vor Vokal bleiben die Präposition und *s'* erhalten; z. B. *Anirem per s'altra banda.* – Gehen wir auf die andere Seite. Die Apostrophierung hat Vorrang vor der Kontraktion, z. B. *So N'Armadans* – der Besitz von Armadans. Vgl. § 43.1. Anm. 5

Der Gebrauch des bestimmten Artikels 37

1. Wie im Deutschen steht der bestimmte Artikel im Katalanischen vor Substantiven, die auf etwas Bekanntes verweisen. Die Bekanntheit kann dadurch gegeben sein, dass das betreffende Objekt/die betreffende Person im vorangegangenen Text schon einmal erwähnt wurde oder dass er/sie beim Hörer als bekannt vorausgesetzt wird:

Compra't el diari.	Kauf dir die Zeitung.
Voldria la nova edició.	Ich hätte gern die neue Auflage.
Li han dut uns regals, però hi manquen les flors.	Sie haben ihm Geschenke gebracht, aber es fehlen die Blumen.

2. Ein mit dem bestimmten Artikel versehenes Substantiv kann auf die gesamte Gattung verweisen:

L'home destrueix el món.	Der Mensch zerstört die Welt.
El pagès té una vida molt dura.	Der Bauer führt ein sehr hartes Leben.
El til·ler és un arbre.	Die Linde ist ein Baum.

3. Der bestimmte Artikel steht vor ***senyor*** und ***senyora*** sowie Titeln mit dem nachfolgenden Eigennamen:

La senyora Moll fa de professora.	Frau Moll arbeitet als Lehrerin.
Ho sento, ja no hi és el senyor Ferrer.	Tut mir leid, Herr Ferrer ist nicht mehr da.
Ho hem de preguntar al doctor Puig.	Wir müssen Herrn Doktor Puig fragen.
L'arquitecte Torres va construir aquesta casa.	Der Architekt Torres hat dieses Haus erbaut.
el pare Serrà	Pater Serrà
el papa Joan	Papst Johannes
el general Pons	General Pons
la duquessa de Maldà	Herzogin von Maldà
l'arquebisbe Torras i Bages	Erzbischof Torras i Bages
el rei Joan i la reina Cristina	König Johannes und Königin Christina
el tsar Pere el Gran	Zar Peter der Große
el mestre Tubau	Meister Tubau

Anmerkung 1: Der Titel einer Person wird meist mit dem Familiennamen verbunden. Ausgenommen sind *papa, pare* und Adelstitel, die sowohl den Vornamen als auch den Nachnamen zulassen.

Anmerkung 2: In der Anrede (Vokativ) entfällt der Artikel: *Bon dia, senyor Serrat.* – Guten Tag, Herr Serrat. *Bon dia, senyor ministre.* – Guten Morgen, Herr Minister.

Anmerkung 3: Der bestimmte Artikel steht auch bei *rei* und *papa*, wenn auf den Namen eine Ordnungszahl (auch als Kardinalzahl realisiert; vgl. §§ 87-88) folgt; z. B. *el rei Carles V* – König Karl V., *el papa Joan XXIII* – Papst Johannes XXIII. Beachte: Bei *mossèn* wird der Artikel weggelassen; z. B. *Era mossèn Salvador.* – Es war Hochwürden Salvador.

4. Der bestimmte Artikel kann vor Namen stehen, die ein Werk bezeichnen:

Compara la 'Ifigènia' grega amb l'alemanya.	Vergleiche die griechische 'Iphigenie' mit der deutschen.
Presenten (*el*) 'Faust'.	Man spielt den 'Faust'.
T'agrada (la) 'Norma'?	Gefällt dir 'Norma'?

Unterschiedliche Setzung des bestimmten Artikels

38 Bestimmter Artikel im Katalanischen aber nicht im Deutschen

Im Gegensatz zum Deutschen steht der bestimmte Artikel bei

1. Stoffnamen, wenn sie verallgemeinernd gebraucht werden, und Abstrakta:

La cervesa s'ha de beure freda.	Bier muss man kalt trinken.
El ferro és un metall.	Eisen ist ein Metall.
No li agraden els gats.	Er mag keine Katzen.
Tenen por de les bruixes.	Sie fürchten sich vor Hexen.
L'escarlatina és una malaltia contagiosa.	Scharlach ist eine ansteckende Krankheit.
A mi m'agraden molt les taronges.	Mir schmecken Apfelsinen sehr gut.
La unió fa la força.	Einigkeit macht stark.
A vostès els agrada el menjar xinès?	Mögen Sie/Schmeckt Ihnen chinesisches Essen?
Treballen contra la fam i les malalties al món.	Sie arbeiten gegen Hunger und Krankheit in der Welt.

Anmerkung 1: Beim Prädikatsnomen steht kein Artikel; z. B. *Això és llet.* – Das ist Milch.

Anmerkung 2: Bei *tenir* wird der Artikel oft weggelassen; z. B. *No té mare.* – Er hat keine Mutter. *No teniu llapis?* – Habt ihr keinen Bleistift? Im Unterschied zu: *No teniu el llapis?* – Habt ihr den Bleistift nicht mit?

Anmerkung 3: Die Setzung des Artikels oder seine Auslassung ist bei Aufzählungen ohne Veränderung der Bedeutung möglich und beruht auf stilistischen Erwägungen: *(Els) senyors, (els) ganduls i (els) gats viuen en una perpètua migdiada.* – Die Adligen, Taugenichtse und Katzen leben in einer fortdauernden Siesta.

Anmerkung 4: Der Artikel entfällt mitunter bei bestimmten Verben, die mit den Präpositionen *de*, *en* oder *a* gebraucht werden: *La taula és de fusta.* – Der Tisch ist aus Holz. *Treballava en informàtica.* – Er arbeitete in der Informatik. Das Verb *jugar a* kann mit oder ohne Artikel verwendet werden: *jugar a(l) futbol/a(l) tennis* – Fußball/Tennis spielen, *jugar a (les) cartes* – Karten spielen, *jugar a(ls) escacs/a(l) dómino* – Schach/Domino spielen.

Anmerkung 5: Handelt es sich um ein Studienfach, kann wie im Deutschen der Artikel fehlen: *Ensenyo anglès a l'escola.* – Ich unterrichte Englisch an der Schule. *Estudio dret.* – Ich studiere Recht.

2. Angabe der Uhrzeit:

És la una (*en punt*).	Es ist (Punkt) ein Uhr.
Són (*exactament*) *les quatre.*	Es ist (genau) vier Uhr.
Són les set i deu.	Es ist sieben Uhr zehn.
Són les onze menys deu.	Es ist zehn vor elf.
Tornarem entre les sis i les set.	Wir sind zwischen sechs und sieben zurück.
Tenen obert des de les nou fins a les dues.	Sie öffnen von neun bis vierzehn Uhr.
No tanquen fins a les deu de la nit.	Sie schließen nicht vor zehn Uhr abends.
Es pot esmorzar a partir de les set.	Ab sieben Uhr kann man frühstücken.
Són les cinc i trenta-set minuts.	Es ist 17.37 Uhr.

Anmerkung 1: Umgangssprachlich wird der Artikel weggelassen, wenn mit zwei Daten der Zeitraum angegeben wird; z. B. *Tornarem entre sis i set. Tenen obert de nou a dues.*

Anmerkung 2: Die Angaben der viertel und halben Stunden erfolgt im Zentralkatalanischen mit *un quart de, dos quarts de* und *tres quarts de* und Zahl, aber ohne Artikel! (Vgl. § 87.4)

3. Altersangaben, wobei der bestimmte Artikel häufig fakultativ ist:

entre (*els*) *trenta i* (*els*) *quaranta* (*anys*)	zwischen dreißig und vierzig Jahren
des de(*ls*) *vint fins a*(*ls*) *trenta* (*anys*)	von zwanzig bis dreißig

Em vaig casar a(ls) vint-i-quatre anys.	Ich habe mit 24 geheiratet.
A(ls) vuitanta-quatre anys conservava la mateixa intel·ligència que als vint-i-cinc.	Sie bewahrte mit 84 Jahren die gleiche Geistesgegenwart wie mit 25.
S'havia casat a(ls) seixanta anys amb una noia de família modesta.	Er hatte mit 60 ein Mädchen bescheidener Herkunft geheiratet.
A(ls) trenta anys era catedràtic.	Mit 30 Jahren war er ordentlicher Professor.
A(ls) vint anys era tinent, a(ls) vint-i-tres comandant i a(ls) trenta anys general.	Mit 20 war er Leutnant, mit 23 Major und mit 30 General.

Aber: *Una senyora de seixanta anys* – eine Frau von sechzig Jahren

Vergleiche: *Tinc trenta-tres anys.* – Ich bin 33 (Jahre alt). *Ja tinc els trenta-tres.* – Ich bin schon 33.

4. Jahresangaben und Monaten:

Vaig néixer el 1958.	Ich bin 1958 geboren.
La seva germana viu a Catalunya des de(l) 1926.	Seine Schwester lebt seit 1926 in Katalonien.
Entre (el) 1967 i (el) 1977 els meus germans i jo vam estudiar a la mateixa escola.	Zwischen 1967 und 1977 studierten meine Geschwister und ich an derselben Schule.
Vaig començar a aprendre francès després de(l) 1934.	Nach 1934 begann ich, Französisch zu lernen.
El 1955 va morir la meva mare.	1955 ist meine Mutter gestorben.
Des de(l) gener de(l) 1987 fins a(l) juliol de(l) 1989, vam ser a Xile.	Von Januar 1987 bis Juli 1989 waren wir in Chile.
Ens vam conèixer l'abril del 42.	Wir haben uns im April 1942 kennen gelernt.
Mercè Rodoreda pertany a la Generació del 36.	Mercè Rodoreda gehört zur Sechsundreißiger Generation.
Al juliol del 44 érem a la Xina.	Im Juli 1944 waren wir in China.
Ho farem per l'abril.	Wir werden es im April machen.

Anmerkung 1: Neben dieser Möglichkeit der Jahresangabe gibt es gleichberechtigt weitere; z. B. *L'any 1955* (*o en 1955*) *va morir el meu pare.* – (Im Jahre) 1955 starb mein Vater.

Anmerkung 2: Auch ohne Artikel kann *des de … fins a …*gebraucht werden, z. B. *Des de gener de 1987 fins a juliol de 1989, vam ser a Xile.*

5. Wochentagen, wenn sie eine sich wiederholende Tätigkeit ausdrücken (z. B. montags, dienstags). Der maskuline Artikel kann dann sowohl im Singular als auch im Plural stehen:

El(*s*) *dijous tenim classe de català.*	Donnerstags haben wir Katalanischunterricht.
Em localitzareu més fàcilment el(*s*) *dilluns, el*(*s*) *dimarts i el*(*s*) *dissabte.*	Ihr könnt mich am sichersten montags, dienstags und sonnabends antreffen.
Cada setmana acostumo a ser unes hores a Barcelona, en general el(*s*) *dimecres i el*(*s*) *dijous.*	Jede Woche bin ich gewöhnlich ein paar Stunden in Barcelona, im Allgemeinen am Mittwoch und am Donnerstag.

Anmerkung: Man kann auch das Indefinitpronomen *cada* (vgl. § 69) verwenden. Bspw. *Tenim classe de francès cada dimarts i dijous.* – Wir haben dienstags und donnerstags Französischunterricht.

6. Namen von Körperteilen (z. T. fakultativ):

Aquesta noia té la cara bruta.	Dieses Mädchen hat ein schmutziges Gesicht.
Té (*els*) *ulls verds.*	Er hat grüne Augen.
El noi té el nas petit.	Der Junge hat eine kleine Nase.
Té (*els*) *cabells rossos.*	Sie hat blonde Haare.
En Joan porta els cabells molt curts.	Joan hat sehr kurze Haare.

7. Namen von Krankheiten, wobei der bestimmte Artikel häufig fakultativ ist:

Tinc (*la*) *grip i m'he de quedar al llit.*	Ich habe Grippe und muss im Bett bleiben.
Els meus fills tenen (*la*) *varicel·la.*	Meine Kinder haben Windpocken.
tenir (*la*) *tos ferina*	Keuchhusten haben
tenir la rosa	Röteln haben
estar malalt del cor	herzkrank sein
morir de(*l*) *càncer*	an Krebs sterben
recuperar-se d(*e l*)*'apendicitis*	sich von der Blinddarmentzündung erholen

Aber: *tenir febre* – Fieber haben, *tenir mal de cap* – Kopfschmerzen haben, *tenir mal de ventre* (*o de panxa*) – Bauchschmerzen haben, *patir/sofrir de pancreatitis* – an Bauchspeicheldrüsenentzündung leiden.

8. Namen von Musikinstrumenten und Tänzen:

Toca el piano.	Er spielt Klavier.
Saps tocar la guitarra?	Kannst du Gitarre spielen?
Ballen la sardana.	Sie tanzen Sardana.
Jo m'estimo més el mambo que el rock.	Ich ziehe Mambo dem Rock vor.

9. Farbbezeichnungen:

El vermell et queda molt bé.	Rot steht dir sehr gut.
El color de la bandera és el blau.	Die Farbe der Fahne ist Blau.

10. Prozentangaben und Partitiva:

El deu per cent de la població no anirà a votar.	Zehn Prozent der Bevölkerung wird nicht wählen gehen.
El noranta per cent dels alumnes no n'opina res.	Neunzig Prozent der Schüler hat dazu keine Meinung.
(*Les*) *tres quartes parts de la població han votat per ell.*	Drei Viertel der Bevölkerung haben für ihn gestimmt.

Beachte: In allen Fällen kann auch der unbestimmte Artikel stehen; *un deu per cent ..., un noranta per cent ..., unes tres quartes parts ...*, was dann eine ungefähre Angabe bedeutet; also 'etwa zehn Prozent' ..., 'ungefähr neunzig Prozent' ..., 'etwa drei Viertel' ...

11. einer Reihe von Namen für Kontinente, Länder, Regionen und Städte oder Dörfer wie *la Gran Bretanya, el Canadà, l'Índia, l'Argentina, el Brasil, l'Equador, el Perú, l'Uruguai, el Tirol, el Piemont, l'Ametlla, l'Albiol* u.v.a.

Anmerkung 1: Eine Vielzahl der geographischen Namen wird ohne Artikel gebraucht. Steht jedoch eine Ergänzung neben dem geographischen Namen, kann der bestimmte Artikel gesetzt werden: *S'havia posat de moda al Madrid cosmopolita i elegant d'Alfons XIII.* – Es war Mode geworden im kosmopolitischen und eleganten Madrid von Alfons XIII.

Anmerkung 2: Im Satzinnern wird der zum Namen gehörende Artikel immer klein geschrieben. Am Satzanfang oder bei Einzelaufzählungen, z. B. auf Karten oder in Adressen, wird der Artikel groß geschrieben; z. B.: *L'Alguer.* – Alguer, *El Rosselló* – Roussillon.

Anmerkung 3: Bei maskulinen Namen mit bestimmtem Artikel werden nach den Präpositionen *a*, *de* und *per* die entsprechenden Kontraktionsformen (s. § 35) gebraucht: *Anirem al Paraguai fent escala al Marroc i al Senegal.* – Wir fahren nach Paraguay und machen Zwischenstation in Marokko und Senegal.

Anmerkung 4: Auch Ozeane und Meere führen den bestimmten Artikel. Bei Meeren kann sowohl der maskuline (z. B. *el Mediterrani*) als auch der feminine (z. B. *la Mediterrània*) stehen, je nachdem ob der Kurzform *el mar* oder *la mar* (z. B. *el mar Mediterrani/la mar Mediterrània*) zugrunde liegt.

12. Namen von Klubs, Vereinen, Mannschaften:

Avui no juga el Barça, sinó el Real Madrid.	Heute spielt nicht Barça, sondern Real Madrid.

13. Wendungen und Sprichwörtern:

amb l'ajuda del seu professor	mit Hilfe seines Lehrers
al clar de (la) lluna	bei Mondschein
amb el concurs de	unter Mitwirkung von
des de la joventut	von Jugend an
La vestidura fa la figura.	Kleider machen Leute.

Aber: *estar com* (*el*) *gat i* (*el*) *gos* – wie Hund und Katze sein

14. betonten Possessivpronomen (vgl. § 54.1):

la meva bossa	meine Tasche
els meus amics	meine Freunde

15. *tot/tots* alle (vgl. § 62):

tots els estudiants	alle Studenten
totes les cases	alle Häuser

Kein Artikel im Katalanischen 39

Im Gegensatz zum Deutschen fehlt der Artikel im Katalanischen bei

1. Wochentagen, wenn sie adverbial gebraucht werden:

Vindré dijous.	Ich werde am Donnerstag kommen.
L'àvia va arribar dilluns.	Die Großmutter ist am Montag angekommen.
Diumenge anirem a la muntanya.	Am Sonntag werden wir in die Berge fahren.
Divendres que ve és festa.	Der kommende Freitag ist ein Feiertag.
Dijous passat hi va haver una reunió.	Am vergangenen Donnerstag war eine Versammlung.

Anmerkung 1:	Wird der Wochentag substantivisch gebraucht, so muss der bestimmte Artikel gesetzt werden: *El dia que més m'agrada és el dimecres.* – Der Tag, der mir am besten gefällt, ist der Mittwoch. *El divendres va ser el dia més feliç de la meva vida.* – Der Freitag war der glücklichste Tag meines Lebens.
Anmerkung 2:	Umgangssprachlich wird sehr häufig der bestimmte Artikel benutzt: *El dilluns van arribar els pares.* – Die Eltern sind am Montag gekommen. Das entspricht jedoch nicht der präskriptiven Norm.

2. Transportmitteln, wenn ihnen die Präposition ***amb*** vorausgeht:

Hi anirem amb avió.	Wir fliegen mit dem Flugzeug dorthin.
Vindran amb cotxe.	Sie werden mit dem Auto kommen.
Farem el viatge amb tren.	Wir werden die Reise mit dem Zug machen.
Vam pujar aquella muntanya amb cotxe.	Wir sind mit dem Auto auf jenen Berg gefahren.

Anmerkung:	Folgt eine nähere Bestimmung, wird der Artikel gesetzt, z. B. *amb l'avió d'Iberia* – mit dem Flugzeug von Iberia, *amb el cotxe de la Joana* – mit Joanas Auto.

3. ***Sant/Santa*** im Singular mit Namen:

Sant Francesc	der heilige Franziskus
Santa Caterina	die heilige Katharina
Sant Jordi	der heilige Georg
Sant Père i Sant Pau	der heilige Petrus und Paulus

Merke auch:	*Tots Sants* – Allerheiligen, (*la*) *Setmana Santa* – die Karwoche
Anmerkung:	*el Sant Francesc de Giotto* – der heilige Franziskus von Giotto (Gemälde)

4. Appositionen, sofern sie sich auf eine als bekannt vorausgesetzte Person beziehen. Der bestimmte Artikel kann aber auch verwendet werden:

Ferran VII, (*el*) *fill de Carles IV, va morir el 1833.*	Ferdinand VII., der Sohn Karls IV., starb 1833.
Lluís XIV, (*el*) *rei de França, signà l'edicte que prohibia el català.*	Ludwig XIV., König von Frankreich, unterschrieb das Edikt, das das Katalanische verbot.
Maria Cristina, (*la*) *vídua de Ferran VII, es veia obligada a recolzar-se en els liberals.*	Maria Christina, die Witwe Ferdinands VII., sah sich genötigt, sich auf die Liberalen zu stützen.

5. Sprichwörtern und Wendungen:

vendre garsa per colom/perdiu, donar gat per llebre	jdn. übers Ohr hauen
treure faves d'olla	über den Berg sein/aus dem Gröbsten raus sein
Dona que molt mira, poc fila.	Eine Frau, die viel umherschaut, spinnt wenig.
Gat vell, amb aigua tébia en té prou.	Eine alte Katze hat mit lauem Wasser genug.
Ell, que no havia badat boca, es posà a parlar de cop.	Er, der nicht einmal den Mund aufgemacht hatte, fing plötzlich an zu reden.
Deu ésser veritat això que conten?	Es wird wohl die Wahrheit sein, was man sich erzählt?
anar per feina	an die Arbeit gehen
canviar de casa/de color/ de metge	die Wohnung/die Farbe/den Arzt wechseln
perdre de vista	aus den Augen verlieren
canviar de tema	das Thema wechseln

Aber auch: *treure les castanyes del foc a alg.* – die Kastanien für jdn. aus dem Feuer holen, *perdre bous i esquelles* – Haus und Hof verlieren

Substantivierung mit Hilfe des bestimmten Artikels 40

1. Mit Hilfe des maskulinen bestimmen Artikels ***el*** können vor allem substantiviert werden:

- Adjektive:

Cal aprofitar l'util i llençar l'inútil.	Es gilt, das Nützliche zu gebrauchen und das Unnütze wegzuwerfen.
L'important és participar.	Vor allem zählt die Teilnahme.
El millor que pots fer és això.	Das ist das Beste, was du machen kannst.
El petit val tant com el gran.	Das Kleine ist genau so viel wert wie das Große.
Sempre diuen el mateix.	Sie sagen immer dasselbe.
La teologia distingeix entre el natural i el sobrenatural.	Die Theologie unterscheidet zwischen dem Natürlichen und dem Übernatürlichen.
El primer sempre és el primer.	Das Erste ist immer das Wichtigste.

Anmerkung: In vielen Fällen, in denen im Deutschen ein substantiviertes Adjektiv im Neutrum z. B. für eine Kategorie steht, verwendet das Katalanische nicht den neutralen Artikel, sondern das entsprechende Substantiv: *Cal distingir la veritat de la falsedat.* – Es gilt, das Wahre vom Falschen zu unterscheiden. Umgekehrt werden zweideutige Ausdrücke (z. B. *el petit, el gran* – der kleine, der große) häufig mit Hilfe eines Substantivs und eines Adjektivs wiedergegeben: *Les coses petites valen tant com les grans.* – Das Kleine ist genau so viel wert wie das Große.

- Relativsätze:

Va dir precisament el que esperàvem.	Er sagte genau das, was wir erwarteten.
No m'amaguis res del que saps.	Verbirg mir nichts von dem, was du weißt.
Llavors entrà un dels nostres: això era el que esperàvem.	Dann trat einer von den Unsrigen ein: Genau das hatten wir erwartet.
Pel que es veu (*pel que sembla*) *no s'ha adonat de res.*	Allem Anschein nach hat er nichts bemerkt.
Pel que sembla, el negoci li rutlla bé.	Es hat den Anschein, dass sein Geschäft gut läuft.
El que importa és que vinguis.	Wichtig ist, dass du kommst.

Anmerkung 1: An Stelle des bestimmten Artikels werden häufig *la cosa* und *el fet* (seltener *el cas*) zur Substantivierung von Adjektiven gebraucht: *Ara ve la cosa més curiosa/el fet més curios del cas.* – Jetzt kommt das Erstaunlichste des Ganzen. *El cas estrany/el que és estrany és que no va passar res.* – Das Verwunderliche ist, dass nichts passiert ist.

Anmerkung 2: Das deutsche Relativpronomen 'das, was' wird im Katalanischen sehr häufig nicht durch den maskulinen bestimmten Artikel wiedergegeben, sondern durch die Relativa *allò que, això que* und *la qual cosa/cosa que* (vgl. § 129).

2. Ausschließlich in einer Reihe von festen Wendungen übernimmt der feminine bestimmte Artikel substantivierende Funktion:

Escolta'm que ara ve la bona.	Hör zu, denn jetzt kommt der Clou des Ganzen.
Sempre em fan la mateixa.	Immer ärgern sie mich mit derselben Geschichte.

3. In der Umgangssprache wird für ***el*** fast ausschließlich **der neutrale Artikel *lo*** gebraucht. Er wird zum einen sehr häufig zur Bildung von Abstrakta (z. B. *lo bo* – das Gute statt *el bo*) benutzt, zum anderen zur Angabe eines höheren oder niederen Grads der Intensität oder Anzahl (z. B. *lo bo que és* – wie gut es ist statt *com és de bo*). In der präskriptiven Norm wird diese Möglichkeit der Substantivierung jedoch nicht akzeptiert.

- ***lo*** mit abstrakter Funktion:

Això és lo pitjor que pot passar. [ugspr.]/*Això és el pitjor que pot passar.*	Das ist das Schlimmste, was passieren kann.
No m'agrada ni lo dolç ni lo àcid. [ugspr.]/*No m'agrada ni el dolç ni l'àcid./No m'agraden ni les coses dolces ni les àcides.*	Mir schmeckt weder Süßes noch Saures.
Lo millor és que ho faci ell. [ugspr.]/*Val més que ho faci ell.*	Es ist besser, wenn er es macht.
És lo del meu pare. [ugspr.]/*És allò/són les coses del meu pare.*	Das gehört meinem Vater.

- ***lo*** mit quantifizierender Funktion:

Instal·la't lo més a prop de València que puguis. [ugspr.]/*Instal·la't al més a prop de València que puguis.*	Richte dich so nahe wie möglich bei València ein.
No vulguis saber lo entremaliada que és aquella nena. [ugspr.]/ *No vulguis saber com n'és d'entremaliada aquella nena.*	Du machst dir keine Vorstellung davon, wie unartig dieses Mädchen ist.
Amb lo simpàtica que és! [ugspr.]/*Tan simpàtica com/que és!*	Wie sympathisch sie (doch) ist!

Beachte: ***Lo*** kann niemals apostrophiert werden!

Der unbestimmte Artikel (l'article indefinit) 41

1. Wie im Deutschen steht der unbestimmte Artikel im Katalanischen bei Substantiven, die auf etwas Unbekanntes verweisen. Er wird vor allem benutzt, wenn Personen, Dinge oder Sachverhalte zum ersten Mal in einem Text eingeführt werden:

Em va dur un llibre ben interessant.	Er hat mir ein ganz interessantes Buch gebracht.
És una plaça petita, quadrada, i amb flors al mig.	Es ist ein kleiner, quadratischer Platz mit Blumen in der Mitte.
Treballa en una fàbrica de teixits.	Er arbeitet in einer Textilfabrik.

2. Der unbestimmte Artikel kann ausdrücken, dass eine Gattung als solche oder irgendein Objekt einer Gattung gemeint ist:

Amb aquest fred necessito un jersei.	Bei dieser Kälte brauche ich einen Pullover.
Una casa mallorquina antiga té una porta ampla i un pati.	Die alten mallorquinischen Häuser besitzen alle einen breiten Eingang und einen Innenhof.

3. Der unbestimmt Artikel kann Intensität angeben (auch mit Relativsatz):

Tinc una gana, que em podria menjar tots els plats del menú!	Ich habe so einen Hunger, dass ich alle Gerichte der Speisekarte essen könnte!
Tenim una set que no ens deixa pensar en res més!	Wir haben solch einen Durst, dass wir an nichts anderes denken können!
Tinc una gana que em marejo!	Ich habe solch einen Hunger, dass ich gleich umfalle!
Tinc una son …	Bin ich vielleicht müde!

42 Der Gebrauch des unbestimmten Artikels

Im Gegensatz zum Deutschen wird der unbestimmte Artikel in einigen Fällen nicht verwendet

1. im Ausrufesatz:

Quina sorpresa!	Was für eine Überraschung!
Quina desgràcia!	Was für ein Unglück!
Quin home!	Welch ein Mann!

2. in der Apposition:

Barcelona, port mediterrani, és una ciutat industrial.	Barcelona, ein Hafen am Mittelmeer, ist eine Industriestadt.
Escriu recensions, treball ingrat.	Er schreibt Rezensionen, eine undankbare Tätigkeit.

3. vor ***mig***:

T'hem esperat mitja hora.	Wir haben eine halbe Stunde lang auf dich gewartet.
En vull mig quilo.	Ich möchte ein halbes Kilo davon.

Beachte: Auch bei *gran part/bona part* (ein Großteil/Gutteil) kann *una* weggelassen werden: *(Una) gran part dels assistents no hi està d'acord.* – Ein Großteil der Anwesenden ist nicht einverstanden.

4. in bestimmten Wendungen:

Hi ha gat amagat.	Da stimmt doch etwas nicht./Da steckt doch etwas dahinter.
en cas de guerra	im Falle eines Krieges
posar fi a u.c.	einer Sache ein Ende machen
És qüestió de temps.	Es ist eine Frage der Zeit.

Der persönliche Artikel (l'article personal) 43

1. Werden Personen, über die gesprochen wird, beim Vornamen genannt, muss der persönliche Artikel vorangestellt werden:

Que hi ha el Pere?	Ist Pere (nicht) da?
L'Antoni i jo som amics.	Antoni und ich sind Freunde.
Molts records de la Lola.	Herzliche Grüße von Lola.
Unes revistes per a la Maria.	Einige Zeitschriften für Maria.
La Hildegard ha portat un pastís.	Hildegard hat einen Kuchen mitgebracht.

Anmerkung 1: Die Regeln zum Gebrauch und zur Apostrophierung sind dieselben wie die zum bestimmten Artikel (vgl. § 34).

Anmerkung 2: Der persönliche Artikel wird auch vor nichtkatalanischen Namen benutzt, besonders wenn die Texte keinen formellen Charakter besitzen; z. B. *És el Woody Allen.* – Das ist Woody Allen. In formellen Texten steht dagegen nicht der persönliche Artikel; z. B. *la filosofia de Kant* – die Philosophie Kants.

Anmerkung 3: Der bestimmte Artikel *el* hat in weiten Teilen des katalanischen Sprachgebiets den persönlichen Artikel *en* verdrängt, der heute noch in einigen Regionen benutzt wird; z. B. *en Pere, en Joan, en Miquel, n'Antoni.* Apostrophiert wird wie beim bestimmten Artikel (vgl. §§ 34.2 und 3).

Anmerkung 4: Heute dialektal (vor allem auf den Balearen) gebräuchlich ist *na*, das vor femininen Personennamen steht; z. B. *na Laura, n'Antònia, n'Aina. Na* steht vor Konsonant sowie *(h)u* und *(h)i* bzw. vor Vokal sowie *h* und Vokal (vgl. §§ 34.2 und 3).

Anmerkung 5: Mit dem persönlichen Artikel wird auch *ca* 'bei ... zu Hause, zu ... nach Hause' kombiniert: *a can/cal Pere* – bei Pere zu Hause, *ca n'Andreu* – bei Andreu (vgl. § 35). Auch zu Firmennamen kann *ca* mit dem persönlichen Artikel treten: *can Torrents* – Haus/Firma Torrents. Auf den Balearen werden außerdem bei Ortsnamen die Formen *Son* (vor maskulinem Eigennamen mit Konsonant), *So Na* (vor femininem Eigennamen mit Konsonant) und *So N'* (vor Vokal) verwendet. Sie geben den ländlichen Besitz einer Person an und bedeuten etwa 'Ländereien von ..., Besitz von ..., Landgut von ...'; z. B. *Son Servera* – der Ort Son Servera/das Landgut von Servera, *So N'Armadans* – der Ort So N'Armadans/Besitz von Armadans.

2. Auch vor Nachnamen wird in der Schrift- und besonders in der gesprochenen Sprache der persönliche Artikel gebraucht. Er markiert jedoch im Unterschied zum Gebrauch von *el senyor* oder *la senyora* geringere soziale Distanz:

El senyor Garcia? – No, jo sóc en Ferrer. En Garcia és aquell senyor.	(Sind Sie) Herr Garcia? – Nein, ich bin (der) Ferrer. Garcia ist jener Herr.
No saps res de nou d'en Badia? – D'en Pere Badia? ... Sí, sí, el vaig veure ahir.	Hast du etwas von Badia gehört? – Von Pere Badia? ... Ja doch, ja, ich habe ihn gestern gesehen.
El Maradona no va jugar ahir.	Maradona hat gestern nicht gespielt.

Anmerkung: In der Sachprosa (Presseberichte, Wissenschaft und Technik, Essais) und übersetzten Texten wird der persönliche Artikel bei Eigennamen zumeist nicht gesetzt: *Van escoltar totes les sinfonies de Mahler.* – Sie haben alle Sinfonien von Mahler angehört. *Llegeix les encícliques de Joan XXIII.* – Er liest die Enzykliken von Johannes XXIII.

3. Der persönliche Artikel wird nicht gebraucht, wenn nach dem Namen gefragt oder er mitgeteilt wird (bei ***dir-se***), wenn der Genannte direkt angesprochen wird (Vokativ) oder wenn der mit dem Namen Eingeführte sich als nicht bekannt herausstellt (bei ***no hi ha cap***; vgl. § 217):

Com et dius? – Em dic Rafael Torres.	Wie heißt du? – Ich heiße Rafael Torres.
Saps una cosa, Maria? Anem al cinema.	Weißt du was, Maria? Wir gehen ins Kino.
Ei, Glòria, què fas?	He, Gloria, wie geht's?
Que no ets en Miquel, tu? – No, s'equivoca. Aquí no hi ha cap Miquel.	Spricht dort nicht Miquel? – Nein, falsch verbunden. Hier gibt es keinen Miquel.

Anmerkung 1: Bei allen Fragen, die mit *ser/ésser* beantwortet werden, erscheint der persönliche Artikel: *Qui ets? – Sóc la Mireia.* – Wer bist du? – Ich bin Mireia. *És l'Ester.* – Das ist Ester.

Anmerkung 2: Der persönliche Artikel ist fakultativ bei *de part de*: *Amb el senyor Torres, si us plau. – De part de qui? – De/D'en Josep Gomis.* – Herrn Torres, bitte. – Wen darf ich melden? – Josep Gomis. *De part d'/de l'Enric Garcia.* – Von Enric Garcia.

Kapitel 4 Die Demonstrativa (Els demostratius)

Die Demonstrativa können entweder adjektivisch (Demonstrativadjektive) oder pronominal (Demonstrativpronomen) gebraucht werden. Während die Demonstrativadjektive (els adjectius demostratius) neben einem Substantiv stehen, ersetzen die Demonstrativpronomen (els pronoms demostratius) das Substantiv. Die Demonstrativa richten sich in Genus und Numerus nach ihrem Beziehungswort.

Adjektivischer Gebrauch:

Aquestes plantes necessiten aigua.	Diese Pflanzen benötigen Wasser.

Pronominaler Gebrauch:

Aquelles no en necessiten gens.	Jene brauchen keines.

44 Übersicht über die Formen der Demonstrativa

1. Im Allgemeinen verfügt das Katalanische über ein zweistufiges System von Demonstrativa:

Bedeutung	Numerus	maskulin	feminin
diese(r)	Singular	*aquest*	*aquesta*
diese	Plural	*aquests*	*aquestes*
jene(r)	Singular	*aquell*	*aquella*
jene	Plural	*aquells*	*aquelles*

Anmerkung 1: Das *s* in *aquest* wird vor einem mit Konsonant anlautendem Wort und immer, wenn das Demonstrativum als Pronomen gebraucht wird, nicht gesprochen: *aquest llibre* [əkɛ̲tʎiβrə] dieses Buch; *Aquest és el senyor Ferrer* [əkɛ̲te̲s]. – Das ist Herr Ferrer. Vor einem mit Vokal oder *h* + Vokal anlautenden Wort spricht man das *s* jedoch aus: *aquest amic* [əkɛ̲stəmik] – dieser Freund, *aquest home* [əkɛ̲stɔ̲mə] – dieser Mann.

Anmerkung 2: Das erste *s* in *aquests* fällt in der Aussprache stets aus: *aquests papers* [əkɛ̲tspəpe̲s] – diese Papiere, *aquests hongaresos* [əkɛ̲tzuŋgərɛ̲zus] – diese Ungarn.

Anmerkung 3: Das *e* in allen Formen von *aquest* und *aquell* wird offen gesprochen [ɛ].

2. Das dreigliedrige System ist nur noch in der gehobenen Schriftsprache zu finden und wird ansonsten heute nicht mehr benutzt:

Bedeutung	Numerus	maskulin	feminin
diese(r)	Singular	*aquest*	*aquesta*
diese	Plural	*aquests*	*aquestes*
der/die…da	Singular	*aqueix*	*aqueixa*
die…da	Plural	*aqueixos*	*aqueixes*
jene(r)	Singular	*aquell*	*aquella*
jene	Plural	*aquells*	*aquelles*

3. Nur in den Fällen, in denen das zweigliedrige System zu Missverständnissen führen könnte, sollte auf das dreigliedrige System mit *aquest* und *aqueix* zurückgegriffen werden:

Us heu acostumat a aqueix clima?	Habt ihr euch an das Klima da gewöhnt?
En aqueix país (des Angeredeten) *no interessa pas el que passa en aquesta illa* (des Sprechenden/Schreibenden).	In dem Land dort interessiert es überhaupt nicht, was auf dieser Insel passiert.
Si passem per aqueixa vila us vindrem a veure.	Wenn wir durch jene Stadt fahren, kommen wir euch besuchen.

Anmerkung 1: Das *e* in *aqueix* wird in *aquest* und *aquell* offen gesprochen [ɛ].

Anmerkung 2: Beim Gebrauch des Dreiersystems bezieht sich *aquest* auf Personen oder Sachen, die sich in der Nähe des Sprechenden befinden, *aqueix* auf Personen oder Sachen, die sich in der Nähe des Angeredeten befinden, und *aquell* auf Personen oder Sachen, die vom Sprechenden oder Angeredeten weit entfernt sind: *Aquesta carpeta és meva, aqueixa és teva i aquella és d'ell.* – Diese Mappe ist meine, die da ist deine und jene ist seine.

4. Das Valencianische bewahrt noch das Dreiersystem:

Bedeutung	Numerus	maskulin	feminin
diese(r)	Singular	*aquest/este*	*aquesta/esta*
diese	Plural	*aquests/estos*	*aquestes/estes*
der/die…da	Singular	*aqueix/eixe*	*aqueixa/eixa*
die…da	Plural	*aqueixos/eixos*	*aqueixes/eixes*
jene(r)	Singular	*aquell*	*aquella*
jene	Plural	*aquells*	*aquelles*

Anmerkung: Dieses System wurde inzwischen für die valencianische Norm zugelassen.

45 Besonderheiten des Gebrauchs der Demonstrativa

Beziehen sich ***aquest*** und ***aquell*** auf zuvor erwähnte Personen oder Sachen, so gibt *aquest* die zuletzt genannte Person oder Sache an, während *aquell* sich auf die zuerst genannte bezieht:

Passa un riu per aquell poble, i d'aquest riu neix un estany.	Durch das Dorf fließt ein Fluss, und der Fluss speist einen Teich.
La casa que li van oferir l'any passat no és la mateixa que ara li ofereixen: aquella és al centre i aquesta és als afores.	Die Wohnung, die sie ihm im letzten Jahr anboten, ist nicht die gleiche, die sie ihm jetzt anbieten: Erstere liegt im Zentrum und Letztere am Stadtrand.

Die Demonstrativadjektive (els adjectius demostratius)

46 Zur Stellung der Demonstrativadjektive

1. Gewöhnlich stehen die Demonstrativadjektive vor dem Substantiv, auf das sie sich beziehen:

Vindreu aquest cap de setmana?	Kommt ihr dieses Wochenende?
On vas amb aquesta camisa tan bruta?	Du willst doch nicht etwa mit diesem so schmutzigen Hemd weggehen?

2. Die Demonstrativadjektive können dem Substantiv jedoch nachgestellt werden, wenn diesem bereits der Artikel oder ein anderer Determinant vorangeht:

No t'agrada el disc aquell?	Gefällt dir jene Schallplatte nicht?
No són aquests tres, sinó els quatre volums aquells.	Es sind nicht diese drei, sondern jene vier Bände.

47 Der Gebrauch der Demonstrativadjektive

1. ***Aquest*** wird für Personen und Sachen verwendet, die sich in der Nähe des Sprechenden (oder des Angesprochenen, wenn *aqueix* nicht geläufig ist) befinden. Diese Nähe kann sich auf den Raum, die Zeit oder auf eine Äußerung beziehen, die gerade gemacht worden ist oder unmittelbar bevorsteht:

Està espatllada, aquesta nevera.	Er ist kaputt, dieser Kühlschrank.
Aquest cotxe corre més que l'altre.	Dieses Auto fährt schneller als das andere.
Aquesta informació no és gaire segura.	Diese Information ist nicht sehr sicher.
Aquest contemporani d'Annibal va portar a terme la unificació monetària.	Dieser Zeitgenosse von Hannibal setzte die Währungseinheit durch.
Aquest desconeixement era fins a cert punt lògic.	Diese Unkenntnis war bis zu einem gewissen Grad logisch.

2. ***Aquell*** wird für Personen oder Sachen verwendet, die vom Sprechenden oder vom Angeredeten weit entfernt sind. Diese Ferne kann sich auf den Raum, die Zeit oder auf eine Äußerung beziehen, die früher gemacht worden ist:

Aquell dia vaig arribar a casa.	An jenem Tag kam ich nach Hause.
Aquella raó va ser de pes.	Jener Grund war gewichtig.
Aquelles figures de ceràmica recorden les modernes tècniques dels pintors expressionistes.	Jene Keramikfiguren erinnern an die modernen Techniken der expressionistischen Maler.
Està ratllat, aquell disc.	Sie ist zerkratzt, jene Schallplatte.

Anmerkung: *Aquest* und *aquell* können auch affektiven oder emphatischen Gebrauch annehmen: *Aquest pobre noi!* – Dieser arme Junge! *Aquell imbècil d'en Miquel!* – Dieser Dummkopf von Miquel! *Ho he vist amb aquests ulls!* – Ich habe es mit eigenen Augen gesehen!

Die Demonstrativpronomen (els pronoms demostratius)

Die oben aufgeführten Demonstrativa (vgl. § 44) können alle auch pronominal verwendet werden.

Die Übereinstimmung mit dem Beziehungswort 48

1. Das Demonstrativpronomen stimmt in Genus und Numerus mit dem Substantiv überein, das es ersetzt:

De les dues bruses prefereixo aquesta.	Von den beiden Blusen ziehe ich dies vor.
No t'agrada aquest vestit vermell? – Aquest sí que m'agrada.	Gefällt dir dieses rote Kleid nicht? – Doch, dieses gefällt mir.

Perdoni, aquesta cadira està lliure? – No, aquesta està ocupada, en aquella no hi ha ningú.	Verzeihung, ist dieser Stuhl frei? – Nein, dieser hier ist besetzt, auf jenem sitzt niemand.

2. Das Demonstrativpronomen richtet sich nach dem Prädikatsnomen:

Aquest és el meu germà gran.	Das ist mein älterer Bruder.
Aquesta és la meva àvia.	Das ist meine Großmutter.
Aquesta rentadora no funciona. – Mira, em sembla que aquella no està espatllada.	Diese Waschmaschine läuft nicht. – Guck mal, ich glaube, jene ist nicht kaputt.
Posa't aquestes sabates; aquelles estan foradades.	Zieh diese Schuhe an; jene haben Löcher.

Beachte folgende Wendungen:

com aquell que/qui (= com si)	als ob
Feia com aquell que cercava alguna cosa.	Er tat so, als ob er etwas suchte.
Feia com aquell qui no hi és.	Er tat so, als wäre er nicht da.
Aquesta sí que és bona!	Das ist ja allerhand/aber eine Überraschung!

Die neutralen Demonstrativpronomen
(els pronoms demostratius neutres)

49 Übersicht über die neutralen Demonstrativpronomen

1. Im Allgemeinen existiert ein zweigliedriges System von Demonstrativpronomen im Neutrum:

Bedeutung	Form
dies/das	*això*
jenes/das	*allò*

2. Das dreigliedrigen System ist nur noch in der gehobenen Literatursprache zu finden:

Bedeutung	Form
dies hier	*açò*
das da	*això*
jenes/das dort	*allò*

Anmerkung: Das dreigliedrige Pronominalsystem ist ebenfalls im Valencianischen erhalten. *De qui és açò?* – Wem gehört das (hier)? *Això que hi ha damunt de l'armari és teu?* – Gehört das da auf dem Schrank dir? *Doneu-me allò, per favor.* – Gebt mir das dort, bitte.

Der Gebrauch der neutralen Demonstrativpronomen 50

1. ***Això*** wird für Sachen verwendet, die sich in der Nähe des Sprechenden oder des Angesprochenen befinden. Diese Nähe kann sich auf den Raum, die Zeit oder auf eine Äußerung beziehen, die gerade gemacht worden ist oder unmittelbar bevorsteht:

Emporta't això i posa-ho al prestatge.	Nimm das mit und leg es ins Regal.
Recorda això: demà has d'arribar-hi a temps.	Denk daran: Morgen musst du dort pünktlich erscheinen.
Treu això de damunt de la taula.	Nimm das vom Tisch herunter.
Pensa bé això: que no sortiràs.	Denk daran: Ich habe dir verboten hinauszugehen.

2. ***Allò*** wird für Sachen verwendet, die vom Sprechenden oder vom Angeredeten weit entfernt sind. Diese Ferne kann sich auf den Raum, die Zeit oder auf eine Äußerung beziehen, die früher gemacht worden ist:

Allò que em vas contar no és veritat.	Das, was du mir erzählt hast, ist nicht wahr.
No en vull saber res, d'allò.	Davon will ich nichts wissen.
Allò va ser la gota que va fer vessar el got.	Das war der Tropfen, der das Fass zum Überlaufen brachte.

Besonderheiten des Gebrauchs der neutralen Demonstrativpronomen 51

1. ***Això*** und ***allò*** werden in der Umgangssprache mitunter (auf Mallorca aber keinesfalls) despektiv für eine Person gebraucht:

On va això/allò?	Wohin geht der denn?
Què mira, això?	Was schaut der denn so?
Què fa això aquí?	Was macht der denn hier?

2. Der Ausdruck ***d'allò més*** bedeutet adjektivisch 'mehr als genug/sehr viele' und, adverbial gebraucht, 'sehr (viel, gut)':

Pomes? N'hi havia d'allò més.	Äpfel? Es gab dort mehr als genug/sehr viele.
Ens vam divertir d'allò més.	Wir haben uns sehr gut amüsiert.
Hi fa nun vi d'allò més bo.	Dort keltert man einen hervorragenden Wein.

3. Zur Einleitung eines substantivierten Relativsatzes wird ***això que/allò que*** benutzt, das durch dt. 'das, was' wiedergegeben wird (vgl. § 132.5):

Ens va portar allò que li vam demanar.	Er brachte uns das, worum wir ihn gebeten hatten/baten.
No li has explicat això que volies explicar-li?	Hast du ihm nicht das erklärt, was du ihm erklären wolltest?

4. Wendungen:

això i això	dies und jenes (bekannte Fakten)
i això que	und das, obwohl/obgleich
No m'he mullat gens ni mica i això que plovia a bots i barrals.	Ich bin überhaupt nicht nass geworden und das, obwohl es in Strömen regnete.

Beachte: Das ist eine Freude! – *Quina alegria!* Das ist Herr González. – *Li presento el senyor González.*

52 **Demonstrativa der Art und Weise** (els demostratius de mode)

Bedeutung	Numerus	maskulin/feminin
solcher, solche	Singular	*tal*
solche	Plural	*tals*

Tal/tals können adjektivisch und pronominal gebraucht werden.

1. Adjektivischer Gebrauch

- Gewöhnlich geben ***tal/tals*** Ähnlichkeit oder einen impliziten Vergleich wieder ('ein solcher/derartiger/solcher' usw.). Ihr Gebrauch ist jedoch in der Umgangssprache eher selten:

No vull acceptar tal argument.	Ich will ein solches Argument nicht akzeptieren.
No em vingueu amb tals coses.	Kommt mir nicht mit derartigen Sachen/so etwas.

No m'ha dit mai tal cosa.	Sie hat mir noch nie etwas Derartiges/so etwas gesagt.
L'han insultat amb tals paraules que no es poden repetir.	Sie haben ihn mit derart schlimmen Worten beschimpft, dass man sie nicht wiederholen kann.

- Bei Zeitangaben drückt ***tal*** Unbestimmtheit aus:

Jo li vaig dir: vindré tal dia.	Ich habe ihm gesagt: Ich komme an dem und dem Tag.
Arribarem tal i tal dia.	Wir kommen an dem und dem Tag an.
tal dia com avui	heute vor so und so viel Jahren/ heute vor x Jahren
tal i tal, tal o tal	dieser und/oder jener, der und/oder der

2. Pronominaler Gebrauch

Wird ***tal*** pronominal verwendet, kann es auf eine unbekannte Person verweisen ('einer/Soundso'):

La carta començava així: En Tal, fill d'en Tal …	Der Brief begann wie folgt: Herr Soundso, Sohn des Herrn Soundso …
en tal i en tal altre	ein Herr Soundso und ein anderer Soundso

3. In Wendungen, Sprichwörtern usw. wird ***tal*** häufig adverbial gebraucht ('so wie'):

Tal faràs, tal trobaràs.	Wie man sich bettet, so liegt man.
Tal la vida, tal la mort.	Wie das Leben, so der Tod.
Tal diràs, que ningú no et creurà.	Wenn du so redest, wird dir niemand Glauben schenken.
tal com	so, wie
És tal com us l'han descrit.	Er ist so, wie man ihn euch beschrieben hat.
Ho faré tal com dius.	Ich mache es so, wie du sagst.
tal qual	heil/unbeschadet/unverändert
Us el tornaré tal qual.	Ich bringe ihn euch unbeschadet zurück.

In der Verwaltungssprache häufig sind:

per tal com (= *perquè*) – weil
per tal de (= *a fi de*) – damit
per tal que (= *a fi que*) – damit

53 Demonstrativpronomen der Identität

(els pronoms demostratius d'identitat)

Bedeutung	Numerus	maskulin	feminin
der/dieselbe	Singular	*el mateix*	*la mateixa*
dieselben	Plural	*els mateixos*	*les mateixes*

Mateix kann adjektivisch und pronominal verwendet werden.

1. Adjektivischer Gebrauch:

- Gewöhnlich steht *el mateix* vor dem Substantiv in der Bedeutung von 'derselbe/der gleiche':

Tenen el mateix cotxe que nosaltres.	Sie haben das gleiche Auto wie wir.
Tots dos van néixer el mateix dia.	Sie wurden beide am selben Tag geboren.
Els tres balcons tenen la mateixa llargària.	Die drei Balkons haben die gleiche Länge.

- Vorangestelltes *el mateix* kann auch einem adverbialen 'selbst' oder 'sogar' entsprechen:

Hi van contribuir els mateixos subalterns.	Sogar die Untergebenen trugen dazu bei.
El van alabar els seus mateixos enemics.	Selbst seine Feinde lobten ihn.
Ho faré aquesta mateixa nit.	Ich werde es sogar noch diese Nacht machen.
Ell és el culpable: la seva mateixa mare ho reconeix.	Er ist der Schuldige: Sogar seine Mutter sagt es.

- Nach einem Substantiv, Pronomen oder bestimmten Adverbien hat *mateix* (die Übereinstimmung im Numerus ist fakultativ) verstärkende Bedeutung ('selbst' oder 'gleich'):

L'acte serà presidit pels presidents mateix (mateixos).	Dem Festakt werden die Präsidenten selbst vorsitzen.
Ella mateixa s'ha descorbert.	Sie selbst hat sich entdeckt.
Ara mateix hi anem.	Wir gehen jetzt gleich hin.
L'hotel es troba aquí mateix.	Das Hotel befindet sich gleich hier.

Anmerkung: *Mateix* im Sinne von 'gleich' kann auch unveränderlich gebraucht werden, z. B. *El van agafar a la frontera mateix.* – Sie nahmen ihn gleich an der Grenze fest. *Ho faré aquesta tarda mateix.* – Ich werde es gleich heute Nachmittag machen.

- Nach einem Substantiv, Pronomen oder bestimmten Adverbien kann *mateix* die Bedeutung 'auch' erhalten; es ist dann meist unveränderlich:

Hi pot participar qualsevol: tu mateix.	Es kann jeder daran teilnehmen: auch du.
Podem fer-ho aquí mateix, no cal que anem més lluny.	Wir können es auch hier machen; wir müssen nicht noch weiter gehen.
Pels que serem, podem fer la reunió a casa mateix.	Da wir nicht viele sein werden, können wir die Versammlung auch zu Hause abhalten.

Beachte: *On anem? – Tu mateix(a)./Vostè mateix(a)./Vosaltres mateix(os).* – Wohin gehen wir? – Das musst du wissen./Das ist Ihnen überlassen./Das müsst ihr entscheiden.

2. Pronominaler Gebrauch:

Sempre fas el mateix!	Immer machst du dasselbe!
Com ha canviat! Diries que no és el mateix.	Wie verändert er ist! Man könnte meinen, er sei nicht mehr derselbe.
Tu has demanat un altre metge: ja veuràs com demà t'envien el mateix!	Du hast nach einem anderen Arzt verlangt: Du wirst schon sehen, dass man dir morgen denselben schickt.

3. Ein Vergleich wird mit *que* angeschlossen:

Aquest noi és el mateix que vaig trobar ahir.	Dieser Junge ist derselbe, den ich gestern getroffen habe.
La resposta d'en Jaume és la mateixa que la d'en Pere.	Jaumes Antwort ist die gleiche wie die von Pere.
Avui et dic el mateix que et vaig dir ahir.	Heute sage ich dir das gleiche wie gestern.

Anmerkung: Folgt ein Adverb oder eine adverbiale Wendung, so kann *de* stehen: *Ell no és el mateix d'abans/que abans.* – Er ist nicht mehr derselbe wie früher.

4. Wendungen:

ser el mateix dimoni	sehr schlecht sein/der Teufel selbst sein
ser el mateix desordre	die Unordnung in Person sein
ser la mateixa innocència	die Unschuld selbst sein
ser la mateixa puntualitat	die Pünktlichkeit in Person sein

Kapitel 5 Die Possessiva (Els possessius)

Die Possessiva können entweder adjektivisch (Possessivadjektive) oder pronominal (Possessivpronomen) gebraucht werden. Die Possessivadjektive (adjectius possessius) begleiten das Substantiv, während die Possessivpronomen (pronoms possessius) an Stelle eines Substantivs stehen können:

Adjektivischer Gebrauch:

Agafo el meu cotxe.	Ich nehme mein Auto.
Ara ve mon pare.	Jetzt kommt mein Vater.

Pronominaler Gebrauch:

Convidem la meva amiga i la teva.	Wir laden meine Freundin und deine ein.

Übersicht über die Formen der Possessiva 54

Die Possessiva richten sich in Genus und Numerus nach dem Besitzobjekt:

1. Adjektivisch und pronominal werden die betonten Possessiva gebraucht:

Bedeutung	Singular		Plural	
	maskulin	feminin	maskulin	feminin
mein(e)	*meu*	*meva*	*meus*	*meves*
dein(e)	*teu*	*teva*	*teus*	*teves*
sein(e)/ihre(e)/Ihr(e)	*seu*	*seva*	*seus*	*seves*
unser(e)	*nostre*	*nostra*	*nostres*	
euer/eure	*vostre*	*vostra*	*vostres*	
ihr(e)/Ihr(e)	*seu*	*seva*	*seus*	*seves*

Anmerkung 1: Im Valencianischen und einigen Mundarten lauten die femininen Possessiva in der 1., 2. und 3. Pers. Sing. und in der 3. Pers. Pl. *meua, meues, teua, teues, seua, seues.*

Anmerkung 2: Die älteren Formen *mia, mies, tua, tues, sua, sues* sind noch in Alguer lebendig.

Anmerkung 3: Die Formen *seu, seva,* etc. können mehrdeutig sein. Wenn ihr Bezug nicht aus dem Kontext klar wird, kann eine Ersatzkonstruktion verwendet werden (vgl. § 56.1).

2. Das Possessivadjektiv *llur*, *llurs* ist literarisch und nur bei mehreren Besitzern möglich. Es richtet sich im Numerus, nicht aber im Genus nach dem Besitzobjekt:

Esperem la Núria, en Joan i llur filla.	Wir warten auf Núria, Joan und ihre Tochter.
Han vingut els meus germans i llurs dones.	Meine Brüder und ihre Frauen sind gekommen.

Anmerkung 1: Die umgangssprachlichen Entsprechungen sind *la seva filla/la filla d'ells, les seves dones/les dones d'ells.*

Anmerkung 2: Das Pronomen *llur* kann nützlich sein, um es gegenüber *seu* abzusetzen: *El president i tot el govern agraïren al secretari general de la ONU la seva visita a llur país.* – Der Präsident und die gesamte Regierung dankten dem Generalsekretär der UNO für seinen Besuch in ihrem Land.

3. Nur adjektivisch können die unbetonten Possessiva verwendet werden:

Bedeutung	Singular		Plural	
	maskulin	feminin	maskulin	feminin
mein(e)	*mon*	*ma*	*mos*	*mes*
dein(e)	*ton*	*ta*	*tos*	*tes*
sein(e)/ihre(e)	*son*	*sa*	*sos*	*ses*

Anmerkung 1: Beachte die Aussprache dieser unbetonten Possessiva: *mon* [mun], *ma* [mə], *mos* [mus], *mes* [məs] usw. Sie können weiterhin niemals mit Artikel gebraucht werden!

Anmerkung 2: In der Sprache Barcelonas werden diese Possessivadjektive nur noch bei Verwandtschaftsnamen und festen Wendungen gebraucht: *ma mare* – meine Mutter, *mos germans* – meine Geschwister/Brüder, *en ma vida* – in meinem Leben. Allerdings werden sie immer häufiger durch die betonte Form mit Artikel ersetzt. Daneben haben sie sich in verschiedenen Dialekten und Mundarten erhalten.

Anmerkung 3: Die unbetonten Possessiva sind in bestimmten Titeln und Anredeformen (*Sa Majestat* – Seine/Ihre Majestät, *Sa Santedat* – Seine/Ihre Heiligkeit), in der Volksliteratur (z. B. Sprichwörtern wie *Cada terra fa sa guerra.* – Andere Länder, andere Sitten) und im literarischen Gebrauch erhalten.

Die Possessivadjektive (els adjectius possessius)

Die Stellung der Possessivadjektive 55

1. Das Possessivadjektiv steht in der Regel vor dem Substantiv, wobei ihm der bestimmte Artikel vorausgeht:

On és el meu rellotge?	Wo ist meine Uhr?
La nostra germana estudia dret.	Unsere Schwester studiert Recht.
No conec els teus pares.	Ich kenne deine Eltern nicht.
La Carme ajuda la seva àvia.	Carme hilft ihrer Großmutter.
El vostre jardí és ben maco.	Euer Garten ist sehr hübsch.
Els vostres fills ja són grans.	Eure Söhne sind schon erwachsen.

Beachte: *Llur* ist hier ausgenommen!

Anmerkung: Das Possessivadjektiv kann durch *propi* verstärkt werden: *L'he vist amb els meus propis ulls.* – Ich habe es mit eigenen Augen gesehen. Bei indefinitem Subjekt und in unpersönlichen Sätzen ersetzt *propi* das Possessivadjektiv: *Cadascú busca la seva pròpia felicitat.* – Jeder sucht sein eigenes Glück. *Cal buscar la pròpia felicitat.* – Jeder muss sein eigenes Glück suchen.

2. Das Possessivadjektiv steht ebenfalls vor dem Substantiv und mit dem bestimmten Artikel in Nominalgruppen mit Ordnungszahlen und bestimmten Indefinita:

Aquest és el meu tercer gat.	Das ist meine dritte Katze.
Tots els seus amics tenen cases al Pirineu.	Alle seine Freunde haben Häuser in den Pyrenäen.
Gasto tots els meus diners en llibres.	Ich gebe mein ganzes Geld für Bücher aus.

3. Bei besonderer Betonung kann das Possessivadjektiv nachgestellt werden:

Vull l'abric ***meu****!*	Ich will **meinen** Mantel!
Preocupa't de les coses ***teves*** *i no de les meves!*	Kümmere dich um **deine** Angelegenheiten und nicht um meine!

4. Der bestimmte Artikel entfällt, wenn das Possessivadjektiv auf ein Substantiv folgt und diesem vorausgeht

- der unbestimmte Artikel:

Vaig a veure una amiga meva.	Ich gehe eine Freundin von mir besuchen.
He rebut una carta seva.	Ich habe einen Brief von ihm/ihr erhalten.

Unterscheide: *una queixa meva* – eine Beschwerde von mir
una queixa de mi – eine Beschwerde über mich

- ein Indefinitadjektiv:

Encara té alguns llibres meus.	Er hat noch einige Bücher von mir.
Fins avui no ha arribat cap carta teva.	Bis heute ist kein Brief von dir angekommen.

- ein Zahlwort:

Ahir vaig rebre dues postals teves.	Gestern habe ich zwei Postkarten von dir erhalten.

- ein Demonstrativadjektiv (emphatischer Gebrauch):

En aquesta escola nostra es porta un vestit decent.	In unserer Schule hier trägt man dezente Kleidung.
Aquell comportament vostre ha estat intolerable.	Euer Benehmen da war unerträglich.

5. Das Possessivadjektiv steht nach einem artikellosen Substantiv, das von *ser* und *tenir* abhängt:

No és culpa teva.	Es ist nicht deine Schuld.
No és cosa nostra.	Das ist nicht unsere Sache.
En Jordi és molt amic nostre.	Jordi ist ein guter Freund von uns.
No tenim notícies seves.	Wir haben keine Nachricht von ihm/ihr/ihnen/Ihnen.

6. Das Possessivadjektiv wird im Ausruf nachgestellt, wobei ebenfalls der Artikel entfällt:

Déu meu!	Mein Gott!
Fill meu!	Mein Sohn!

Der Gebrauch der Possessivadjektive 56

1. Wenn aus *seu/seva/seus/seves* nicht eindeutig hervorgeht, wer gemeint ist, kann dem Substantiv *de* + Personalpronomen zur Verdeutlichung des Besitzers nachgestellt werden:

Ahir vaig trobar la seva clau.	Gestern fand ich seinen/ihren [fem. Sing.]/ihren [mask./fem. Pl.]/Ihren [Sing./Pl.] Schlüssel.
Ahir vaig trobar la clau d'ell.	Gestern fand ich seinen Schlüssel.
Ahir vaig trobar la clau d'ella.	Gestern fand ich ihren [fem. Sing.] Schlüssel.
Ahir vaig trobar la clau d'ells.	Gestern fand ich ihren [mask. Pl.] Schlüssel.
Ahir vaig trobar la clau d'elles.	Gestern fand ich ihren [fem. Pl.] Schlüssel.
Ahir vaig trobar la clau de vostè.	Gestern fand ich Ihren [Sg.] Schlüssel.
Ahir vaig trobar la clau de vostès.	Gestern fand ich Ihren [Pl.] Schlüssel.

2. Beziehen sich 'sein' und 'ihr' auf dasselbe Substantiv, so können die deutschen Possessiva im Katalanischen nur durch *de* + Personalpronomen wiedergegeben werden:

Vaig sentir la veu d'ell, no la d'ella.	Ich hörte seine, nicht ihre Stimme.
No busco la bicicleta d'ella, sinó la d'ell.	Ich suche nicht ihr, sondern sein Fahrrad.

3. Die Possessiva können durch das Pronomen *en* (vgl. § 115) ersetzt werden, wenn sie eine Spezifizierung darstellen oder Besitz anzeigen. Dieses Verfahren ist besonders für den Fall zu empfehlen, dass sich das Possessivum auf ein unbelebtes, vom Subjekt zu unterscheidendes Substantiv bezieht. Das gilt vor allem für Prädikatsnomen und für das direkte Objekt:

En Josep Maria va entrar al partit i va arribar a ser-ne president (besser als: *el seu president*).	Josep Maria trat in die Partei ein und wurde schließlich ihr Vorsitzender.
Ja havia vist aquell hotel, però no en recordava el nom (besser als: *el seu nom*).	Ich hatte das Hotel schon gesehen, konnte mich aber nicht an seinen Namen erinnern.

4. Das Possessivadjektiv wird in Verbindung mit *ser* und *semblar/parèixer* als Prädikatsnomen gebraucht:

Aquesta moto és meva.	Dieses Motorrad gehört mir.
És vostre aquell cotxe?	Gehört das Auto dort euch?
Aquella veu semblava seva.	Es schien seine/ihre Stimme zu sein.
El llibre que vaig agafar semblava meu.	Das Buch, das ich ergriff, schien mir zu gehören.

57 Unterschiedliche Setzung des Possessivadjektivs im Katalanischen und im Deutschen

1. Anstelle eines deutschen Possessivadjektivs steht im Katalanischen in der Regel der bestimmte Artikel bei

- Körperteilen:

Renta't les dents!	Putz deine Zähne!
Em fa mal l'esquena.	Mir tut mein Rücken weh.
Va tancar els ulls i es va dormir de seguida.	Er schloss seine Augen und schlief sofort ein.

Beachte auch: *Se li nota el talent.* – Man merkt ihm sein Talent an.

- Kleidungsstücken:

Treu-te l'abric!	Zieh deinen Mantel aus!
Li vaig tornar el llapis i el va posar a la bossa.	Ich gab ihr den Bleistift zurück, und sie steckte ihn in ihre Tasche.

- folgenden Wendungen:

guanyar-se la vida	seinen Lebensunterhalt verdienen
passar les vacances a Alemanya	seine Ferien in Deutschland verbringen
arriscar la pell	seine Haut riskieren

Beachte auch: *canviar d'opinió* – seine Meinung ändern

Anmerkung: Wenn von gewohnheitsmäßigen Vorgängen oder Handlungen die Rede ist, steht auch im Katalanischen das Possessivadjektiv: *La Maria porta les seves sabates vermelles.* – Maria trägt ihre roten Schuhe. *Ja has fet el teu cafè?* – Hast du deinen (gewohnten) Kaffee schon getrunken? Auch in emphatischer Redeweise kann das Possessivadjektiv auftreten: *Dona'm la teva mà, filla meva!* – Gib mir deine Hand, meine Tochter!

2. Anstelle des deutschen bestimmten Artikels steht im Katalanischen das Possessivadjektiv in folgenden Wendungen:

tenir u.c. sobre la seva consciència	etw. auf dem Gewissen haben
dir les coses pel seu nom	die Dinge beim Namen nennen
tenir el cor al seu lloc	das Herz auf dem rechten Fleck haben
als seus millors anys	in den besten Jahren

Die Possessivpronomen (els pronoms possessius)

Der Gebrauch des Possessivpronomens 58

1. Die betonten Formen der Possessiva können pronominal verwendet werden und treten dann in der Regel mit dem bestimmten Artikel auf (vgl. § 38.14). Die Possessivpronomen werden gebraucht,

- um die Wiederholung eines Substantivs zu vermeiden:

La meva moto està espatllada. Em deixes la teva?	Mein Motorrad ist kaputt. Leihst du mir deines?
Amb quin cotxe anem? – Amb el nostre.	Mit welchem Auto fahren wir? – Mit unserem.

- wenn sich im Deutschen zwei Possessivadjektive auf ein Substantiv beziehen:

Al concert hi eren els teus pares i els meus.	Im Konzert waren deine Eltern und meine.

- nach *ser* als Prädikatsnomen:

Aquest llapis és el teu.	Dieser Bleistift ist deiner.

Anmerkung: Hier ist auch das Possessivadjektiv möglich: *Aquest llapis és teu.* – Dieser Bleistift gehört dir.

- in Ausdrücken und Wendungen wie:

sortir-se amb la seva	seinen Kopf durchsetzen
fer-ne una de les seves	einen Streich spielen/etw. anstellen
els teus	deine Angehörigen

2. Der bestimmte Artikel entfällt, wenn das Possessivpronomen

- auf Präpositionen folgt, die eine Ergänzung mit *de* verlangen; diese entfällt dann ebenfalls:

davant meu	vor mir
a sobre teu	über dir
al costat seu	neben ihm/ihr/ihnen/Ihnen
darrere nostre	hinter uns

Anmerkung: Hier ist ansonsten nach der Präposition *de* besonders im Valencianischen das betonte Personalpronomen möglich: *davant de mi, lluny de tu, al costat d'ell/d'ella/d'ells/d'elles/de vostè/de vostès, darrere de nosaltres* (vgl. § 107).

- ein Personalpronomen in der Funktion eines Agens ersetzt:

Aquesta escultura és feta seva (oder: *feta per ell*).	Diese Skulptur ist von ihm.
Això és pintat meu (oder: *pintat per mi*).	Das ist ein Bild von mir.

Beachte: Diese Formen haben eher informellen Charakter.

Kapitel 6 Die Indefinita (Els indefinits)

Indefinita können entweder adjektivisch (Indefinitadjektive) oder pronominal (Indefinitpronomen) gebraucht werden. Indefinitadjektive (adjectius indefinits) begleiten das Substantiv, wohingegen Indefinitpronomen (pronoms indefinits) anstelle eines Substantivs stehen können. Einige Indefinita können jedoch nur adjektivisch, andere nur pronominal verwendet werden. Im Allgemeinen bezeichnen Indefinita bestimmte oder unbestimmte Mengen.

Adjektivischer Gebrauch:

Té molts amics.	Er hat viele Freunde.

Pronominaler Gebrauch:

Som molts.	Wir sind viele.

Übersicht über die Formen der Indefinita

Man unterscheidet zwischen den gewöhnlichen Indefinita und den quantitativen Indefinita.

Die Formen der Indefinita 59

1. Sowohl adjektivisch als auch pronominal werden gebraucht:

Bedeutung	Singular		Plural	
	maskulin	feminin	maskulin	feminin
andere(r)	*altre*	*altra*	*altres*	
jeder/ganze)/alle	*tot*	*tota*	*tots*	*totes*
irgendein(e,r)/einige	*algun*	*alguna*	*alguns*	*algunes*
ein(e,er)/einige/ein paar	*un*	*una*	*uns (uns quants)*	*unes (unes quantes)*
beide	-		*ambdós/ tots dos*	*ambdues/ totes dues*
jede(r) beliebige	*qualsevol/qualsevulla*		*qualssevol/qualssevulla*	
kein	*cap* (vgl. § 282)			

2. Nur adjektivisch werden gebraucht:

Bedeutung	Singular		Plural	
	maskulin	feminin	maskulin	feminin
(ein,e) gewisse(r)	*cert*	*certa*	*certs*	*certes*
je ein(er)	-		*sengles*	
kein, etwas	*gens de* (vgl. § 283)			
jede(r)	*cada*			

3. Nur pronominal werden gebraucht:

Bedeutung	Singular		Plural	
	maskulin	feminin	maskulin	feminin
etwas	*una/alguna cosa/quelcom* [lit.-veralt.]			
nichts	*res/re/cap cosa* (vgl. § 286)			
jemand	*algú*			
niemand, keine(r,s)	*ningú* (vgl. § 285)			
jeder(mann)	*cadascú/cada u*			
jede(r,s) (aus einer Gruppe)	*cadascun/ cada un*	*cadascuna/ cada una*	-	
jeder(mann)	*tothom*			
man	*hom* (vgl. § 212)			
ein(e) andere(r)/ jemand anders	*altri*			
etwas anderes	*altra cosa*			

60 Die Formen der quantitativen Indefinita

1. Sowohl adjektivisch als auch pronominal werden gebraucht:

Bedeutung	Singular		Plural	
	maskulin	feminin	maskulin	feminin
wie viel(e)	*quant* (vgl. § 97)	*quanta*	*quants*	*quantes*
viel(e)	*molt*	*molta*	*molts*	*moltes*
wenig(e)	*poc*	*poca*	*pocs*	*poques*
(so) viel(e)	*tant*	*tanta*	*tants*	*tantes*
kein(e,r)	*gaire* (vgl. § 284)		*gaires*	
ziemlich viel(e)	*bastant*		*bastants*	
zu viel(e)	*massa*			
genug	*prou*			
recht viel(e)	*força*			
mehr	*més*			
weniger	*menys*			
wie viel(e)	*que* (vgl. § 106)			

Anmerkung: Die quantitativen Indefinita (ausgenommen *massa*, *força* und *que*) können mit der Präposition *de* gebraucht werden, so: *quants de cotxes* – wie viele Autos, *tant de temps* – so viel Zeit, *molta d'aigua* – viel Wasser, *menys de vi* – weniger Wein. Die Formen mit *de* entsprechen eher der Schriftsprache und dem literarischen Gebrauch, die ohne *de* eher der gesprochenen Sprache.

2. Neben den genannten quantitativen Indefinita gibt es weitere quantitative Wendungen wie *tot de* 'lauter, viele', *una mica/un poc/un xic (de)* 'ein bisschen/ein wenig', *un munt (de)* 'ein Haufen', *un grapat (de)* 'eine Handvoll/[fig.] ein Haufen/eine Menge', *un bé de Déu* 'eine (Un)Menge, Fülle', *una colla (de)* – 'eine Gruppe':

Pels carrers hi havia tot de banderoles.	In den Straßen hingen lauter Fähnchen.
En Joan ha agafat un grapat de maduixes.	Joan hat eine Handvoll Erdbeeren genommen.
La Montse també n'ha agafat un grapat.	Montse hat ebenfalls eine Handvoll (davon) genommen.
A la plaça hi havia un bé de Déu de gent!	Auf dem Platz waren eine Menge Leute!

Der Gebrauch der Indefinita (l'ús dels indefinits)

altre 61

1. Adjektivischer Gebrauch

- mit bestimmtem Artikel, Demonstrativ-, Frage- oder Possessivadjektiv:

Com es diu aquest altre senyor?	Wie heißt der andere Herr?
On són les altres tasses?	Wo sind die anderen Tassen?
el meu altre jo	mein anderes Ich

- mit unbestimmtem Artikel, Indefinitadjektiv oder Zahlwort:

Les dues altres noies no van venir.	Die beiden anderen Mädchen sind nicht gekommen.
Parlem d'una altra cosa!	Sprechen wir von etwas anderem.
Molts altres autors presentaven els seus llibres.	Viele andere Autoren stellten ihre Bücher vor.
Una altra vegada no surtis sense dir res.	Ein andermal gehst du nicht weg, ohne etwas zu sagen.

- ohne Begleitwort, zumeist im Plural in partitiven Ausdrücken:

Consulta d'altres metges!	Konsultiere andere Ärzte!
Parlaven dels pares, entre d'altres coses.	Sie sprachen unter anderem von den Eltern.

Beachte: *Hi ha anat altra vegada.* – Er ist schon einmal/irgendwann schon einmal da gewesen. *T'ho explicaré amb altres paraules.* – Ich erkläre es dir mit anderen Worten.

2. Pronominaler Gebrauch

- mit bestimmtem Artikel, Demonstrativ-, Frage- oder Possessivadjektiv:

Se saludaven l'un a l'altre.	Sie grüßten einander.
Aquells altres et queden millor.	Die anderen da stehen dir besser.
En Jordi no pensa mai en els altres.	Jordi denkt nie an die anderen.

- mit unbestimmtem Artikel, Indefinitadjektiv oder Zahlwort:

Les dues altres no van venir.	Die beiden anderen sind nicht gekommen.
Qualsevol altre ja l'hauria acabat.	Jeder andere wäre damit schon fertig.

- *d'altre, d'altra, d'altres* in Sätzen mit dem unbetonten Partitivpronomen *en* (vgl. § 115):

Aquesta fusta no és gaire bona, però no n'hi ha d'altra.	Das Holz hier ist nicht besonders gut, aber es gibt kein anderes.
No vull aquests llibres: dóna-me'n d'altres.	Ich möchte diese Bücher nicht: Gib mir andere!
Busca'n d'altres.	Such andere.

Ausdrücke und Wendungen:

L'un va dir que sí, l'altre que no.	Der eine sagte Ja, der andere Nein.
L'un i l'altre toquen el violí.	Beide spielen Geige.
És un altre Casals.	Er ist ein zweiter Casals.
Ara és tot un altre.	Jetzt ist er ein anderer Mensch.
l'altre dia	neulich
un altre dia	ein andermal

l'altre any	voriges Jahr
demà passat l'altre	überübermorgen
abans-d'ahir l'altre	vorvorgestern

Beachte auch: *no ... altre ... que* (oder: *ningú/cap més que*) – kein anderer/ nichts anderes ... als: *No coneix cap altra ciutat que la seva.* – Er kennt keine andere Stadt als seine.

tot 62

1. Adjektivischer Gebrauch

- *tot/tota* + Substantiv im Singular - 'jede, -r, -s', 'alle, -r, -s':

Ho va dir amb tota llibertat.	Er sagte es in aller Freiheit.
Llegeixo tota mena de llibres.	Ich lese jede Art von Büchern.

- *tot/tota* + Artikel, Demonstrativ- oder Possessivadjektiv + Substantiv im Singular - 'ganz':

He estudiat tot el capítol.	Ich habe das ganze Kapitel durchgearbeitet.
No m'interessa tot això.	Das Ganze interessiert mich nicht.
Va perdre tota la seva fortuna.	Er verlor sein ganzes Vermögen.

- *tots/totes* + Artikel, Demonstrativ- oder Possessivadjektiv + Substantiv im Plural:

Van venir tots els convidats.	Es kamen alle Gäste.
Vull comprar tots aquests volums.	Ich will all diese Bände kaufen.
Totes les seves companyes són més altes que ell.	Alle seine Freundinnen sind größer als er.

2. Pronominaler Gebrauch:

Tot indica que ...	Alles weist darauf hin, dass ...
Tots hem de morir.	Wir müssen alle sterben.
M'ho ha confessat tot.	Er hat mir alles gebeichtet.

Anmerkungen zu *tot*:

Anmerkung 1: An Stelle von *tot* im Sinne von 'ganz' wird auch das Adjektiv *sencer* verwendet: *el món sencer* – die ganze Welt, *la casa sencera* – das ganze Haus. Steht der unbestimmte Artikel, so muss *sencer* auf jeden Fall gebraucht werden: *una província sencera* – eine ganze Provinz.

Anmerkung 2:	Dt. 'alle drei/vier (Brüder)' wird durch *tots tres/quatre (germans)* ausgedrückt.
Anmerkung 3:	Neutrales *tot* in der Objektfunktion verlangt *ho* beim Verb, so *Vull saber-ho tot.* – Ich will alles wissen.
Anmerkung 4:	Zwischen *tot* und einem Relativpronomen muss der bestimmte Artikel oder ein Demonstrativpronomen eingeschoben werden: *Tots aquells que ho saben ...* – All jene, die es wissen ...
Anmerkung 5:	In adverbialer Funktion wird *tot* häufig flektiert: *Hi vaig tota sola.* – Ich gehe ganz allein dorthin. *Van tornar tot(s) enfadats.* – Sie kamen ganz verärgert zurück.
Anmerkung 6:	Vor Länder- und Städtenamen ist *tot* unveränderlich: *Coneix tot Mallorca.* – Er kennt ganz Mallorca. *Tot Barcelona era de festa.* – Ganz Barcelona war in Festtagsstimmung.

Ausdrücke und Wendungen:

tota la vida	sein Leben lang
de totes parts	von allen Seiten
a tot preu	um jeden Preis
a tota màquina	mit Volldampf
a tota velocitat	mit voller Geschwindigkeit
en tot moment	in jedem Augenblick
en tota ocasió	bei jeder Gelegenheit
tots els altres	alle anderen
Tot és u.	Alles ist eins.

Zu den mit *tot* zusammengesetzten Konjunktionen vgl. § 294; *tots dos/totes dues* vgl. § 38.15

63 *algun*

1. Adjektivischer Gebrauch:

M'hi quedaré algun temps.	Ich bleibe dort einige Zeit.
Has estat alguna vegada a l'Índia?	Warst du schon einmal in Indien?
En alguns llocs encara no ha plogut.	An manchen Orten hat es noch nicht geregnet.

2. Pronominaler Gebrauch:

A alguns els costa molt aixecar-se d'hora.	Einigen fällt es schwer, früh aufzustehen.
Te'n queden algunes? (= *pomes*)	Hast du noch welche? (= Äpfel)

Anmerkung 1: Auf das Pronomen *algun* kann eine Ergänzung mit *de* oder *entre* folgen: *Algunes de les meves alumnes ja parlen força bé.* – Einige meiner Schülerinnen sprechen schon sehr gut. *Alguns entre nosaltres no ens fem.* – Einige von uns haben keinen Umgang miteinander.

Anmerkung 2: Anstatt *alguns* wird auch *n'hi ha que/hi ha qui* verwendet: *N'hi ha que prefereixen el vi blanc al vi negre./Hi ha qui prefereix el vi blanc al vi negre.* – Es gibt Leute, die Weißwein dem Rotwein vorziehen.

Ausdrücke und Wendungen:

amb alguna certesa	mit einiger Gewissheit
alguna esperança	etwas/einige Hoffnung
algun/un dia	eines Tages
algunes/unes quantes vegades	einige Male
en algun lloc	irgendwo

un 64

1. Adjektivischer Gebrauch (vgl. § 42)

- *un/una* '(irgend)ein(e)':

Un dia o altre vindran a buscar-te.	Eines Tages werden sie dich abholen kommen.
Un bon dia va trucar una dona a la porta per vendre una moto.	Eines schönen Tages klingelte eine Frau an der Tür, um ein Motorrad zu verkaufen.

- *uns/unes* 'einige', 'ein paar':

Li vaig regalar unes flors.	Ich schenkte ihr ein paar Blumen.
Hem passat unes setmanes molt agradables a Haití.	Wir haben ein paar angenehme Wochen auf Haiti verbracht.

Ausdrücke:

fa uns/alguns/uns quants dies	vor einigen/ein paar Tagen
ja fa un/algun/un quant/un cert temps	vor einiger Zeit
uns/alguns/uns quants quilos	einige/ein paar Kilo

2. Pronominaler Gebrauch:

Un per a tots i tots per a un.	Einer für alle und alle für einen.
Quants diners vols gastar en un de nou?	Wieviel Geld willst du für ein neues ausgeben?

Beachte: *Sempre hi ha baralles entre l'Antoni i en Quim. – Quin un, l'Antoni! – I quin altre, en Quim!* – Immer gibt es Streit zwischen Antoni und Quim. – Das ist mir vielleicht einer, der Antoni! – Und der Quim erst!

Anmerkungen zu *un*:

Anmerkung 1: Zur Abgrenzung des Indefinitadjektivs *un, una* vom gleich lautenden unbestimmten Artikel und Zahlwort ist anzumerken, dass damit ein Substantiv vage näher bestimmt wird (synonym zu *algun*), ohne eine qualifizierende Nuance anzufügen. Vgl. *Guardiola és un futbolista molt bo.* – Guardiola ist ein sehr guter Fußballspieler (Artikel). *Només tinc una taronja.* – Ich habe nur eine Orange (Zahlwort). *Una tarda podriem anar al cine.* – Irgendwann an einem Nachmittag könnten wir ins Kino gehen.

Anmerkung 2: Das Indefinitpronomen *un, una* kann unpersönlich (dt. 'man') gebraucht werden (vgl. § 212.3): *Una no és la Margaret Thatcher.* – Man (= weiblicher Sprecher) ist schließlich keine Margaret Thatcher.

Anmerkung 3: *Un* kann emphatisch gebraucht werden (vgl. § 41.3): *Tinc una gana ...!* – Ich habe vielleicht einen Hunger!

Anmerkung 4: Vor Zahlwörtern haben *uns, unes* die Bedeutung 'etwa/ungefähr': *unes mil pessetes* – ungefähr tausend Peseten.

Anmerkung 5: Auf das Pronomen *un* kann eine mit *de* angeschlossene Ergänzung folgen: *La Maria és una de les poques secretàries que saben quatre llengües.* – Maria ist eine der wenigen Sekretärinnen, die vier Sprachen können.

Wendungen:

tot d'una	auf einmal
Me'n fas cada una!	Du machst mir vielleicht Sachen!
S'ha escapat d'una i bona!	Er ist noch einmal davongekommen.

Unterscheide: *Tots ens n'anem a la una de la tarda.* – Wir alle gehen um ein Uhr mittags. *Hem d'anar tots a l'una.* – Wir müssen uns einig sein.

65 *ambdós/tots dos*

Das Indefinitpronomen *ambdós* wird nur noch in der Literatursprache verwendet. Ansonsten erscheinen dafür z. B. *tots dos/totes dues* (dt. '(alle) beide') und *l'un i l'altre* (dt. wörtl. 'der eine und der andere', 'beide').

1. Adjektivischer Gebrauch:

Ambdós/Tots dos caps d'Estat prenen part en la cimera.	Beide Staatschefs nehmen am Gipfel teil.
En ambdós/A tots dos costats del passeig hi ha botigues de luxe.	Auf beiden Seiten der Promenade befinden sich Luxusläden.

2. Pronominaler Gebrauch:

Ambdues/Totes dues aprenen alemany.	Beide [fem.] lernen Deutsch.
Entre ambdós/L'un i l'altre hi ha només baralles.	Zwischen beiden gibt es nur Streit.

qualsevol 66

1. Adjektivischer Gebrauch:

Prefereixo qualsevol altra feina.	Ich ziehe jede (beliebige) andere Arbeit vor.
Pots venir a qualsevol hora.	Du kannst zu jeder beliebigen Zeit kommen.

2. Pronominaler Gebrauch:

Això ho pot resoldre qualsevol.	Das kann jedermann lösen.
Qualsevol t'ho aconsellaria.	Jeder würde dir dazu raten.

Als Pronomen kann *qualsevol* eine Ergänzung mit *de* zu sich nehmen:

T'ho diria qualsevol de nosaltres.	Das würde dir ein jeder von uns sagen.

Anmerkungen zu *qualsevol*:

Anmerkung 1: Synonym zu *qualsevol* ist *qualsevulla*. In der Aussprache lauten Singular und Plural gleich. In der Umgangssprache wird oft *qualsevols* gebildet.

Anmerkung 2: Abwertend sind: *una dona qualsevol* – ein gewöhnliches Frauenzimmer, *una qualsevol* – eine Schlampe, *un qualsevol* – irgendwer/ein würdeloser Mensch.

Ausdrücke und Wendungen:

en qualsevol moment	jeden Augenblick
en qualsevol cas	in jedem Falle/jedenfalls
qualsevol cosa	irgendetwas
de qualsevol manera	irgendwie/oberflächlich
qualsevol dia	irgendwann
qualsevol qui/que	wer auch immer/jeder, der

67 *cert*

El noi la mirava amb cert interès.	Der Junge betrachtete sie mit gewisser Aufmerksamkeit
De certes coses, val més no parlar-ne.	Von gewissen Dingen spricht man besser nicht.
Tens certa semblança amb en Jordi.	Du hast gewisse Ähnlichkeit mit Jordi.

Anmerkung 1: Bei einem Eigennamen geht *cert* der unbestimmte Artikel voraus: *Ha telefonat un cert Ferrer.* – Es hat ein gewisser Ferrer angerufen.

Anmerkung 2: Nachgestelltes *cert* bedeutet 'sicher': *una nova certa* – eine sichere Neuigkeit, dagegen: *una certa nova* – eine gewisse Neuigkeit.

Merke: (*És*) *Cert!* – Gewiss!/Sicher!/Richtig!

68 *sengles* [lit.]

A la meva germana i a mi, ens van regalar sengles bruses.	Meiner Schwester und mir schenkten sie je eine Bluse.

69 *cada*

Cada setmana m'envia una carta.	Jede Woche schickt er mir einen Brief.
Distribueix un full a cada alumne.	Verteile an jeden Schüler ein Blatt.

Anmerkung: In Verbindung mit Zahlwörtern bedeutet *cada* 'alle': *Ens truquem cada tres dies.* – Wir rufen uns alle drei Tage an.

Ausdrücke und Wendungen:

cada vegada més	immer mehr
cada vegada que	jedes Mal, wenn
a cada moment/instant/pas	jeden Augenblick
Cada cosa al seu temps.	Alles zu seiner Zeit.
el nostre pa de cada dia	unser täglich Brot

una cosa/alguna cosa/quelcom 70

Anstelle von *quelcom* [lit.-veralt.] 'etwas' wird heute zumeist *una cosa*, *alguna cosa* oder *res* (vgl. § 286) benutzt:

Et fa mal alguna cosa/quelcom?	Tut dir etwas weh?
Sentia una cosa/quelcom al cor.	Er spürte etwas am Herzen.

Anmerkung 1: Für 'etwas/ein bisschen' wird sonst *una mica de, un poc de, un xic de* verwendet: *He de fer una mica d'esport.* – Ich muss etwas/ein bisschen Sport treiben. *Estic una mica cansat.* – Ich bin etwas müde. *Porta un vestit un xic passat de moda.* – Sie trägt ein Kleid, das etwas aus der Mode ist.

Anmerkung 2: Infinitive werden mit *per* angeschlossen: *una cosa per beure* – etwas zu trinken.

algú 71

Si em busca algú, digues-li que esperi.	Wenn jemand mich sucht, sage ihm, er solle warten!
Ha trucat algú.	Es hat jemand geklingelt.

Unterscheide: *Conec algú.* – Ich kenn jemanden. *En conec algun.* – Ich kenne jemanden (daraus/davon/aus einer Gruppe). *Hi conec algú.* – Ich kenne dort jemanden.

cadascú/cada u 72

Cadascú/Cada u segons les seves capacitats, a cadascú/cada u segons les seves necessitats.	Jeder nach seinen Fähigkeiten, jedem nach seinen Bedürfnissen.
A cadascú/cada u el que és seu.	Jedem das Seine.

cadascun/cada un 73

Cadascuna/Cada una (de les senyores) esperava el seu marit.	Jede der Frauen wartete auf ihren Mann.
Vaig parlar amb cadascun/cada un (dels meus amics).	Ich habe mit einem jeden (meiner Freunde) gesprochen.

Beachte: Im Unterschied zu *cadascú/cada u* bezieht sich *cadascun/cada un* immer auf eine bestimmte Gruppe.

74 *tothom*

Crec que tothom anirà a la festa.	Ich glaube, alle werden zur Feier gehen.
Tothom diu que t'has casat.	Jedermann erzählt, du hättest geheiratet.

75 *altri*

No t'estranyis: t'han pres per altri.	Wundere dich nicht: Man hat dich für einen anderen gehalten.
No escriuen xifres negres: encara treballen per altri.	Sie schreiben keine schwarzen Zahlen: Noch arbeiten sie für die Anderen.

Der Gebrauch der quantitativen Indefinita
(l'ús dels quantificadors)

76 *molt*

1. Adjektivischer Gebrauch:

Tinc molts amics.	Ich habe viele Freunde.
Moltes gràcies!	Vielen Dank!
Fa molta calor.	Es ist sehr warm.
Té molts mèrits.	Er hat viele Verdienste.

molt kann mit *de* angeschlossen werden:

Fa molt (de) temps que no ens hem vist.	Es ist lange her, dass wir uns gesehen haben.
Beuen molt (de) vi.	Sie trinken viel Wein.

2. Pronominaler Gebrauch:

Molts no tenen feina.	Viele haben keine Arbeit.
Fa molt que ho sabem.	Wir wissen es seit Langem.

Auf *molt* kann eine Ergänzung, z. B. ein Personalpronomen, mit *de* folgen:

Molts dels meus companys tenen por.	Viele meiner Kollegen haben Angst.
Molts d'ells et coneixen.	Viele von ihnen kennen dich.

Anmerkungen zu *molt*:

Anmerkung 1: Dem Indefinitadjektiv *molt* kann der bestimmte Artikel und/oder ein Possessivadjektiv vorausgehen: *els seus molts mèrits* – seine vielen Verdienste, *els molts amics* – die vielen Freunde.

Anmerkung 2: In einigen Ausdrücken entspricht *molt* dt. ‘groß’: *Tinc molta gana/ set.* – Ich habe großen Hunger/Durst.

Anmerkung 3: *Molt* kann ebenfalls adverbial verwendet werden: *Van molt al teatre.* – Sie gehen viel ins Theater. *Aquest periodista escriu molt.* – Dieser Journalist schreibt viel. *Ho sento molt.* – Es tut mir sehr leid. Hier entspricht es z. T. dt. ‘sehr’.

Anmerkung 4: In adverbialer Funktion tritt *molt* vor den Komparativen *millor, pitjor, major, menor, més und menys* sowie vor anderen Adverbien auf: *molt millor* – viel besser, *molt més* – sehr viel mehr, *molt aviat* – sehr früh, *molt bé* – sehr gut, *molt lluny* – sehr weit.

Anmerkung 5: Der Superlativ von *molt* lautet *moltíssim*: *Moltíssimes gràcies!* – Tausend Dank! *Hi ha moltíssima gent.* – Es sind unheimlich viele Leute da.

Ausdrücke und Wendungen:

Molta sort!	Viel Glück!
molt i molt	äußerst viel
de/amb molt	bei Weitem
per molt que + subj.	soviel auch/sosehr auch …
Per molt que cridis, no et sentiran.	Soviel du auch schreist, sie werden dich nicht hören.

poc 77

1. Adjektivischer Gebrauch:

Fa pocs dies que ens hem vist.	Vor wenigen Tagen haben wir uns gesehen.
Hi havia poca gent.	Es waren wenige Leute da.
Tinc pocs diners.	Ich habe wenig Geld.

2. Pronominaler Gebrauch:

Pocs ho saben.	Wenige wissen es.
Poques canten tan bé com ella.	Wenige [fem.] singen so gut wie sie.

Auf *poc* kann eine Ergänzung, z. B. ein Personalpronomen, mit *de* folgen:

Han vingut pocs d'ells.	Wenige von ihnen sind gekommen.

Anmerkungen zu *poc*:

Anmerkung 1: Dem Indefinitadjektiv *poc* kann der bestimmte Artikel und/oder ein Possessivadjektiv vorausgehen: *els seus pocs mèrits* – seine wenigen Verdienste, *els pocs amics* – die wenigen Freunde.

Anmerkung 2: *Poc* kann ebenfalls adverbial verwendet werden: *Aquest tren corre poc.* – Dieser Zug fährt nicht schnell. *Llegeixo poc.* – Ich lese wenig. *Els nens es renten poc.* – Die Kinder waschen sich wenig.

Anmerkung 3: Dt. 'ein wenig' wird durch *una mica*, seltener *un poc* und äußerst selten *un xic* wiedergegeben: *una mica/un poc de paciència* – ein wenig Geduld.

Anmerkung 4: Der Superlativ von *poc* lautet *poquíssim*: *Hi ha poquíssima gent.* – Es sind unheimlich wenige Leute da.

Ausdrücke und Wendungen:

fa poc	vor Kurzem
Feia poch hi eren.	Vor Kurzem waren sie hier.
És poca cosa.	Das ist kaum der Rede wert.
(a) poc a poc	langsam
de/per poc	beinahe
poc o molt	mehr oder weniger
poc més poc menys/poc ençà poc enllà	ungefähr
per poc que + subj.	soweit…/wenn … irgend
Per poc que tinguis temps, telefona'm.	Wenn du irgendwie Zeit hast, ruf mich an.

78 *tant*

1. Adjektivischer Gebrauch:

No mengis tanta carn!	Iss nicht so viel Fleisch!
Abans no hi havia tants cotxes.	Früher gab es nicht so viele Autos.
Li ho vaig comentar tantes vegades.	Ich habe es ihm so oft auseinandergesetzt.

tant kann mit *de* angeschlossen werden:

No tinc tant (de) temps.	Ich habe nicht so viel Zeit.
Fas tant (de) soroll que no se sent res.	Du machst so viel Lärm, dass man nichts hören kann.
Tants (de) dies perduts!	So viele verlorene Tage!

2. Pronominaler Gebrauch:

Són tants com nosaltres.	Sie sind so viele wie wir.

Anmerkung: *Tant* tritt auch adverbial auf: *No fumis tant!* – Rauch nicht so viel! *Abans no es guanyava tant.* – Früher verdiente man nicht so viel. *Encara neva tant?* – Schneit es noch so sehr?

Beachte: Vor einem anderen Adverb sowie vor einem Adjektiv steht *tan* (dt. 'so (sehr)'): *Abans no plovia tan sovint.* – Früher regnete es nicht so oft.

Ausdrücke und Wendungen:

No n'hi ha per tant!	Es ist nicht so schlimm!
Fa tant que ja no en parlen.	Es ist so lange her, dass sie nicht mehr davon reden.
Estem tants a tants.	Wir sind quitt.
I tant!	Und ob!/Das kann man wohl sagen!
de tant en tant	manchmal/ab und zu
per tant	also/folglich
tant és/tant se val/tant li (me) fa	es ist (mir) gleich
tant més que	um so mehr als
tant sí com no	um jeden Preis

Merke: *Tant de bo …!* – Möge …! vgl. § 197

bastant 79

1. Adjektivischer Gebrauch:

Tenen bastants amics.	Sie haben ziemlich viele Freunde.
Hi ha bastants accidents.	Es gibt ziemlich viele Unfälle.

bastant kann mit *de* angeschlossen werden:

Tenen bastants (de) diners.	Sie haben ziemlich viel Geld.
Hi ha bastant (de) feina.	Es gibt ziemlich viel Arbeit.

2. Pronominaler Gebrauch:

Tindrem convidats, o sigui, serem bastants.	Wir haben Gäste, das heißt, wir werden ziemlich viele sein.

Anmerkung 1: *Bastant* kann adverbial verwendet werden: *Avui he estudiat bastant.* – Heute habe ich ziemlich viel gelernt. *La lliçó, la sé bastant bé.* – Die Lektion beherrsche ich ziemlich gut.

Anmerkung 2: In der Umgangssprache wird *bastant* wie ein zweiendiges Adjektiv (vgl. § 133) behandelt: *Encara hi ha bastanta sal.* – Es ist noch genügend Salz da. *Serem bastantes persones.* – Wir werden ziemlich viele Leute sein.

80 *massa*

1. Adjektivischer Gebrauch:

No mengis massa caramels.	Iss nicht zu viele Bonbons!
Els mestres ens posen massa deures.	Die Lehrer geben uns zu viele Hausaufgaben auf.
He fet massa faltes.	Ich habe zu viele Fehler gemacht.

2. Pronominaler Gebrauch:

No deixis entrar més gent; ja som massa.	Lass nicht noch mehr Leute ein; wir sind schon zu viele.

Anmerkungen zu *massa*:

Anmerkung 1: *Massa* fungiert als Adverb: *Això és massa difícil.* – Das ist zu schwer. *Aquest hivern neva massa.* – In diesem Winter schneit es zu viel.

Anmerkung 2: Dt. 'viel zu viel' wird einfach mit *massa*, 'viel zu wenig' mit *massa poc* wiedergegeben.

Anmerkung 3: In der Umgangssprache wird *massa* wie ein zweiendiges Adjektiv (vgl. § 133) behandelt: *He fet masses faltes.* – Ich habe zu viele Fehler gemacht.

Wendungen:

de massa/més	überflüssig/zuviel
sentir-se de massa/més	sich überflüssig fühlen
prou i massa	mehr als genug
Entre poc i massa!	Nicht so übertreiben!
Això seria/fóra demanar massa.	Das wäre zu viel verlangt!
Això és massa!	Das ist super!
Això ja és massa! [fam.]	Das geht nun doch zu weit!

prou 81

1. Adjektivischer Gebrauch:

No hi ha prou cadires.	Es sind nicht genügend Stühle da.
Tens prou diners?	Hast du genügend Geld?

2. Pronominaler Gebrauch:

No som prou per jugar a futbol.	Wir sind nicht genügend, um Fußball zu spielen.

Beachte: Wird das Substantiv ausgelassen, so muss es mit dem Adverbialpronomen *en* wieder aufgenommen werden (vgl. § 115.2). *No compris sucre! Ja en tenim prou.* – Kauf keinen Zucker mehr! Wir haben genug.

Anmerkung 1: *Prou* kann ebenfalls adverbial verwendet werden: *Ha anat prou bé.* – Es ist ganz gut gegangen. *Avui hem caminat prou.* – Heute sind wir genug gewandert.

Anmerkung 2: Umgangssprachlich wird häufig der Plural gebildet: *Tens prous diners?*

Merke: *amb prou feines* – mit Mühe und Not/gerade so

força 82

1. Adjektivischer Gebrauch:

Hi va anar força gent.	Es kamen recht viele Leute hin.
Tindràs força dificultats.	Du wirst recht viele Schwierigkeiten haben.

2. Pronominaler Gebrauch:

Hi eren força.	Es waren recht viele da.

Anmerkung 1: *Força* kann adverbial verwendet werden: *La pel·lícula m'ha agradat força.* – Der Film hat mir recht gut gefallen.

Anmerkung 2: Im literarischen Sprachgebrauch wird auch *qui-sap-lo*, *qui-sap-la*, *qui-sap-los, qui-sap-les* für 'recht viel(e)', 'recht gut' verwendet. *N'hi havia de noies, qui-sap-les!* – Es gab da recht viele Mädchen! *M'agrada qui-sap-lo.* – Es gefällt mir recht gut.

Anmerkung 3: In der Umgangssprache wird auch *forces* im Plural benutzt.

83 *més*

1. Adjektivischer Gebrauch:

Cada vegada hi passen més cotxes.	Es fahren immer mehr Autos dort vorbei.
Tinc més sabates que ningú.	Ich habe mehr Schuhe als irgendjemand.
Com més (de) repòs facis, millor et trobaràs.	Je mehr du dich ausruhst, desto besser wirst du dich fühlen.

2. Pronominaler Gebrauch:

Molts alumnes han aprovat, però més han suspès.	Viele Studenten haben bestanden, aber mehr sind durchgefallen.
Alguns riuen i els més se sorprenen.	Viele lachen und die Mehrzahl wundert sich.

Anmerkungen zu *més*:

Anmerkung 1: *Més* kann in adverbialer Funktion verwendet werden: *No puc caminar més.* – Ich kann nicht mehr gehen. *Heu de visitar-nos més sovint.* – Ihr müsst uns öfter besuchen. Zu *més* als Adverb der Steigerung vgl. § 145.

Anmerkung 2: Dt. 'die meisten' wird mit *els més/les més* oder auch mit *la majoria* wiedergegeben: *La majoria/Els més (dels meus companys) s'ha quedat sense feina.* – Die meisten/Mehrzahl (meiner Kollegen) sind/ist arbeitslos.

Anmerkung 3: Erscheint 'die meisten' im Relativsatz bei einem direkten Objekt, so steht nur *més*. Das Objekt geht dabei dem Verb voran: *Aquest és el mecànic que més cotxes ha adobat.* – Das ist der Autoschlosser, der die meisten Autos repariert hat.

Ausdrücke und Wendungen:

més o menys	mehr oder weniger
a més (a més)	außerdem
de més/de massa	zuviel/überflüssig
ni més ni menys	nicht mehr und nicht weniger
tot al més	höchstens
Dura dos dies, si no més.	Es dauert zwei Tage, wenn nicht noch länger.
Tens més sort!	Du hast vielleicht ein Glück!

menys

1. Adjektivischer Gebrauch:

Com menys (de) faltes facis, millor.	Je weniger Fehler du machst, um so besser.
Aquest any ha guanyat menys medalles.	In diesem Jahr hat er weniger Medaillen gewonnen.

2. Pronominaler Gebrauch:

Els menys ho saben.	Die Wenigsten wissen es.
Les catedràtiques són les menys.	Die Profesorinnen bilden eine Minderheit/sind die Wenigsten.

Anmerkungen zu *menys*:

Anmerkung 1: *Menys* ist ebenfalls adverbial verwendbar: *Ha guanyat menys.* – Er hat weniger verdient. *S'ha tornat menys sever.* – Er ist weniger streng geworden.

Anmerkung 2: Erscheint 'der/die/das wenigste(n)' im Relativsatz bei einem direkten Objekt, so steht nur *menys*. Das Objekt geht dabei dem Verb voran: *Jo sóc qui menys culpa hi té.* – Ich bin derjenige, der am wenigsten schuld daran ist.

Ausdrücke und Wendungen:

almenys	wenigstens
al menys tard possible	so früh wie möglich
no poder menys de + Inf.	nicht umhin kommen zu

Kapitel 7 **Die Zahlwörter** (Els numerals)

Man unterscheidet Grundzahlen (els cardinals), Ordnungszahlen (els ordinals), Vervielfältigungszahlen (els múltiples), Bruchzahlen (els fraccionaris), Distributivszahlen (expressions o construccions distributives) und Kollektivzahlen (els col·lectius).

85 **Die Grundzahlen** (els cardinals)

Die Grundzahlen sind unveränderlich (Ausnahmen vgl. § 86.1.):

0	*zero*	31	*trenta-un*
1	*un*	32	*trenta-dos*
2	*dos*	35	*trenta-cinc*
3	*tres*	37	*trenta-set*
4	*quatre*	40	*quaranta*
5	*cinc*	44	*quaranta-quatre*
6	*sis*	50	*cinquanta*
7	*set*	60	*seixanta*
8	*vuit*	70	*setanta*
9	*nou*	80	*vuitanta*
10	*deu*	90	*noranta*
11	*onze*	100	*cent*
12	*dotze*	111	*cent onze*
13	*tretze*	200	*dos-cents*
14	*catorze*	300	*tres-cents*
15	*quinze*	400	*quatre-cents*
16	*setze*	500	*cinc-cents*
17	*disset*	600	*sis-cents*
18	*divuit*	700	*set-cents*
19	*dinou*	800	*vuit-cents*
20	*vint*	900	*nou-cents*
21	*vint-i-un*	1.000	*mil*
22	*vint-i-dos*	1.001	*mil un*
23	*vint-i-tres*	1.050	*mil cinquanta*
24	*vint-i-quatre*	1.555	*mil cinc-cents cinquanta-cinc*
25	*vint-i-cinc*	1.988	*mil nou-cents vuitanta-vuit*
26	*vint-i-sis*	2.000	*dos mil*
27	*vint-i-set*	10.000	*deu mil*
28	*vint-i-vuit*	32.821	*trenta-dos mil, vuit cents vint-i-un*
29	*vint-i-nou*	100.000	*cent mil*
30	*trenta*	1.000.000	*un milió*

42.569.437	*quaranta-dos milions, cinc-cents seixanta-nou mil, quatre-cents trenta-set*	1.000.000.000	*mil milions*
2.000.000	*dos milions*	1.000.000.000.000	*un bilió*

Anmerkung 1: Bei der Aussprache ist zu beachten, dass *zero, tres, set, deu, setze, disset* und *trenta* mit einem offenen *e* [ɛ] gesprochen werden, dagegen *tretze* und *cent* mit einem geschlossenen [e]. Das *o* in *dos, onze, dotze* und *catorze* ist geschlossen [o], während es in *nou* und *dinou* offen [ɔ] ist. Darüber hinaus gilt, dass das auslautende *t* von *vint* in den zusammengesetzten Zahlen von 21-29 (also vor dem Vokal *i*) und vor Vokal oder *h* und Vokal (z. B. *vint anys* – zwanzig Jahre, *vint hores* – zwanzig Stunden) ausgesprochen wird. Ansonsten bleibt es stumm.

Anmerkung 2: In der Umgangssprache wird *seixanta* gewöhnlich *xixanta* ausgesprochen. Im valencianischen Dialekt gebraucht man *dèsset, dívuit, dènou* und im balearischen *desset, devuit, denou* für *disset, divuit, dinou.*

Anmerkung 3: Als Substantive sind alle Zahlen Maskulina: *l'u* – die Eins, *el dos* – die Zwei, *el setze* – die Sechzehn. Der Plural wird entsprechend den Regeln der Substantive gebildet: *els tresos* – die Dreien, *dos cincs* – zwei Fünfen, *deu nous* – zehn Neunen.

Besonderheiten bei einigen Grundzahlen 86

Folgende Besonderheiten gilt es bei einigen Grundzahlen zu beachten:

1. Während die Grundzahlen im Allgemeinen unveränderlich sind, weisen ***un, dos*** und ***cent*** die femininen Formen ***una, dues*** und ***centes*** auf:

un llibre	ein Buch
una hora	eine Stunde
dos bitllets	zwei Fahrkarten
dues lletres	zwei Buchstaben
dos-cents metres	200 Meter
dos-cents cèntims	200 Cent
dos milions, dues-centes trenta-dues mil, dues-centes quaranta-dues cadires	2.232.242 Stühle

Anmerkung 1: Anstatt *dues* hört man im Zentralkatalanischen sehr häufig *dugues*: *Són les dues./Són les dugues.* – Es ist zwei Uhr.

Anmerkung 2: Das Valencianische kennt nur *dos*. Darüber hinaus wird in der Umgangssprache zwischen *dos/dues* oft nicht unterschieden. An Stelle von als korrekt bewerteten Wendungen wie *dues vegades* 'zweimal', *dues setmanes* 'zwei Wochen' tritt *dos vegades* und *dos setmanes* auf.

2. Die Kurzform ***u*** der Grundzahl ***un*** wird meist statt der Ordnungszahl *primer* gebraucht oder in nachgestellter Position:

Va treure un u.	Er hat eine Eins bekommen.
El dia u de febrer.	Der erste Februar.
La reunió és el vint-i-u de març.	Die Versammlung ist am 21. März.
Comença amb el quilòmetre u.	Sie beginnt mit dem Kilometer 1.
És el número u del món.	Er ist die Nummer 1 der Welt.

Dagegen: *Som vint-i-un (estudiants).* – Wir sind 21 (Studenten). *Queda a un quilòmetre.* – Es ist einen Kilometer entfernt.

3. ***Milió, bilió*** usw. sind (im Genus unveränderliche) Substantive und bilden den Plural auf ***-ns***: *milions, bilions.* Sie schließen das folgende Substantiv mit der Präposition *de* an:

Hi van assistir un milió de persones.	Es nahmen daran eine Million Menschen teil.
La ciutat té vuit milions d'habitants.	Die Stadt hat 8 Millionen Einwohner.
Els municipis necessiten tres bilions de marcs.	Die Gemeinden brauchen 3 Billionen Mark.

4. Das deutsche 'beide' kann im Katalanischen sowohl mit ***tots dos, totes dues*** (adjektivisch und pronominal; vgl. Distributivzahlen), als auch mit ***ambdós, ambdues*** (nur adjektivisch) wiedergegeben werden, wobei letztere Möglichkeit nur in der gehobenen Schriftsprache benutzt wird:

Van arribar ambdós col·legues.	Beide Kollegen sind angekommen.
Se'n van anar tots dos.	Beide sind weggegangen.
Ambdues/Totes dues coses m'agraden.	Beide Sachen gefallen mir.

Beachte: *nosaltres dos/dues* – wir beide, *les dues primeres estrofes* – die ersten beiden Strophen. In diesen Fällen kann niemals *ambdós/ambdues* stehen!

Der Gebrauch der Grundzahlen

Die Grundzahlen werden unter anderem gebraucht zur Bezeichnung

1. des Alters:

Quants anys tens? – Tinc vint anys.	Wie alt bist du? – Ich bin zwanzig.
I tu? – Jo en tinc trenta-dos.	Und du? – Ich bin zweiunddreißig.
Em vaig casar amb/als vint-i-cinc anys.	Ich habe mit fünfundzwanzig geheiratet.
Pel novembre, faig quaranta anys.	Im November werde ich vierzig.
És un home de seixanta anys.	Er ist ein sechzigjähriger Mann.

Ausdrücke und Wendungen:

una septuagenària	eine Siebzigjährige
una dona que ronda la cinquantena/d'uns cinquanta anys	eine Frau um die Fünfzig
La Maria té dos anys més/és dos anys més gran que jo.	Maria ist zwei Jahre älter als ich.
En Jaume té tres anys menys que jo/és tres anys més petit/més jove que jo.	Jaume ist drei Jahre jünger als ich.
Li doblo l'edat./Sóc el doble de gran que ell./Sóc dues vegades més gran que ell./Tinc el doble d'anys que ell.	Ich bin doppelt so alt wie er.
Ja he passat/Ja passo dels trenta/la trentena./Ja he tombat la trentena.	Ich habe die Dreißig überschritten.
Els seus pares (ja) van cap als/pels cinquanta/per la cinquantena.	Seine Eltern gehen auf die Fünfzig zu.
El mestre té més de seixanta anys/té seixanta anys llargs.	Der Lehrer ist in den Sechzigern.

2. des Datums:

Avui és dos de març./Avui som dos de març.	Heute ist der zweite März.
Em quedo fins al vint-i-nou de febrer.	Ich bleibe bis zum 29. Februar.

El trenta-u faig dinou anys.	Am 31. vollende ich das 19. Lebensjahr.
Vaig néixer el nou de maig.	Ich bin am 9. Mai geboren.

Anmerkung 1: Für den 1. Mai kann neben der Grundzahl *u* auch die Ordnungszahl verwendet werden, also: *el primer de maig/l'u de maig.*

Anmerkung 2: In Briefen wird das Datum folgendermaßen angegeben: *Alacant, 13 de setembre de 1976* – Alacant, den 13. September 1976.

Ausdrücke und Wendungen:

Quin dia és avui?/Quin dia som?	Den wievielten haben wir heute?
Quants en tenim avui?	Welches Datum ist heute?
d'avui en vuit (dies)	heute in acht Tagen/heute in einer Woche
de demà en quinze dies	morgen in vierzehn Tagen
de demà passat en un mes	übermorgen in vier Wochen/einem Monat
fa vuit dies/una setmana	vor/seit einer Woche
fa tres mesos	vor/seit drei Monaten

3. der Jahresangabe:

el 1990/l'any 1990 [im Valencianischen: *en 1990*]	(im Jahre) 1990
Ramon Llull va néixer el 1232 i va morir el 1316.	Ramon Llull wurde 1232 geboren und starb 1316.
Prat de la Riba va viure (des) del 1870 (fins) al 1917.	Prat de la Riba lebte von 1870 bis 1917.
Llorenç Villalonga va viure del 1897 al 1980.	Llorenç Villalonga lebte von 1897 bis 1980.

Anmerkung: Die Angabe der Lebensdaten (1232-1316) oder (823-891) wird gelesen als: *de(l) mil dos-cents trenta-dos a(l) mil tres-cents setze; del vuit-cents vint-i-tres al vuit-cents noranta-u.* Unter Tausend immer mit Artikel!

4. der Uhrzeit (vgl. § 38.2):

És la una.	Es ist ein Uhr/eins.
Són les dues.	Es ist zwei Uhr/zwei.
Són les dues i cinc (minuts).	Es ist fünf nach zwei.
És/Són un quart de tres.	Es ist Viertel drei/Viertel nach zwei.
Són dos quarts de tres.	Es ist halb drei.

Són tres quarts de tres.	Es ist drei Viertel drei/Viertel vor vier.
Són les tres menys cinc (minuts).	Es ist fünf vor drei.
És/Son la una i deu.	Es ist ein Uhr zehn/zehn nach eins.
Són tres quarts i dos minuts de dues./És/Són la una i quaranta-set minuts.	Es ist 13.47 Uhr.
Són dos quarts i set de sis./Són les cinc i trenta-set minuts./Són dos quarts i mig de sis.	Es ist 17.37 Uhr
Tenen obert (des) de (les) nou (fins) a (les) tres.	Sie haben von neun bis drei geöffnet.
A les sis tanquen.	Um sechs schließen sie.
Me'n vaig a dormir cap a les dotze.	Ich gehe gegen zwölf Uhr schlafen.
Em llevo a quarts de vuit.	Ich stehe zwischen Viertel und drei Viertel acht auf.
a les deu del matí	um elf Uhr morgens
a les quatre de la tarda	um vier Uhr nachmittags
a les vuit del vespre	um acht Uhr abends
a les onze de la nit	um zehn Uhr nachts
Falten deu minuts per a les deu.	Es ist zehn vor zehn.
És un quart de deu.	Es ist Viertel zehn./Es ist Viertel nach neun.
Són dos quarts de quatre.	Es ist halb vier.
Són tres quarts de cinc.	Es ist drei Viertel fünf./Es ist Viertel vor fünf.
Són dos quarts i set de cinc.	Es ist sieben Minuten nach halb fünf. (Es ist 16.37 Uhr).

Anmerkung: Die Angabe der Uhrzeit mit Hilfe von *un quart de/dos quarts de/tres quarts de* ist nur in Katalonien gebräuchlich. Im Valencianischen und Mallorquinischen wird *i quart/i mitja/menys quart* verwendet: *a la una i mitja* (= *a dos quarts de dues*) – um halb zwei, *a les tres menys quart* – um drei Viertel drei/um Viertel vor drei.

5. der Reihenfolge bei Päpsten, Königen usw.:

Alfons XIII (tretze)	Alfons XIII.
Joan XXIII (vint-i-tres)	Johannes XXIII.
Lluís XIV (cartorze)	Ludwig XIV.

Beachte: Für Zahlen zwischen zehn und zwanzig kann sowohl die Grundzahl als auch die Ordnungszahl stehen. Bei Zahlen bis zu zehn erscheint die Ordnungszahl (vgl. § 89.2).

6. von Jahrhunderten:

el segle tres	das 3. Jahrhundert
des del segle XIX (dinou)	seit dem 19. Jahrhundert
durant els segles XV (quinze) i XVI (setze)	während des 15. und 16. Jahrhunderts
a mitjan segle XVIII (divuit)	in der Mitte des 18. Jahrhunderts

Beachte: Bei Zahlen bis zu zehn kann auch die Ordnungszahl stehen (vgl. § 89.3).

7. von idiomatischen Wendungen:

un trèvol de quatre fulles	vierblättriger Klee
un setciències	ein Neunmalkluger
(caminar) de quatre grapes	auf allen vieren (gehen)

8. einer unbestimmten kleinen Menge durch die Grundzahl ***quatre***, die in diesen Fällen als Annäherungszahl gebraucht wird:

fer quatre passes	ein paar Schritte machen
És a quatre passos d'aquí.	Es ist ein paar Schritte entfernt.
escriure quatre ratlles	ein paar Zeilen schreiben
en quatre paraules	in wenigen Worten
quatre paraules	ein paar Worte
Érem quatre gats.	Wir waren nur ein paar Leute.
Van caure només quatre gotes.	Es fielen nur ein paar Tropfen.

9. einer nicht näher bestimmten Menge durch ein einer Zehnerzahl nachgestelltes ***tants***:

Hi van assistir noranta-tantes persones.	Es nahmen etwas über neunzig Personen/zwischen neunzig und hundert Personen daran teil.
Érem una colla de vint-i-tants nois.	Wir waren eine Gruppe von etwas mehr als zwanzig Jugendlichen/ zwanzig bis dreißig Jugendlichen.

88 **Die Ordnungszahlen** (els ordinals)

Die Ordnungszahlen sind Adjektive und richten sich in Genus und Numerus nach ihrem Bezugswort: *el primer pis* – die erste Etage, *la primera nit* – die erste Nacht, *els primers cotxes* – die ersten Autos, *les primeres hores* – die ersten Stunden.

Ab 5 werden die Ordnungszahlen gebildet, indem man an die Kardinalzahlen **-è** (maskulin) bzw. ***-ena*** (feminin) anfügt: *el sisè col·loqui* – das sechste Kolloquium, *la sisena sessió* – die sechste Sitzung. Während die Ordnungszahlen im Deutschen bei Verwendung der arabischen Ziffer durch einen Punkt gekennzeichnet werden, erscheint im Katalanischen der letzte Buchstabe hinter der Ziffer, wenn es sich um den Singular handelt: *1r (primer)* – 1., *2n (segon)* – 2., *4t (quart)* – 4., *6è (sisè)* – 6., *2a (segona)* – 2. (feminin), – *7a (setena)* – 7. (feminin). Im Plural werden die letzten beiden Buchstaben angefügt: *1rs (primers)* – 1. (maskulin), *1es (primeres)* – 1. (feminin), *5ns (cinquens)* – 5. (maskulin), *5es (cinquenes)* – 5. (feminin). Ein Punkt kann angefügt werden, braucht es aber nicht (z. B. *2n.* oder *2n*).

1r	*primer*	21è	*vint-i-unè*
2n	*segon*	22è	*vint-i-dosè*
3r	*tercer*	23è	*vint-i-tresè*
4t	*quart*	30è	*trentè*
5è	*cinquè*	31è	*trenta-unè*
6è	*sisè*	32è	*trenta-dosè*
7è	*setè*	40è	*quarantè*
8è	*vuitè*	50è	*cinquantè*
9è	*novè*	60è	*seixantè*
10è	*desè*	100è	*centè*
11è	*onzè*	101è	*cent-unè*
12è	*dotzè*	200è	*dos-centè*
13è	*tretzè*	1.000è	*milè*
20è	*vintè*	1.000.000è	*milionè*

Anmerkung 1: Einige Ordnungszahlen haben noch eine andere Form, z. B. *milè/mil·lèsim* und *milionè/milionèsim*. Daneben erscheinen auch *terç, quint, sext, sèptim* und *dècim* statt *tercer, cinquè, sisè, setè* und *desè*, wenn z. B. von Königen und Päpsten die Rede ist (z. B. *Felip V* [*quint*] – Philipp V.).

Anmerkung 2: Alle Ordnungszahlen sind in Genus und Numerus veränderlich: *primer, primera, primers, primeres; segon, segona, segons, segones; quart, quarta, quarts, quartes.* Die Adjektive auf *-è* haben die Endungen *-ena, -ens, -enes*: *vint-i-unè, vint-i-unena, vint-i-unens, vint-i-unenes; tres-centè, tres-centena, tres-centens, tres-centenes.*

Der Gebrauch der Ordnungszahlen 89

Die Ordnungszahlen finden nur noch in den genannten Fällen Verwendung und werden normalerweise mit Kardinalzahlen wiedergegeben. Sie werden gebraucht

1. zur Angabe der Etage und Wohnungsnummer (bei Adressen ganz besonders):

El despatx és al sisè (pis).	Das Büro befindet sich im 6. Stock.
Quin pis? – Quart, tercera (porta).	Welche Etage? – 4. Etage, 3. Tür.
A la cinquena/quinta planta.	Im 5. Obergeschoss.
Visc al carrer de Nàpols, 1, 8è, 2a.	Ich wohne Nàpols (Straße) 1, 8. Stock, 2. Tür.
Roser Pol, c. de Casp, 143, 1r, 6a, E-08015 Barcelona.	An Roser Pol, Casp (Straße) 134, 1. Stock, 6. Tür, E-08015 Barcelona.

2. bei Päpsten, Königen usw. (bis etwa zehn):

Jaume I (primer)	Jakob I.
Napoleó III (tercer)	Napoleon III.
Joan IV (quart)	Johannes IV.
Isabel II (segona)	Isabella II.

Vgl. §§ 87.5, 88, Anm. 1

3. bei Jahrhunderten (bis etwa zehn):

el segle IV (quart)	das 4. Jahrhundert
des del segle III (tercer) fins al V (cinquè)	vom 3. bis 5. Jahrhundert

Anmerkung 1: Es können auch die Grundzahlen verwendet werden. Die Jahrhundertzahlen über zehn werden hier im Allgemeinen mit Grundzahlen wiedergegeben (vgl. § 87.6).

Anmerkung 2: Die Ordnungszahlen werden hier normalerweise nachgestellt!

4. in Verbindung mit weiteren Ordnungsbegriffen (Reihe, Klasse, Kapitel, Paragraph usw.):

anar en primera (classe)	in der 1. Klasse fahren
Ara fa vuitè.	Er geht jetzt in die 8. Klasse.
S'ha quedat a sisè.	Er ist in der 6. Klasse sitzen geblieben.
Ha de repetir (el) cinquè.	Er muss die 5. Klasse wiederholen.
passar de tercer a quart (curs)	von der 3. in die 4. Klasse versetzt werden
acte primer, escena segona	erster Akt, zweite Szene
segons el títol III, 2 (segon paràgraf)	nach Absatz 3, 2
lliçó segona	zweite Lektion
a la quarta fila	in der 4. Reihe

llegir el novè capítol/el capítol novè	das neunte Kapitel lesen

Aber auch: *títol tres, paràgraf dos, lliçó dos, a la fila quatre, el capítol nou*

Anmerkung: Die Ordnungszahl kann hier von Fall zu Fall sowohl voran- als auch nachgestellt werden; z. B. *la primera fila/la fila primera* – die erste Reihe.

5. in folgenden Ausdrücken und Wendungen:

primerament/en primer lloc	erstens
segonament/en segon lloc	zweitens
de primera!	Klasse!
de segona	zweitklassig/minderwertig
de segona mà	aus zweiter Hand
amb segones (intencions)	hinterlistig/mit falschen Absichten

Die Vervielfältigungszahlen (els múltiples) 90

1. Die Vervielfältigungszahlen sind:

simple	einfach	*sèptuple*	siebenfach
doble/duple	doppelt	*òctuple*	achtfach
triple	dreifach	*nònuple*	neunfach
quàdruple	vierfach	*dècuple*	zehnfach
quíntuple	fünffach	*cèntuple*	hundertfach
sèxtuple	sechsfach		

Anmerkung: Wird ein Vielfaches gleicher Art bezeichnet, so können die auf *-tuple* endenden Vervielfältigungszahlen sowie *duple* die feminine Form auf *-a* bilden: *una operació sèptupla* – eine siebenfache Operation, *la quantitat tripla* – die dreifache Menge. Wird die Vervielfältigungszahl für eine Menge unterschiedlicher Teile verwendet, so ist das Genus unveränderlich: *La Triple Aliança* – der Dreibund (Geschichte).

2. Daneben kann man jede Vervielfätigungszahl auch durch die Grundzahl + ***vegades*** *(cops* oder *voltes)* ***més*** umschreiben, so *dues vegades més* 'zweimal soviel/doppelt', *tres vegades més* 'dreimal so viel/dreifach':

N'hem venut set vegades més.	Wir haben das Siebenfache davon verkauft.
El meu marit guanya tres vegades més que jo.	Mein Mann verdient dreimal so viel wie ich.
Té una casa com tres cops la meva.	Sein Haus ist dreimal so groß wie meines.

3. Als Adjektive können die Vervielfältigungszahlen voran- oder nachgestellt werden. Zum Teil ist aber nur die eine oder die andere Möglichkeit gebräuchlich:

No vols un whisky doble?	Möchtest du nicht einen doppelten Whisky?
el triple salt	der Dreisprung (Sport)
Aquesta medicina té un doble efecte/efecte doble.	Diese Arznei hat eine doppelte Wirkung.

Anmerkung: *Doble, triple* usw. werden auch als Substantive gebraucht: *Això val el doble.* – Das kostet doppelt so viel. *El triple de sis és divuit.* – Das Dreifache von sechs ist achtzehn.

91 **Die Bruchzahlen** (els fraccionaris)

1. Die Bruchzahlen sind Substantive, die in der Regel durch die Verbindung von Grundzahlen und Ordnungszahlen gebildet werden.

un quart	ein Viertel	*un vintè*	ein Zwanzigstel
tres quarts	drei Viertel	*tres setens*	drei Siebtel
dos cinquens	zwei Fünftel	*un dinovè*	ein Neunzehntel
dos novens	zwei Neuntel		

2. Ausnahmen sind:

un mig	ein Halb
una meitat	eine Hälfte
tres migs/tres mitjos	drei Halbe/drei Hälften
dos terços	zwei Drittel
un dècim/un desè	ein Zehntel
un centèsim/un centè	ein Hundertstel
un mil·lèsim	ein Tausendstel
un quarter	ein Viertel

Anmerkung: Darüber hinaus werden häufig die Formen mit *part/parts* gebraucht, z. B. *una tercera part* – ein Drittel, *tres quartes parts* – drei Viertel. *Dóna-me'n tres quartes parts.* – Gib mir drei Viertel (davon).

3. ***Mig*** kann als Substantiv oder als Adjektiv gebraucht werden:

tres quilos i mig	dreieinhalb Kilo
mig quilòmetre	ein halber Kilometer
mitja poma	ein halber Apfel

un i mig	anderthalb
dos i mig	zweieinhalb

Beachte: *a les quatre i mitja* [ugs./dial.] – um halb fünf

4. Wendungen:

a migdia (veraltend auch: *a migjorn*)	am Mittag
a mitjanit	um Mitternacht
(un abric) de migtemps	Übergangs(mantel)
mitja lluna	Halbmond
mitjalluna	Wiegemesser
migdiada	Mittagsschlaf/-ruhe
migpartir	mittendurch teilen/halbieren

Die Distributivzahlen (les expressions distributives) 92

Die Distributivzahlen geben an, wie Personen oder Sachen verteilt sind:

En va entrar un cada cop/cada vegada.	Es trat jeweils einer ein.
Un darrere l'altre/Un després de l'altre van anar sortint.	Einer nach dem anderen ging hinaus.
entrar de dos en dos	jeweils zu zweit eintreten
posar-se en fila de tres	sich in Dreierreihen aufstellen
cada set minuts	alle sieben Minuten
avançar tots quatre (alhora)	(zugleich) zu viert vortreten
un per un/un a un	Stück für Stück/Schritt für Schritt

Merke: *dos litres per cap* – zwei Liter pro Kopf, *els ingressos per càpita* – das Pro-Kopf-Einkommen, *dues-centes pessetes per quilo* – 200 Peseten pro Kilo, *trenta cèntims per gram* – dreißig Cent pro Gramm, *tres llibres per barba* – drei Bücher pro Nase, *quatre euros per persona* – vier Euro pro Person

Die Kollektivzahlen (els col·lectius) 93

1. Die Kollektivzahlen entsprechen in der Regel den Ordnungszahlen (feminin Singular; vgl. § 88):

dues dotzenes d'ous	zwei Dutzend Eier
una vintena	eine Gruppe von etwa zwanzig Personen/Dingen
una trentena d'estudiants	eine Gruppe von dreißig Studenten/etwa dreißig Studenten

una centena/un centenar de llapis	etwa einhundert Bleistifte
una quarantena d'anys	etwa vierzig Jahre
la segona quinzena de març	die zweite Märzhälfte

2. Ausnahmen sind:

un parell de sabates	ein Paar Schuhe
una parella d'enamorats	ein verliebtes Paar/Liebespaar
una trinca	eine Anzahl/Gruppe von drei/ etwa drei
un qüern	eine Gruppe von vier
un centenar de nois	etwa einhundert Kinder
dos milers de vaguistes	etwa zweitausend Streikende
una grossa	zwölf Dutzend

Merke: *a centenars/a cents, -es* – zu Hunderten, *a milers/a mils* – zu Tausenden

Anmerkung: *Parell* kann nur für gleichartige Dinge oder Lebewesen (Paar, Gespann) benutzt werden, während *parella* besonders Lebewesen ungleichen Geschlechts bezeichnet (Paar, Pärchen, zwei Stück; auch Gegenstück, passendes Stück); z. B. *un parell de mitjons* – ein Paar Socken, *una parella de merles* – ein Amselpärchen. *On és la parella d'aquest mitjó?* – Wo ist der passende Strumpf (von diesem Paar)?

3. Weiterhin können Kollektivzahlen benutzt werden zur Angabe von

- Zeiträumen:

bienni	Zeitraum von zwei Jahren
trienni	Zeitraum von drei Jahren
quadrienni	Zeitraum von vier Jahren
quinqenni	Zeitraum von fünf Jahren
decenni	Zeitraum von zehn Jahren
semestre	Halbjahr/Semester
trimestre	Vierteljahr/Quartal
bimestre	Zeitraum von zwei Monaten
quadrimestre	Zeitraum von vier Monaten

Merke: *el bienni negre* – die zwei schwarzen Jahre (1934/35), *el trienni liberal* – die drei liberalen Jahre (1820/23).

- Musikensembles:

duo/duet	Duo/Duett	*quintet*	Quintett
trio	Trio	*sextet*	Sextett
quartet	Quartett		

No em va agradar aquest trio.	Dieses Trio hat mir nicht gefallen.
És un quartet ben famós.	Das ist ein ziemlich berühmtes Quartett.

Anmerkung: Volkstümlich werden damit wie im Deutschen Gruppen von Personen – oft pejorativ – bezeichnet.

- Notenintervallen:

quarta	Quarte	*sèptima*	Septime
quinta	Quinte	*octava*	Oktave
sexta	Sexte		

Cantava una octava més baix.	Er sang eine Oktave tiefer.
Canta una quarta (més alt).	Sing eine Quarte (höher).

Die vier Grundrechenarten (les quatre operacions fonamentals) 94

Quant fan ...?	Wieviel ist/sind ...?
Quatre i tres són/fan/igual a set.	4 plus 3 ist (gleich) 7.
Vuit menys dos són/fan/igual a sis.	8 minus 2 ist (gleich) 6.
Dos per tres són/fan/igual a sis.	2 mal 3 ist (gleich) 6.
Quaranta dividit per dos són/fan/igual a vint.	40 (geteilt) durch 2 ist (gleich) 20.

Merke: 3,5 gelesen: *tres coma cinc/tres amb cinc*; 3.50 € (drei Euro fünfzig) gelesen: *tres euros cinquanta/tres amb cinquanta*; 5 hoch 2 gelesen: *cinc al quadrat/elevat a dos/elevat a la segona potència*; 5 hoch 3 gelesen: *cinc al cub/elevat a tres/elevat a la tercera potència.*

Maße und Gewichte (mides i pesos) 95

1 mm	*un mil·límetre*	1 m^3	*un metre cúbic*
1 cm	*un centímetre*	1 ml	*un mil·lilitre*
1 m	*un metre*	1 l	*un litre*
1 km	*un quilòmetre*	1° +/-	*un grau sobre/sota zero, un grau positiu/negatiu*
1 g	*un gram*		
ein Pfund	*mig quilo*	1 PS (1 CV)	*un cavall (de vapor)*
1 kg	*un quilo(gram)*	eine Meile	*una milla*
ein Zentner	*cinquanta quilos*	eine Elle	*un colze*
1 t	*una tona*	ein Fuß	*un peu*
1 m^2	*un metre quadrat*	eine Unze	*una unça*

Anmerkung: *una lliura* – ein Pfund (400 g)

Kapitel 8 Die Interrogativa (Els interrogatius)

Zu den Interrogativa gehören die Interrogativadjektive (els adjectius interrogatius), die Interrogativpronomen (els pronoms interrogatius) und die Interrogativadverbien (els adverbis interrogatius). Während die Interrogativadjektive ein Substantiv begleiten, ersetzen die Interrogativpronomen das Substantiv.

Adjektivischer Gebrauch:

Quins llibres portes?	Welche Bücher bringst du?

Pronominaler Gebrauch:

Què portes?	Was bringst du?

96 Die Formen der Interrogativa

1. Sowohl adjektivisch als auch pronominal werden gebraucht:

Bedeutung	Singular		Plural	
	maskulin	feminin	maskulin	feminin
wie viel(e)	*quant*	*quanta*	*quants*	*quantes*
welche(r,s)/was	*quin*	*quina*	*quins*	*quines*

2. Nur pronominal werden verwendet:

Bedeutung	unveränderlich
wer/wen	*qui*
was	*què*

3. Als Interrogativadverbien fungieren:

Bedeutung	unveränderlich
wie	*com*
wo/wohin	*on*
wann	*quan*
warum	*perquè*

Der Gebrauch der Interrogativa

quant? fragt nach der Anzahl von Personen oder Sachen bzw. nach einer unbestimmten Menge. **97**

1. Adjektivischer Gebrauch:

Quanta gent hi havia?	Wie viele Leute waren da?
Quants anys té vostè?	Wie alt sind Sie?
Quantes hores per setmana estudies?	Wie viele Stunden in der Woche studierst du?
Quants diners has estalviat?	Wie viel Geld hast du gespart?
Una taula, per a quantes persones?	Ein Tisch für wie viele Personen?

2. Pronominaler Gebrauch:

Quant guanyes al mes?	Wie viel verdienst du im Monat?
A quant va?/Quant costa/ és/val?	Wie viel kostet es?
Quant paga vostè de lloguer?	Wie viel Miete zahlen Sie?
Quant pesa la maleta?	Wie viel wiegt der Koffer?

quin? **98**

1. Adjektivischer Gebrauch: Fragt nach Art oder Eigenschaft von Personen oder Sachen:

A quina hora vens?	Um wie viel Uhr kommst du?
Quin prefix té Leipzig?	Welche Vorwahl hat Leipzig?
A quina conclusió has arribat?	Zu welchem Schluss bist du gekommen?
De quin color és el teu vestit?	Welche Farbe hat dein Kleid?
Amb quina gent vius?	Mit wem wohnst du?
A partir de quina edat pots votar?	Ab welchem Alter kannst du wählen?
Per quina raó no hi participes?	Weshalb nimmst du daran nicht teil?

2. Pronominaler Gebrauch: Fragt nach der Identität oder Eigenschaft von Personen oder Sachen:

Quina és la capital d'Uruguai?	Welches ist die Hauptstadt von Uruguay?
Quin és el teu nom?	Wie ist dein Vorname?
Quin (dels dos) t'agrada més?	Welches (von beiden) gefällt dir besser?
Quines són les diferències entre els tres tipus de cases?	Was sind die Unterschiede zwischen den drei Häusertypen?

99 ***qui?*** fragt nach Personen:

Qui parla?	Wer spricht (da)?
Qui esperes?	Wen erwartest du?
De qui és aquesta maleta?	Wem gehört dieser Koffer?
Amb qui discuteix?	Mit wem diskutiert er?
Per a qui són aquests regals?	Für wen sind diese Geschenke?
En qui penses?	An wen denkst du?

Anmerkung: Umgangssprachlich wird eine Verbindung Präp. + *qui* auch nachgestellt. *He ballat amb en Manel. – Has ballat amb qui?* – Ich habe mit Manel getanzt. – (Überrascht): Mit wem hast du getanzt? Das gilt auch für die Frageadverbien.

100 ***què?*** fragt nach Sachen, Begriffen, Sachverhalten usw.:

Què és això?	Was ist das?
A què esperes?	Worauf wartest du?
Per a què serveix tot això?	Wozu dient das alles?
Per a què esforçar-se tant?	Wozu sich derart anstrengen?
En què consisteix la seva contribució?	Worin besteht sein Beitrag?
No vols saber de què parlen?	Willst du nicht wissen, wovon sie reden?

Merke: *Què tal?* – Wie geht's?
Què tal el temps? – Wie ist das Wetter?
Què tal la teva feina? – Wie steht es mit deiner Arbeit?

com? fragt nach der Art und Weise bzw. nach dem Zustand von Personen oder Sachen: 101

Com va?/Com va això?/ Com anem?	Wie geht es (dir)?
Com es diu vostè?	Wie heißen Sie?
Com s'escriu aquesta paraula?	Wie schreibt man dieses Wort?
Com és que…?	Wie kommt es, dass …?
Depèn de com em trobi/senti.	Es hängt davon ab, wie ich mich fühle.
Com s'hi arriba?	Wie kommt man dahin?

Beachte: Wie schmeckt dir der Wein? – *Què et sembla el vi?/T'agrada el vi?*
Wie gefallen dir meine neuen Schuhe? – *Què tal les meves sabates noves?/Tagraden les meves sabates noves?*
Wie wär's, wenn wir ins Kino gingen? – *Què tal/Què et sembla si anem al cinema?*
Wie geht's? – *Què tal?*

on? fragt nach dem Ort: 102

On sou?	Wo seid ihr?
On aneu?	Wohin geht ihr?
D'on véns?	Woher kommst du?
Per on s'hi pot arribar?	Auf welchem Weg kommt man dorthin?

quan? fragt nach der Zeit: 103

Quan vas néixer?	Wann bist du geboren?
Fins quan t'hi quedaràs?	Bis wann wirst du dort bleiben?
De quan són aquestes ampolles de vi?	Von wann sind diese Weinflaschen?
Quan vas caure malalt?	Wann bist du krank geworden?

per què? fragt nach dem Grund: 104

Per què no has acceptat l'oferta?	Warum hast du das Angebot nicht angenommen?
Per què l'has convidat?	Warum hast du ihn eingeladen?

Anmerkung: Anstelle von *per què* erscheint besonders in der gesprochenen Sprache *com és que* 'wieso/warum/wie kommt es, dass ...?': *Com és que no has vingut a classe?* – Wieso bist du nicht zum Unterricht gekommen?

105 Die Wiedergabe von dt. 'wie' + Adjektiv/Adverb

Im Gegensatz zum Deutschen kann *com?* nicht mit einem Adjektiv oder mit einem Adverb verbunden werden. Man merke sich folgende Ausdrücke:

Quants anys tens?/Quina edat tens?	Wie alt bist du?
Quant fa que hi treballes?	Wie lange arbeitest du schon dort?
Quina alçada té aquesta torre?/ Quant fa d'alt aquesta torre?	Wie hoch ist dieser Turm?
Quina amplada té/Quant fa d'ample aquesta cambra?	Wie breit ist dieses Zimmer?
Quina llargada té/Quant fa de llarg aquest riu?	Wie lang ist dieser Fluss?
Quina profunditat té/Quant fa de profund aquest llac?	Wie tief ist dieser See?
Quant costa/Quant val/Quin preu té aquest llibre?	Wie teuer ist dieses Buch?
Quant peses?	Wie schwer bist du?/Wie viel wiegst du?
Quant de temps et quedaràs a València?	Wie lange wirst du in València bleiben?
Quant tardaran?/Quant de temps necessitaran?	Wie lange werden sie brauchen?
Quant hi ha d'aquí a l'estació?	Wie weit ist es von hier bis zum Bahnhof?
Quantes vegades has estat a Maó?	Wie oft bist du in Maó gewesen?

Aber: Wie oft fährst du nach Frankreich? – *Cada quant (de temps)/Quantes vegades vas a França?* Wie oft trainieren Sie? – *Amb quina freqüència/ Quantes vegades (s')entrena vostè?*

Zu den indirekten Fragesätzen vgl. § 336

In Ausrufesätzen verwendete Interrogativa 106

Die Interrogativa *qui, quin, que, quant* und *com* können auch als Exklamativa verwendet werden:

Qui s'ho hagués pensat!	Wer hätte das geglaubt!
A qui ho dius!	Wem sagst du das!
Que desagradable!	Wie unangenehm!
Quina casualitat!	Was für ein Zufall!
Que alt que em sembla!	Wie hoch er mir scheint!
Com treballa!	Wie (sehr) er arbeitet!
Que amable!	Wie liebenswürdig!
Que bonic!	Wie hübsch!
Com tarden!	Wie spät sie kommen!
Que/Com n'és de lluny, el mar!	Wie weit entfernt das Meer ist!
Que n'és de maca, aquella noia!	Wie hübsch jenes Mädchen ist!
Que n'és de lluny, el centre!	Wie weit das Zentrum ist!
Que magnífica és l'exposició!	Wie großartig die Ausstellung ist!
Quantes vegades he pensat en tu!	Wie oft habe ich an dich gedacht!
Quanta (de) gent!/Que gent que hi ha!	Wie viele Leute da sind!
Quants (de) cotxes!/Que cotxes!	Wie viele Autos!
Quantes flors!/Quina de flors!/ Quin bé de Déu de flors!	Wie viele Blumen!

Anmerkung: Bei Ausrufen, die eine Wertung enthalten, erscheint sehr häufig *més* vor dem Adjektiv: *Quina noia més maca!* – Was für ein hübsches Mädchen! *Quin somni més estrany he tingut!* – Was für einen seltsamen Traum ich gehabt habe!

Kapitel 9 Die Personalpronomen (Els pronoms personals)

Man unterscheidet zwischen Subjektpronomen (pronoms personals en funció de subjecte; pronoms forts de subjecte), betonten Objektpronomen (pronoms personals tònics en funció de complement; pronoms forts d'objecte) und unbetonten Objektpronomen (pronoms personals àtons en funció de complement; pronoms febles d'objecte). Objektpronomen, die sich auf das Subjekt zurückbeziehen, werden Reflexivpronomen (pronoms reflexius) genannt (vgl. § 220).

107 Die Formen der Subjektpronomen (pronoms forts de subjecte)

Person		Singular	Bedeutung
1. Person		*jo*	ich
2. Person		*tu*	du
3. Person	maskulin	*ell*	er
	feminin	*ella*	sie
Höflichkeitsform		*vostè* (*vós*)	Sie

Person		Plural	Bedeutung
1. Person		*nosaltres*	wir
2. Person		*vosaltres*	ihr
3. Person	maskulin	*ells*	sie
	feminin	*elles*	
Höflichkeitsform		*vostès*	Sie

Anmerkung 1: Die Höflichkeitsformen *vostè* (abgekürzt *V.*) und *vostès* (abgekürzt *Vs.*) sind von ihrer Bedeutung her Pronomen der 2. Person Singular bzw. Plural. Sie werden aber mit dem Verb in der 3. Person Singular bzw. Plural verbunden: *No vol venir vostè també?* – Wollen nicht auch Sie kommen?

Anmerkung 2: Zuungunsten von *vostè* breitet sich die Anrede mit *tu* heute immer mehr aus. *Tu* wird heute auch dort verwendet, wo im Deutschen die Höflichkeitsform steht.

Anmerkung 3: Die Anrede mit *vós* ('Sie') wird heute nur noch in einigen ländlichen Gegenden verwendet oder in der gehobenen Schriftsprache (z. B. höflicher Brief an einen Unbekannten oder Vorgesetzten). *Vós* erscheint in der Anrede Gottes, der Heiligen sowie der Volksvertreter. *Vós* wird mit der 2. Person Plural des Verbs verbunden: *Vós m'ho heu dit.* – Sie haben/Ihr habt es mir gesagt. *Beneita sou Vós entre totes les dones.* – Gebenedeit bist du unter den Frauen.

Die Anrede mit *vostè* wird als distanzierter und z. T. kälter empfunden als die mit *vós,* das eher herzlichen oder familiären Respekt anzeigt (z. B. in der Anrede der Eltern durch die Kinder). *Això és per a Vós.* – Das ist für Sie/Euch. *Volia parlar amb Vós.* – Ich wollte mit Ihnen/Euch sprechen.

Anmerkung 4: Dt. 'es' in unpersönlichen Ausdrücken wird nicht übersetzt: *Plou.* – Es regnet.

Merke: Ich Armer! – *Pobre de mi!*

Der Gebrauch der Subjektpronomen 108

Im Katalanischen werden die Subjektpronomen mit Ausnahme von *vostè(s)* kaum gebraucht, da die Person an der Endung der Verbform erkennbar ist. Sie werden gesetzt,

1. wenn sie ohne Verb stehen:

Qui vol gelat? – Jo.	Wer will Eis? – Ich.

2. wenn sie betont sind, besonders in Gegenüberstellungen:

Jo compro pa i tu portes mantega.	Ich kaufe Brot, und du holst Butter.
Si ho saps tan bé, per què no ho fas tu?	Wenn du es so gut kannst, warum machst **du** es dann nicht?
Aquest pastís l'he fet jo.	Diesen Kuchen habe **ich** gebacken.

3. wenn das Subjekt eindeutig gemacht werden soll. Das ist vor allem bei den Verbformen der 1. und 3. Person Singular *indicatiu imperfet, subjuntiu present, subjuntiu imperfet* und *condicional* der Fall:

Si jo hagués arribat primer…	Wenn ich als Erster angekommen wäre …
Em sembla que ell no ho faria.	Ich denke, er würde es nicht tun.

4. in Verbindung mit *mateix*:

M'ho va dir ella mateixa.	Sie hat es mir selbst gesagt.

Die Formen der betonten Objektpronomen (pronoms forts d'objecte) 109

Mit Ausnahme der 1. Person (*mi*) sind die Formen der betonten Objektpronomen mit denen der Subjektpronomen identisch. Auch die Reflexivpronomen stimmen mit den Objektpronomen überein. Einzige Ausnahme ist die 3. Person Singular und Plural (*si*) (vgl. Kap. 16).

Person		Singular	Bedeutung
1. Person		*mi*	mir/mich
2. Person		*tu*	dir/dich
3. Person	maskulin	*ell*	ihm/ihn
	feminin	*ella*	ihr/sie
	reflexiv	*si*	sich
Höflichkeitsform		*vostè* (*vós*)	Ihnen/Sie

Person		Plural	Bedeutung
1. Person		*nosaltres*	uns
2. Person		*vosaltres*	euch
3. Person	maskulin	*ells*	ihnen/sie
	feminin	*elles*	
	reflexiv	*si*	sich
Höflichkeitsform		*vostès*	Ihnen/Sie

110 Der Gebrauch der betonten Objektpronomen

Die betonten Objektpronomen werden gebraucht,

1. wenn das durch das Pronomen bezeichnete direkte oder indirekte Objekt hervorgehoben werden soll, wobei zusätzlich das entsprechende unbetonte Pronomen stehen muss:

Això no m'interessa a mi.	Mich interessiert das nicht.
Ens ho van demanar a nosaltres.	Sie haben uns darum gebeten.
A vostès no els volien convidar.	Sie, Sie wollte man nicht einladen.

2. wenn eine Präposition vorausgeht:

Amb qui vols parlar? – Amb tu.	Mit wem willst du sprechen? – Mit dir.
Aquestes flors són per a vostè.	Diese Blumen sind für Sie.
No podem començar sense ell.	Wir können nicht ohne ihn anfangen.
La Joana ha après a jugar escacs per si sola.	Joana hat allein Schach gelernt.
Sempre penso en vosaltres.	Ich denke immer an euch.

Anmerkung 1: In einigen Fällen wird eine Verbindung im Dt. aus Präposition und Personalpronomen im Katalanischen anders wiedergegeben: Viele Grüße von mir! – *Molts records de part meva.*

Anmerkung 2: *Mi* steht nach den unbetonten Präpositionen *a, amb, en, de* und *per* sowie nach Präpositionen, die mit diesen zusammengesetzt sind (z. B. *per a, des de*) und nach *contra*, *entre* und *sense*. Werden mehrere Pronomen aufgezählt, so wird *jo* verwendet: *Això queda entre tu i jo.* – Das bleibt zwischen dir und mir/unter uns. Nach den Präpositionen *malgrat, llevat, segons* und *ultra* benutzt man ebenfalls zumeist *jo*, wenn dieses durch *mateix* verstärkt wird: *Hi van anar tots llevat jo mateix.* – Alle gingen hin außer mir.

3. wenn Eindeutigkeit bezüglich der Person hergestellt werden soll:

Hem de preguntar-li a ella.	Wir müssen sie fragen.
Dóna-li-ho a ell.	Gib es ihm!
Es va aixecar de taula sense que jo li ho hagués permès.	Er stand vom Tisch auf, ohne dass ich es ihm erlaubt hatte.

4. bei Gegenüberstellungen:

La van veure a ella i no a ell.	Sie haben sie gesehen und nicht ihn.

5. wenn eine weitere Nominalgruppe hinzutritt:

Ens han escrit a nosaltres i als nostres amics.	Sie haben uns und unseren Freunden geschrieben.

Die Formen der unbetonten Objektpronomen (Els pronoms febles d'objecte) 111

Im Katalanischen unterscheidet man zwei Gruppen von Formen:
a) die Vollformen (formes plenes): *me, te, se, nos, vos, lo, la, li, los, les.*
b) die verstärkten Formen (formes reforçades): *em, et, es, ens, us, el, els.*

Folgende Grundregeln sind zu beachten:

- Träger der Information sind im Wesentlichen die Konsonanten der Pronomen. Ihre Setzung und Reduzierung gehorcht den allgemeinen Regeln der Satzphonetik (vgl. § 6). Besonders hervorzuheben ist dabei die Regel, dass [ə] nicht mit einem anderen unbetonten Vokal kombiniert werden kann und somit ausfällt.

- Für die Pronomen gelten die allgemeinen Ausspracheregeln (vgl. Kap. 1). Beachte vor allem die unbetonten Vokale: *me* [mə], *em* [əm], *nos* [nus], *ens* [əns], *la* [lə] usw.

1. Die Vollformen (les formes plenes)

Die Vollformen werden an das Verb angehängt, wenn es im Infinitiv, Gerundium oder bejahten Imperativ steht. Sie folgen auf Verben, die auf Konsonant oder ***-u*** enden. Die Vollformen werden mit dem Verb durch einen Bindestrich verbunden. Endet dagegen das Verb auf ***-a***, ***-e*** oder ***-i***, so entfällt das [ə] in den entsprechenden Formen und *-lo, -los, -nos* und *-vos* werden zu *'l, 'ls, 'ns* und *-us* (les formes reduïdes). Die Formen nach Verben auf ***-a, -e*** oder ***-i*** erscheinen in der Tabelle in Klammern:

direktes Objekt					
Person		Singular	Bedeutung	Plural	Bedeutung
1. Person		*-me ('m)*	mich	*-nos ('ns)*	uns
2. Person		*-te ('t)*	dich	*-vos (-us)*	euch
3. Person	maskulin	*-lo ('l)*	ihn	*-los ('ls)*	sie
	feminin	*-la*	sie	*-les*	
	reflexiv	*-se ('s)*	sich	*-se ('s)*	sich

indirektes Objekt					
Person		Singular	Bedeutung	Plural	Bedeutung
1. Person		*-me ('m)*	mir	*-nos ('ns)*	uns
2. Person		*-te ('t)*	dir	*-vos (-us)*	euch
3. Person	maskulin	*-li*	ihm	*-los ('ls)*	ihnen
	feminin		ihr		
	reflexiv	*-se ('s)*	sich	*-se ('s)*	sich

Beachte: Das Infinitiv-*r*, das sonst stumm ist, wird wieder gesprochen, wenn ein unbetontes Pronomen angehängt wird.

Anmerkung 1: Die Höflichkeitsform *vostè(s)* wird in der unbetonten Objektposition durch die unbetonten Objektpronomen der 3. Person vertreten: *Encantat de conèixer-lo (a vostè).* – Erfreut, Sie kennen zu lernen. *A vostès, no els critiquen mai, oi que no?* – **Sie** (Pl.) werden niemals kritisiert, nicht wahr? *Senyora Ferran, ja li han enviat la factura (a vostè)?* – Frau Ferran, hat man Ihnen schon die Rechnung zugeschickt?

Anmerkung 2: In der Umgangssprache fällt im Infinitiv bei den auf der vorletzten Silbe betonten Verben der 2. Konjugation auf *-er* das *r* aus: *conèixe't* [kuɛ̲ʃət], *conèixe'l* [kunɛ̲ʃəl], *conèixe's* [kunɛ̲ʃəs]: *Encantat de conèixe'l.* – Erfreut, Sie kennen zu lernen. Die entsprechenden literarischen und schriftsprachlichen Formen sind *conèixer-te* [kunɛ̲ʃərtə], *conèixer-lo* [kunɛ̲ʃərlu], *conèixer-se* [kunɛ̲ʃərsə] usw.

Anmerkung 3: In den balearischen Dialekten kann der Akzent vom Verb auf das Pronomen verlagert werden; so *Hem d'acompanyar-lo̲.* – Wir müssen ihn begleiten. *Acompanya̲'m.* – Begleite mich. Im Mallorquinischen kann das Pronomen vor dem bejahten Imperativ stehen: *M'escoltin.* – Hören Sie mir zu!

2. Die verstärkten Formen (les formes reforçades)

Die verstärkten Formen stehen vor allen anderen Verbformen. Sie erscheinen vor Verben, die mit Konsonant beginnen. Beginnt das Verb jedoch mit Vokal oder ***h***, so entfällt das [ə] außer in *ens, els* und *les*. Diese Formen werden hier in Klammern angegeben:

direktes Objekt						
Person		Singular	Bedeutung	Plural	Bedeutung
1. Person		*em (m')*	mich	*ens*	uns
2. Person		*-et (t')*	dich	*us**)*	euch
3. Person	maskulin	*-el (l')*	ihn	*els*	sie
	feminin	*-la (l')*)*	sie	*les*	
	reflexiv	*es (s')*	sich	*es (s')*	sich

*) *la* bleibt nur vor Verben, die mit unbetontem *i* oder *u* bzw. *hi* oder *hu* beginnen.

**) Vor dem Verb wird auch *vos* an Stelle von *us* toleriert.

indirektes Objekt					
Person		Singular	Bedeutung	Plural	Bedeutung
1. Person		*em (m')*	mir	*ens*	uns
2. Person		*-et (t')*	dir	*us**)*	euch
3. Person	maskulin	*li*	ihm	*els*	ihnen
	feminin		ihr		
	reflexiv	*es (s')*	sich	*es (s')*	sich

Anmerkung 1: Das Reflexivpronomen *se* behält – im Unterschied zu den anderen Pronomen – vor einem Verb, das auf *s, x* oder *c + e, i* anlautet, seine Vollform: *El Barça se situa al capdavant de la lliga.* – Der FC Barcelona tritt an die Spitze der Liga.

Anmerkung 2: Im Balearischen und Valencianischen werden die Vollformen und nicht die verstärkten Formen vor dem Verb gebraucht. Darüber hinaus kennen viele Dialekte für *nos* die Form *mos*: Se *coneixen.* – Sie kennen sich. *Mos coneixam.* – Wir kennen uns.

Anmerkung 3: In einigen Fällen steht statt der verstärkten Form die Vollform. Sie erscheint meist bei *tot, tothom, on, quan, quant, tant, molt, més, com* sowie Verben mit palatalem *g* sowie *x* und *r* im Anlaut oder in festen Wendungen: *Tot me cansa.* – Mich ermüdet einfach alles. *On te deixo els papers?* – Wo hinterlege ich die Papiere für dich? *Tant se val!* – Es ist gleich! *Molt me sembla que plourà.* – Ich habe stark den Eindruck, dass es regnen wird. *Més te valdria que et fiquessis al llit.* – Es wäre besser für dich, wenn du ins Bett gehen würdest. *Com te dius?* – Wie heißt du? *Déu nos en guard!* – Gott bewahre! *Déu vos guard!* – Grüß Gott!

112 Der Gebrauch der unbetonten Objektpronomen

Die unbetonten Objektpronomen treten immer in Verbindung mit einem Verb auf (zur Stellung vgl. §§ 111 und 120-122). Sie können im Satz auftreten

1. als direktes Objekt:

Crec que em senten.	Ich glaube, sie hören mich.
Pots ajudar-me?	Kannst du mir helfen?
Escolti'm.	Hören Sie!
T'estimo.	Ich liebe dich.
Perdona, no t'hem vist.	Verzeih, wir haben dich nicht gesehen.
No volien veure't.	Sie wollten dich nicht sehen.
Mou-te d'una vegada.	Beweg dich endlich!
L'ajudem (a ell/a ella).	Wir helfen ihm/ihr.
La humilien.	Man demütigt sie.
Coneixes aquest senyor? – Sí, el conec.	Kennst du diesen Herrn? – Ja, ich kenne ihn.
Coneixeu la seva professora? – No, no la coneixem.	Kennt ihr seine Lehrerin? – Nein, wir kennen sie nicht.
No volem acompanyar-lo.	Wir wollen ihn nicht begleiten.
Ajudeu-nos.	Helft uns!
Per què ens has trucat?	Warum hast du uns angerufen?
Quan véns a veure'ns?	Wann kommst du uns besuchen?
Us convidem per dissabte.	Wir laden euch zu Sonnabend ein.
Tornarem a veure-us?	Sehen wir euch wieder?
Has comprat tots aquests discos? – Sí, els he comprats.	Hast du all diese Schallplatten gekauft? – Ja, ich habe sie gekauft.
Emboliqueu-los.	Wickelt sie ein!
Mira'ls.	Schau sie dir an!
Les noies? Sí, les hem vistes.	Die Mädchen? Ja, wir haben sie gesehen.
El meu fill no vol rentar-se.	Mein Sohn will sich nicht waschen.
No s'amaguin.	Verstecken Sie [Pl.] sich nicht!
Se serveixen ells mateixos.	Sie bedienen sich selbst.

2. als indirektes Objekt:

M'ha tornat els diners.	Er hat mir das Geld zurückgegeben.
Contesteu-me.	Antwortet mir!

Passa'm el cendrer.	Reich mir den Aschenbecher!
T'escriuré.	Ich werde dir schreiben.
Puc oferir-li (a vostè) un cafè?	Kann ich Ihnen einen Kaffee anbieten?
Li vaig explicar el pla (a ell/a ella).	Ich erklärte ihm/ihr den Plan.
Ens ensenyes les fotos?	Zeigst du uns die Fotos?
Deixa'ns la teva moto.	Leih uns dein Motorrad!
Us ensenyaré la casa.	Ich werde euch das Haus zeigen.
Els deixes el teu cotxe?	Leihst du ihnen dein Auto?
Dóna'ls les gràcies (a aquestes senyores).	Sag ihnen Danke (diesen Damen)!
No s'incomodin.	Bemühen Sie sich nicht!
Es compren un apartament.	Sie kaufen sich eine Wohnung.
Se censura a si mateix.	Er zensiert sich selbst.

Die Formen des neutralen Pronomens und der Adverbialpronomen (el pronom neutre i els pronoms adverbials) 113

Neben dem neutralen Pronomen *ho* kennt das Katalanische die Adverbialpronomen *en* und *hi*. Während *ho* [u] und *hi* [i] keine verstärkten Formen besitzen und auch niemals apostrophiert werden, verfügt *en* über mehrere Formen:

Vollform	*-ho*	*-ne ('n)*	*-hi*
verstärkte Form	*ho*	*en (n')*	*hi*

Beachte: Für die Setzung und Reduzierung vor oder nach dem Verb gelten die gleichen Regeln wie für die unbetonten Objektpronomen.

Der Gebrauch des neutralen Pronomens *ho* 114

Ho (ähnlich dt. 'es') wird gebraucht,

1. um ein neutrales Pronomen (z. B. *això, allò*) zu ersetzen:

No m'agrada això; no ho compris.	Das gefällt mir nicht; kauf es nicht.
M'has promès portar-me allò. Ho has oblidat?	Du hast mir versprochen, das da mitzubringen. Hast du es vergessen?

2. um sich auf einen ganzen Satz zu beziehen:

Ha dit el que pensa? – No, no ho ha dit.	Hat er gesagt, was er denkt? – Nein, er hat es nicht gesagt.

Saps on són les meves claus? – No, no ho sé. Ho sento.	Weißt du, wo meine Schlüssel sind? – Nein, ich weiß es nicht. Es tut mir leid.

3. um sich auf ein Prädikativum (Adjektiv/unbestimmtes Substantiv) zu beziehen:

Semblava molt jove, però no ho era.	Er schien sehr jung zu sein, aber er war es nicht.
Estàs enfadat? – No, no ho estic.	Bist du böse? – Nein, ich bin es nicht.
Deia que era pintor. I realment ho semblava.	Er sagte, er sei Maler. Und er schien es wirklich zu sein.

4. um *tot* in der Funktion des direkten Objekts vor dem Verb wieder aufzunehmen:

En Pep ho sap tot.	Pep weiß alles.
Aquest noi ho perd tot.	Dieses Kind verliert alles.

5. um Adverbien oder Adverbialbestimmungen wie *bé, malament, lluny, a prop, tard, d'hora,* die sich wie ein Prädikatsnomen verhalten, wieder aufzunehmen:

Ja estàs bé? – No, encara no ho estic.	Geht es dir wieder besser? – Nein, noch nicht.
És lluny la farmàcia? – No, no ho és gaire.	Ist die Apotheke weit entfernt? – Nein, nicht sehr.
Ui, que tard que és! – A l'estiu no ho sembla perquè encara hi ha claror.	Oh, wie spät es schon ist! – Im Sommer scheint es nicht so, weil es noch hell ist.

115 Der Gebrauch des Adverbialpronomens *en*

Das Adverbialpronomen *en* wird gebraucht,

1. um eine mit *de* eingeführte Präpositionalgruppe zu ersetzen, wobei es als Ortsadverb, Objekt oder Attribut fungieren kann:

Ella ve del teatre i jo també en vinc.	Sie kommt aus dem Theater, und ich komme auch von dort.
Es dedica a l'escultura i en viu.	Er widmet sich der Bildhauerei und lebt davon.

Encara parlen de política? – No, ja no en parlen.	Sprechen sie noch über Politik? – Nein, sie sprechen nicht mehr davon.
De noves? – No, encara no en sé.	Neuigkeiten? – Nein, ich habe noch keine.
Oi que esteu contents del vostre pis? – Sí, sí que n'estem contents.	Ihr seid doch mit eurer Wohnung zufrieden? – Ja, ja wir sind damit zufrieden.

2. um ein unbestimmtes oder quantitativ eingeschränktes Substantiv, das als direktes Objekt oder Subjekt verwendet wird, wieder aufzunehmen (Partitivpronomen):

Tenen fills? – No en tenen.	Haben sie Kinder? – Sie haben keine.
Sembla que tens molta gana. – Sí que en tinc.	Es sieht so aus, als ob du großen Hunger hast. – Ja, und ob!
Quina d'aquestes quatre pomes vols? – No en vull cap.	Welchen der vier Äpfel möchtest du? – Ich will keinen.
Dóna'm més sopa. – No en queda gaire.	Gib mir noch Suppe. – Es ist nicht viel übrig.
Faig trenta anys i la meva dona en fa vint.	Ich werde 30 Jahre alt und meine Frau 20.

Anmerkung 1: Die Wiederaufnahme des Substantivs durch *en* erfolgt auch, wenn ein Zahlwort oder ein quantitatives Indefinitpronomen steht: *Quants quilos en vols, de peres? – En vull dos.* – Wie viel Kilo Birnen willst du? – Ich möchte zwei. *Aquesta maleta pesa vint quilos, però aquella no sé quants en pesa.* – Dieser Koffer wiegt 20 Kilo, wie viele aber der wiegt, weiß ich nicht. *De diners, en tenen molts.* – Geld haben sie viel. *De quilòmetres, no n'hem caminat gaires.* – Kilometer sind wir wenige gelaufen.

Anmerkung 2: Wird ein Objekt durch *en* wiedergegeben, so muss das Adjektiv, das dieses näher bestimmt, mit *de* eingeführt werden: *Vull una mica de vi negre. – Ho sento, en tinc només de blanc.* – Ich möchte etwas Rotwein. – Tut mir leid, ich habe nur noch weißen.

3. Bei einem mit *de* eingeführten oder bei einem von einem indirekten Objekt begleiteten Prädikatsnomen:

En Jaume n'és, de bon noi!	Jaume ist wirklich ein prima Kerl!
Que n'ets de ruc!	Was für ein Esel du bist!
A la Maria, qui li és padrí? – Jo li'n sóc.	Wer ist der Taufpate von Maria? – Ich bin es.
De televisió, tothom en té.	Fernsehen hat doch jeder.
D'anys, quants en té?	Wie alt ist er überhaupt?

4. um Prädikative zu Verben wie *dir-se, fer, fer-se, elegir, nomenar* wiederzugeben:

Em dic Joan. – Ah, sí? Jo també me'n dic.	Ich heiße Joan. – Ach, so? Ich auch.
Fas de dependent en aquesta oficina? – No, home, no en faig.	Arbeitest du als Verkäufer in diesem Büro? – Nein, Mann, nicht als Verkäufer.
El van elegir o no l'en van elegir, de rector?	Haben sie ihn nun zum Rektor gewählt oder nicht?

5. als fester Bestandteil von Verben wie *anar-se'n* 'weggehen', *sortir-se'n* 'sich aus der Affäre ziehen', *tornar-se'n* 'zurückkehren':

D'aquest embolic, per sort, me n'he sortit.	Aus diesem Durcheinander bin ich glücklicherweise heraus.
Se'n tornaran aviat.	Sie kehren bald zurück.

Zur Hervorhebung von Satzgliedern und ihrer Wiederaufnahme durch *en* vgl. § 322.

116 Der Gebrauch des Adverbialpronomens *hi*

Das Adverbialpronomen *hi* wird gebraucht,

1. um Ortsadverbien und Präpositionalobjekte wiederzugeben, die nicht mit *de* eingeführt werden:

No vas a l'escola? – Sí que hi vaig.	Gehst du nicht zur Schule? – Doch, ich gehe hin.
Que hi és en Jordi? – No, no hi és.	Ist Jordi da? – Nein, er ist nicht da.
Hi pensem sempre, en l'àvia.	Wir denken immer an die Großmutter.
A això, ens hi van obligar.	Dazu haben sie uns gezwungen.

Anmerkung: Das Pronomen *hi* ersetzt nur einen Teil des Ortsadverbs, wenn dieses durch *a sobre de, al damunt de, a sota de, al davant de, al darrere de, a prop de, al voltant de* usw. eingeleitet wird: *Davant de la casa hi ha un jardí i al darrere hi construirem una piscina.* – Vor dem Haus ist ein Garten, und dahinter bauen wir ein Schwimmbecken. Davon ausgenommen sind *fora de* und *lluny de*, die das Pronomen *en* verlangen.

2. um Modal- und Temporaladverbien wiederaufzunehmen:

Diu que s'orienta amb facilitat; però no s'hi orienta gens.	Er sagt, er findet sich leicht zurecht, aber er findet sich gar nicht zurecht.
Tan de matí, no hi puc menjar pas.	So früh kann ich nicht essen.
Ella va amb compte mentre que ell no hi va gaire.	Sie ist vorsichtig, während er nicht sehr vorsichtig ist.

3. um ein indirektes Objekt, das Sachen und nicht Personen bezeichnet, wiederzugeben:

A la ciència, hi dedico molt de temps.	Der Wissenschaft widme ich viel Zeit.

Aber: *Als meus fills,* ***els*** *dedico molt de temps.* – Meinen Kindern widme ich viel Zeit.

4. um Prädikative zu Verben wie *anar* 'gehen', *posar-se* 'werden', *presentar-se* 'erscheinen', *quedar-se* 'bleiben', *resultar* 'sich erweisen', *tornar-se* 'werden', *trobar-se* 'gehen/sich befinden' usw. aufzunehmen:

Va emprovar-se dos vestits que eren massa petits i un vestit-jaqueta que també hi resultava.	Sie probierte zwei Kleider, die aber zu klein waren, und ein Kostüm, das sich ebenfalls als zu klein erwies.
Abans no era pas tan callat; s'hi ha tornat amb els anys.	Früher war er nicht so schweigsam; er ist es mit den Jahren geworden.
Et trobes molt malament? – Sí que m'hi trobo.	Geht es dir sehr schlecht? – Ja, sehr schlecht.

5. um anstelle von *li* (unbetontes Pronomen des indirekten Objekts, 3. Person Singular) neben die unbetonten Pronomen des direkten Objekts *lo, la, los, les* zu treten, wenn diese kombiniert werden sollen. Dabei steht das Pronomen des direkten Objekts vor *hi*: *l'hi, la hi, els hi, les hi*:

Li ensenyes el jardí? – Sí, ara l'hi ensenyo.	Zeigst du ihm den Garten? – Ja, ich zeige ihn ihm jetzt.
Li mostres la casa – Sí, ara la hi mostraré.	Zeigst du ihm das Haus? – Ja, ich werde es ihm jetzt zeigen.
Li portes els llibres? – Sí, demà els hi portaré.	Bringst du ihm die Bücher? – Ja, ich bringe sie ihm morgen.
Li dónes els bitllets? – No puc donar-los-hi perquè no els tinc.	Gibst du ihm die Karten? – Ich kann sie ihm nicht geben, weil ich sie nicht habe.

Li ensenyes les fotos? – No, no vull ensenyar-les-hi.	Zeigst du ihm die Fotos? – Nein, ich will sie ihm nicht zeigen.

Anmerkung: Neben den hier angegebenen Kombinationen des indirekten Objektpronomens *li* und den direkten Objektpronomen *lo, la, los* und *les* erscheinen im Valencianischen die folgenden:
-li'l, li'l (li l')
-li-la, li la (li l'),
-li'ls, li'ls,
-li-les, li les.

6. im Verb *haver-hi* sowie intransitiv gebrauchten Wahrnehmungsverben:

Hi ha molta feina.	Es gibt viel Arbeit.
L'avi no hi sent.	Der Großvater hört nicht/kann nicht hören.
No hi veu de l'ull esquerre.	Er sieht nicht auf dem linken Auge./Er kann auf dem linken Auge nicht sehen.
És tàn fosc que no m'hi veig.	Es ist so dunkel, dass ich überhaupt nichts sehen kann.

7. bei einer Reihe von Verben, bei denen das Pronomen *hi* lexikalisiert ist oder dazu neigt, lexikalisiert zu werden, wie *caure-hi* 'auf etw. kommen', *conèixer-hi* '(be)merken', *dormir-hi* 'überdenken/überschlafen', *guanyar-hi* 'Vorteile haben', *mirar-s'hi* 'etw. genau nehmen/sich Mühe geben', *perdre-hi* [fam.] 'etw. verloren haben', *ser-hi* 'anfangen/losgehen', *tocar-hi* 'etw. richtig beurteilen/sehen', *tornar-hi* 'wiederholen', *tornar-s'hi* 'etw. zurückgeben' sowie *posar-hi el coll* 'etw. riskieren' und *saber el pa que s'hi dóna* 'wissen/merken, wie schwierig es ist':

Ara hi caic!	Jetzt geht mir ein Licht auf!
No hi caic en aquest moment.	Ich komme jetzt nicht drauf.
Fa un mes que prenc vitamines, però no m'hi conec.	Ich nehme seit einem Monat Vitamine, aber ich merke nichts davon.
Abans de confirmar-ho vull dormir-hi.	Bevor ich zusage, möchte ich es überschlafen.
Comprant en aquesta botiga s'hi guanya.	Der Einkauf in diesem Laden ist günstiger.
Quant a la feina, en Joan no s'hi mira gaire.	Was die Arbeit angeht, so nimmt es Joan nicht so genau.
Aquí, no se t'hi ha perdut res.	Hier hast du nichts zu suchen.
Som-hi!	Los geht's!
Som-hi?	Gehen wir?/Fangen wir an?

Aquell noi no hi toca.	Der (Junge da) ist nicht ganz richtig im Kopf.
Ja hi tornem…	Schon wieder dasselbe!
La Pepa li ha donat una bufetada i ell s'hi ha tornat.	Pepa gab ihm eine Ohrfeige, und er gab ihr eine zurück.
Hi ha posat el coll.	Er hat etwas riskiert.
Quan comencis aquesta feina, ja sabràs el pa que s'hi dóna.	Wenn du mit dieser Arbeit beginnst, wirst du schon merken, wie schwierig es ist.

Kombinationen unbetonter Pronomen (Combinacions de pronoms febles) 117

Bei der Kombination aller unbetonten Pronomen ist Folgendes zu beachten:

1. die Reihenfolge, die einzuhalten ist:

se	*te* *vos*	*me* *nos*	*li* *els*	*lo* *la* *los* *les*	*en*	*ho*	*hi*

Beachte: Üblicherweise geht das Pronomen des indirekten Objekts dem des direkten voran: *Els llibres? Els els portarà demà./Ja va portar-los-els ahir.* – Die Bücher? Morgen bringt er sie ihnen./Er hat sie ihnen gestern gebracht. Eine Ausnahme bildet die Kombination von *li* mit *lo, la, los, les* (vgl. § 116.5).

2. die Stellung beim Verb. Das bedeutet, dass das letzte Pronomen vor dem Verb bzw. das erste danach mit dem Verb direkt verbunden wird (orthographisch: apostrophiert wird), wenn es aufgrund des vokalischen An- oder Auslauts des Verbs möglich ist. Die Regeln der Stellung des Pronomens beim Verb haben somit Vorrang vor den Regeln der Kombination von mehreren Pronomen untereinander:

*La clau? Vull que me **la d**onis./Me **l'h**a donada./No pot dona**r-me**-la./Dón**a-me-**la.*	Der Schlüssel? Ich möchte, dass du ihn mir gibst./Er hat ihn mir gegeben./Er kann ihn mir nicht geben./Gib ihn mir!
*De pa? Volem que ens **en d**onis./Ja ens **n'h**as donat./No vol dona**r-nos**-en./Dón**a'ns**-en.*	Brot? Wir möchten, dass du uns welches gibst./Du hast uns schon welches gegeben./Er will uns keines geben./Gib uns welches.

Beachte: Die Pronomen *li, les, ho* und *hi* werden niemals verändert!

3. die Tendenz, die unbetonten Pronomen untereinander durch [ə] abzugrenzen. Trifft [ə] jedoch mit einem anderen unbetonten Vokal zusammen, so entfällt es zumeist. Im Einzelnen gilt:

- Das erste Pronomen (vor bzw. nach dem Verb) behält in der Regel seine Vollform, während das zweite elidiert wird:

***Me**'n vaig.*	Ich gehe.
*No vull anar-**me**'n.*	Ich will nicht gehen.
*Us (Vos) **n**'aneu?*	Geht ihr?
*Ja voleu anar-**vos**-en?*	Wollt ihr schon gehen?
***Se** l'emporta, el vi.*	Er nimmt ihn mit, den Wein.

- Vor *ho* und *hi* entfällt der Endvokal des vorangehenden Pronomens - außer bei *li* und *la*:

*S'**ho** emporta, això.*	Das, das nimmt er mit.
*Dóna'ns-**ho**.*	Gib es uns!
*Us **hi** hem vist.*	Wir haben euch dort gesehen.
*Acompanyeu-la-**hi**.*	Begleitet sie dorthin!
*La **hi** hem vista.*	Wir haben sie dort gesehen.

Beachte auch das Sonderverhalten von *vos*!

118 Übersicht über die Kombinationsmöglichkeiten von zwei unbetonten Pronomen

In den Tabellen erscheinen an erster Stelle die Vollformen und an zweiter die verstärkten Formen. In den Klammern dahinter stehen, insofern Unterschiede bestehen, die jeweiligen Formen vor Verben mit Vokalanlaut bzw. nach Verben mit vokalischem Auslaut (vgl. § 111).

Kombinationen der Pronomen des indirekten Objekts sowie des Reflexivpronomens ***se*** mit denen des direkten Objekts (Singular) und des Pronomens ***li*** (indirektes Objekt Singular):

	me	**te**	**lo**	**la**	**li**
me	-	-	*-me'l* *me'l* *(me l')*	*-me-la* *me la* *(me l')*)*	*-me-li* *me li*
te	*-te'm* *te'm* *(te m')*	-	*-te'l* *te'l* *(te l')*	*-te-la* *te la* *(te l')**	*-te-li* *te li*

	me	**te**	**lo**	**la**	**li**
li	-	-	*-l'hi* *l'hi*	*-la-hi* *la hi*	-
nos	-	-	*-nos-el* *('ns-el)* *ens el* *(ens l')*	*-nos-la* *('ns-la)* *ens la* *(ens l')**	*-nos-li* *('ns-li)* *ens li*
vos	*-vos-em* *(-us-em)* *us em* *(us m')*	-	*-vos-el* *(-us-el)* *us el* *(us l')*	*-vos-la* *(-us-la)* *us la* *(us l')**	*-vos-li* *(-us-li)* *us li*
los (IO)	-	-	*-los-el* *('ls-el)* *els el* *(els l')*	*-los-la* *('ls-la)* *els la* *(els l')**	-
se	*-se'm* *se'm* *(se m')*	*-se't* *se't* *(se t')*	*-se'l* *se'l* *(se l')*	*-se-la* *se la* *(se l')**)	*-se-li*

Kombinationen der Pronomen des indirekten Objekts sowie des Reflexivpronomens ***se*** mit denen des direkten Objekts (Plural) sowie des Pronomens ***los*** (indirektes Objekt Plural):

	nos	**vos**	**los** (DO/IO)	**les**
me	-	-	*-me'ls* *me'ls*	*-me-les* *me les*
te	*-te'ns* *te'ns*	-	*-te'ls* *te'ls*	*-te-les* *te les*
li	-	-	*-los-hi* *('ls-hi)* *els hi*	*-les-hi* *les hi*
nos	-	-	*-nos-els* *('ns-els)* *ens els*	*-nos-les* *('ns-ls)* *ens les*
vos	*-vos-ens* *(-us-ens)* *us ens*	-	*-vos-els* *(-us-els)* *us els*	*vos-les* *(-us-les)* *us les*
los (IO)	-	-	*-los-els* *('ls-els)* *els els*	*-los-les* *('ls-les)* *els les*
se	*-se'ns* *se'ns*	*-se-us* *se us*	*-se'ls* *se'ls*	*-se-les* *se les*

*) *la* bleibt nur vor Verben, die mit unbetontem *i* oder *u* bzw. *hi* oder *hu* beginnen.

Kombinationen der Pronomen des direkten und indirekten Objekts und des Reflexivpronomens ***se*** mit dem neutralen Pronomen ***ho*** und den Adverbialpronomen ***ne*** und ***hi***:

	ho	**en**	**hi**
me	*-m'ho* *m'ho*	*-me'n* *me'n* *(me n')*	*-m'hi* *m'hi*
te	*-t'ho* *t'ho*	*-te'n* *te'n* *(te n')*	*-t'hi* *t'hi*
lo	-	*-l'en* *l'en* *(el n')*	*-l'hi* *l'hi*
la	-	*-la'n* *la'n* *(la n')*	*-la-hi* *la hi*
li	*-li-ho* *li ho*	*-li'n* *li'n* *(li n')*	*-li-hi* *li hi*
nos	*-nos-ho* *('ns-ho)* *ens ho*	*-nos-en* *('ns-en)* *ens en* *(ens n')*	*-nos-hi* *('ns-hi)* *ens hi*
vos	*-vos-ho* *(-us-ho)* *us ho*	*-vos-en* *(-us-en)* *us en* *(us n')*	*-vos-hi* *(-us-hi)* *us hi*
los (DO/IO)	(nur IO) *-los-ho* *('ls-ho)* *els ho*	*-los-en* *('ls-en)* *els en* *(els n')*	*-los-hi* *('ls-hi)* *els hi*
les	-	*-les-en* *les en* *(les n')*	*-les-hi* *les hi*
se	*-s'ho* *s'ho*	*-se'n* *se'n* *(se n')*	*-s'hi* *s'hi*

Die Kombination der Adverbialpronomen *en* und *hi* ergibt *-n'hi* und *n'hi.*

Zu Verbindungen mit einem reflexiven Verb vgl. §§ 218-220

Anmerkung 1: Wenn in einer Kombination ein *-s* im Auslaut und ein *l-* oder *s-* im Anlaut aufeinander treffen, wird in der gesprochenen Sprache ein *-e-* [ə] eingeschoben; so *ens la dóna* [ənzələðo̲nə] – er gibt sie uns, *ens la torna* [ənzələto̲rnə] – er gibt sie uns zurück, *no ens sent* [nɔənzəse̲nt] – er hört uns nicht.

Anmerkung 2: Wenn ein auf *-s* endendes Pronomen mit der elidierten Form *n'* zusammentrifft, kann die Vollform des Adverbialpronomens benutzt werden: *Ens n'anem./Ens en anem.* – Wir gehen. *Els n'han passades moltes./Els en han passades moltes.* – Sie haben schon viel durchgemacht.

Anmerkung 3: Die Pronomen *-nos* bzw. *-vos* können durch *-s* ersetzt werden, wenn ihnen ein anderes Pronomen folgt: *Anem-nos-en./Anem's-en.* – Gehen wir! *Anem-nos-n'hi./Anem's-en-hi.* – Gehen wir hin! *Aneu-vos-en./Aneu's-en.* – Geht!

Anmerkung 4: Die Kombinationen *en-en* oder *hi-hi* sind nicht möglich. In einem Satz wie *Anirem a Vic amb el cotxe* kann folglich nur ein Teil ersetzt werden: *Hi anirem amb el cotxe.* – Wir fahren mit dem Auto dorthin. *Hi anirem a Vic.* – Wir fahren damit nach Vic. Vgl. *Ha portat regals del Japó.* – Er hat Geschenke aus Japan mitgebracht. *N'ha portat regals.* – Er hat Geschenke von dort mitgebracht. *N'ha portats del Japó.* – Er hat welche aus Japan mitgebracht. Aber: *N'ha portats.* – Er hat welche von dort mitgebracht.

Anmerkung 5: Die indirekten Objektpronomen *li* und *els* werden durch *hi* ersetzt, wenn sie mit einem Pronomen der 1. oder 2. Person des direkten Objekts (*em, et, ens, us*) auftreten: *Us van presentar al director? – Sí, ahir ens hi van presentar.* – Hat man euch dem Direktor vorgestellt? – Ja, gestern hat man uns ihm vorgestellt. *T'has ofert als voluntaris per ajudar-los? – No, no m'hi he ofert.* – Hast du dich den Freiwilligen angeboten, um ihnen zu helfen? – Nein, ich habe mich ihnen nicht angeboten.

Anmerkung 6: Vor dem Pronomen *hi* wird *ho* durch *l'* ersetzt: *Li he demanat que porti això a la cuina, però no l'hi ha portat.* – Ich habe ihn gebeten, das in die Küche zu bringen, aber er hat es nicht hingebracht.

Idiomatische Wendungen mit unbetonten Objektpronomen 119

Passi-ho bé!	Auf Wiedersehen!
Que ho passis bé.	Viel Spaß!
Escolteu-me, si us plau/sisplau.	Hört mir bitte zu!
No te les tinguis amb ell.	Leg dich nicht mit ihm an!
L'Oriol l'està dormint (= el gat/ la mona).	Oriol schläft seinen Rausch aus.

En Carles la sap molt llarga.	Carles hat es faustdick hinter den Ohren.
Les hi cantaré/diré clares (= les veritats).	Ich werde ihm die Meinung geigen/ sagen.
Arregla-te-les com puguis.	Sieh zu, wie du zurechtkommst!
Se les dóna de molt preparat.	Er spielt sich als sehr geeignet auf.
Hauràs d'haver-te-les amb mi./ Te les hauràs d'haver amb mi.	Du wirst es mit mir zu tun bekommen.

Anmerkung: Das deutsche 'bitte' *si us plau* (wörtlich 'wenn es Euch gefällt') ist ein pronominales Verb und entsprechend der in der Bitte oder Aufforderung Angesprochenen veränderlich: *Em pots passar la llet, si et plau?* – Kannst du mir bitte die Milch geben? *Intenti calmar-se, si li plau.* – Versuchen Sie sich bitte zu beruhigen! In der Umgangssprache wird die Wendung jedoch unverändert gebraucht und heute schriftlich auch mit *sisplau* wiedergegeben. Im Valencianischen und Balearischen benutzt man statt dessen *per favor*.

120 Die unbetonten Pronomen beim Imperativ

1. Beim bejahten Imperativ werden die Pronomen an die Verbform angefügt:

Paga'l.	Bezahle ihn!
Digues-li-ho.	Sag es ihm!
Porteu-n'hi.	Bringt welche dorthin!
Provi-ho.	Probieren Sie es!
Tornin-nos-la.	Bringen Sie sie uns zurück!
Anem-hi.	Gehen wir hin!
Busquem-lo.	Suchen wir ihn!

2. Beim verneinten Imperativ werden die Pronomen unmittelbar vorangestellt:

No ho facis.	Tu es nicht!
No li ho diguis (a ell).	Sag es ihm nicht!
No l'ajudeu.	Helft ihm/ihr nicht!
No ens la tornis.	Bring sie uns nicht zurück!

Zu den Pronomen beim reflexiven Verb vgl. § 220.1

Die unbetonten Pronomen beim Infinitiv

1. Die unbetonten Pronomen werden an den Infinitiv angehängt (vgl. jedoch § 220.2):

Tenia por d'arribar-hi tard.	Er fürchtete, zu spät dorthin zu kommen.
És fàcil d'endevinar-ho.	Es ist leicht, das zu erraten.
Va sortir sense dir-m'ho.	Sie ging weg, ohne es mir zu sagen.

2. Folgt ein Infinitiv auf ein Verb der Wahrnehmung oder auf *deixar* '(zu) lassen' bzw. *fer* '(veran)lassen', so stehen die Pronomen beim Verb der Wahrnehmung oder bei *deixar* bzw. *fer*:

La veig venir.	Ich sehe sie kommen.
Us sentim cantar.	Wir hören euch singen.
Deixa'ls córrer.	Lass sie laufen!
Fes-los treballar.	Bringe sie dazu zu arbeiten.

Anmerkung: Wenn das Pronomen mit dem Verb eine inhaltliche Einheit bildet, wird es an den Infinitiv angehängt: *L'he vist afaitant-se.* – Ich habe gesehen, wie er sich rasierte. *Deixa'm pensar-hi.* – Lass mich daran denken!

3. Geht einem Infinitiv ein Modalverb (*deure, gosar, poder, saber, soler, voler*) voraus, so können die unbetonten Pronomen entweder vor dem Modalverb oder nach dem Infinitiv stehen. Die gesprochene Sprache tendiert dazu, die Pronomen vor das Modalverb zu stellen:

El volia veure./Volia veure'l.	Er wollte ihn sehen.
No ho sabia resoldre./No sabia resoldre-ho.	Er konnte es nicht lösen.
No t'ho puc explicar./No puc explicar-t'ho.	Ich kann es dir nicht erklären.

Anmerkung: Bei den Verben *caldre, preferir* und *necessitar* können die Pronomen nur an den Infinitiv angehängt werden: *Cal demanar-li-ho.* – Man muss es von ihm verlangen. *Prefereixo dir-te la veritat.* – Ich sage dir lieber die Wahrheit. *No necessiteu avisar-me.* – Ihr braucht mich nicht zu benachrichtigen.

Aber: *M'agrada veure-les cada dia.* – Es gefällt mir, sie jeden Tag zu sehen.

4. Ebenso wie die Modalverben verhalten sich die mit dem Infinitiv gebildeten zusammengesetzten Zeiten, vor allem das *passat perifràstic*:

La vaig convidar ahir./ Vaig convidar-la ahir.	Ich habe sie gestern eingeladen.
No hi vam anar./No vam anar-hi.	Wir sind nicht dorthin gegangen.

5. Auch bei Ausdrücken wie *acabar de, començar a, haver de, tornar a* usw. weist die gesprochene Sprache die Tendenz auf, die Pronomen voranzustellen:

L'acabo de rebre./Acabo de rebre'l.	Ich habe ihn gerade erhalten.
Li ho tornaré a preguntar./ Tornaré a preguntar-li-ho.	Ich werde ihn nochmals danach fragen.

Anmerkung: Nach Verben wie *manar* und *ordenar* und dem Ausdruck *és precís* ergibt sich durch die Stellung der Pronomen ein Bedeutungsunterschied: *Vaig manar-te corregir el text.* – Ich hieß dich den Text korrigieren./Ich ordnete dir an, den Text zu korrigieren. *Vaig manar corregir-te el text.* – Ich ordnete an, den Text (für dich) zu korrigieren. *Li és precís trobar una feina.* – Er/Sie muss eine Arbeit finden. *És precís trobar-li una feina.* – Man muss eine Arbeit für ihn/sie finden./Es ist erforderlich, eine Arbeit für ihn/sie zu finden.

Zu den Pronomen beim reflexiven Verb vgl. § 220.2

122 Die unbetonten Pronomen beim Gerundium

1. Die unbetonten Pronomen werden an das Gerundium angehängt (vgl. § 220.3):

Entrant-hi vaig veure la misèria.	Als ich dort eintrat, sah ich die Misere.
Tornant-nos-en vam sentir la mala nova.	Als wir zurückkehrten, hörten wir die schlechte Nachricht.

2. Nach Ausdrücken wie *anar, continuar/seguir, estar* + Gerundium usw. können die unbetonten Pronomen entweder vor dem konjugierten Verb stehen oder an das Gerundium angehängt werden. Die gesprochene Sprache neigt dazu, sie voranzustellen:

Els anem preparant./Anem preparant-los.	Wir bereiten sie allmählich vor.
N'estàvem parlant./Estàvem parlant-ne.	Wir sprachen gerade davon.

Zu den Pronomen beim reflexiven Verb vgl. § 220.3

Die unbetonten Pronomen bei der Hervorhebung eines Satzteils 123

Von der Hervorhebung von Satzteilen (vgl. Kap. 25) wird in der gesprochenen und Umgangssprache des Katalanischen sehr gern Gebrauch gemacht. Wird ein Satzteil hervorgehoben und an den Satzanfang oder an das Satzende gestellt, muss er zugleich pronominal ausgedrückt werden. Zumeist wird er durch eine Sprechpause abgetrennt (orthographisch häufig durch ein Komma wiedergegeben).

1. Wenn ein Substantiv, Personalpronomen oder Demonstrativpronomen als direktes oder indirektes Objekt dem Verb vorangeht, so muss es durch das entsprechende unbetonte Objektpronomen wieder aufgenommen werden:

Aquest cotxe el condueixo jo.	Das Auto fahre ich.
A tu t'interessa la veritat, oi?	Dich interessiert die Wahrheit, nicht wahr?
Això no ho sé.	Das weiß ich nicht.
Als nens se'ls expliquen aquestes coses.	Den Kindern erklärt man diese Dinge.
A ell no li compris dolços.	Kauf ihm keine Süßigkeiten.
A aquest li deixes més espai.	Diesem hier lässt du mehr Platz.
A això hi dedica tot un capítol.	Dieser Sache widmet er ein ganzes Kapitel.

Beachte: Das indirekte Objekt, das Sachen und nicht Personen bezeichnet, wird mit *hi* wiedergegeben statt mit *li* oder *els* (vgl. § 116.3).

2. Folgt ein betontes Objektpronomen dem Verb, so muss diesem das entsprechende unbetonte Objektpronomen vorausgehen:

Us preguntem a tots vosaltres.	Wir fragen euch alle.
Em van cridar a mi.	Man hat **mich** gerufen.
Porta-li-ho a ell.	Bring es **ihm**!

3. Wird ein Substantiv oder Demonstrativpronomen nach dem Verb hervorgehoben, so kann darauf mit dem entsprechenden Objektpronomen verwiesen werden:

No (la) veig mai la teva mare./ No la veig mai, la teva mare.	Ich sehe nie deine Mutter.

(Li) Ho vaig donar al teu company./Li ho vaig donar, al teu company.	Wir haben es deinem Kollegen gegeben.
Per què (hi) dediques tant de temps a això?/Per què hi dediques tant de temps, a això?	Warum widmest du dieser Sache so viel Zeit?

4. Wird eine mit *de* eingeleitete Präpositionalgruppe (Substantiv, Adjektiv, Adverb, Personalpronomen, Demonstrativpronomen usw.) am Anfang eines Satzes hervorgehoben, so muss sie mit *en* wieder aufgenommen werden:

De la Núria, no en sé res.	Ich weiß nichts von Núria.
De vi, no en vols?	Willst du keinen Wein?
De blancs, no en tenim.	Weiße haben wir nicht.
De mal, se'n fan només a ells mateixos.	Sie tun sich nur selbst weh.
Del concert, en vénen; no hi van.	Sie kommen aus dem Konzert; sie gehen nicht hin.
D'ella, no n'han parlat gaire.	Von ihr haben sie kaum geredet.
D'això, no me n'han dit res.	Davon hat man mir nichts gesagt.

5. Wird eine mit *de* eingeleitete Präpositionalgruppe mit einem partitiv gebrauchten Substantiv, Adjektiv oder Demonstrativpronomen nach dem Verb hervorgehoben, so wird darauf mit *en* verwiesen:

No, gràcies, ja no en vull, de pa.	Nein, danke, ich möchte kein Brot mehr.
Ho sento, no en tenim, de blaus.	Tut mir leid, blaue haben wir keine.
En vull un quilo, d'això.	Ich möchte ein Kilo davon.
Dóna-me'n tres, d'aquells.	Gib mir drei von jenen.

6. Wenn dagegen eine mit *de* eingeleitete und nicht partitiv verwendete Präpositionalgruppe nach dem Verb hervorgehoben wird, so kann mit *en* darauf verwiesen werden:

Saps res de nou d'aquell noi? – No en sé res, d'aquell noi.	Weißt du etwas Neues von dem Jungen da? – Von dem Jungen weiß ich nichts.
En tornen, d'allà.	Sie kommen von dort zurück.

7. Werden Ortsadverbien und Präpositionalobjekte, die nicht mit *de* eingeführt werden, sowie Modal- und Temporaladverbien am Satzanfang oder -ende hervorgehoben, so steht *hi*:

No m'agradaria viure-hi, a Sabadell.	Mir würde es nicht gefallen, dort zu wohnen, in Sabadell.
Al teatre, no hi vaig mai.	Ins Theater gehe ich nie.
No hi puc dormir, a aquesta hora.	Um diese Zeit kann ich nicht schlafen.

Kapitel 10 Die Relativpronomen (Els pronoms relatius)

124 Typen von Relativsätzen

Im Katalanischen unterscheidet man zwei Typen von Relativsätzen (oracions relatives):

1. adjektivische Relativsätze (oracions relatives adjectives), die eine Ergänzung zu einem Substantiv bilden. Sie bilden die Hauptgruppe der Relativsätze und zerfallen in zwei Gruppen:

- die einschränkenden Relativsätze (oracions especificatives), d. h. Relativsätze, die zum Verständnis des Hauptsatzes notwendig sind; sie werden nicht durch Kommata abgetrennt:

Encara hem de pagar el tocadiscs que ens vam comprar fa un mes.	Wir müssen noch den Plattenspieler bezahlen, den wir uns vor einem Monat gekauft haben.

- die erläuternden Relativsätze (oracions explicatives), d. h. Relativsätze, die eine zum Verständnis des Hauptsatzes nicht notwendige Information geben; sie werden durch Kommata abgetrennt, die deutlich markierten Pausen entsprechen:

El pare de la Maria, que era sastre, va morir fa un any.	Marias Vater, der Schneider war, ist vor einem Jahr gestorben.

2. substantivische Relativsätze (oracions relatives substantives), die für ein Substantiv stehen und als Subjekt oder Ergänzung zum Verb des Hauptsatzes fungieren: *Els qui vulguin venir s'haurien d'apuntar a la llista.* – Diejenigen, die kommen möchten, müssten sich in die Liste eintragen.

125 Die Formen der Relativpronomen

- im adjektivischen Relativsatz:

	Singular			Plural	
	maskulin	feminin	neutrum	maskulin	feminin
zusammengesetzt	*el qual*	*la qual*	*la qual cosa*	*els quals*	*les quals*
betont	*qui*				
	què				
unbetont	*que*				

- im substantivischen Relativsatz:

für Personen	*(el, la, els, les) qui*
für den Satzinhalt (neutrum)	*el que*

Der Gebrauch der Relativpronomen in adjektivischen Relativsätzen

Adjektivische Relativsätze werden durch das unbetonte Relativpronomen *que*, die betonten *qui* und *què* oder das zusammengesetzte *el qual* usw. eingeführt.

Das unbetonte Relativpronomen *que* 126

Das unveränderliche Relativpronomen *que* kann sich auf Personen oder Sachen beziehen. Es kann gebraucht werden als

- Subjekt des Relativsatzes:

El gos que bordava era dels nostres veïns.	Der Hund, der bellte, gehörte unseren Nachbarn.
Els atletes, que estaven desentrenats, van renunciar a la prova.	Die Athleten, die untrainiert waren, verzichteten auf den Wettkampf.

- direktes Objekt des Relativsatzes:

He trobat l'anell que vaig perdre.	Ich habe den Ring gefunden, den ich verloren habe.
La causa fonamental, que no heu tingut en compte, és la manca de dades.	Der wesentliche Grund, den ihr nicht beachtet habt, ist das Fehlen von Daten.

- temporale Bestimmung des Relativsatzes:

El matí que va començar a ploure vam tornar a la ciutat.	An dem Morgen, als es zu regnen begann, kehrten wir in die Stadt zurück.
El dia que hi vagis avisa'm.	Sag mir Bescheid, wenn du dorthin gehst.

Anmerkung: Mitunter können der bestimmte Artikel und das Relativpronomen in elliptischen Konstruktionen zusammentreffen: *Aquest telegrama i el que vas enviar abans-d'ahir van arribar junts.* – Dieses Telegramm und das, welches du vorgestern abgeschickt hattest, kamen zusammen an. *Aquesta corbata s'assembla a la (corbata) que portaves ahir.* – Diese Krawatte ähnelt der, die du gestern getragen hast.

127 Die betonten Relativpronomen *qui* und *què*

Geht dem adjektivischen Relativsatz eine Präposition voraus (des indirekten, präpositionalen usw. Objektes), so steht bei Personen *qui* und bei Sachen *què*:

No veig enlloc el mecànic a qui vaig encarregar la feina.	Nirgendwo sehe ich den Mechaniker, den ich mit der Arbeit beauftragt habe.
El director, amb qui tinc molt bona amistat, ens ajudarà.	Der Direktor, mit dem ich sehr eng befreundet bin, wird uns helfen.
La casa de què parlàveu és la del meu pare.	Das Haus, von dem ihr spracht, gehört meinem Vater.
No podeu imaginar-vos l'esforç amb què ho va assolir.	Ihr könnt euch die Anstrengung nicht vorstellen, mit der er es geschafft hat.

128 Das zusammengesetzte Relativpronomen *el qual/la qual/els quals/les quals*

Das zusammengesetzte Relativpronomen *el qual* usw. kann gebraucht werden:

1. an Stelle von *que* in der Funktion des Subjekts und direkten Objekts in erläuternden Relativsätzen (vgl. § 124), wenn *que* nicht neutralen Wert besitzt (z. B. *allò que deies tu* – das, was du sagtest):

Els esportistes, els quals estaven ben entrenats, no van guanyar cap medalla.	Die Sportler, die gut trainiert waren, gewannen keine Medaille.
La causa principal, la qual no voleu reconèixer, és la falta de dades.	Der hauptsächliche Grund, den ihr nicht anerkennen wollt, ist das Fehlen von Daten.

2. an Stelle von *qui* und *què* nach Präpositionen (vgl. § 127), wenn diese nicht neutralen Wert besitzen (z. B. *això de què parlem* – das, wovon wir sprechen):

L'alcalde, amb el qual tinc molt bona amistat, ens ajudarà.	Der Bürgermeister, mit dem ich sehr eng befreundet bin, wird uns helfen.
És l'assistent en el qual tinc més confiança.	Das ist der Assistent, dem ich am meisten vertraue.
L'article al qual et refereixes és ben interessant.	Der Artikel, auf den du dich beziehst, ist sehr interessant.

Això és una qüestió de la qual no volem parlar més.	Das ist eine Angelegenheit, über die wir nicht weiter sprechen wollen.
La teoria en la qual es basa aquest llibre em sembla equivocada.	Die Theorie, auf der dieses Buch beruht, scheint mir irrig.

3. immer dann, wenn bei *que*, *qui* und *què* die Beziehung des Relativpronomens nicht deutlich genug wird. In diesem Fall ist die Verwendung von *el qual* vorzuziehen:

La traducció d'aquest llibre, el qual ha rebut un premi, és d'un amic meu.	Die Übersetzung dieses Buches, das einen Preis erhalten hat, ist von einem meiner Freunde.
La traducció d'aquest llibre, la qual ha rebut un premi, acaba d'aparèixer.	Die Übersetzung dieses Buches, die einen Preis erhalten hat, ist soeben erschienen.
Alguns punts de l'article, amb els quals no estàvem d'acord, han estat modificats.	Einige Punkte des Artikels, mit denen wir nicht einverstanden waren, sind geändert worden.

4. zusammen mit der Präposition *de* zur Wiedergabe von dt. 'dessen, deren' (*del qual, de la qual, dels quals, de les quals*), wobei im Katalanischen Artikel und Substantiv dem Pronomen vorausgehen. Vor dem Relativsatz kann eine beliebige Präposition stehen:

El meu fill juga amb un noi el pare del qual treballa a Suïssa.	Mein Sohn spielt mit einem Jungen, dessen Vater in der Schweiz arbeitet.
Em van presentar una noia el nom de la qual he oblidat.	Man hat mir ein Mädchen vorgestellt, dessen Namen ich vergessen habe.
Han acceptat el projecte per a la realització del qual hem lluitat.	Man hat das Projekt angenommen, für dessen Verwirklichung wir gekämpft haben.
Tenen una àvia sense l'ajuda de la qual no podrien mantenir la casa.	Sie haben eine Großmutter, ohne deren Hilfe sie das Haus nicht halten könnten.

Anmerkung: Gegenüber diesem eher schriftsprachlichen Gebrauch werden in der gesprochenen Sprache *que* oder die Fügungen *que* + *en* bzw. *que* + Possessivpronomen verwendet: *Ha comprat un llibre que l'autor és amic meu.* – Er hat ein Buch gekauft, dessen Autor ein Freund von mir ist. *Jugo amb un noi que el seu pare treballa a Suïssa.* – Ich spiele mit einem Jungen, dessen Vater in der Schweiz arbeitet. *Em van presentar una noia que n'he oblidat el nom.* – Man hat mir ein Mädchen vorgestellt, dessen Namen ich vergessen habe.

129 Das neutrale Relativpronomen *la qual cosa*

Das neutrale Relativpronomen *la qual cosa* (dt. 'was') bezieht sich auf den Inhalt des vorangegangenen Satzes. Ihm kann entsprechend der Funktion des Relativsatzes eine beliebige Präposition vorangehen. An seiner Stelle können auch *cosa que* oder *cosa … la qual* verwendet werden:

M'han dit que el van veure a França, la qual cosa/cosa que m'ha sorprès molt.	Sie haben mir gesagt, dass man ihn in Frankreich gesehen hat, was mich sehr erstaunt hat.
Sortia cada nit, cosa que ens desagradava.	Sie ging jede Nacht aus, was uns missfiel.
Això és la cosa que més em repugna.	Das ist es, was mich am meisten abstößt.
Has maltractat ton pare, la qual cosa/cosa que és abominable.	Du hast deinen Vater schlecht behandelt, was zu verabscheuen ist.
Cal que ens atorgui una autorització, sense la qual cosa/ cosa sense la qual no podem fer res.	Es ist nötig, dass er uns eine Vollmacht erteilt, ohne die wir nichts unternehmen können.

130 Die Relativadverbien *on*, *quan*, *com*

1. Das Relativadverb *on* kann

- an Stelle der Präposition *en* oder *a* + Relativpronomen (*en el qual/en què/al qual/a què*) verwendet werden:

L'armari, on hi ha els objectes de valor, s'ha de mantenir tancat.	Der Schrank, in dem sich die Wertsachen befinden, ist geschlossen zu halten.
M'agrada el poble on vius.	Mir gefällt das Dorf, in dem/wo du lebst.

- auch ohne vorausgehendes Bezugswort gebraucht werden:

Aquella gent no sap on dormir.	Die Leute da wissen nicht, wo sie schlafen sollen.
Hem dinat on ho fem sempre.	Wir haben dort Mittag gegessen, wo wir immer essen.

- sich mit den Präpositionen *de* und *per* verbinden:

Aquest és el camí per on vam passar.	Das ist der Weg, den wir gegangen sind.
A les sis del matí vam sortir cap a Reus, d'on vam tornar a mitjanit.	Um sechs Uhr früh fuhren wir nach Reus, von wo wir um Mitternacht zurückkehrten.

Unterscheide: *No conec el lloc on van.* – Ich kenne nicht den Ort, wohin sie gehen. (Der Ort, auf den sich *on* bezieht, ist ausgedrückt). *Anem on són els altres.* – Wir gehen dahin, wo die anderen sind (das Bezugswort ist nicht ausgedrückt).

2. Das Relativadverb *quan* steht nur in erläuternden Relativsätzen (vgl. § 124.1):

En una nit de novembre, quan els contorns es difuminaven en la boira, va caure la primera neu.	In einer Novembernacht, in der die Konturen im Nebel verschwammen, fiel der erste Schnee.

Aber: *Encara recordo el dia que ens vam conèixer.* – Ich erinnere mich noch an den Tag, an dem wir uns kennen lernten.

3. Das Relativadverb *com*:

No m'agrada la manera com/amb què procures de resoldre els teus problemes.	Die Art und Weise, wie du versuchst deine Probleme zu lösen, gefällt mir nicht.

Das Relativadjektiv *el qual/la qual/els quals/les quals* 131

Das Relativadjektiv *el qual* usw., das zur Wiedergabe von dt. 'der, die, das' dient, wird nur verwendet, wenn der Gebrauch eines Relativpronomens zweideutig sein könnte. Es nimmt ein schon vorher erwähntes Substantiv wieder auf und richtet sich in Genus und Numerus nach diesem (und nicht wie im Deutschen nach dem vorausgehenden Substantiv). Vor *el qual* usw. kann auch eine Präposition stehen:

Ho van deixar a l'amiga de ta teva àvia, la qual amiga ho va guardar.	Sie ließen es bei der Freundin deiner Großmutter, die es aufbewahrte.
Va llegir l'autor del llibre, el qual llibre havia estat força criticat.	Es las der Autor des Buches, das heftig kritisiert worden war.

Anmerkung: In der gesprochenen Sprache wird das Relativpronomen gebraucht, so *Va llegir l'autor del llibre que havia estat força criticat.* – Es las der Autor des Buches, das/der heftig kritisiert worden war. Weiterhin wird auch das vorher erwähnte Substantiv oder ein Synonym wiederholt: *Va llegir l'autor del llibre, llibre que havia estat força criticat./Va llegir l'autor del llibre, obra que havia estat força criticada.*

132 Der Gebrauch der Relativpronomen in substantivischen Relativsätzen

1. Für Personen kann in substantivischen Relativsätzen, vor allem in Sentenzen und Sprichwörtern, *qui* ohne Bezugswort stehen (dt. 'wer'):

Qui canalla admet, mullat es lleva.	Vater werden ist nicht schwer, Vater sein dagegen sehr. (Wörtl.: Wer Kinder will, steht nass auf.)
Qui no treballa, no menja.	Wer nicht arbeitet, soll auch nicht essen.
Qui paga, mana.	Wer bezahlt, bestimmt.
Qui no té cap, ha de tenir cames.	Was man nicht im Kopf hat, hat man in den Beinen. (Wörtl.: Wer keinen Kopf hat, braucht Beine.)

2. Das Relativpronomen *qui* wird häufig vom bestimmten Artikel oder einem Demonstrativpronomen, meist *aquell*, begleitet (dt. 'derjenige, welcher'):

El qui digués això, mentiria.	Derjenige, der so etwas sagte, würde lügen.
Les qui s'han inscrit, seran admeses.	Diejenigen, die sich eingeschrieben haben, werden zugelassen.

3. Dem Relativpronomen kann auch ein Indefinitpronomen, so *tothom* oder *qualsevol*, vorausgehen (dt. 'jeder, der'):

S'hi pot subscriure tothom qui vulgui.	Jeder, der will, kann es subskribieren.
Qualsevol qui la veiés, s'enamoraria d'ella.	Jeder, der sie sähe, würde sich in sie verlieben.

4. In der gesprochenen Sprache benutzt man anstelle der erwähnten zusammengesetzten Formen die entsprechenden mit *que*, als *el/la/els/les que*, *aquell/aquella/aquells/aquelles que*, *tothom que* und *qualsevol que*:

El que diu això, menteix.	Derjenige, der das sagt, lügt.
Tothom que hi escrigui, rebrà un premi.	Jeder, der dorthin schreibt, bekommt einen Preis.
Et pregunto per aquella que anava vestida de groc.	Ich frage dich nach derjenigen, die gelb gekleidet war.

5. Bezieht sich das Relativpronomen auf den Inhalt des Satzes, so wird *el que* oder *allò que*, seltener *això que*, verwendet (dt. 'das, was', 'was'):

Fes el que vulguis.	Tu, was du willst.
No has pogut assolir allò que volies?	Hast du nicht das erreichen können, was du wolltest?
Això que veiem aquí, no ho veiem enlloc més.	Das, was wir hier sehen, sehen wir sonst nirgendwo mehr.
Allò que/el que diu és interessant.	Das, was er sagt, ist interessant.
És molt important això que/el que tu dius.	Das ist sehr wichtig, was du da sagst.
Allò que convé als uns no convé als altres.	Was den einen geziemt, gehört sich für die anderen (noch lange) nicht.

Kapitel 11 Das Adjektiv (L'adjectiu qualitatiu)

133 Die Endungen des Adjektivs

Je nach ihren Endungen unterscheidet man im Katalanischen zwei Klassen von Adjektiven:

1. Adjektive, die im Singular und im Plural je eine maskuline und eine feminine Form aufweisen (Zweiendungsadjektive):

un noi prim	ein schlanker Junge
una noia prima	ein schlankes Mädchen
nois prims	schlanke Jungen
noies primes	schlanke Mädchen

2. Adjektive, die im Singular und im Plural je eine Endung besitzen (Einendungsadjektive):

un senyor elegant	ein eleganter Herr
una senyora elegant	eine elegante Dame
senyors elegants	elegante Herren
senyores elegants	elegante Damen

Zu den unveränderlichen Adjektiven vgl. § 137

Zweiendungsadjektive (els adjectius de dues terminacions)

134 Zur Bildung femininer Adjektive

1. Im Allgemeinen werden feminine Adjektive durch das Hinzufügen eines ***-a*** an die maskulinen gebildet. Durch das Anfügen des *-a* entfällt mitunter der graphische Akzent oder muss hinzugefügt werden, um die Betonung der entsprechenden Silbe aufrechtzuerhalten.

un abric car	ein teurer Mantel
una camisa cara	ein teures Hemd
un cicle literari	ein literarischer Zyklus
la llengua literària	die Literatursprache
un avió anglès	ein englisches Flugzeug
una revista anglesa	eine englische Zeitschrift
l'horari del servei aeri	der Flugplan
la línia aèria	die Fluglinie

Anmerkung: Orthographische Veränderungen treten u. a. auf bei: *nul/nul·la* – nichtig, *vague/vaga* – *vage*, *igni/ígnia* – feurig, *auri/àuria* – golden, *suís/suïssa* – schweizerisch, *genuí/genuïna* – echt.

2. Die Adjektive, die auf ***-p***, ***-t***, ***-c*** oder ***-s*** enden, erhalten zur Bildung der Feminina ein ***-a***, ohne Veränderungen des Endkonsonanten zu bewirken. Bei einer ganzen Reihe von ihnen wird jedoch der stimmlose Stammauslaut nach dem Anfügen des *-a* stimmhaft realisiert:

[p] bleibt	*un cérvol esquerp* *una cérvola esquerpa*	ein scheuer Hirsch eine scheue Hirschkuh
[p] ~ [β]	*un pal corb* *una cadira corba*	ein krummer Stock ein krummer Stuhl
[t] bleibt	*un cotxe brut* *una plaça bruta*	ein schmutziges Auto ein schmutziger Platz
[t] -> [ð] (alle regelmäßigen Partizipien)	*un calaix buit* *una caixa buida* *un hivern fred* *una primavera freda*	eine leere Schublade eine leere Kasse ein kalter Winter ein kalter Frühling
[k] bleibt	*un regal bonic* *una nina bonica*	ein hübsches Geschenk eine hübsche Puppe
[k] ~ [ɣ]	*un canari groc* *una capa groga* *una viatge llarg* *una platja llarga*	ein gelber Kanarienvogel ein gelber Umhang eine lange Reise ein weiter Strand
[s] bleibt und wird graphisch verdoppelt zu *-ss-*	*un noi ros* *una noia rossa*	ein blonder Junge ein blondes Mädchen
[s] ~ [z]	*un ratolí gris* *una camisa grisa*	eine graue Maus ein graues Hemd

Anmerkung 1: Bei maskulinen Adjektiven mit stummen Endkonsonanten werden diese durch das Hinzufügen des *-a* hörbar: *blanc/blanca* – weiß, *clar/clara* – klar, *sencer/sencera* – ganz, *primer/primera* – erster, *molt/molta* – viel, *sant/santa* – heilig, *absent/absenta* – abwesend.

Anmerkung 2: Einige Adjektive verwandeln das auslautende *-c* in *-qua*: *inic/iniqua* – ruchlos, *oblic/obliqua* – schief, *propinc/propinqua* – nahe.

Anmerkung 3: Die Adjektive auf *-leg* bilden das Femininum *-loga*: *anàleg/anàloga* – analog, *homòleg/homòloga* – homolog.
Aber: *sacríleg/sacrílega* – frevelhaft.

3. Adjektive, die im Maskulinum auf einen betonten Vokal enden, hängen im Feminium die Endung ***-na*** an:

un menjar fi	ein feines Essen
una panada fina	eine feine Pastete
un plat català	ein katalanisches Gericht
la cuina catalana	die katalanische Küche

Beachte: Der graphische Akzent, der bei mehrsilbigen Adjektiven auf die letzte Silbe der maskulinen gesetzt wird, fällt bei den femininen weg: *dejú/dejuna* – nüchtern, *mallorquí/mallorquina* – mallorquinisch, *nerviós/nerviosa* – nervös, *serè/serena* – heiter.

Anmerkung: Die Adjektive *cru* 'roh' und *nu* 'nackt' lauten als Feminina *crua* und *nua*.

4. Die maskulinen Adjektive, die auf ***-o*** enden, erhalten dafür in der femininen Form ein ***-a***:

un nen guerxo	ein schielender Junge
una nena guerxa	ein schielendes Mädchen

5. Die maskulinen Adjektive, die auf ***-e*** enden und keine Einendungsadjektive sind, erhalten dafür in der femininen Form ein ***-a***. Folgende gilt es zu unterscheiden:

Adjektive auf *-cte*	*directe, directa* *correcte, correcta* *exacte, exacta*	direkt korrekt genau
Adjektive auf *-pte*	*apte, apta* *corrupte, corrupta*	fähig korrupt
Adjektive auf *-gne*	*benigne, benigna*	gutartig
Adjektive auf *-ple*	*duple, dupla* *quadruple, quadrupla*	doppelt vierfach

sowie:

agre, -a	sauer	*llefre, -a*	schmierig
altre, -a	anderer	*magre, -a*	mager
ample, -a	breit	*negre, -a*	schwarz
aspre, -a	rau	*neutre, -a*	neutral
còmode, -a	bequem	*omnímode, -a*	unumschränkt
culte, -a	gelehrt	*pigre, -a*	faul/träge
destre, -a	rechter/geschickt	*pobre, -a*	arm
esquerre, -a	linker	*prompte, -a*	prompt
ímprobe, -a	unredlich	*pulcre, -a*	sauber/schön

íntegre, -a	rechtschaffen	*rèprobe, -a*	verdammt
sacre, -a	heilig	*univalve, -a*	einschalig
sinistre, -a	linker/düster	*bivalve, -a*	zweischalig
tendre, -a	zart	*vague, vaga*	vage/flüchtig

6. Die Adjektive auf ***-ig*** [tʃ] bilden die Feminina entweder unter Beibehaltung des [tʃ] oder durch Umformung in [ʒ] (nur bei *boig*, *roig* und deren Ableitungen):

[tʃ] bleibt	*mig pa*	ein halbes Brot
	mitja poma	ein halber Apfel
	un ocell lleig	ein hässlicher Vogel
	una cantant lletja	eine hässliche Sängerin

7. Die auf ***-au***, ***-iu*** und ***-ou*** endenden maskulinen Adjektive bilden die femininen Formen auf ***-ava***, ***-iva*** und ***-ova*** [w] ~ [β], diejenigen mit ***-eu*** am Ende auf ***-ea***:

el cel blau	der blaue Himmel
una volta blava	ein blaues Gewölbe
un resultat positiu	ein positives Ergebnis
una solució positiva	eine positive Lösung
un apartament nou	eine neue Wohnung
una tenda de campanya nova	ein neues Zelt
el Consell Europeu	der Europarat
la Unió Europea	die Europäische Union

Anmerkung: Zu den wichtigsten Ausnahmen gehören *geliu* 'eisig kalt', *joliu* 'vergnügt', *soliu* 'einsam', *garneu* 'pfiffig', deren feminine Formen *geliua, joliua, soliua* und *garneua* lauten. Beachte auch *jueu/jueva* 'jüdisch' im Unterschied zu *hebreu/hebrea* 'hebräisch'.

Einendungsadjektive (els adjectius d'una sola terminació) 135

Adjektive mit einer einzigen Form im Singular sind an folgenden Endungen zu erkennen:

1. auf ***-aç***, ***-iç, -oç***:

una mesura eficaç	eine wirksame Maßnahme
una parella feliç	ein glückliches Paar
un animal feroç	ein wildes Tier

Beachte: Der Plural dieser Adjektive besitzt zwei Formen, eine maskuline auf *-os* und eine feminine auf *-es* (vgl. § 136.5).

2. auf (betontes) ***-al***, (betontes) ***-el***, (betontes oder unbetontes) ***-il***:

l'estació central	der Hauptbahnhof
una dona fidel	eine treue Frau
una conducta hostil	ein feindseliges Benehmen
una victòria fàcil	ein leichter Sieg

Anmerkung: Zu den wichtigsten Ausnahmen gehören *mal/mala* 'schlecht', *tranquil/tranquil·la* 'still' und *paral·lel/paral·lela* 'parallel'.

3. auf ***-ar***:

la llengua vulgar	die Volkssprache
l'any escolar	das Schuljahr
la correspondència particular	die Privatpost

Anmerkung: Wichtige Ausnahmen sind *car/cara* 'teuer', *clar/clara* 'klar', *avar/avara* 'geizig' und *rar/rara* 'selten': *un ocell rar* – ein seltener Vogel, *una flor rara* – eine seltene Blume.

4. auf ***-erior***, die Komparative *millor* 'besser', *pitjor* 'schlechter', *major* 'größer' und *menor* 'kleiner' sowie weitere Adjektive auf ***-color***:

una escola superior	eine Hochschule
una decisió ulterior	eine spätere Entscheidung
el germà menor	der kleinere Bruder
un vestit multicolor	ein vielfarbiges Kleid

Anmerkung: Die übrigen Adjektive auf *-or* sowie *incolor* 'farblos' sind Zweiendungsadjektive: *un to sonor* – ein voller Ton, *la banda sonora* – das Tonband/der Soundtrack.

5. auf ***-ant***, ***-ent*** (außer *-lent*):

un cas semblant	ein ähnlicher Fall
una collita abundant	eine reiche Ernte
una actitud prudent	eine vorsichtige Haltung
un fill obedient	ein artiger Sohn

Anmerkung 1: Wichtige Ausnahmen sind *sant/-a* 'heilig', *antent/-a* 'aufmerksam', *content/-a* 'zufrieden', *lent/-a* 'langsam' *calent/-a* 'warm', *dolent/-a* 'schlecht', *valent/-a* 'mutig' sowie alle Adjektive auf *-lent* wie *corpulent/-a* 'korpulent', *violent/-a* 'gewaltsam', *turbulent/-a*, 'turbulent'.

Anmerkung 2: In der familiären Umgangssprache gibt es jedoch eine Reihe von Einendungsadjektiven auf *-ant* und *-ent*, die dennoch mit dem femininen *-a* gebraucht werden. Sie werden in der Norm nicht akzeptiert; z. B. *una ametlla amarganta* – eine bittere Mandel.

6. die Mehrzahl der auf den neutralen Vokal endenden Adjektive, die meist mit ***-e***, aber auch einige wenige, die mit ***-a*** geschrieben werden:

una colla alegre	eine fröhliche Gruppe
una dona amable	eine liebenswürdige Frau
una taula lliure	ein freier Tisch
una cooperativa agrícola	eine landwirtschaftliche Kooperative
un poble indígena	ein Volk/Dorf von Ureinwohnern
una noia xerraire	ein schwatzhaftes Mädchen
una manifestació independentista	eine Demonstration für Unabhängigkeit

Anmerkung 1: Die Adjektive auf *-able, -eble, -ible, -oble* und *-uble* sowie die auf *-aire* und *-ista* sind ausnahmslos einendig.

Anmerkung 2: Darüber hinaus gibt es gerade in dieser Gruppe eine Vielzahl von Unsicherheiten im Gebrauch, die die gesprochene Sprache des Ostkatalanischen nicht tangieren, wohl aber beim Übergang in die Schriftsprache große Schwierigkeiten bereiten und Verwirrung stiften (vgl. § 134.5).

7. weiterhin eine Reihe von Adjektiven wie z. B. *gran* 'groß', *núvol* 'bewölkt', *suau* 'sanft', *greu* 'schwer', *lleu* 'leicht', *atzur* 'azur', *àrab* 'arabisch', *sublim* 'erhaben', *afí* 'verwandt/angrenzend':

un full de paper mat	ein Blatt mattes Papier
una fulla mat	ein glanzloses Blatt
un comentari breu	ein kurzer Kommentar
una notícia breu	eine kurze Nachricht

Besonderheiten der Pluralbildung 136

Bei der Pluralbildung der Adjektive sind dieselben Regeln zu beachten wie bei der Pluralbildung der Substantive (vgl. §§ 24-26). Als Pluralendungen kommen vor: ***-s, -es, -ns, -os, -sos***.

1. Adjektive, die auf einen unbetonten Vokal (außer *-a*) enden, fügen im Plural ein *-s* an den Singular:

un carrer ample	eine breite Straße
carrers amples	breite Straßen
un jersei suau	ein weicher Pullover
jerseis suaus	weiche Pullover
un professor savi	ein gelehrter Professor
professors savis	gelehrte Professoren

Anmerkung: Im heutigen Valencianischen wird im Plural einiger Adjektive, die im Singular auf ein unbetontes *-e* auslauten, auch die Endung *-ns* verwendet; z. B. *jove* 'jung'/*jóvens* statt *jove/joves.*

2. Adjektive, die auf Konsonant enden (ausgenommen die auf *-ç, -x, -sc, -st, -tx, -xt* oder *-s*), bilden den Plural auf ***-s***:

un cotxe groc	ein gelbes Auto
cotxes grocs	gelbe Autos
un dia fred	ein kalter Tag
dies freds	kalte Tage
un ram xop	ein nasser Zweig
rams xops	nasse Zweige

3. Adjektive, die im Singular (maskulin oder feminin) auf unbetontes ***-a*** enden, bilden den Plural auf ***-es***:

una paraula ambigua	ein zweideutiges Wort
paraules ambigües	zweideutige Worte
una nit blava	eine blaue Nacht
nits blaves	blaue Nächte
una manifestació feminista	eine feministische Demonstration
manifestacions feministes	feministische Demonstrationen

Anmerkung 1: Adjektive, die im Singular (graphisch) zwischen maskulin *-e* und feminin *-a* unterscheiden (wobei in der Aussprache kein Unterschied besteht), haben im Plural somit eine gemeinsame Endung (*-es*): *un carrer ample* – eine breite Straße, *una avinguda ampla* – eine breite Allee, *carrers/avingudes amples* – breite Straßen/Alleen.

Anmerkung 2: Dabei weisen feminine Adjektive auf *-ca, -ga, -qua, -gua, -ça* oder *-ja* die schon bei den Substantiven gekennzeichneten orthographischen Veränderungen auf (*-ques, -gues, -qües, -gües, -ces, -ges*; vgl. § 24.2).

4. Maskuline Adjektive, die auf betonten Vokal enden, bilden den Plural durch das Anfügen von ***-ns***:

un despatx ple	ein volles Büro
despatxos plens	volle Büros
un estiu serè	ein heiterer Sommer
estius serens	heitere Sommer
un botó rodó	ein runder Knopf
botons rodons	runde Knöpfe

Anmerkung: Die einzigen Ausnahmen sind *cru* 'roh' und *nu* 'nackt'; sie bilden den Plural auf *-s*: *peixos crus* – rohe Fische, *nens nus* – nackte Kinder.

5. Der Plural der Adjektive auf ***-ç*** lautet ***-os*** für die maskuline Form und ***-es*** für die feminine (vgl. § 135.1). Das gilt sowohl für Adjektive, die im Singular zwei Endungen haben, als auch für solche mit einer Endung (z. B. *feliç,* im Plural folglich *feliços/felices*):

un alumne capaç	ein fähiger Schüler
una alumna capaç	eine fähige Schülerin
alumnes capaços	fähige Schüler
alumnes capaces	fähige Schülerinnen
un dàtil dolç	eine süße Dattel
una pera dolça	eine süße Birne
dàtils dolços	süße Datteln
peres dolces	süße Birnen

6. Adjektive auf ***-s*** bilden die maskuline Pluralform auf ***-os*** und die feminine auf ***-es***. Dabei ist zu beachten, dass bei manchen Adjektiven das *-s* verdoppelt wird, da es stimmlos bleibt:

un home cortès	ein höflicher Mann
homes cortesos	höfliche Männer
dones corteses	höfliche Frauen
un amic fals	ein falscher Freund
amics falsos	falsche Freunde
amigues falses	falsche Freundinnen
un ànec gras	eine fette Ente
ànecs grassos	fette Enten
oques grasses	fette Gänse
un tràfic espès	ein dichter Verkehr
boscos espessos	dichte Wälder
pluges espesses	dichter Regen

7. Adjektive, die auf ***-x*** enden, bilden den Plural auf ***-os*** für die maskulinen und ***-es*** für die feminenen Formen:

un mirall convex	ein konvexer Spiegel
miralls convexos	konvexe Spiegel
planes convexes	konvexe Ebenen
un home baix	ein kleiner Mann
homes baixos	kleine Männer
dones baixes	kleine Frauen

Anmerkung: Das einzige katalanische Adjektiv, das auf *-tx* endet, bildet den Plural wie die Adjektive auf *-x*: *un policia gavatx* [pej.] – ein französischer Polizist, *turistes gavatxos* [pej.] – französische Touristen, *noies gavatxes* [pej.] – französische Mädchen.

8. Adjektive auf ***-sc***, ***-st*** oder ***-xt*** bilden den maskulinen Plural auf ***-s*** oder ***-os*** und den femininen auf ***-es***:

un dia trist	ein trauriger Tag
uns dies trists/tristos	ein paar traurige Tage
unes setmanes tristes	ein paar traurige Wochen
un garatge fosc	eine dunkle Garage
garatges foscs/foscos	dunkle Garagen
coves fosques	dunkle Höhlen
un matrimoni mixt	eine Mischehe
colors mixts/mixtos	gemischte Farben
pedres mixtes	gemischte Steine

9. Adjektive auf ***-ig*** bilden den Plural entweder für die Maskulina auf ***-os*** oder auf ***-s*** und die Feminina auf ***-es***:

un vestit roig	ein rotes Kleid
vestits rojos (oder *roigs*)	rote Kleider
bruses roges	rote Blusen
un edifici lleig	ein hässliches Gebäude
edificis lletjos (oder *lleigs*)	hässliche Gebäude
cases lletges	hässliche Häuser

Anmerkung: Als Pluralform der Maskulina ist in der Umgangssprache *-os* (z. B. *bojos* – verrückt) häufiger, während in der gehobenen (etwas archaischen Schriftsprache *-s* (z. B. *boigs*) bevorzugt wird.

137 **Unveränderliche Adjektive** (els adjectius invariables)

Unveränderlich sind

1. Adverbien oder adverbiale Wendungen, die adjektivisch gebraucht werden:

un home/una persona de debò	ein rechtschaffener Mann/eine rechtschaffene Person
un home/una dona/uns homes així	ein solcher Mann/eine solche Frau/solche Männer

2. adjektivisch gebrauchte Substantive:

les cases mare	die Stammhäuser
cèl·lules mare	Stammzellen
l'enemic número u	der Feind Nummer 1
el color blau cel	die Farbe Himmelblau
l'hora/les hores punta	die Spitzenbelastungszeit

3. adjektivisch gebrauchte Substantive, die eine Farbe bezeichnen:

un vestit rosa/unes bruses rosa	ein rosa(farbenes) Kleid/ein paar rosa Blusen
una camisa lila	ein lila(farbenes) Hemd
uns guants taronja	orangefarbene Handschuhe

4. die mit ***clar*** oder ***fosc*** gebildeten Farbadjektive und sonstige zusammengesetzte Farbbezeichnungen:

un botó verd clar/fosc	ein hell-/dunkelgrüner Knopf
mitjons verd oliva	olivgrüne Socken
una bufanda verd botella	ein flaschengrüner Schal
una bandera verd poma	eine lindgrüne Fahne

5. Adjektive, die mit ***anti-*** + Substantiv zusammengesetzt sind:

fars antiboira	Nebelscheinwerfer
la comissió antidroga	die Kommission zur Drogenbekämpfung

Eine Sonderform: Das Adjektiv *bo* 138

Das Adjektiv *bo* 'gut' erhält vor maskulinen Substantiven im Singular die Form *bon*; ist es ihnen nachgestellt, wird *bo* verwendet. Alle anderen Formen werden wie bei Adjektiven auf betonten Endvokal gebildet: *bona, bons, bones*:

un bon sopar	ein gutes Abendessen
un sopar bo	ein gutes Abendessen
una bona nit	eine gute Nacht
pantalons bons	gute Hosen
bones vacances	schöne Ferien

Die Übereinstimmung des Adjektivs mit dem Substantiv 139

1. Das Adjektiv richtet sich sowohl bei attributivem als auch prädikativem Gebrauch in Genus und Numerus nach dem Substantiv, auf das es sich bezieht.

Attributiver Gebrauch:

una taca verda	ein grüner Fleck
ous durs	hart gekochte Eier

Prädikativer Gebrauch:

La Maria és feliç.	Maria ist glücklich.
Els obrers estaven perplexos.	Die Arbeiter waren perplex.

2. Wenn sich ein Adjektiv auf mehrere Substantive mit dem gleichen Genus bezieht, so richtet es sich nach dem gemeinsamen Genus der Substantive und erscheint im Plural:

la llengua i la literatura catalanes	die katalanische Sprache und Literatur
una carpeta i una llibreta grogues	ein gelber Hefter und ein gelbes Heft
un quadern i un llibret vermells	ein rotes Heft und ein rotes Notizbuch

3. Wenn ein attributiv oder prädikativ gebrauchtes Adjektiv sich auf mehrere Substantive mit verschiedenem Genus bezieht, so erhält es die maskuline Form des Plurals:

El rellotge i la cadena són bonics.	Die Uhr und die Kette sind hübsch.
una autopista amb accessos i sortides adequats	eine Autobahn mit angemessenen Auf- und Ausfahrten

Beachte: *Li vam regalar una camisa i una corbata blava.* – Wir haben ihm ein Hemd und eine blaue Kravatte geschenkt. *He rentat els pantalons i les cortines verdes.* – Ich habe die Hosen und die grünen Gardinen gewaschen.

4. Wenn ein attributiv oder prädikativ gebrauchtes Adjektiv sich auf mehrere Substantive mit verschiedenem Genus bezieht, die ähnliche Bedeutung aufweisen oder sinnverwandt sind, so genügt es, wenn es sich nach dem ihm am nächsten stehenden Substantiv richtet:

Sento compassió i condol fratern.	Mein aufrichtiges Mitgefühl und Beileid.

5. Bezieht sich ein Adjektiv auf ein unbestimmtes Subjekt (dt. 'man'; vgl. § 212), so steht die maskuline Form des Singulars:

Cal ser sincer.	Man muss ehrlich sein.
Hom no està mai llest.	Man ist niemals fertig.
No s'ha de ser impacient.	Man darf nicht ungeduldig sein.

Die Stellung des attributiven Adjektivs 140

Im Katalanischen kann das Adjektiv vor oder nach dem Substantiv stehen. Gewöhnlich steht es nach dem Substantiv und hat unterscheidende, spezifizierende Funktion. So gibt *Tenim un jardí petit* 'Wir haben einen kleinen Garten' objektiv wieder, dass es sich um einen kleinen, keinen großen Garten handelt. Wenn diese Eigenschaft nicht einer anderen gegenüber gestellt werden soll, so kann das Adjektiv voranstehen. Die Aussage erhält dabei eine subjektive und affektiv wertende Nuance. *Tenim un petit jardí* soll beschreiben, dass der Garten klein ist und man an ihm liebevoll hängt.

Die Voranstellung des Adjektivs 141

Vorangestellt werden

1. Adjektive, die eine subjektive Wertung, eine affektiv wertende Nuance oder gewöhnliche, nicht hervorzuhebende Eigenschaften ausdrücken:

bonics quadres	schöne Gemälde
llargues hores	lange Stunden
llunyanes terres	ferne Länder

2. schmückende Adjektive (Epitheta) und Adjektive der höflichen Anrede oder Äußerung:

l'incansable sol	die unermüdliche Sonne
la blanca neu	der weiße Schnee
Gentil senyora	Meine Dame
Il·lustre senyor	Sehr geehrter Herr

3. Adjektive, die im Unterschied zur Nachstellung eine andere Bedeutung aufweisen:

un vell costum	ein althergebrachter Brauch
una vella amistat	eine alte Freundschaft

Aber: *un cotxe vell* – ein gebrauchtes Auto (vgl. § 143)

142 Die Nachstellung des Adjektivs

Nachgestellt werden

1. Adjektive, die immer unterscheidende, spezifizierende Funktion haben und die zum Beispiel Farbe, Form, Nationalität, geographische, politische, religiöse Zugehörigkeit usw. angeben:

vinyes verdes	grüne Weinberge
una taula rodona	ein runder Tisch
l'equip alemany	die deutsche Mannschaft
el partit conservador	die konservative Partei
Amèrica llatina	Lateinamerika
un monjo budista	ein buddhistischer Mönch

Anmerkung: In festen Wendungen erscheinen Farbadjektive mitunter auch vor dem Substantiv, z. B. *Era negra nit.* – Es war stockdunkel.

2. Relationsadjektive (*adjectius relacionals*), d. h. Adjektive, die von Substantiven abgeleitet sind und eine Verbindung angeben zwischen dem Substantiv, auf das sie sich beziehen, und dem Substantiv, von dem sie abgeleitet sind. Im Deutschen werden sie häufig durch zusammengesetzte Substantive wiedergegeben (*la crisi econòmica* – die Wirtschaftskrise), mitunter aber auch durch Adjektive (*un procediment econòmic* – ein wirtschaftliches Verfahren):

l'edat escolar	das Einschulungsalter
el sistema solar	das Sonnensystem
ciències polítiques	Politikwissenschaften

Beachte: Diese Adjektive können nicht prädikativ gebraucht und auch nicht gesteigert werden.

3. in der Regel adjektivisch gebrauchte Partizipien:

llegums cuits	gekochtes Gemüse
un dia assolellat	ein sonniger Tag

4. näher bestimmte Adjektive sowie Steigerungsformen:

una feina ben dura	eine sehr schwere Arbeit
un problema realment difícil	ein wirklich schwieriges Problem
un paisatge cobert de neu	eine schneebedeckte Landschaft

Beachte: Bei Adjektiven mit substantivischer Ergänzung ist die Nachstellung obligatorisch: *una paret de tres metres d'alçada* – eine drei Meter hohe Wand.

5. in der Regel mehrsilbige Adjektive:

una església meravellosa	eine wunderbare Kirche
un tractament hipòcrita	eine heuchlerische Behandlung

6. zwei oder mehrere Adjektive, die sich auf dasselbe Substantiv beziehen:

un home tranquil, però eficient	ein stiller, aber fleißiger Mann
una presidenta audaç i capaç	eine mutige und fähige Präsidentin

Voran- bzw. Nachstellung des Adjektivs mit Bedeutungsunterschied 143

Folgende Adjektive haben verschiedene Bedeutung, je nachdem ob sie vor oder nach dem Substantiv stehen:

brau	*un company brau* *un brau company*	ein mutiger Gefährte ein ausgezeichneter Gefährte
car	*un car amic* *una botiga cara*	ein lieber Freund ein teurer Laden
cert	*un cert restaurant* *una notícia certa*	ein gewisses Restaurant eine sichere Nachricht
curiós	*un curiós espectacle* *una veïna curiosa*	ein seltsames Schauspiel eine neugierige Nachbarin
diferent	*diferents biblioteques* *opinions ben diferents*	mehrere Bibliotheken sehr unterschiedliche Meinungen
divers	*diverses persones* *objectes diversos*	mehrere Personen verschiedene Gegenstände
gran	*un home gran* *un gran artista*	ein erwachsener Mann ein bedeutender Künstler
nou	*una nova edició* *un suèter nou*	eine neue (weitere) Auflage ein neuer (nicht gebrauchter) Pullover
pobre	*una família pobra* *un pobra família*	eine mittellose Familie eine bedauerswerte Familie
propi	*amb els meus propis ulls* *nom propi*	mit meinen eigenen (nicht anderen) Augen Eigenname

simple	*una simple pregunta* *una pregunta simple*	nur eine Frage eine einfache Frage
sol	*una sola noia* *una noia sola*	ein einziges Mädchen ein einzelnes Mädchen
trist	*un trist dependent* *un dependent trist*	schlicht ein Verkäufer ein trauriger Verkäufer

Unterscheide auch: *un ric-home* – ein spanischer Adliger
un home ric – ein reicher Mann
un gentilhome – ein Edelmann
un home gentil – ein liebenswürdiger Mann

Zum adverbialen Gebrauch von Adjektiven (s. Adverb; vgl. § 277)

144 Die Substantivierung des Adjektivs

1. Wie im Deutschen können im Katalanischen fast alle Adjektive als Substantiv gebraucht werden:

els grans i els petits	die Großen und die Kleinen
Cal defendre el bell i el bo.	Man muss das Schöne und Gute verteidigen.

Anmerkung 1: In den meisten Fällen wird zur Substantivierung der Artikel oder das Demonstrativpronomen benutzt. Sie sind aber nicht unbedingt nötig – in dem Fall, wenn das Adjektiv eine der Funktionen des Substantivs übernimmt: *Déu fa sortir el sol sobre bons i dolents.* – Gott lässt die Sonne auf Gute wie Böse scheinen.

Anmerkung 2: Zur Substantivierung wird der so genannte neutrale Artikel verwendet, der umgangssprachlich häufig *lo* lautet (z. B. *lo nou* ‘das Neue’ statt *el nou*) und in der Norm nicht akzeptiert wird (vgl. § 40).

2. Viele Adjektive sind zu Substantiven geworden:

la circular	das Rundschreiben
la central (atòmica)	das (Atom-)Kraftwerk
el legislatiu	die Legislative
la patronal	der Arbeitgeberverband
els audiovisuals	die audiovisuellen Kommunikationsmittel
la postal	die Postkarte

3. Adverbiale Wendungen mit als Substantiv gebrauchten Adjektiven:

a la menuda	im Einzelnen/en détail
a l’engròs	im Großen/en gros

4. Teilungsadjektive:

res de bo	nichts Gutes
si hi ha res de nou	ob es etwas Neues gibt
dos de blaus	zwei Blaue

Vgl. § 312.5

Die Steigerung des Adjektivs

Der Komparativ (el comparatiu) 145

Der Komparativ (el comparatiu) wird gebildet, indem man dem Adjektiv ***més*** (= Aufwärtssteigerung, *comparatiu de superioritat*) bzw. ***menys*** (= Abwärtssteigerung, *comparatiu d'inferioritat*) voranstellt:

una noia més alta	ein größeres Mädchen
un hivern menys sever	ein weniger strenger/ein nicht so strenger Winter

Merke: ein älterer Herr – *un senyor gran/de certa edat*

Die Wiedergabe der Vergleichspartikel 'als' 146

1. Die Vergleichspartikel 'als' wird – außer bei Zahlwörtern und Nebensätzen – immer mit ***que*** (sowie nicht obligatorisch ***no*** oder ***no pas***, vgl. § 280.2) wiedergegeben. Es können ihr folgen

- ein Substantiv:

En Jordi és més intel·ligent que en Carles.	Jordi ist intelligenter als Carles.
La seva àvia és més simpàtica que l'avi.	Seine Großmutter ist sympathischer als der Großvater.
Hi havia més dones que no pas homes.	Es waren mehr Frauen als Männer da.

- ein Pronomen:

El teu company té una casa més gran que tu.	Dein Freund besitzt ein größeres Haus als du.
La meva moto corre més ràpid que la teva.	Mein Motorrad fährt schneller als deines.
Corre més ella que no pas ell.	Sie läuft schneller als er.
Tinc més feina que no pas tu.	Ich habe mehr Arbeit als du.

- ein Adjektiv:

Aquest bar és més car que agradable.	Diese Bar ist eher teuer als angenehm.
Sogra i cunyada, val més morta que enterrada. (Sprichwort)	Schwiegermutter und Schwägerin, besser tot als begraben.

- ein Adverb:

Ens estem més fora que dins.	Wir leben mehr draußen als drinnen.
Ho fa millor ara que no abans.	Er macht es jetzt besser als früher.
A dins fa més fred que no a fora.	Drinnen ist es kälter als draußen.

- ein Verb:

Val més caure en gràcia que ser graciós.	Es ist besser zu gefallen als witzig zu sein.
L'Anna parla el català millor que no l'escriu.	Anna spricht besser Katalanisch, als sie es schreibt.
Té més afició a jugar que no pas a treballar.	Er hat mehr Lust zum Schreiben als zum Arbeiten.

- eine präpositionale Fügung:

Al camp, s'hi treballa més dur que no pas a la ciutat.	Auf dem Land wird härter gearbeitet als in der Stadt.

2. Die Vergleichspartikel 'als' wird bei Zahlwörtern mit ***de*** und bei Nebensätzen mit ***del que*** wiedergegeben:

Es va comportar més bé del que m'esperava.	Er betrug sich besser, als ich erwartete.
Està menys content del que sembla.	Er ist weniger zufrieden, als es scheint.
La ciutat té més de deu mil habitants.	Die Stadt hat mehr als zehntausend Einwohner.
Hi van assistir menys de quinze persones.	Es nahmen weniger als fünfzehn Personen teil.

Anmerkung 1: Ein hypothetischer Vergleich (dt. 'als ob' wird durch *com si* + *imperfet de subjuntiu* eingeleitet (vgl. § 306): *Em mirava com si fos un animalet rar.* – Er schaute mich an, als ob ich ein seltener Vogel wäre/als wäre ich ein seltener Vogel. *Fes com si jo no hi fos.* – Tu so, als sei ich nicht da./Tu, als ob ich nicht da wäre. *La meva filla fa com si dormís/fingeix dormir.* – Meine Tochter tut, als ob sie schliefe/tut so, als schliefe sie.

Anmerkung 2: Nach den synthetischen Formen des Komparativs wie *superior, inferior, anterior, posterior, ulterior* wird 'als' mit *a* wiedergegeben. *La primer apart de l'obra és superior a la segona.* – Der erste Teil des Werkes ist besser als der zweite.

Wiedergabe von dt. '(eben)so … wie' 147

Dt. '(eben)so … wie' wird durch ***tan(t) … com*** (comparatiu d'igualtat) ausgedrückt (vgl. § 307):

Tots els nens aprenen tant com tu.	Alle Kinder lernen so viel wie du.
Tenim un jardí tan petit com vosaltres.	Wir haben einen ebenso kleinen Garten wie ihr.

Beachte: Das Adverb *tan* 'so (sehr)' steht nur vor Adjektiven und Adverbien; dagegen wird *tant* als Adverb in allen anderen Fällen gebraucht.

Anmerkung: Folgt auf 'wie' eine Verbform, ist nur *com* möglich: *Fes-ho com et sembli.* – Mach es, wie du es für richtig hältst. *Va presentar-s'hi així com li ho havíem indicat nosaltres.* – Er hat sich dort so vorgestellt, wie wir es ihm gesagt haben.

Wiedergabe von dt. 'je … desto' 148

Dt. 'je mehr/weniger … desto mehr/weniger' oder 'je mehr/weniger .. umso mehr/weniger' wird im Katalanischen mit ***com més/menys … més/menys*** wiedergegeben (vgl. § 307):

Com més en té més en vol.	Je mehr er davon hat, desto mehr will er.
Com més hi penso menys ho entenc.	Je mehr ich daran denke, desto weniger verstehe ich es.
Com menys dorms més cansat estàs.	Je weniger du schläfst, um so müder bist du.

Der relative Superlativ (el superlatiu relatiu) 149

Der relative Superlativ (el superlatiu relatiu) wird mit dem Komparativ und dem bestimmten Artikel (vor dem Adjektiv oder dem Substantiv) sowie der nachfolgenden Präposition ***de*** gebildet (z. B. ***el més … de, el menys … de***):

Aquests són els collars més preciosos del tresor.	Das sind die wertvollsten Halsketten des Schatzes.

Aquell noi és l'alumne més eficient del curs.	Jener Junge ist der fleißigste Schüler des Jahrgangs.
Aquesta novel·la policíaca és la més interessant que he llegit.	Dieser Kriminalroman ist der spannendste, den ich gelesen habe.

Merke: das zweitschönste Mädchen der Klasse – *la segona noia més guapa de la classe.*

150 **Der absolute Superlativ** (el superlatiu absolut)

1. Der absolute Superlativ (el superlatiu absolut) drückt einen sehr hohen Grad einer Eigenschaft aus. Er wird gebildet, indem man an den Stamm des Adjektivs die Endung ***-íssim*** anhängt:

uns arbres altíssims	ein paar sehr hohe Bäume
un exercici facilíssim	eine kinderleichte Übung
dues claus utilíssimes	zwei äußerst nützliche Schlüssel

2. Folgende orthographische Veränderungen sind zu beachten:

*un patró ri**qu**íssim*	ein steinreicher Unternehmer
*una llet gra**ss**íssima*	eine sehr fette Milch
*una cara lle**tg**íssima*	ein fürchterlich hässliches Gesicht
*un camí llar**gu**íssim*	ein entsetzlich langer Weg
*un estómac flon**g**íssim*	ein fürchterlich flauer Magen
*un pastís dol**c**íssim*	ein überaus süßer Kuchen

Aber: *un mapa practicíssim* – eine äußerst praktische Landkarte

3. Adjektive auf betonten Endvokal schieben (wie bei der Bildung der Feminina) ein ***-n-*** ein:

*un sopar bo**n**íssim*	ein sehr gutes Abendessen
*una reunió ple**n**íssima*	eine sehr volle Versammlung
*herbes fi**n**íssimes*	sehr feine Kräuter
*una infermera jove**n**íssima*	eine blutjunge Krankenschwester

4. Adjektive auf ***-ble*** bilden den absoluten Superlativ auf ***-bilíssim***:

una persona amabilíssima	eine äußerst liebenswürdige Person
un ancià venerabilíssim	ein überaus ehrwürdiger Greis

5. In der gehobenen Sprache gibt es (nach lateinischem Vorbild) noch einige Formen auf ***-èrrim***:

agre	sauer, herb	- *acèrrim*	erbittert
cèlebre	berühmt	- *celebèrrim*	sehr berühmt
íntegre	redlich	- *integèrrim*	absolut integer
miserable	elend	- *misèrrim*	äußerst erbärmlich
salubre	gesund	- *salubèrrim*	kerngesund
pobre	arm	- *paupèrrim*	bettelarm

6. Weitere abweichende (ebenfalls auf das Latein zurückgehende) Superlative haben folgende Adjektive:

cruel	grausam	- *cru**d**elíssim*	äußerst grausam
greu	schwer	- *gr**av**íssim*	superschwer
nou	neu	- *no**v**íssim*	brandneu
gran	groß	- *gran**d**íssim*	riesengroß

Anmerkung 1: In der Umgangssprache zieht man Bildungen mit *ben* und *molt* vor: *molt cèlebre* – sehr berühmt, *ben íntegre* – sehr integer.

Anmerkung 2: In einigen Fällen wird der absolute Superlativ nur in übertragener Bedeutung gebraucht: *un funcionari integèrrim* – ein absolut integrer Beamter, *una crítica acèrrima* – eine äußerst bissige Kritik.

Weitere Ausdrucksmöglichkeiten des hohen Grades 151

Weitere Möglichkeiten, den sehr hohen Grad einer Eigenschaft auszudrücken, sind:

1. Gradadverbien wie *molt* (vgl. § 76), *ben* (vgl. § 274), *tot* (vgl. § 62) und *força* (vgl. § 82) in erster Linie sowie weitere wie *extremadament*, *extraordinàriament* u.v.a.m.:

És un pare molt bondadós.	Er ist ein herzensguter Vater.
Aquesta taronja és ben madura.	Diese Orange ist überreif.
La noia va tota mudada.	Das Mädchen hat sich fein gemacht.
Tots estem força contents.	Wir sind alle sehr zufrieden.
Aquesta dona és extremadament elegant.	Diese Frau ist todschick.
Avui estic ben ronc.	Heute bin ich stockheiser.
Escriu uns contes infinitament avorrits.	Er schreibt sterbenslangweilige Geschichten.
Després d'aquesta feina ens sentim enormement fatigats.	Nach dieser Arbeit fühlen wir uns sterbensmatt.

2. einfache Wiederholung des Adjektivs oder mit *més que*:

Teniu un apartament bonic bonic.	Ihr habt eine sehr hübsche Wohnung.
Ximple, més que ximple!	So ein Dummkopf!

3. Präfixe (vgl. Kap. 26):

Ens van preparar un plat rebò.	Sie machten uns ein sehr gutes Essen.
La sala estava replena de gent.	Der Saal war voller Leute.
Es treien la pell els uns als altres en revistes superintel·lectuals.	Sie zogen in superintellektuellen Zeitschriften einander das Fell über die Ohren.
S'han aprofitat dels sectors ultradretans.	Sie haben ultrarechte Kreise benutzt.
No el toquis que és un aparell hipersensible.	Fass es nicht an, denn es ist ein hochempfindliches Gerät.

Anmerkung: Das Präfix *re-* ist besonders in der Sprache der einfachen Leute verbreitet, wogegen Präfixe wie *ultra-* und *hiper-* eher von gebildeten Sprechern (u. a. in der Sprache der Medien) und in der wissenschaftlichen Terminologie verwendet werden.

4. Suffixe (vgl. Kap. 26):

La secretària està enfeinassada.	Die Sekretärin ist sehr beschäftigt.
El cap d'oficina és grossot i lletjot.	Der Bürochef ist sehr dick und sehr hässlich.

5. Vergleiche:

negre com la nit	schwarz wie die Nacht
negre com el sutge	pechschwarz
negre com el carbó	kohlrabenschwarz
pobre com una rata	bettelarm
prim com un fideu	spindeldürr
segur com la mort	todsicher
ple de gom a gom	zum Brechen voll
ple com un ou	proppenvoll
dur com la pedra	steinhart
més vell que la tinya	steinalt
xop com una sopa	pudelnass
borratxo com una sopa	sternhagelvoll

6. ein mit einer Präposition eingeleiteter konsekutiver Infinitiv:

més vell que l'anar a peu	steinalt
La cova és profunda de fer por.	Die Höhle ist fürchterlich tief.
És una pel·lícula de fer glaçar la sang a les venes.	Der Film lässt einem das Blut in den Adern gefrieren.
És impertinent de fer bullir la sang.	Er ist überaus unverschämt (so unverschämt, dass man vor Wut kochen möchte).

7. Daneben gibt es die Möglichkeit, den Grad einer Eigenschaft abzustufen und besonders eine weniger hohe Intensität durch die Adverbien *bastant* 'ziemlich', *una mica/un xic/un poc* 'ein wenig/ein bisschen' sowie *que* 'wie' auszudrücken:

una figa una mica verda	eine ein wenig grüne Feige
un espectacle bastant divertit	eine ziemlich kurzweilige Vorstellung
Que n'és de petita aquesta nena!	Wie klein dieses Mädchen ist!

Unregelmäßige Komparativ- und Superlativformen 152

1. Folgende Adjektive bilden (nach lateinischem Vorbild) einen unregelmäßigen Komparativ und Superlativ:

bo	*millor*	*el millor*
mal/dolent	*pitjor*	*el pitjor*
gran	*major*	*el major*
petit	*menor*	*el menor*

2. Neben diesen unregelmäßigen Formen gibt es auch die regelmäßigen Formen *més bo, el més bo, boníssim, més dolent, el més dolent, dolentíssim* usw. In der Umgangssprache sind die Formen *més gran* und *més petit* statt *major* und *menor* geläufiger. Die unregelmäßigen Formen von *gran* und *petit* werden in übertragener Bedeutung verwendet:

Aquests calamars són millors/més bons que aquells que vam menjar ahir.	Diese Tintenfische sind besser als die, die wir gestern gegessen haben.
És el millor vi/el vi més bo que jo hagi begut mai.	Das ist der beste Wein, den ich je getrunken habe.

Aquesta sèpia és boníssima.	Dieser Tintenfisch ist ausgezeichnet.
Els carrers són pitjors/més dolents que abans.	Die Straßen sind schlechter als zuvor.
la part més gran/la major part de la població	der größte Teil der Bevölkerung
el germà més gran (major)	der ältere/älteste Bruder
la germana més petita (menor)	die jüngere/jüngste Schwester
La nostra universitat és més petita que la vostra.	Unsere Universität ist kleiner als eure.

Beachte: *Major d'edat* und *menor d'edat* bedeuten 'volljährig' bzw. 'minderjährig'; *altar major* – Hochaltar, *força major* – höhere Gewalt.

153 Gelehrte Komparativ- und Superlativformen

Einige Komparativ- und Superlativformen sind aus dem Lateinischen übernommen und werden vor allem in den Fachsprachen und der Bildungssprache verwendet:

el rendiment òptim	die Höchstleistung
un servei pèssim de postvenda	ein miserabler Kundendienst
el màxim respecte	der größte Respekt
l'esforç mínim	die geringste Anstrengung
d'ínfima condició	von niedrigster Herkunft
el tribunal suprem	das oberste Gericht
la mandíbula superior	der Oberkiefer
la part inferior	der untere Teil
decisions ulteriors	spätere Verfügungen
la vida anterior	das vorherige Leben
publicacions posteriors	spätere Veröffentlichungen
l'últim orador	der letzte Redner
els amics íntims	die engsten Freunde
en cas extrem	im äußersten Fall
de summa importància	von größter Bedeutung

Beachte: *la pròxima ocasió* – die nächste/folgende Gelegenheit, *el pàrquing més pròxim* – der nächste (nächst gelegene) Parkplatz; *el Pròxim Orient i l'Extrem Orient* – der Nahe und der Ferne Osten.

Anmerkung 1: Einige der genannten Superlativformen, die nicht mehr als solche verstanden werden, können gesteigert werden: *les sentiments més íntims* – die intimsten Gefühle, *un assumpte d'extremíssima gravetat/de la més absoluta gravetat* – eine Angelegenheit von äußerster Wichtigkeit.

Anmerkung 2: Die in Anlehnung an die lateinische Herkunft häufig in Wörterbüchern oder Grammatiken angebenen Formen wie z. B. *alt – superior – suprem* für *hoch – höher – am höchsten* haben sich im Sprecherbewusstsein nicht erhalten. So heißt es: *L'edifici té una torre alta.* – Das Gebäude hat einen hohen Turm. *Aquesta torre és més alta que la torre de la Sagrada Família.* – Dieser Turm ist höher als der Turm der Sagrada Família. *Aquesta és la torre més alta de la ciutat.* – Das ist der höchste Turm der Stadt. Aber: *Vagi al pis superior/de dalt.* – Gehen Sie ein Stockwerk höher. *Aquest peix és de qualitat suprema.* – Dieser Fisch ist von höchster Qualität.

Mittels Präpositionen angeschlossene Adjektivergänzungen 154

Die Adjektive können Ergänzungen zu sich nehmen, die durch die Präpositionen ***a, amb, de, en, per*** oder ***per a*** angeschlossen werden (vgl. §§ 309 und 311-315):

conforme a l'original	dem Original entsprechend
nociu a les plantes	pflanzenschädlich
sever amb els seus deixebles	streng zu seinen Schülern
cortès amb tothom	höflich zu jedem
característic del temps	charakteristisch für die Zeit
feliç del seu èxit	glücklich über seinen Erfolg
ple de prejudicis	voller Vorurteile
curt de vista	kurzsichtig
una biblioteca rica en manuscrits	eine an Manuskripten reiche Bibliothek
abundant en blat	reich an Getreide
lliure en el seu llenguatge	frei in seinen Worten
cèlebre per la seva música	berühmt für seine Musik
interessant per als estudiants	interessant für die Studenten
talentat per a les llengües	sprachbegabt
bo per a la salut	gut für die Gesundheit
útil per a tots nosaltres	nützlich für uns alle

Anmerkung: An die Adjektive werden je nach der Art der Ergänzung (z. B. Anschluss eines Substantivs oder eines Verbs im Infinitiv) unterschiedliche Präpositionen angeschlossen (vgl. Kap. 19 und 24): *lliure en les seves maneres* – frank und frei in seinen Sitten, *lliure d'anar-hi* – frei, dorthin zu gehen.

Kapitel 12 Der Indikativ (L'indicatiu)

In diesem Kapitel werden die Tempora des Indikativs Aktiv vorgestellt (zur Bildung der Formen des Konjunktivs, des Konditionals und des Imperativs vgl. Kap. 13, zum Passiv vgl. Kap. 14, zu den unregelmäßigen Verben vgl. Anhang).

155 Die drei Konjugationstypen

Die katalanische Sprache unterscheidet drei Konjugationen:
1. Konjugation: Verben auf ***-ar***
2. Konjugation: Verben auf ***-re***, unbetontes ***-er***, betontes ***-er***
3. Konjugation: Verben auf ***-ir***

Die einfachen Zeiten (els temps simples)

156 Die 1. Konjugation (Typ ***trobar*** finden)

Präsens		Imperfekt	
(jo)	*trob**o***	*(jo)*	*trob**ava***
(tu)	*trob**es***	*(tu)*	*trob**aves***
(ell, ella)	*trob**a***	*(ell, ella)*	*trob**ava***
(nosaltres)	*trob**em***	*(nosaltres)*	*trob**àvem***
(vosaltres)	*trob**eu***	*(vosaltres)*	*trob**àveu***
(ells, elles)	*trob**en***	*(ells, elles)*	*trob**aven***

passat simple		Futur	
(jo)	*trob**í***	*(jo)*	*trob**aré***
(tu)	*trob**ares***	*(tu)*	*trob**aràs***
(ell, ella)	*trob**à***	*(ell, ella)*	*trob**arà***
(nosaltres)	*trob**àrem***	*(nosaltres)*	*trob**arem***
(vosaltres)	*trob**àreu***	*(vosaltres)*	*trob**areu***
(ells, elles)	*trob**aren***	*(ells, elles)*	*trob**aran***

Anmerkung 1: Im Valencianischen wird die 1. Pers. Sing. des Präsens auf *-e* (*trobe*) gebildet.

Anmerkung 2: Auf den Balearen und in L'Alguer hat die 1. Pers. Sing. des Präsens keine Endung; die Endungen der 1. und 2. Pers. Pl. sind auf den Balearen und in Teilen Lleidas *-am* und *-au*: *trob, trobes, troba, trobam, trobau, troben.*

Anmerkung 3: Im nordkatalanischen Sprachgebiet hat die 1. Pers. Sing. des Präsens die Endung *-i*: *jo trobi.*

Besonderheiten der Betonung 157

Die konjugierten Formen auf unbetonten Vokal im Präsens (also alle Personen außer der 1. und 2. Pl. auf ***-em*** und ***-eu***) tragen die Betonung immer auf der letzten Silbe der Wurzel, auch wenn diese ein ***i*** oder ***u*** ist:

estudiar studieren, lernen			
(jo)	*estud**io***	*(nosaltres)*	*estudiem*
(tu)	*estud**ie**s*	*(vosaltres)*	*estudieu*
(ell, ella)	*estud**ia***	*(ells, elles)*	*estud**ie**n*

Einige Verben mit einem betonten ***i*** oder ***u*** sind:

afiliar	anschließen	*evacuar*	verlassen
canviar	wechseln	*iniciar*	anfangen
copiar	kopieren	*pronunciar*	aussprechen
desviar	umleiten	*refiar-se*	vertrauen
estalviar	sparen	*traspuar*	ausschwitzen

Anmerkung: Ist die letzte Silbe der Wurzel ein fallender Diphthong, so fällt der Akzent auf den starken Vokal, z. B. *daurar* 'vergolden': *d**a**uro, d**a**ures, d**a**ura, d**a**uren; entaular-se* 'sich zu Tisch setzen': *m'ent**a**ulo, t'ent**a**ules, s'ent**a**ula, s'ent**a**ulen; piular* 'piepen': *p**i**ulo, p**i**ules, p**i**ula, p**i**ulen; cuitar* 'sich beeilen': *c**u**ito, c**u**ites, c**u**ita, c**u**iten.*

Besonderheiten der Aussprache 158

Wie bereits im Kapitel über die Aussprache (vgl. § 3) dargelegt, wird unbetontes ***a*** [ə] in der Wurzel des Infinitivs zu ***a*** [a], wenn der Akzent in den Zeiten des Präsens darauf fällt, unbetontes ***o*** [u] zu offenem ***o*** [ɔ] bzw. zu geschlossenem ***o*** [o] und ***e*** [ə] zu offenem ***e*** [ɛ] bzw. geschlossenem ***e*** [e]:

[ə] ~ [a]	*cantar* singen	*canto, cantes, canta, canten*
[u] ~ [ɔ]	*entonar* intonieren	*entono, entones, entona, entonen*
[u] ~ [o]	*esmorzar* frühstücken	*esmorzo, esmorzes, esmorza, esmorzen*
[ə] ~ [ɛ]	*pensar* denken	*penso, penses, pensa, pensen*
[ə] ~ [e]	*celebrar* feiern	*celebro, celebres, celebra, celebren*

Es empfiehlt sich, die Aussprache anderer Verben in einem Aussprachewörterbuch nachzuschlagen.

159 Orthographische Besonderheiten

1. Die Verben auf ***-car, -çar, -gar, -jar, -guar, -quar*** erfahren, damit die Aussprache des Stammlauts vor ***-i*** oder ***-e*** gleich bleibt, folgende Veränderungen in der Schreibung:

c ~ qu:

mancar fehlen			
Präsens		*passat simple*	
manco	*man**qu**em*	*man**qu**í*	*mancàrem*
*man**qu**es*	*man**qu**eu*	*mancares*	*mancàreu*
manca	*man**qu**en*	*mancà*	*mancaren*

ç ~ c:

començar beginnen			
Präsens		*passat simple*	
començo	*comencem*	*comencí*	*començàrem*
comences	*comenceu*	*començares*	*començàreu*
comença	*comencen*	*començà*	*començaren*

g ~ gu:

regar bewässern			
Präsens		*passat simple*	
rego	*re**gu**em*	*re**gu**í*	*regàrem*
*re**gu**es*	*re**gu**eu*	*regares*	*regàreu*
rega	*re**gu**en*	*regà*	*regaren*

j ~ g:

menjar essen			
Präsens		*passat simple*	
menjo	*mengem*	*men**g**í*	*menjàrem*
*men**g**es*	*mengeu*	*menjares*	*menjàreu*
menja	*mengen*	*menjà*	*menjaren*

gu ~ gü:

enaiguar mit Wasser bedecken, verwässern			
Präsens		*passat simple*	
enaiguo	*enai**gü**em*	*enai**gü**í*	*enaiguàrem*
*enai**gü**es*	*enai**gü**eu*	*enaiguares*	*enaiguàreu*
enaigua	*enai**gü**en*	*enaiguà*	*enaiguaren*

qu ~ qü:

obliquar abschrägen, abbiegen			
Präsens		*passat simple*	
obiquo	*obli**qü**em*	*obli**qüí***	*obliquàrem*
*obli**qü**es*	*obli**qü**eu*	*obliquares*	*obliquàreu*
obliqua	*obli**qü**en*	*obliquà*	*obliquaren*

2. Das Verb *donar* wird in der 2. und 3. Pers. Sing. Präsens mit einem graphischen Akzent versehen (*tu dónes, ell dóna*), damit es nicht mit *dona* 'Frau', *dones* 'Frauen' verwechselt werden kann.

Beachte: Zur Konjugation von *anar* und *estar* vgl. alphabetische Liste der unregelmäßigen Verben.

Die 2. Konjugation (Typ *témer* fürchten) 160

Zur 2. Konjugation gehören alle Verben, die nicht in der 1. oder 3. Konjugation erscheinen. Neben *dir* 'sagen' und *dur* 'bringen' sind das Verben auf ***-re*** (*perdre)*, betontes ***-er*** (valer) und unbetontes ***-er*** (*témer*). Fast alle weisen Unregelmäßigkeiten auf; allerdings ist die Gesamtzahl der Verben dieser Konjugation eher gering:

Präsens		Imperfekt	
(jo)	*tem**o***	*(jo)*	*tem**ia***
(tu)	*tems*	*(tu)*	*tem**ies***
(ell, ella)	*tem*	*(ell, ella)*	*tem**ia***
(nosaltres)	*tem**em***	*(nosaltres)*	*tem**íem***
(vosaltres)	*tem**eu***	*(vosaltres)*	*tem**íeu***
(ells, elles)	*tem**en***	*(ells, elles)*	*tem**íen***

passat simple		Futur	
(jo)	*tem**í***	*(jo)*	*tem**eré***
(tu)	*tem**eres***	*(tu)*	*tem**eràs***
(ell, ella)	*tem**é***	*(ell, ella)*	*tem**erà***
(nosaltres)	*tem**érem***	*(nosaltres)*	*tem**erem***
(vosaltres)	*tem**éreu***	*(vosaltres)*	*tem**ereu***
(ells, elles)	*tem**eren***	*(ells, elles)*	*tem**eran***

Anmerkung: Im Valencianischen und auf den Balearen hat die 1. Pers. Sing. des Präsens keine Endung (z. B. *jo tem* – ich fürchte).

161 Gruppen der Verben auf *-re* und *-er*

Die Verben auf betontes ***-er*** sind unregelmäßig (z. B *poder* – können, *saber* – wissen, *soler* – gewöhnlich tun, *valer* – kosten, *voler* – wollen) und erscheinen wie *dir* und *dur* in der Liste der unregelmäßigen Verben (vgl. Anhang). Die verbleibenden Verben auf ***-re*** und unbetontes ***-er*** können in vier Gruppen eingeteilt werden:

1. Verben auf ***-re*** und ***-er***, die keiner der anderen Gruppen angehören:

admetre (u. alle anderen Verben auf -***metre***)	zulassen	*rompre*	zerbrechen
		tòrcer	verdrehen
		vèncer (u. Ableit.)	siegen
batre	schlagen		
cabre/caber	passen	*aparèixer*	erscheinen
córrer (u. Ableit.)	rennen	*conèixer*	kennen
perdre	verlieren	*créixer*	wachsen
pertànyer	gehören	*merèixer*	verdienen
rebre	erhalten	*néixer*	geboren werden

2. Verben auf ***-ldre*** und ***-ndre*** (sowie die Ableitungen zu einigen der hier angegebenen Verben):

absoldre	freisprechen	*fondre*	schmelzen
aprendre	lernen	*pondre*	(Eier) legen
atendre	betreuen	*prendre*	nehmen
caldre/caler	müssen	*romandre*	bleiben
doldre/doler	schmerzen	*vendre*	verkaufen

3. Verben auf ***-ure***, deren ***-u*** in ***-v*** umgewandelt wird (sowie die Ableitungen zu den hier angegebenen Verben):

beure	trinken	*moure*	bewegen
deure	müssen	*ploure*	regnen
escriure	schreiben	*viure*	leben

4. Verben auf ***-ure***, deren ***-u*** entfällt (sowie die Ableitungen zu einigen Verben):

caure	fallen	*plaure*	gefallen
cloure	schließen	*riure*	lachen
coure	kochen	*seure*	sitzen

creure	glauben	*treure/traure*	herausziehen
jeure/jaure	liegen	*veure*	sehen
noure [veralt.]	beschädigen		

Für einzelne Gruppen gilt es, Folgendes zu beachten:

1. In dieser Gruppe entfällt im Futur das **e** am Ende des Infinitivs und die Endung wird direkt an den Stamm angefügt:

rebre erhalten		*admetre* zulassen	
rebré	*rebrem*	*admetré*	*admetrem*
rebràs	*rebreu*	*admetràs*	*admetreu*
rebrà	*rebran*	*admetrà*	*admetran*

Ausnahmen: *aparèixer, conèixer, créixer, merèixer, néixer* ... und alle anderen Verben auf *-er*.

2. In der Gruppe der Verben auf ***-ldre*** und ***-ndre*** wird im Präsens und Imperfekt ***-dre*** abgekoppelt und die Endung direkt an den Stamm angehängt:

resoldre lösen		*confondre* verwechseln	
Präsens	Imperfekt	Präsens	Imperfekt
resolc	*resolia*	*confonc*	*confonia*
resols	*resolies*	*confons*	*confonies*
resol	*resolia*	*confon*	*confonia*
resolem	*resolíem*	*confonem*	*confoníem*
resoleu	*resolíeu*	*confoneu*	*confoníeu*
resolen	*resolien*	*confonen*	*confonien*

Anmerkung: Im Futur bleibt das *-d-* erhalten! So: *resoldre: resoldré, resoldràs,* etc.; *confondre: confondré, confondràs,* etc.

3. Die Verben dieser Gruppe erhalten ein ***v*** für das ***u*** im Auslaut der Wurzel, wenn die Betonung auf die Endung wechselt:

escriure schreiben			
Präsens		Imperfekt	
escric	*escrivim*	*escrivia*	*escrivíem*
escrius	*escriviu*	*escrivies*	*escrivíeu*
escriu	*escriuen*	*escrivia*	*escrivien*

4. Bei den Verben dieser Gruppe fällt im Unterschied zu Gruppe 3 das ***u*** in den entsprechenden Personen und Zeiten aus:

riure lachen		*caure* fallen	
Präsens	Imperfekt	Präsens	Imperfekt
ric	*reia*	*caic*	*queia*
rius	*reies*	*caus*	*queies*
riu	*reia*	*cau*	*queia*
riem	*rèiem*	*caiem*	*quèiem*
rieu	*rèieu*	*caieu*	*quèieu*
riuen	*reien*	*cauen*	*queien*

5. Die Verben *plaure* und *cloure* werden im Imperfekt der 1., 2. und 3. Pers. Sing. und 3. Pers. Pl. mit ***ï*** geschrieben:

plaure gefallen		*cloure* schließen	
plaïa	*plaíem*	*cloïa*	*cloíem*
plaïes	*plaíeu*	*cloïes*	*cloíeu*
plaïa	*plaïen*	*cloïa*	*cloïen*

162 **Die 3. Konjugation** (Typen ***servir*** dienen, ***sentir*** hören/fühlen)

Die 3. Konjugation zerfällt in zwei Gruppen, die Verben mit der Stammerweiterung ***-eix-*** (Inchoativsuffix; verbs incoatius) und die Verben ohne diese Stammerweiterung (verbs purs). Die große Mehrheit der Verben der 3. Konjugation wird jedoch mit Inchoativsuffix gebildet:

Präsens			
servir (Verben mit Stammerweiterung)			
(jo)	*serv**eixo***	*(nosaltres)*	*serv**im***
(tu)	*serv**eixes***	*(vosaltres)*	*serv**iu***
(ell, ella)	*serv**eix***	*(ells, elles)*	*serv**eixen***

Präsens			
sentir (Verben ohne Stammerweiterung)			
(jo)	*sent**o***	*(nosaltres)*	*sent**im***
(tu)	*sent**s***	*(vosaltres)*	*sent**iu***
(ell, ella)	*sent*	*(ells, elles)*	*sent**en***

passat simple			
(jo)	*serví*	*(jo)*	*sentí*
(tu)	*serv**ires***	*(tu)*	*sent**ires***
(ell, ella)	*serví*	*(ell, ella)*	*sentí*
(nosaltres)	*serv**írem***	*(nosaltres)*	*sent**írem***
(vosaltres)	*serv**íreu***	*(vosaltres)*	*sent**íreu***
(ells, elles)	*serv**iren***	*(ells, elles)*	*sent**iren***

Imperfekt			
(jo)	*serv**ia***	*(jo)*	*sent**ia***
(tu)	*serv**ies***	*(tu)*	*sent**ies***
(ell, ella)	*serv**ia***	*(ell, ella)*	*sent**ia***
(nosaltres)	*serv**íem***	*(nosaltres)*	*sent**íem***
(vosaltres)	*serv**íeu***	*(vosaltres)*	*sent**íeu***
(ells, elles)	*serv**ien***	*(ells, elles)*	*sent**ien***

Futur			
(jo)	*servir**é***	*(jo)*	*sentir**é***
(tu)	*servir**às***	*(tu)*	*sentir**às***
(ell, ella)	*servir**à***	*(ell, ella)*	*sentir**à***
(nosaltres)	*servir**em***	*(nosaltres)*	*sentir**em***
(vosaltres)	*servir**eu***	*(vosaltres)*	*sentir**eu***
(ells, elles)	*servir**an***	*(ells, elles)*	*sentir**an***

Anmerkung 1: Im Valencianischen weist die 1. Pers. Sing. des Präsens bei den Verben ohne Stammerweiterung keine Endung auf (z. B. *jo sent* ich höre).

Anmerkung 2: Im Valencianischen lautet die Stammerweiterung *-ix-*, *-isc-* bzw. *-isqu-*. Das Präsens lautet also: *servisc, servixes/serveixes, servix/serveix, servim, serviu, servixen/serveixen.* Diese Norm des Valencianischen wurde vom Institut d'Estudis Catalans am 11. Juni 1993 offiziell anerkannt. Für das sehr formelle Register wurde darüber hinaus in der 1. Pers. Sg. *servesc* zugelassen.

Anmerkung 3: An Stelle von *sortir* 'hinausgehen' (vgl. § 163) kennt das Valencianische nur *eixir* 'hinausgehen'. Es wird wie folgt konjugiert (mit der vokalischen Alternanz *e/i*); Präsens: *isc, ixes, isc, eixim, eixiu, ixen*; Imperfekt: *eixia, eixies, eixia, eixíem, eixíeu, eixien*; *passat simple*: *isquí/eixí, isqueres/eixires, isqué/eixí, isquérem/eixírem*, *isquéreu/eixíreu*, *isqueren/eixiren*; Futur: *eixiré, eixiràs, eixirà, eixirem, eixireu, eixiran.*

Anmerkung 4: Im Balearischen ist die 1. Pers. Sing. des Präsens endungslos (z. B. *jo sent* ich höre).

Anmerkung 5: Auf den Balearen wird der Stamm mit *-eix-* oder mit *-esc-/-esqu-* erweitert. Die entsprechenden Formen lauten in den einzelnen Zeiten wie folgt: *servesc, serveixes, serveix, servim, serviu, serveixen.*

163 Verben ohne Stammerweiterung

Neben den Verben *tenir/tindre* 'haben' und *venir/vindre* 'kommen', die zu den unregelmäßigen zählen (s. Anhang), weisen folgende Verben und deren Ableitungen keine Stammerweiterung auf:

ajupir	beugen/ducken	*grunyir*	grunzen
bullir	kochen	*morir*	sterben
cruixir	knirschen	*munyir*	melken
dormir	schlafen	*obrir*	öffnen
eixir	hinausgehen	*omplir*	füllen
esmunyir	hindurchgleiten	*pudir*	stinken
fugir	fliehen	*retrunyir*	dröhnen

Folgende Verben weisen im Präsens orthographische Besonderheiten auf:

collir	ernten/pflücken	*cullo, culls, cull, collim, colliu, cullen*
cosir	nähen	*cuso, cuses, cus, cosim, cosiu, cusen*
escopir	ausspucken	*escupo, escups, escup, escopim, escopiu, escupen*
sortir	hinausgehen	*surto, surts, surt, sortim, sortiu, surten*
tossir	husten	*tusso, tusses, tus, tossim, tossiu, tussen*

Anmerkung: In der Umgangssprache besteht eine starke Tendenz, die Verben ohne Stammerweiterung der anderen Gruppe mit *-eix-* zuzuschlagen (z. B. *escopeix* statt *escup*). Die Verben *brunzir* 'brausen' und *mentir* 'lügen' können mit oder ohne Stammerweiterung gebraucht werden; die Literatursprache bevorzugt *brunz, ment.*

Ausnahmen: Die von *sentir* abgeleiteten Verben *assentir* 'zustimmen' und *dissentir* 'nicht einig sein' werden mit Stammerweiterung gebildet (*assenteixo, dissenteixo*).

Beachte: Das Verb *lluir* wird ohne Stammerweiterung in seiner konkreten Bedeutung 'leuchten, strahlen' gebraucht und mit Stammerweiterung, wenn es den abstrakten Sinn 'sich auffallend kleiden', 'auffallen' trägt. *La lluna lluu com si fos el sol.* – Der Mond scheint, als wäre er die Sonne. *Aquesta noia llueix un vestit nou.* – Das Mädchen fällt mit seinem neuen Kleid auf.

Besonderheiten der Aussprache 164

Bei der Aussprache der Verben ohne Stammerweiterung sind folgende mögliche Veränderungen zu beachten:

[u] ~ [ɔ]	*dormir* schlafen	*dormo, dorms, dorm, …*
[u] ~ [o]	*omplir* füllen	*omplo, omples, omple, …*
[ə] ~ [e]	*sentir* hören/fühlen	*sento, sents, sent, …*

Anmerkung: Wenn die Aussprache gleich bleibt, treten z. T. orthographische Veränderungen ein: [u] ~ [u̲] *tossir* 'husten', *tusso, tusses, tus, …* Bei anderen Verben hingegen bleiben Aussprache und Schreibung erhalten: [u] ~ [u̲] *fugir* 'fliehen', *fujo, fuges, fuig, …*; *lluir* 'leuchten', *lluo, lluus, lluu, …; grunyir* 'grunzen', *grunyo, grunys, gruny, …* Bei Unsicherheiten empfiehlt es sich, ein Aussprachewörterbuch zu konsultieren.

Orthographische Besonderheiten 165

Die Verben, deren Stamm auf ***-i*** endet, schreiben sich mit ***ï,*** wenn die Endung ebenfalls mit ***i*** beginnt. Ausgenommen davon sind graphische Akzente (**í**), der Infinitiv und das Futur:

Präsens		
agrair danken	*posseir* besitzen	*traduir* übersetzen
agraeixo *agraeixes* *agraeix* *agraïm* *agraïu* *agraeixen*	*posseeixo* *posseeixes* *posseeix* *posseïm* *posseïu* *posseeixen*	*tradueixo* *tradueixes* *tradueix* *traduïm* *traduïu* *tradueixen*

Futur		
agrairé *agrairàs ...*	*posseiré* *posseiràs ...*	*traduiré* *traduiràs ...*

Imperfekt		
agraïa *agraïes* *agraïa* *agraíem* *agraíeu* *agraïen*	*posseïa* *posseïes* *posseïa* *posseíem* *posseíeu* *posseïen*	*traduïa* *traduïes* *traduïa* *traduíem* *traduíeu* *traduïen*

passat simple		
agraí	*posseí*	*traduí*
agraïres	*posseïres*	*traduïres*
agraí	*posseí*	*traduí*
agraírem	*posseírem*	*traduírem*
agraíreu	*posseíreu*	*traduíreu*
agraïren	*posseïren*	*traduïren*

166 Regeln zur Bildung des *passat simple*

Zur Bildung des *passat simple* (sowie des Partizip Perfekt, Konjunktiv Präsens und Imperfekt) wird meist die 1. Pers. Sing. des Indikativ Präsens zugrundegelegt. Hier einige Beispiele:

cantar	singen	*canto*	*cantí*
plànyer	bedauern	*planyo*	*planyí*
coure	kochen	*coc*	*coguí*
dormir	schlafen	*dormo*	*dormí*
tenir	haben	*tinc*	*tinguí*
venir	kommen	*vinc*	*vinguí*

Beachte: 1. Die Regel ist nicht immer anwendbar (vgl. Liste der unregelmäßigen Verben). 2. Die valencianischen Formen lassen sich ebenfalls auf diese Weise ableiten.

167 Zur Bildung des Futurs

Zur Bildung des Futurs wird vom Infinitiv ausgegangen. Zu den wenigen Besonderheiten gehören:

anar	gehen	*aniré*	*doler/doldre*	schmerzen	*doldré*
fer	machen	*faré*	*saber*	wissen	*sabré*
haver	haben	*hauré*	*valer/valdre*	wert sein	*valdré*
poder	können	*podré*	*voler*	wollen	*voldré*

Die zusammengesetzten Zeiten (els temps compostos)

Die meisten der zusammengesetzten Zeiten werden mit den einfachen Zeiten des Hilfsverbs *haver* + Partizip Perfekt gebildet (zur Bildung des Partizip Perfekt vgl. § 234). Daneben wird mit dem Hilfsverb *anar* das *passat perifràstic d'indicatiu* gebildet (zum Vollverb *anar* vgl. Liste der unregelmäßigen Verben).

Die Zeiten im Indikativ des Hilfsverbs *haver* 168

Präsens		Imperfekt	
(jo)	*he*	*(jo)*	*havia*
(tu)	*has*	*(tu)*	*havies*
(ell, ella)	*ha*	*(ell, ella)*	*havia*
(nosaltres)	*hem*	*(nosaltres)*	*havíem*
(vosaltres)	*heu*	*(vosaltres)*	*havíeu*
(ells, elles)	*han*	*(ells, elles)*	*havien*

Anmerkung: In der 1. Pers. Sg. Präsens kann auch die Form *haig* statt *he* verwendet werden. Die Formen *havem* statt *hem* und *haveu* statt *heu* in der 1. bzw. 2. Pers. Pl. Präsens gehören der gehobenen Schriftsprache an und sind heute relativ selten.

passat simple		Futur	
(jo)	*haguí*	*(jo)*	*hauré*
(tu)	*hagueres*	*(tu)*	*hauràs*
(ell, ella)	*hagué*	*(ell, ella)*	*haurà*
(nosaltres)	*haguérem*	*(nosaltres)*	*haurem*
(vosaltres)	*haguéreu*	*(vosaltres)*	*haureu*
(ells, elles)	*hagueren*	*(ells, elles)*	*hauran*

Das Hilfsverb *anar* 169

Die zur Bildung zusammengesetzter Tempora des Indikativs notwendige Zeit des Hilfsverbs *anar* unterscheidet sich von der Vollform (s. Liste der unregelmäßigen Verben im Anhang):

Präsens			
(jo)	*vaig*	*(nosaltres)*	*vam* (oder *vàrem)*
(tu)	*vas* (oder *vares*)	*(vosaltres)*	*vau* (oder *vàreu)*
(ell, ella)	*va*	*(ells, elles)*	*van* (oder *varen*)

Anmerkung: Die Formen *vàres, vàrem, vàreu, varen* statt *vas, vam, vau, van* sind in den zentralen valencianischen Mundarten üblich.

Die mit *haver* zusammengesetzten Zeiten 170

Perfekt		Plusquamperfekt	
(jo)	*he portat*	*(jo)*	*havia portat*
(tu)	*has portat*	*(tu)*	*havies portat*
(ell, ella)	*ha portat*	*(ell, ella)*	*havia portat*
(nosaltres)	*hem portat*	*(nosaltres)*	*havíem portat*
(vosaltres)	*heu portat*	*(vosaltres)*	*havíeu portat*
(ells, elles)	*han portat*	*(ells, elles)*	*havien portat*

passat anterior simple		*futur perfet*	
(jo)	*haguí portat*	*(jo)*	*hauré portat*
(tu)	*hagueres portat*	*(tu)*	*hauràs portat*
(ell, ella)	*hagué portat*	*(ell, ella)*	*haurà portat*
(nosaltres)	*haguérem portat*	*(nosaltres)*	*haurem portat*
(vosaltres)	*haguéreu portat*	*(vosaltres)*	*haureu portat*
(ells, elles)	*hagueren portat*	*(ells, elles)*	*hauran portat*

171 Die mit *anar* zusammengesetzten Zeiten

passat perifràstic	
(jo)	*vaig portar*
(tu)	*vas* (oder *vares*) *portar*
(ell, ella)	*va portar*
(nosaltres)	*vam* (oder *vàrem*) *portar*
(vosaltres)	*vau* (oder *vàreu*) *portar*
(ells, elles)	*van* (oder *varen*) *portar*

passat anterior perifràstic	
(jo)	*vaig haver portat*
(tu)	*vas* (oder *vares*) *haver portat*
(ell, ella)	*va haver portat*
(nosaltres)	*vam* (oder *vàrem*) *haver portat*
(vosaltres)	*vau* (oder *vàreu*) *haver portat*
(ells, elles)	*van* (oder *varen*) *haver portat*

Der Gebrauch der Formen des Indikativs

172 Das Präsens

1. Das Präsens (*el present*) bezeichnet Handlungen und Zustände der unmittelbaren Gegenwart, Ereignisse, die bis in die Gegenwart andauern, Gewohnheiten und wiederholte Handlungen sowie Feststellungen, die allgemeine Wahrheiten beinhalten oder zeitlose Gültigkeit besitzen:

El congrès comença avui.	Der Kongress beginnt heute.
Fa bon temps.	Es ist schönes Wetter.
Conec l'Antoni des de fa cinc anys.	Ich kenne Antoni seit fünf Jahren.
Cada cap de setmana anem a Sitges.	Jedes Wochenende fahren wir nach Sitges.
La Terra gira al voltant del Sol.	Die Erde dreht sich um die Sonne.
L'home proposa i Déu disposa.	Der Mensch denkt, Gott lenkt.

Anmerkung: Soll betont werden, dass ein Vorgang im Augenblick des Sprechens abläuft, so gebraucht man *estar* + Gerundium (vgl. § 246.3).

2. Um eine Erzählung aufzulockern oder ein geschichtliches Ereignis lebhafter zu schildern, kann das *present històric* (historisches Präsens) anstelle eines Vergangenheitstempus verwendet werden. Von dieser Möglichkeit wird sowohl in der Umgangssprache als auch in der Literatursprache Gebrauch gemacht:

Miró neix a Barcelona el 1893.	Miró wird 1893 in Barcelona geboren.
Ens passejàvem pel parc, i de cop recordo el jardí dels avis.	Wir spazierten so durch den Park, und plötzlich erinnere ich mich an den Garten der Großeltern.

3. In der Umgangssprache kann das Präsens auch eine zukünftige Handlung bezeichnen, wenn ihre Durchführung als sicher angesehen, ein konkreter Zeitpunkt genannt oder im Fragesatz um Erlaubnis gebeten wird:

Escric la carta.	Ich schreibe den Brief/Ich werde den Brief schreiben.
Es casen demà.	Sie heiraten morgen.
Obro la finestra?	Soll ich das Fenster öffnen?

Beachte: Der Gebrauch an Stelle des Futurs ist im Katalanischen insgesamt weniger verbreitet als im Deutschen.

4. Das Präsens kann sich als relative Zeit auf ein anderes Präsens oder das Futur beziehen. Das betrifft vor allem auch konditionale Nebensätze und seltener konzessive:

Sempre que va al mercat compra taronges.	Immer wenn er auf den Markt geht, kauft er Apfelsinen.
Quan el sentis pujar l'escala m'avises.	Wenn du ihn die Treppe hinaufkommen hörst, sagst du mir Bescheid.
Si demà li porten el llibre, el pagarem/paguem.	Wenn sie ihm morgen das Buch bringen, bezahlen wir es.

5. Das Präsens wird ebenfalls verwendet, um die Fabel oder Handlung eines Romans, Theaterstücks oder Films zu erzählen:

Llavors arriba el protagonista i el mata.	Und dann kommt der Held und tötet ihn.
Al final de la pel·lícula es mor.	Am Ende des Films stirbt sie.

173 Das Perfekt

Das Perfekt (*el perfet*) bezeichnet Handlungen und Vorgänge der unmittelbaren Vergangenheit, die in der Gegenwart einen aktuellen Bezug haben.

Das Perfekt gibt Handlungen an, die

1. sich in einem noch andauernden Zeitraum ereignet haben:

Aquest matí ha nevat.	Heute Morgen hat es geschneit.
No han anat a classe avui?	Sind sie heute nicht zum Unterricht gegangen?
Aquesta nit no he pogut dormir.	Heute Nacht habe ich nicht schlafen können.
Aquest any ha tingut el seu tercer fill.	In diesem Jahr hat sie ihr drittes Kind bekommen.

Merke: *Fa dos mesos que no el veig.* – Ich habe ihn seit zwei Monaten nicht gesehen.

Anmerkung: Auf eine erweiterte Gegenwart deuten temporale Adverbien hin: *ara/ara mateix* – jetzt (eben), *avui* – heute, *fa un moment* – gerade, *fa una estona* – vor Kurzem, *suara/adés* – soeben, *aquest any/ enguany* – in diesem Jahr, *aquest matí, aquest migdia, aquesta tarda, aquest vespre, aquesta nit …* – heute Morgen, Mittag, Nachmittag, Abend … Bei ihnen steht immer das Perfekt.

2. sich kurz vor der Gegenwart abgespielt haben (unmittelbare Vergangenheit):

L'Helena tot just ha acabat els deures.	Helena ist gerade mit den Hausaufgaben fertig geworten.
Amb prou feines m'ha mirat.	Er hat mich kaum angesehen.
Hem arribat fa un quart.	Wir sind vor einer Viertelstunde angekommen.
Les fotos han sortit molt bé.	Die Fotos sind sehr gut geworden.

3. sich in der Vergangenheit vollzogen haben, deren Folgen aber in der Gegenwart noch andauern:

No ha trucat ningú.	Es hat niemand angerufen.
Ja ha marxat.	Er ist nicht mehr da.
No puc jugar; m'he fet mal al genoll.	Ich kann nicht spielen; ich habe mir das Knie verletzt.
No he anat mai a Andorra.	Ich bin noch nie in Andorra gewesen.

Beachte: Dabei darf kein Adverb der Vergangenheit stehen!

4. sich vor einem bestimmten Zeitpunkt abspielen, wenn es als relatives Tempus gebraucht wird:

Si demà encara no ha vingut és que està malalt.	Wenn er bis morgen nicht gekommen ist, dann ist er krank.
Al migdia quan tornem a casa, en Jordi ja ha fet el dinar.	Wenn wir mittags nach Hause kommen, hat Jordi das Essen schon fertig.

Das *passat simple* und das *passat perifràstic* 174

Das *passat simple* (einfache Vergangenheit) und das *passat perifràstic* (zusammengesetzte Vergangenheit) unterscheiden sich lediglich im stilistischen und regionalen Gebrauch. Während das *passat simple* nur in der gehobenen Schriftsprache verwendet wird, kommt das *passat perifràstic* durchgehend in der Umgangssprache und sehr häufig auch in der Schriftsprache vor. Daneben wird das *passat simple* vorwiegend im valencianischen Sprachgebiet verwendet.

Das *passat (simple* bzw. *perifràstic)* wird zur Wiedergabe eines in der Vergangenheit abgeschlossenen Vorgangs gebraucht. Der bezeichnete Zeitraum reicht dabei nicht bis an die Gegenwart heran:

- gehobene Sprache und Literatursprache:

I Déu digué: sia la llum, i la llum fou.	Gott sprach: Es werde Licht, und es ward Licht.
Miró morí el 1983.	Miró starb 1983.

- stilistisch neutral und Standard:

L'any passat vam visitar el museu Picasso.	Letztes Jahr besuchten wir das Picasso-Museum.
Quan era jove vaig passar un any a Barcelona.	Als ich jung war, habe ich ein Jahr in Barcelona verbracht.
Ahir tots et vam esperar fins molt tard.	Gestern haben wir bis spät in die Nacht auf dich gewartet.
Hi vas arribar quan ell tenia classe.	Du bist angekommen, als er Unterricht hatte.

Beachte: Bei durativen Verben (sie bezeichnen nicht abgeschlossene Handlungen oder Vorgänge) gibt das *passat (simple* oder *perifràstic)* den Beginn einer Handlung wieder (vgl. § 175): *Es conegueren/es van conèixer a l'escola.* – Sie lernten sich in der Schule kennen.

Anmerkung: Kommen in einem Satz temporale Adverbien vor, die Vergangenheit angeben (z. B. *ahir* – gestern, *abans-d'ahir* – vorgestern, *l'any passat* – im vergangenen Jahr, *l'any 1958* – im Jahr 1958, *fa vuit/quinze/vint dies* – vor einer/zwei/drei Wochen), wird das *passat (simple* oder *perifràstic)* benutzt.

175 Gegenüberstellung von Perfekt und *passat simple* bzw. *passat perifràstic*

Dem deutschen Perfekt entsprechen im Katalanischen zwei Tempora, das Perfekt und das *passat perifràstic*. Letzteres übernimmt z. T. noch Funktionen des deutschen Präteritums (vgl. § 177).

1. Wenn die Folgen eines Ereignisses oder einer Handlung in der Gegenwart spürbar sind, wird das Perfekt benutzt.

- die Folgen sind (noch) spürbar:

El seu discurs ha causat un gran impacte en l'auditori.	Seine Rede hat großen Eindruck auf die Zuhörer gemacht.

- es sind keine Folgen (mehr) vorhanden:

El seu discurs va causar un gran impacte en l'auditori.	Seine Rede machte großen Eindruck auf die Zuhörer/hat großen Eindruck auf die Zuhörer gemacht.

2. Wenn ein Ereignis oder eine Handlung eine Beziehung zur Gegenwart besitzt, wird das Perfekt verwendet.

- mit Gegenwartsbezug:

El president francès ha visitat Barcelona.	Der französische Präsident hat Barcelona besucht.

- ohne Gegenwartsbezug (z. B. als historische Tatsache):

El president francès va visitar Barcelona.	Der französische Präsident besuchte Barcelona/hat Barcelona besucht.

3. Wenn zu dem Ereignis, über das gesprochen wird, ein subjektiver oder sogar affektiver Bezug besteht, kann das Perfekt benutzt werden.

- subjektiv:

El meu amic i jo ens hem conegut a la guerra.	Mein Freund und ich haben uns im Krieg kennen gelernt.

- objektiv:

El meu amic i jo ens vam conèixer a la guerra.	Mein Freund und ich lernten uns im Krieg kennen.

Das Imperfekt 176

Das Imperfekt (*l'imperfet*) wird verwendet

1. in der Hauptsache zur Beschreibung des Hintergrunds, von dem sich die aktuellen Handlungen und Ereignisse abheben. Als relative Zeitform ist es auf ein *passat (simple* oder *perifràstic)* bezogen:

Arribaren un dia en què plovia a bots i barrals.	Sie kamen an einem Tag an, als es in Strömen regnete.
L'estació quedava lluny del centre i vam haver d'agafar un taxi.	Der Bahnhof lag weit vom Zentrum entfernt, und so mussten wir ein Taxi nehmen.
Quan entràvem a la ciutat, es va fer fosc.	Als wir in die Stadt hineinkamen, wurde es dunkel.
Quan es feia fosc, vam entrar a la ciutat.	Als es dunkel wurde, kamen wir in die Stadt hinein.

2. zur Beschreibung vergangener Handlungen, Vorgänge oder Zustände, die als nicht abgeschlossen angesehen werden:

Mon pare era cortès amb tothom.	Mein Vater war zu jedermann höflich.
Abans treballava tot el dia.	Früher arbeitete er den ganzen Tag über.
Aquest matí els ocells piulaven i plovia a bots i barrals.	Heute morgen zwitscherten die Vögel, und es regnete in Strömen.

3. zur Bezeichnung von Handlungen, die sich in der Vergangenheit wiederholt haben oder gewohnheitsmäßig ereigneten:

Els meus amics venien a veure'm cada dia.	Meine Freunde kamen mich jeden Tag besuchen.

Un cop per setmana anàvem al cinema.	Einmal in der Woche gingen wir ins Kino.
Allà no ens aixecàvem mai a les sis.	Dort standen wir nie um sechs Uhr auf.

4. als relative Zeitform in Konditionalsätzen:

Si feia bo aniria a la platja.	Wenn schönes Wetter wäre, würde ich an den Strand gehen.
Et compraríem la bicicleta si teníem diners.	Wir würden dir das Fahrrad kaufen, wenn wir Geld hätten.

Beachte: Heute wird im Standard der Konjunktiv Imperfekt verwendet (vgl. § 195). Im Unterschied zum Indikativ Imperfekt, der (wie der obige Satz) eine Möglichkeit angibt, gibt der Konjunktiv Imperfekt eine unmöglich ausführbare Handlung an: *Et compraríem la bicicleta si tinguéssim diners.* Diese Unterscheidung wird aber zumeist kaum noch wahrgenommen.

177 Besonderer Gebrauch des Imperfekts

1. Zum Ausdruck einer höflichen Bitte kann das *imperfet de cortesia* verwendet werden:

Volia demanar-li un favor.	Ich wollte Sie um einen Gefallen bitten.

2. Mitunter wird das Imperfekt anstelle des *passat (simple* oder *perifràstic)* gebraucht. Sein imperfektiver Aspekt wird dann jedoch durch eine adverbiale Zeitangabe eingeschränkt bzw. aufgehoben. Es verdeutlicht zumeist das Ende eines Prozesses oder einen unerwarteten Ausgang einer prozesshaften Handlung:

Pensava sortir de casa a les quatre; però va baixar la veïna a queixar-se del soroll, després em van trucar per telèfon i llavors vaig recordar que havia d'enllestir una feina… Entre una cosa i l'altra, a les vuit sortia de casa.	Ich wollte um 4 Uhr von zu Hause weggehen; aber dann kam die Nachbarin herunter, um sich über den Lärm zu beklagen, danach bekam ich einen Anruf und dann erinnerte ich mich daran, dass ich noch eine Arbeit beenden musste … Und so wurde es 8 Uhr, bis ich aus dem Haus ging.
L'any 1789 esclatava la Revolució Francesa.	1789 brach die französische Revolution aus.

3. Das sogenannte *imperfet de conat* (Imperfekt des Versuchs) wird für Handlungen verwendet, die begonnen, aber nicht abgeschlossen wurden. Es kann auch auf zukünftige Handlungen bezogen sein:

Ja plegava quan m'han tornat a cridar.	Ich war schon dabei, Feierabend zu machen, als man abermals nach mir verlangte.
Em confirma que vindrà dissabte, però precisament dissabte jo anava als Pirineus.	Er bestätigt mir, dass er am Sonnabend kommt, ich aber wollte gerade am Sonnabend in die Pyrenäen fahren.
Tens raó: ens reuníem demà, però ho deixem córrer.	Du hast Recht: Wir wollten uns morgen zusammensetzen, aber das wird nichts.

4. Wenn Kinder ihr Rollenspiel planen, verwenden sie das Imperfekt:

Tu eres el policia i et preguntava el carrer aquell.	Du bist der Polizist, und ich frage dich nach der Straße da.
Ara jo et matava.	Und dann erschieße ich dich.

Gegenüberstellung von Imperfekt und *passat* 178

Dem deutschen Präteritum (Erzählzeit) entsprechen im Katalanischen zwei Tempora, das *imperfet* und das *passat (simple* bzw. *perifràstic).*

1. Bei einigen katalanischen Verben ergibt sich, je nachdem ob sie im Imperfekt oder im *passat (simple* bzw. *perifràstic)* stehen, ein Bedeutungsunterschied, der im Deutschen durch zwei verschiedene Verben wiedergegeben wird:

Tenia por.	Ich hatte Angst.
Vaig tenir por.	Ich bekam Angst.
No ho sabia.	Ich wusste es nicht.
Ho vaig saber per en Toni.	Ich erfuhr es von Toni.
Els coneixia de fa temps.	Er kannte sie seit langem.
Els va conèixer/conegué fa dos anys.	Er lernte sie vor zwei Jahren kennen.
Tots callaven.	Alle schwiegen.
Tots van callar/callaren.	Alle verstummten.
Quan ens veia,…	Wenn er uns sah, …
Quan ens va veure/veié,…	Als er uns erblickte, …
El pont era construït.	Die Brücke war gebaut.
El pont va ser/fou construït.	Die Brücke wurde gebaut.

2. Bei der Mehrzahl der Verben kann der Unterschied zwischen dem imperfektiven Aspekt (nicht vollendeter Vorgang), der durch das Imperfekt erzielt wird, und dem perfektiven des *passat (simple* bzw. *perifràstic*) (vollendeter Vorgang) sowie weiteren feinen Abtönungen nicht wiedergegeben werden:

Què feia el teu fill ahir al matí? – Escrivia una carta.	Was hat dein Sohn gestern Vormittag gemacht? – Er schrieb einen Brief.
Ahir al matí li vaig escriure una carta.	Gestern Vormittag habe ich ihm einen Brief geschrieben.
Era fàcil de resoldre./ Va ser fàcil de resoldre.	Es war leicht zu lösen.
No trobava la bossa.	Sie konnte ihre Tasche nicht finden.
No va trobar la seva bossa.	Sie hat ihre Tasche nicht (wieder)gefunden.
Hi havia una sola objecció./ Va haver-hi una sola objecció.	Es gab einen einzigen Einwand.

3. Wenn mehrere Handlungen gleichzeitig ablaufen und ihr Beginn für den Sprecher nicht von Interesse ist, gebraucht man das Imperfekt:

La Lola escoltava música, l'Helena llegia i jo escrivia una carta.	Lola hörte Musik, Helena las, und ich schrieb einen Brief.
Mentre sopàvem, ella mirava la tele.	Während wir Abendbrot aßen, sah sie fern.
Quan sortia jo de casa, ell passava amb el cotxe.	Als ich dabei war, aus dem Haus zu gehen, fuhr er mit dem Auto vorbei.

Beachte: Die Beispielsätze können auch wiederholenden Charakter tragen: *Quan sortia jo de casa, ell passava amb el cotxe.* – Immer wenn ich aus dem Haus ging, fuhr er mit dem Auto vorbei.

4. Setzt eine Handlung ein, während eine andere weiterläuft oder noch nicht abgeschlossen ist, so steht die neu einsetzende im *passat (perifràstic)*, die noch im Ablauf begriffene im Imperfekt:

Estàvem sopant, quan vam sentir un soroll.	Wir aßen gerade zu Abend, als wir ein Geräusch hörten.
Mentre banyava el nen, va sonar el telèfon.	Während ich das Kind badete, klingelte das Telefon.
Quan vau entrar, llegíem el diari.	Als ihr hereinkamt, waren wir dabei, die Zeitung zu lesen.

5. Folgen zwei oder mehrere Handlungen unmittelbar aufeinander, so dass die eine durch den Beginn der nächsten abgeschlossen wird, so verwendet man das *passat (perifràstic)*:

Quan vaig obrir la porta, se'n va anar.	Als ich die Tür öffnete, ging er fort.
Va treure un cigarret de la butxaca, el va encendre i es va posar a fumar.	Er zog eine Zigarette aus der Tasche, zündete sie an und fing an zu rauchen.

Das Plusquamperfekt 179

Das Plusquamperfekt (*el plusquamperfet*) bezeichnet

1. einen Vorgang der Vergangenheit, der sich vor einem anderen Vorgang der Vergangenheit ereignet hat (*plusquamperfet mediat*). Die im *passat (perifràstic)* geschilderten Handlungen bilden dabei die aktuell dargestellten Ereignisse, während das Plusquamperfekt als Hintergrund dazu funktioniert:

Quan vaig trobar el restaurant, ella ja havia marxat.	Als ich das Restaurant endlich fand, war sie schon weggegangen.
Aleshores va comprendre que l'havien enganyat.	Damals begriff er, dass man ihn betrogen hatte.
Tres dies abans havien detingut els atracadors.	Drei Tage zuvor hatte man die Straßendiebe festgenommen.

Anmerkung: Das Plusquamperfekt kann sowohl eine nicht abgeschlossene als auch eine abgeschlossene Handlung bezeichnen.

2. eine Vergangenheit mit Bezug auf den Zeitraum des Imperfekts, wobei die beiden Tempora unmittelbar zeitlich aufeinander folgen (*plusquamperfet immediat*):

No te'n recordaves que ja havíem parlat amb ell?	Konntest du dich nicht mehr daran erinnern, dass wir schon mit ihm gesprochen hatten?
Amb prou feines havia apagat el televisor que van venir els nostres veïns.	Ich hatte kaum den Fernseher ausgemacht, als unsere Nachbarn kamen.
Cada matí, tot seguit que havia sortit de casa, comprava el diari.	Jeden Morgen kaufte er die Zeitung, sobald er aus dem Haus gegangen war.

Anmerkung 1: Dieser Typ des Plusquamperfekts wird zumeist mit temporalen Konjunktionen eingeführt: *després que* – nachdem, *a penes* [lit.]/*amb prou feines/tot just* [ugspr.] – gerade als/kaum dass, *tot seguit que* – sobald. Er gibt häufig unerwartete Handlungen emphatisierend wieder.

Anmerkung 2: Das Plusquamperfekt kann hier durch das *passat anterior* ersetzt werden (z. B. *després que haguérem plegat/vam haver plegat*). Es muss beibehalten werden, wenn es sich um wiederholte oder gewöhnlich ausgeführte Handlungen handelt (vgl. letzten Beispielsatz).

180 Das *passat anterior*

Beim *passat anterior* (vorausgegangene Vergangenheit) unterscheidet man zwischen dem *passat anterior simple (haguí fet)* und dem *passat anterior perifràstic (vaig haver fet).* Sie werden – wie das *passat* – nur stilistisch und geographisch verschieden gebraucht.

Das *passat anterior* steht gewöhnlich nur nach den temporalen Konjunktionen *després que, quan, a penes* [lit.]/*amb prou feines/tan bon punt/tot just, tot seguit que, fins que* und bezeichnet eine Handlung, die einer im *passat (perifràstic)* ausgedrückten Handlung unmittelbar vorausgeht.

Va treballar fins que es va haver (s'hagué) fet fosc.	Er arbeitete, bis es dunkel geworden war.
A penes vaig haver-me menjat la poma, em vaig posar a estudiar.	Kaum hatte ich den Apfel aufgegessen, begann ich zu lernen.
Quan vam haver (haguérem) acabat la lectura, vam començar a discutir.	Als wir die Lektüre beendet hatten, fingen wir an zu diskutieren.
Quan vam haver plegat, vam anar a comprar al supermercat.	Nachdem wir Feierabend gemacht hatten, gingen wir in den Supermarkt einkaufen.

Anmerkung 1: Das *passat anterior (perifràstic)* ist recht emphatisch. An seiner Stelle wird häufig das *passat (perifràstic)* (z. B. *Va treballar fins que es va fer fosc.*) oder das *plusquamperfet* verwendet (z. B. *Va treballar fins que ja s'havia fet fosc.*).

Anmerkung 2: Bei Subjektgleichheit in Haupt- und Nebensatz wird meist *després de* + Infinitiv + Partizip Perfekt an Stelle von *després que* gebraucht: *Després que vaig haver (hagués) escrit la carta, la vaig tirar./Després d'haver escrit la carta, la vaig tirar.* – Nachdem ich den Brief geschrieben hatte, habe ich ihn eingeworfen.

Das Futur (*el futur*)

1. bezeichnet in der Zukunft liegende Handlungen oder Zustände ohne unmittelbaren Bezug zur Gegenwart:

Demà anirem a veure els avis.	Morgen gehen wir die Großeltern besuchen.
Què faràs aquestes vacances?	Was machst du in den Ferien?

Beachte: Das *futur* ist üblicher als das deutsche Futur und wird nicht ganz so häufig durch *present* ersetzt.

2. kann besonders in der 2. Pers. Sing. einen Befehl oder eine Verpflichtung ausdrücken:

Tu pagaràs la multa.	Du bezahlst das Bußgeld!
Per demà faràs un resum del conte.	Für morgen schreibst du eine Zusammenfassung der Erzählung.
Honraràs pare i mare.	Du sollst Vater und Mutter ehren.
No mataràs.	Du sollst nicht töten.

3. bezeichnet

- Zweifel oder Wahrscheinlichkeit im Hinblick auf ein zukünftiges Geschehen, wenn es von einem Adverb gleicher Bedeutung begleitet wird:

Demà potser plourà.	Vielleicht regnet es morgen.
L'avió vindrà possiblement amb retard.	Das Flugzeug kommt vielleicht mit Verspätung.

Anmerkung: Gewissheit über die negativen Folgen eines wahrscheinlichen Geschehens oder einer wahrscheinlichen Handlung wird mit dem Indikativ Präsens wiedergegeben. *Demà potser plou i no podem anar-hi.* – Morgen regnet es vielleicht, und dann können wir nicht hingehen. *L'avió potser arriba tard i no podem agafar el tren.* – Das Flugzeug kommt vielleicht mit Verspätung, und dann erreichen wir den Zug nicht.

- selten eine (unangenehme) Überraschung:

Gosaràs repetir-ho?	Du wagst es, das zu wiederholen?

Beachte: Die normative Grammatik sieht hier den Gebrauch des Indikativs Präsens vor: *Encara goses repetir-ho*?

4. wird im Gegensatz zum Deutschen auch in temporalen Nebensätzen sowie in substantivierten Relativsätzen verwendet:

M'ho donaràs quan vindràs.	Du gibst es mir, wenn du kommst.
Quan voldreu sortirem.	Wenn ihr wollt, können wir gehen.
El qui acabarà primer, abans se n'anirà.	Wer fertig ist, kann eher gehen.
Els qui faran/facin tard no trobaran lloc.	Wer zu spät kommt, wird keinen Platz mehr finden.

Anmerkung: In der Umgangssprache wird in diesen Fällen der Konjunktiv Präsens verwendet. Im Unterschied zum Futur, das ein sicheres Geschehen bezeichnet, gibt es Unsicherheit wieder. Heute wird diese Unterscheidung jedoch kaum noch gemacht: *M'ho donaràs quan vinguis. El qui acabi primer, abans se n'anirà.*

5. Zum Ausdruck einer unmittelbar bevorstehenden Handlung verwendet man ***estar a punt de***:

Estem a punt de fer les maletes.	Wir sind im Begriff, die Koffer zu packen.
Ja estava a punt de tancar les maletes.	Ich war schon im Begriff, die Koffer zu schließen.

Zum Ausdruck der unmittelbaren Zukunft mit *anar a* + Infinitiv vgl. § 258.3.

182 Das *futur perfet*

Das *futur perfet* (zweites Futur) bezeichnet eine zukünftige Handlung, die einer anderen Handlung in der Zukunft vorangeht. Es steht somit als relatives Tempus neben dem (ersten) Futur:

Quan tornarà ella amb els nens, ja hauré preparat el dinar.	Wenn sie mit den Kindern zurückkommt, werde ich schon das Mittagessen fertig haben.
Te'l comprarem quan hauràs acabat la carrera.	Wir werden es dir kaufen, wenn du mit dem Studium fertig bist.
Et telefonarem tan bon punt haurem arribat a Reus.	Wir werden dich anrufen, sobald wir in Reus angekommen sind.

Anmerkung: In der Umgangssprache wird das *passat (perifràstic) de subjuntiu* verwendet. Im Unterschied zum *futur perfet*, das Sicherheit über ein zukünftiges Geschehen ausdrückt, bezeichnet es Unsicherheit. Diese Unterscheidung wird jedoch vielerorts nicht mehr wahrgenommen: *Te'l comprarem quan hagis acabat la carrera. Et telefonarem tan bon punt hàgim arribat a Reus.*

Kapitel 13 Der Konditional, der Konjunktiv und der Imperativ

(El condicional, el subjuntiu i l'imperatiu)

In diesem Kapitel werden Formen und Gebrauch des Konditionals (condicional), des Konjunktivs (subjuntiu) und des Imperativs (imperatiu) vorgestellt (zu den Tempora des Indikativs vgl. Kap. 12, zum Passiv vgl. Kap. 14).

Die einfachen Zeiten (els temps simples)

Die 1. Konjugation (Typ: ***trobar*** finden): 183

Konditional		*present de subjuntiu*	
(jo)	*trob**aria***	*(jo)*	*trob**i***
(tu)	*trob**aries***	*(tu)*	*trob**is***
(ell, ella)	*trob**aria***	*(ell, ella)*	*trob**i***
(nosaltres)	*trob**aríem***	*(nosaltres)*	*trob**em***
(vosaltres)	*trob**aríeu***	*(vosaltres)*	*trob**eu***
(ells, elles)	*trob**arien***	*(ells, elles)*	*trob**in***

imperfet de subjuntiu		Imperativ	
(jo)	*trob**és***		
(tu)	*trob**essis***	*troba!*	finde!
(ell, ella)	*trob**és***	*trobi!*	finden Sie!
(nosaltres)	*trob**éssim***	*trobem!*	finden wir!
(vosaltres)	*trob**éssiu***	*trobeu!*	findet!/finden Sie!
(ells, elles)	*trob**essin***	*trobin!*	finden Sie!

Anmerkung 1: Im Valencianischen unterscheiden sich das *present de subjuntiu* und der Imperativ vom Zentralkatalanischen. Z. B. *present de subjuntiu*: *trobe, trobes, trobe, trobem, trobeu, troben;* Imperativ: *troba, trobe, trobem, trobeu, troben.*

Anmerkung 2: Zum *imperfet de subjuntiu* hat das Institut d'Estudis Catalans am 11.6.1993 folgende Entscheidung für den valencianischen Sprachraum angenommen: Die klassische Form auf *-às* wird nur in sehr gehobenen Registern der Schriftsprache benutzt. Für die Standardsprache wird entweder die Form auf *-ra* oder die auf *-és* empfohlen:
gehobene Schriftsprache: *trobàs, trobasses, trobàs, trobàssem, trobàsseu, trobassen;*
Standard: *trobés, trobesses, trobés, trobéssem, trobésseu, trobessen* oder *trobara, trobares, trobara, trobàrem, trobàreu, trobarem.*

Anmerkung 3: Auf den Balearen werden folgende Formen für den Imperativ und das *imperfet de subjuntiu* verwendet. Imperativ: *troba, trobi, trobem, trobau, trobin; imperfet de subjuntiu: trobàs, trobassis, trobàs, trobàssim, trobàssiu, trobassin.*

184 Orthographische Besonderheiten

1. Die Verben auf ***-car, -çar, -gar, -jar, -guar, -quar*** erfahren, damit die Aussprache des Stammauslauts vor ***-i*** oder ***-e*** gleich bleibt, folgende Veränderungen in der Schreibung:

c ~ qu:

mancar fehlen		
present de subjuntiu	*imperfet de subjuntiu*	Imperativ
*man**qu**i*	*man**qu**és*	
*man**qu**is*	*man**qu**essis*	*manca*
*man**qu**i*	*man**qué**s*	*man**qu**i*
*man**qu**em*	*man**qué**ssim*	*man**qu**em*
*man**qu**eu*	*man**qué**ssiu*	*man**qu**eu*
*man**qu**in*	*man**qu**essin*	*man**qu**in*

ç ~ c:

començar beginnen		
present de subjuntiu	*imperfet de subjuntiu*	Imperativ
*comen**c**i*	*comen**cé**s*	
*comen**c**is*	*comen**c**essis*	*comença*
*comen**c**i*	*coem**cé**s*	*comen**c**i*
*comen**c**em*	*comen**cé**ssim*	*comen**c**em*
*cemen**c**eu*	*comen**cé**ssiu*	*comen**c**eu*
*comen**c**in*	*comen**c**essin*	*comen**c**in*

g ~ gu:

regar bewässern		
present de subjuntiu	*imperfet de subjuntiu*	Imperativ
*reg**u**i*	*reg**u**es*	
*re**gu**is*	*re**gu**essis*	*rega*
*re**gu**i*	*re**gu**és*	*re**gu**i*
*re**gu**em*	*re**gu**éssim*	*re**gu**em*
*re**gu**eu*	*re**gu**éssiu*	*re**gu**eu*
*re**gu**in*	*re**gu**essin*	*re**gu**in*

j ~ g:

menjar essen		
present de subjuntiu	*imperfet de subjuntiu*	Imperativ
*men**g**i* *men**g**is* *men**g**i* *men**g**em* *men**g**eu* *men**g**in*	*men**g**és* *men**g**essis* *men**g**és* *men**g**éssim* *men**g**éssiu* *men**g**essin*	 *menja* *men**g**i* *men**g**em* *men**g**eu* *men**g**in*

gu ~ gü:

enaiguar mit Wasser bedecken/verwässern		
present de subjuntiu	*imperfet de subjuntiu*	Imperativ
*enai**gü**i* *enai**gü**is* *enai**gü**i* *enai**gü**em* *enai**gü**eu* *enai**gü**in*	*enai**gü**és* *enai**gü**essis* *enai**gü**és* *enai**gü**éssim* *enai**gü**éssiu* *enai**gü**essin*	 *enaigua* *enai**gü**i* *enai**gü**em* *enai**gü**eu* *enai**gü**in*

qu ~ qü:

obliquar abschrägen, abbiegen		
present de subjuntiu	*imperfet de subjuntiu*	Imperativ
*obli**qü**i* *obli**qü**is* *obli**qü**i* *obli**qü**em* *obli**qü**eu* *obli**qü**in*	*obli**qü**és* *obli**qü**essis* *obli**qü**és* *obli**qü**éssim* *obli**qü**éssiu* *obli**qü**essin*	 *obliqua* *obli**qü**i* *obli**qü**em* *obli**qü**eu* *obli**qü**in*

2. Verben auf ***-ear, -oar, -iar*** mit vorangehendem Konsonanten sowie Verben auf ***-uar*** mit vorangehendem Konsonanten – ausgenommen ***g*** und ***j*** – werden im *present de subjuntiu* (Endungen ***-i, -is, -in***) mit Trema ***-ï, -ïs, -ïn*** geschrieben, da die Vokale getrennt gesprochen werden:

menysprear geringschätzen	*incoar* einleiten	*estudiar* studieren	*efectuar* ausführen
menyspreï *menyspreïs* *menyspreï* *menyspreem* *menyspreeu* *menyspreïn*	*incoï* *incoïs* *incoï* *incoem* *incoeu* *incoïn*	*estudiï* *estudiïs* *estudiï* *estudiem* *estudieu* *estudiïn*	*efectuï* *efectuïs* *efectuï* *efectuem* *efectueu* *efectuïn*

185 Die 2. Konjugation (Typ *témer* fürchten):

Konditional		*present de subjuntiu*	
(jo)	*tem**eria***	*(jo)*	*tem**i***
(tu)	*tem**eries***	*(tu)*	*tem**is***
(ell, ella)	*tem**eria***	*(ell, ella)*	*tem**i***
(nosaltres)	*tem**eríem***	*(nosaltres)*	*tem**em***
(vosaltres)	*tem**eríeu***	*(vosaltres)*	*tem**eu***
(ells, elles)	*tem**erien***	*(ells, elles)*	*tem**in***

imperfet de subjuntiu		Imperativ	
(jo)	*tem**és***		
(tu)	*tem**essis***	*tem!*	fürchte!
(ell, ella)	*tem**és***	*tem**i**!*	fürchten Sie!
(nosaltres)	*tem**éssim***	*tem**em**!*	fürchten wir!
(vosaltres)	*tem**éssiu***	*tem**eu**!*	fürchtet!/fürchten Sie!
(ells, elles)	*tem**essin***	*tem**in**!*	fürchten Sie!

Anmerkung: Im Valencianischen unterscheiden sich das *present* und *imperfet de subjuntiu* (auf *-ra* und *-és*) sowie der Imperativ vom Zentralkatalanischen. Die Formen lauten im *present de subjuntiu*: *tema, temes, tema, temem, temeu, temen; imperfet de subjuntiu*: *temés, temesses, temés, teméssem, temésseu, temessen* oder *temera, temeres, temera, temérem, teméreu, temeren;* Imperativ: *tem, tema, temem, temeu, temen.*

186 Gruppen der Verben auf *-re* und *-er*

Vgl. § 161; zum Imperativ vgl. § 208

Für alle Gruppen ist anzumerken, dass bei den Verben, die in der 1. Person Singular des Präsens Indikativ auf ***-c*** enden (das gilt auch für einige Verben der 3. Konjugation wie ***tenir*** und ***venir***), die Paradigmen im *present* und *imperfet de subjuntiu* u. a. entsprechend (***c* ~ *g***) umgestaltet werden:

aprendre lernen: *apren**c*** ich lerne		
present de subjuntiu	*imperfet de subjuntiu*	Imperativ
*apren**gu**i*	*apren**gu**és*	
*apren**gu**is*	*apren**gu**essis*	*aprèn*
*apren**gu**i*	*apren**gu**és*	*apren**gu**i*
*apren**gu**em*	*apren**gu**éssim*	*apren**gu**em*
*apren**gu**eu*	*apren**gu**éssiu*	*apreneu*
*apren**gu**in*	*apren**gu**essin*	*apren**gu**in*

caure fallen: *cai**c*** ich falle		
present de subjuntiu	*imperfet de subjuntiu*	Imperativ
*cai**gu**i*	*cai**gu**és*	*cau*

valer wert sein: *val**c*** ich bin wert		
present de subjuntiu	*imperfet de subjuntiu*	Imperativ
*val**gu**i*	*val**gu**és*	*val;* aber: *valeu*

conèixer kennen: *cone**c*** ich kenne		
present de subjuntiu	*imperfet de subjuntiu*	Imperativ
*cone**gu**i*	*cone**gu**és*	*coneix*; aber: *coneixeu*

Ausnahmen: *veure* (*vegi, veiés, veges/ves*), *viure* (*visqui, visqués, viu*) und *escriure* (*escrigui* im *present de subjuntiu, escriu* im Imperativ), das im *imperfet de subjuntiu* über zwei Formen verfügt *escrigués* und *escrivís,* wobei Letztere vorzuziehen ist.

Für einzelne Gruppen gilt es, Folgendes zu beachten (vgl. § 161):

1. In dieser Gruppe entfällt bei den Verben auf ***-re*** – ebenso wie im Futur – auch im Konditional das **e** am Ende des Infinitivs, und die Endung wird direkt an den Stamm angefügt:

rebre erhalten		*admetre* zulassen	
rebria	*rebríem*	*admetria*	*admetríem*
rebries	*rebríeu*	*admetries*	*admetríeu*
rebria	*rebrien*	*admetria*	*admetrien*

2. Während in der Gruppe der Verben auf ***-ldre*** und ***-ndre*** im Indikativ Präsens und Imperfekt ***-dre*** abgekoppelt und die Endung direkt an den Stamm angehängt wird, bleibt im Konditional das ***-d-*** erhalten! So: *resoldre*: *resoldria*, *resoldries…*; *confondre*: *confondria, confondries…*

In den Gruppen 3. und 4. gibt es keine Besonderheiten im *subjuntiu,* Konditional und Imperativ.

Die 3. Konjugation (Typen ***servir*** dienen, ***sentir*** hören/fühlen) 187

Die Verben der beiden Gruppen der 3. Konjugation (vgl. § 162), das heißt, Verben mit Stammerweiterung (*-eix-*) und Verben ohne Stammerweiterung, bilden den Konditional, Konjunktiv und Imperativ wie folgt:

Konditional			
servir (Verben mit Stammerweiterung)		*sentir* (Verben ohne Stammerweiterung)	
(jo)	*ser**viria***	*(jo)*	*sen**tiria***
(tu)	*ser**viries***	*(tu)*	*sen**tiries***
(ell, ella)	*ser**viria***	*(ell, ella)*	*sen**tiria***
(nosaltres)	*servi**riem***	*(nosaltres)*	*sen**tiríem***
(vosaltres)	*servi**ríeu***	*(vosaltres)*	*sen**tiríeu***
(ells, elles)	*servi**rien***	*(ells, elles)*	*sen**tirien***

present de subjuntiu			
servir (Verben mit Stammerweiterung)		*sentir* (Verben ohne Stammerweiterung)	
(jo)	*serv**eixi***	*(jo)*	*sent**i***
(tu)	*serv**eixis***	*(tu)*	*sent**is***
(ell, ella)	*serv**eixi***	*(ell, ella)*	*sent**i***
(nosaltres)	*serv**im***	*(nosaltres)*	*sent**im***
(vosaltres)	*serv**iu***	*(vosaltres)*	*sent**iu***
(ells, elles)	*serv**eixin***	*(ells, elles)*	*sent**in***

imperfet de subjuntiu			
servir (Verben mit Stammerweiterung)		*sentir* (Verben ohne Stammerweiterung)	
(jo)	*serv**ís***	*(jo)*	*sent**ís***
(tu)	*serv**issis***	*(tu)*	*sent**issis***
(ell, ella)	*serv**ís***	*(ell, ella)*	*sent**ís***
(nosaltres)	*serv**íssim***	*(nosaltres)*	*sent**íssim***
(vosaltres)	*serv**íssiu***	*(vosaltres)*	*sent**íssiu***
(ells, elles)	*serv**issin***	*(ells, elles)*	*sent**íssin***

Imperativ			
servir (Verben mit Stammerweiterung)		*sentir* (Verben ohne Stammerweiterung)	
*serv**eix**!*	diene!	*sen**t**!*	höre!
*serv**eixi**!*	dienen Sie!	*sent**i**!*	hören Sie!
*serv**im**!*	dienen wir!	*sent**im**!*	hören wir!
*serv**iu**!*	dient!/dienen Sie!	*sent**iu**!*	hört!/hören Sie!
*serv**eixin**!*	dienen Sie!	*sent**in**!*	hören Sie!

Anmerkung 1: Im Valencianischen unterscheiden sich das *present* und das *imperfet de subjuntiu* (auf *-ra* und *-ís*) sowie der Imperativ. Die Formen lauten im *present de subjuntiu*: *senta, sentes, senta, sentim, sentiu, senten; imperfet de subjuntiu*: *sentís, sentisses, sentís, sentíssem, sentísseu, sentissen* oder *sentira, sentires, sentira, sentírem, sentíreu, sentíren*; Imperativ: *sent, senta, sentim, sentiu, senten.*

Anmerkung 2: Im Valencianischen haben die Verben mit Stammerweiterung folgende Formen im *present de subjuntiu,* wie sie auch vom Institut d'Estudis Catalans am 11.6.1993 offiziell empfohlen wurden:
gehobene Schriftsprache: *servesca, servesques, servesca, servim, serviu, servesquem;*
Standard: *servisca, servisques, servisca, servim, serviu, servisquen.*
Im Imperativ werden benutzt: *servix/serveix, servisca, servim, serviu, servisquen.*

Anmerkung 3: Daneben kennt das Valencianische an Stelle von *sortir* 'hinausgehen' (vgl. § 162) nur *eixir.* Es wird wie folgt konjugiert (mit der vokalischen Alternanz *e/i*): Konditional: *eixiria, eixiries, eixiria, eixiríem, eixiríeu, eixirien; present de subjuntiu*: *isca, isques, isca, isquem, isqueu, isquen; imperfet de subjuntiu*: *isqués, isquesses, isqués, isquéssem, isquésseu, isquessen* oder *isquera, isqueres, isquera, isquérem, isquéreu, isqueren;* Imperativ: *ix, isca, isquem, eixiu, isquen.*

Anmerkung 4: Auf den Balearen wird der Stamm mit *-eix-* oder mit *-esc-/-esqu-* erweitert. Die entsprechenden Formen lauten in den einzelnen Modi wie folgt: *present de subjuntiu*: *servesqui, servesquis, servesqui, servim, serviu, servesquin;* Imperativ: *serveix, servesqui, servim, serviu, servesquin.*

Orthographische Besonderheiten 188

Die Verben, deren Stamm auf ***-i*** endet, schreiben sich mit ***ï,*** wenn die Endung ebenfalls mit ***i*** beginnt. Ausgenommen davon sind graphische Akzente (***í***), der Infinitiv und der Konditional:

present de subjuntiu		
agraeixi	*posseeixi*	*tradueixi*
agraeixis	*posseeixis*	*tradueixis*
agraeixi	*posseeixi*	*tradueixi*
agraïm	*posseïm*	*traduïm*
agraïu	*posseïu*	*traduïu*
agraeixin	*posseeixin*	*tradueixin*

imperfet de subjuntiu		
agraís	*posseís*	*traduís*
agraïssis	*posseïssis*	*traduïssis*
agraís	*posseís*	*traduís*
agraíssim	*posseíssim*	*traduíssim*
agraíssiu	*posseíssiu*	*traduíssiu*
agraïssin	*posseïssin*	*traduïssin*

Imperativ		
agraeix	*posseeix*	*tradueix*
agraeixi	*posseeixi*	*tradueixi*
agraïm	*posseïm*	*traduïm*
agraïu	*posseïu*	*traduïu*
agraeixin	*psseeixin*	*tradueixin*

Anmerkung: Die valencianischen Formen des *present d'indicatiu, present de subjuntiu* und *imperfet de subjuntiu* lauten: *prendre* 'nehmen': *prenc, prenga, prengués/prenguera; créixer* 'wachsen': *cresc, cresca, cresqués/cresquera*; *conèixer* 'kennen': *conec, conega, conegués/coneguera*; *tenir/tindre* 'haben': *tinc tinga, tingués/ tinguera.*

Die zusammengesetzten Zeiten (els temps compostos)

Auch die meisten der zusammengesetzten Zeiten im Konditional und *subjuntiu* werden mit den einfachen Zeiten des Hilfsverbs *haver* + *participi perfet* gebildet (zur Bildung des Partizip Perfekt vgl. § 234). Daneben wird mit dem Hilfsverb *anar* das *passat perifràstic de subjuntiu* gebildet. Doppelt zusammengesetzte Zeiten erscheinen hier unter den Zeiten mit *anar.*

189 Die Zeiten des Hilfsverbs *haver* im Konditional und Konjunktiv

Konditional			
Form auf **-ria**		Form auf **-ra**	
(jo)	*hauria*	*(jo)*	*haguera*
(tu)	*hauries*	*(tu)*	*hagueres*
(ell, ella)	*hauria*	*(ell, ella)*	*haguera*
(nosaltres)	*hauríem*	*(nosaltres)*	*haguérem*
(vosaltres)	*hauríeu*	*(vosaltres)*	*haguéreu*
(ells, elles)	*haurien*	*(ells, elles)*	*hagueren*

present de subjuntiu		*imperfet de subjuntiu*	
(jo)	*hagi*	*(jo)*	*hagués*
(tu)	*hagis*	*(tu)*	*haguessis*
(ell, ella)	*hagi*	*(ell, ella)*	*hagués*
(nosaltres)	*hàgim/haguem*	*(nosaltres)*	*haguéssim*
(vosaltres)	*hàgiu/hagueu*	*(vosaltres)*	*haguéssiu*
(ells, elles)	*hagin*	*(ells, elles)*	*haguessin*

Anmerkung: Die valencianischen Formen für das *present* und das *imperfet de subjuntiu* lauten: *haja, hages, haja, hàgem, hàgeu, hagen; haguera, hagueres, haguera, haguérem, haguéreu, hagueren.*

Die mit *haver* zusammengesetzten Zeiten im Konditional und Konjunktiv 190

condicional perfet			
Form auf ***-ria***		Form auf ***-ra***	
(jo)	*hauria portat*	*(jo)*	*haguera portat*
(tu)	*hauries portat*	*(tu)*	*hagueres portat*
(ell, ella)	*hauria portat*	*(ell, ella)*	*haguera portat*
(nosaltres)	*hauríem portat*	*(nosaltres)*	*haguérem portat*
(vosaltres)	*hauríeu portat*	*(vosaltres)*	*haguéreu portat*
(ells, elles)	*haurien portat*	*(ells, elles)*	*hagueren portat*

perfet de subjuntiu		*plusquamperfet de subjuntiu*	
(jo)	*hagi portat*	*(jo)*	*hagués portat*
(tu)	*hagis portat*	*(tu)*	*haguessis portat*
(ell, ella)	*hagi portat*	*(ell, ella)*	*hagués portat*
(nosaltres)	*hàgim portat*	*(nosaltres)*	*haguéssim portat*
(vosaltres)	*hàgiu portat*	*(vosaltres)*	*haguéssiu portat*
(ells, elles)	*hagin portat*	*(ells, elles)*	*haguessin portat*

Anmerkung: Die valencianischen Formen im *perfet de subjuntiu* lauten: *haja portat, hages portat, haja portat, hàgem portat, hàgeu portat, hagen portat; plusquamperfet de subjuntiu: haguera/hagués portat, hagueres/haguesses portat, haguera/hagués portat, haguérem/ haguéssem portat, haguéreu/haguésseu portat, hagueren/ haguessen portat.*

Das Hilfsverb *anar* 191

Die zur Bildung zusammengesetzter Tempora notwendige Form des Hilfsverbs *anar* unterscheidet sich von der Vollform:

present de subjuntiu			
(jo)	*vagi*	*(nosaltres)*	*vàgim*
(tu)	*vagis*	*(vosaltres)*	*vàgiu*
(ell, ella)	*vagi*	*(ells, elles)*	*vagin*

Beachte: Das *present de subjuntiu* ist kaum noch gebräuchlich.

192 Die mit *anar* zusammengesetzten Zeiten im Konjunktiv

Möglich sind auch folgende Formen, wenngleich sie weniger bzw. kaum gebraucht werden:

passat perifràstic de subjuntiu		*passat anterior perifràstic de subjuntiu*	
(jo)	*vagi portar*	*(jo)*	*vagi haver portat*
(tu)	*vagis portar*	*(tu)*	*vagis haver portat*
(ell, ella)	*vagi portar*	*(ell, ella)*	*vagi haver portat*
(nosaltres)	*vàgim portar*	*(nosaltres)*	*vàgim haver portat*
(vosaltres)	*vàgiu portar*	*(vosaltres)*	*vàgiu haver portat*
(ells, elles)	*vagin portar*	*(ells, elles)*	*vagin haver portat*

Der Gebrauch des Konditionals

193 Der Konditional

Der Konditional (*condicional*) wird verwendet

1. im absoluten Gebrauch zum Ausdruck von Wahrscheinlichkeit hinsichtlich der Zukunft:

Descobriríem encara més.	Wir würden noch mehr entdecken.
Amb més temps faríem molt més.	Wenn uns mehr Zeit bliebe, könnten wir mehr machen.

Beachte: In diesen Sätzen ist implizit ein Bedingungssatz (mit elliptischem *si* wenn) enthalten (vgl. § 195).

2. zum Ausdruck einer höflichen Bitte als *condicional de cortesia*:

Em podria fer el favor de tancar la finestra?	Könnten Sie mir den Gefallen tun, das Fenster zu schließen?
Tindries la bondat d'acompanyar-me a l'aeroport?	Würdest du so freundlich sein, mich zum Flughafen zu begleiten?

Anmerkung: An Stelle des Konditionals kann auch in der 1. Person Singular und Plural das Imperfekt verwendet werden (vgl. § 177). *No podíem descansar una mica?* – Könnten wir nicht ein wenig ausruhen?

3. zur ironischen oder verschleierten Wiedergabe einer Absicht oder Aufforderung, insbesondere mit Konstruktionen des Müssens (*haver de + infinitiu)* und Könnens (*poder + infinitiu*):

Podríeu llegir més.	Ihr könntet durchaus mehr lesen.
Hauries de participar-hi.	Du solltest schon daran teilnehmen.

4. zum abschwächenden Ausdruck eines Wunsches:

M'agradaria fer un viatge.	Ich möchte gern eine Reise machen.
Voldria parlar amb el senyor Roig.	Ich möchte mit Herrn Roig sprechen.

5. in zurückhaltenden oder abschwächenden Äußerungen:

Podria ser.	Es könnte sein.
Qui ho diria que és alemany.	Man würde nicht meinen, dass er Deutscher ist.

Beachte auch: *No tens fred? – Com t'ho diria.* – Ist dir nicht kalt? – Und ob!

Der Konditional Perfekt 194

Der Konditional Perfekt (*condicional perfet*) besitzt zwei Formen *hauria rebut* und *haguera rebut*, von denen die Erstere gebräuchlicher ist. Es bezeichnet in prospektiver Perspektive eine Handlung, die einer anderen vorausgeht. Es wird verwendet:

1. zum Ausdruck von Vorzeitigkeit hinsichtlich einer zukünftigen Handlung:

Em pensava que, abans d'anar de vacances, hauríeu (haguéreu) pintat el pis.	Ich dachte, ihr hättet die Wohnung gestrichen, bevor ihr in die Ferien fahren würdet.
Tu no hauries (hagueres) tancat la porta?	Hättest du nicht die Tür geschlossen?
Hauria (haguera) volgut demanar-li un favor i no li he pogut demanar.	Ich hätte Sie gern um einen Gefallen bitten wollen und habe es nicht tun können.

Anmerkung: Mitunter wird der Konditional Perfekt durch den Konditional ersetzt, so in: *Em pensava que, abans d'anar de vacances, pintaríeu el pis.* – Ich dachte, ihr würdet die Wohnung streichen, bevor ihr in die Ferien fahren würdet.

2. zur ironischen oder verschleierten Wiedergabe einer Absicht oder Aufforderung, insbesondere mit Konstruktionen des Müssens (*haver de* + *infinitiu*) und Könnens (*poder* + *infinitiu*):

La descripció hauria (haguera) pogut ser més precisa.	Die Beschreibung hätte genauer sein können.

3. zum Ausdruck eines Wunsches:

M'hauria (m'haguera) agradat estudiar xinès.	Ich hätte gern Chinesisch gelernt.
Hauríem (haguérem) volgut passar la nit a la muntanya; però va ploure.	Wir hätten die Nacht gern in den Bergen verbracht; aber es regnete.

Beachte: An Stelle des Konditional Perfekt wird sehr häufig das *imperfet de subjuntiu* verwendet, was jedoch in der normativen Grammatik nicht anerkannt ist: *Tu no haguessis tancat la porta? La descripció hagués pogut ser més precisa. M'hagués agradat estudiar xinès. Haguéssim volgut passar la nit a la muntanya; però va ploure.*

195 Die Tempora und Modi im Bedingungssatz

Bei dem mit der Konjunktion *si* eingeleiteten konditionalen Satzgefüge unterscheidet man folgende Fälle: 1. die reale Hypothese, 2. die mögliche Hypothese und 3. die irreale Hypothese.

1. Enthält der *si*-Satz eine reale Hypothese (die Erfüllung der Bedingung ist möglich), so steht der Indikativ; im Hauptsatz erscheint der Indikativ, der Imperativ oder der Konditional:

Si fa bo, farem una volta a l'estany.	Wenn schönes Wetter ist, drehen wir eine Runde um den Teich.
Si has acabat el treball, el pots lliurar al professor.	Wenn du die Arbeit beendet hast, kannst du sie dem Lehrer abgeben.
Si ahir hi era, avui encara hi serà.	Wenn er gestern dort war, wird er heute auch noch dort sein.
Si ho va fer, sabrà per què.	Wenn sie das getan hat, wird sie wissen warum.
Si m'equivoco, corregeix-me.	Wenn ich mich irre, korrigiere mich!
Si t'ha regalat això, dóna-li les gràcies.	Wenn sie dir das geschenkt hat, danke ihr dafür!
Si t'ho demana, jo de tu li ho donaria.	Wenn er es von dir verlangt, würde ich es ihm an deiner Stelle geben.

2. Enthält der *si*-Satz eine mögliche Hypothese (die Bedingung scheint erfüllbar), so steht das Imperfekt Indikativ; im Hauptsatz erscheint der Konditional:

Si ho sabia, ens ho diria.	Wenn er es wüsste, würde er es uns sagen.
Si passàvem pel vostre poble, us ho faríem saber.	Wenn wir durch euer Dorf fahren sollten, würden wir es euch mitteilen.

Anmerkung: Die Unterscheidung zwischen möglicher und irrealer Hypothese mittels des *imperfet d'indicatiu* bzw. des *imperfet de subjuntiu* (vgl. § 176) wird in der Umgangssprache nicht mehr gemacht. Hier herrscht der Gebrauch des *imperfet de subjuntiu* vor: *Si ho sabés, ens ho diria. Si passéssim pel vostre poble, us ho faríem saber.*

3. Enthält der *si*-Satz eine irreale Hypothese (die Erfüllung der Bedingung ist unmöglich oder unwahrscheinlich), so steht das *imperfet de subjuntiu* bzw. das *plusquamperfet de subjuntiu*, im Hauptsatz erscheint der Konditional bzw. der Konditional Perfekt:

Si jo fos al teu lloc, no ho faria.	Wenn ich an deiner Stelle wäre, würde ich es nicht tun.
Si jo hagués estat al teu lloc, no ho hauria fet.	Wenn ich an deiner Stelle gewesen wäre, hätte ich es nicht getan.
Si la jaqueta costés menys, te la compraria.	Wenn die Jacke weniger kosten würde, würde ich sie dir kaufen.
Si ens haguéssim afanyat, no hauríem perdut el tren.	Wenn wir uns beeilt hätten, hätten wir den Zug nicht verpasst.
Si ho haguessis dit abans, ho hauríem sabut.	Wenn du es eher gesagt hättest, hätten wir es gewusst.

Anmerkung 1: In der Umgangssprache wird häufig an Stelle des Konditional Perfekt im Hauptsatz das *plusquamperfet de subjuntiu* verwendet. Es wird aber in der normativen Grammatik nicht anerkannt: *Si ens haguéssim afanyat, no haguéssim perdut el tren. Si ho haguessis dit abans, ho haguéssim sabut.*

Anmerkung 2: Im *si*-Satz kann auch *plusquamperfet de subjuntiu* und im Hauptsatz Konditional stehen: *Si m'haguessis fet cas, ara no et trobaries en aquesta situació.* – Wenn du auf mich gehört hättest, würdest du dich jetzt nicht in dieser Lage befinden.

Anmerkung 3: Nach *si* kann nur Konditional stehen, wenn es einen indirekten Fragesatz einleitet (dt. 'ob'): *No sé si hi aniria/hauria anat.* – Ich weiß nicht, ob ich hingehe/hingegangen wäre.

Anmerkung 4: Die Wendung 'Wie wäre es wenn ...' wird durch *I si + present d'indicatiu* oder durch *I si + imperfet de subjuntiu* wiedergegeben: *I si mengem/mengéssim una poma?* – Wie wäre es, wenn wir einen Apfel essen würden?

Anmerkung 5: Außer nach *si bé* steht nach den anderen konditionalen Konjunktionen immer der *subjuntiu* (vgl. § 305).

4. Konditionale Nebensätze können ohne einen entsprechenden Hauptsatz zum Ausdruck von Wünschen verwendet werden, die unerfüllbar oder problematisch sind oder dafür gehalten werden. Hier steht folglich das *imperfet de subjuntiu* bzw. das *plusquamperfet de subjuntiu*:

Si pogués anar-hi!	Wenn ich bloß dorthin gehen könnte!
Si hagués pogut trobar-la!	Wenn du sie doch bloß gefunden hättest!
Si ho sabessis!	Wenn du nur wüsstest!
Si mai no ho hagués dit!	Wenn ich es doch nie gesagt hätte!

Der Gebrauch des Konjunktivs

Im Unterschied zum Indikativ, den man meist gebraucht, wenn ein Geschehen als wahr dargestellt wird, drückt der *subjuntiu* die Einstellung des Sprechers zu einem Ereignis oder einer Handlung aus, zum Beispiel Zweifel, Unsicherheit, Hoffnung, Erwartung usw. Gewöhnlich erscheint der *subjuntiu* dann in Nebensätzen. Daneben können auch bestimmte Konjunktionen und Ausdrücke den *subjuntiu* automatisch auslösen. Für die Tempora im konjunktivischen Nebensatz gilt die Regel der Zeitenfolge (vgl. § 207).

196 Der *subjuntiu* im Hauptsatz

Der *subjuntiu* wird im Hauptsatz gebraucht:

1. in formelhaften Wendungen, die einen Wunsch, eine Verwünschung oder eine Aufforderung ausdrücken:

Valga'm Déu!	Gott steh uns bei!
Que Déu et beneeixi!	Gott segne dich!
Déu ho faci/vulgui!	Geb's Gott!
Que Déu l'hagi perdonat!	Gott hab ihn selig!

Déu et faci bo!/Que Déu t'empari!	[fam.] Denkste; das hast du dir so gedacht!
Déu em perdoni!/Déu no m'ho tingui en compte!	Möge Gott mir verzeihen!
Que siguis molt feliç!	Mögest du glücklich sein!
Que et vagi bé!/Que t'ho passis bé!	Lass es dir gut gehen!
Que tinguis sort!/Que hi hagi sort!	Viel Glück!

Beachte dabei folgende Wendungen mit älteren Formen:

Lloat sia Déu!	Gelobt sei Gott!
A Déu sien dades!	Gott sei's gedankt!
Déu me'n guard!/Déu nos en guard!	Gott bewahre!
Déu vos guard!	Grüß Gott!
Visca la República!	Es lebe die Republik!
vulgues (o) no vulgues	ob du willst oder nicht

2. bei Aufforderungen an Dritte:

Que vingui i ho veurà!	Soll er kommen, dann wird er schon sehen!
Que entri!	Er soll eintreten!
Que telefoni!	Sie soll anrufen!
Que passi!	Ich lasse bitten!

3. zum Ausdruck einer Einräumung oder eines Zugeständnisses:

passi el que passi	geschehe, was wolle
surti com surti	wie es gerade kommt
costi el que costi	koste es, was es wolle
sigui com vulgui	wie dem auch sei
com/quan/on vulguis	wie/wann/wo du willst
passi encara (que)	es mag noch angehen, dass

4. als Imperativform der 3. Person Singular und Plural sowie der 1. Person Plural (vgl. § 208.2),

5. als verneinte Imperativform der 2. Person Singular und Plural (vgl. § 208.3).

Der *subjuntiu* im *que*-Satz

197 Der *subjuntiu* nach *tant de bo (que)*

Das *present de subjuntiu* steht nach ***tant de bo (que)*** zum Ausdruck von Wünschen, die erfüllbar sind oder für erfüllbar gehalten werden. Für Wünsche, die unerfüllbar oder problematisch sind oder dafür gehalten werden, wird das *imperfet de subjuntiu* für die Gegenwart und das *plusquamperfet de subjuntiu* für die Vergangenheit verwendet (vgl. § 190):

Tant de bo (que) plogui!	Hoffentlich regnet es!
Tant de bo (que) plogués tota la nit!	Wenn es doch bloß die ganze Nacht regnen würde!
Tant de bo (que) hagués plogut!	Wenn es doch bloß geregnet hätte!

198 Der *subjuntiu* nach Verben der Willensäußerung

Im *que*-Satz steht der *subjuntiu* nach Verben, Verbgefügen und Ausdrücken der **Willensäußerung** (Wunsch, Verlangen, Erlaubnis, Verbot):

acceptar/aprovar/autoritzar/ consentir/tolerar	gestatten
aconseguir/assolir/obtenir	erreichen
admetre/permetre	zulassen/dulden
aguantar/suportar	dulden/ertragen
cal/és necessari/és imprescindible/fa falta	es ist nötig/es ist unerlässlich
comandar/manar/ordenar	befehlen
convé/és convenient/és indicat/ és oportú	es ist angebracht
(et/li/us …) va bé	es ist (dir/Ihnen/euch …) recht
deixar	zulassen
demanar/pregar	bitten/verlangen
desitjar	wünschen
dir	sagen, dass … soll
donar-hi importància/ considerar-ho important	Wert darauf legen
és hora	es ist Zeit
és indispensable	es ist unerläßlich
és inevitable	es ist unvermeidlich
és millor	es ist besser
esperar	(er)warten
evitar	vermeiden

excloure	ausschließen
exigir/reclamar	verlangen
impedir	verhindern
implorar/suplicar	flehentlich bitten
interdir/prohibir/vedar	verbieten
oposar-se	sich widersetzen
preferir	vorziehen
pretendre	beanspruchen/verlangen
procurar	zusehen, dass …
recomanar	empfehlen
témer	fürchten
tenir compte/tenir esment de/ prestar atenció	darauf achten
tenir cura	dafür sorgen/zusehen, dass
tenir por	Angst haben
vigilar	Acht geben/aufpassen
voler	wollen

Li va bé que vingui demà?	Ist es Ihnen recht, dass ich morgen komme?
Si fa falta que passi tota la nit treballant, ho faré.	Wenn es unerlässlich ist, dass ich die ganze Nacht hindurch arbeite, tue ich das.
És millor que no ho sàpiga ningú.	Es ist besser, dass niemand davon erfährt.
És imprescindible que tots participin a la reunió.	Es ist unerlässlich, dass alle an der Versammlung teilnehmen.
Vigileu que facin els deures.	Achtet darauf, dass sie die Hausaufgaben machen.
Digui-li que torni aviat.	Sagen Sie ihr, sie soll bald zurückkommen.
Li demanàvem que ens ajudés en aquest assumpte.	Wir baten ihn, uns in dieser Angelegenheit zu helfen.
Vull que netegis la cuina i et recomano que ho facis avui.	Ich möchte, dass du die Küche sauber machst, und ich rate dir, es heute zu tun.
No aguantava que parlessin mal de tu.	Ich konnte es nicht ertragen, dass sie schlecht von dir redeten.

Anmerkung 1: Die Verben *admetre/permetre, aguantar/suportar* und *tolerar* werden oft verneint gebraucht: *No tolero que vagis amb ell a la discoteca.* – Ich gestatte nicht, dass du mit ihm in die Diskothek gehst.

Anmerkung 2: Das Verb *admetre* kann sowohl mit dem Indikativ als auch mit dem *subjuntiu* gebraucht werden. Wird der Indikativ eingesetzt, so gibt der Sprecher einen (erwähnten) Sachverhalt objektiv in seiner Rede wieder. Erscheint der *subjuntiu,* weist der Sprecher damit seine eigene Haltung durch Teilnahme oder Distanzierung aus: *Admeto que en Joan és un noi treballador.* – Ich gebe zu, dass Joan arbeitsam ist. *Admeto que en Joan sigui un noi treballador.* – Ich lasse zu, dass Joan arbeitsam sein soll.

Anmerkung 3: Nach Ausdrücken der Furcht, Hoffnung und Erwartung kann im *que*-Satz auch das Futur stehen. *Temo que no diguin/diran la veritat.* – Ich fürchte, dass sie nicht die Wahrheit sagen.

Anmerkung 4: Je nachdem, ob das Verb *esperar* mit dem Futur oder dem *present de subjuntiu* gebraucht wird, verändert sich seine Bedeutung ('hoffen' gegenüber 'warten'): *Esperem que pari de ploure.* – Wir warten, bis es aufhört zu regnen. *Esperem que pararà de ploure.* – Wir hoffen, dass es aufhört zu regnen. In der Umgangssprache wird dieser Unterschied jedoch nicht gemacht.

199 Der *subjuntiu* nach Verben der subjektiven Bewertung

Der *subjuntiu* wird nach Verben und Ausdrücken der **subjektiven Bewertung** eines als wahr vorausgesetzten Sachverhalts verwendet:

admirar(-se)/estranyar(-se)/ meravellar(-se)/sorprendre('s)	(sich) wundern
alegrar(-se)/estar content/estar encantat/celebrar	froh sein/(sich) freuen/zufrieden sein
avergonyir(-se)	(sich) schämen
deplorar/lamentar/sentir	leidtun/bedauern
em fa nosa/m'incomoda/em molesta	es stört mich
em fa ràbia	es ärgert mich
em sap greu	es tut mir leid
empipar/enfadar/molestar	unzufrieden sein/ärgern
enorgullir(-se)/estar orgullós	stolz sein
(és una) llàstima	(es ist) schade
és (una) sort	es ist ein Glück
és avantatjós/un avantatge/ beneficiós profitós	es ist vorteilhaft
és deplorable/lamentable/penós	es ist bedauerlich
és dolent	es ist schlecht
és essencial	es ist wesentlich
és estrany	es ist seltsam
és igual	es ist gleich, ob
és imperdonable	es ist unverzeihlich

és imprudent	es ist unvernünftig
és injust/il·legítim/una injustícia	es ist ungerecht
és inútil	es ist unnötig
és just/legítim	es ist gerecht
és lògic	es ist logisch
és mala sort	es ist ein Unglück/es ist Pech
és natural	es ist natürlich
és normal	es ist normal
és poc comú/gens comú	es ist ungewöhnlich
és prudent	es ist vernünftig
és rar	es kommt selten vor
és un inconvenient/un desavantatge	es ist ein Nachteil
és una vergonya	es ist eine Schande
és útil	es ist nützlich
està bé	es ist gut
està malament	es ist schlimm
estar afligit/trist/desolat	traurig sein
estar alegre/joiós	froh sein
estar d'acord	recht sein/einverstanden sein
estar descontent	unzufrieden sein
estar satisfet/satisfer	zufrieden sein/machen
estar sorprès	überrascht sein
fa pena	es ist bedauerlich
falta/manca poc	es fehlt wenig und …
fruir/gaudir	genießen
importa/és important	es ist wichtig
inquietar-se/preocupar-se	sich Sorgen machen
m'agrada	es gefällt mir
plànyer-se/queixar-se	sich beklagen
ser feliç/estar content	glücklich sein
val més/més val	es ist besser

Llàstima que no hagis pogut venir.	Schade, dass du nicht hast kommen können.
No era just que tu fessis la migdiada mentre els altres treballavan.	Es war nicht gerecht, dass du Mittagsschlaf gehalten hast, während die anderen arbeiteten.
És estrany que a aquesta hora no hagi arribat.	Es ist seltsam, dass er zu dieser Uhrzeit noch nicht da ist.
És mala sort que no la trobis mai.	Es ist Pech, dass du sie nie antriffst.
M'admira/M'admiro que hagis aconseguit tot això.	Es wundert/Ich wundere mich, dass du das alles erreicht hast.

Estem contents que estiguis/ et trobis millor.	Wir freuen uns, dass es dir wieder besser geht.
Et molesta que hagi rebutjat l'oferta?	Ärgert es dich, dass ich das Angebot abgelehnt habe?
Estàvem molt preocupades que no haguéssiu telefonat aquell dia.	Wir machten uns Sorgen, dass ihr uns damals nicht angerufen hattet.
M'estranyava que no m'ho haguessis preguntat.	Ich wunderte mich, dass du mich nicht gefragt hattest.

200 Der *subjuntiu* nach Verben des Zweifelns

Der *subjuntiu* steht nach Verben und Ausdrücken des **Zweifelns** und der **Unsicherheit**:

dubtar/és dubtós	zweifeln/es ist zweifelhaft
és (una) mentida	es ist eine Lüge
és difícil	es ist kaum möglich/ unwahrscheinlich
és fàcil	es ist leicht möglich
és impossible	es ist unmöglich
és improbable/increïble	es ist unwahrscheinlich
és possible	es ist möglich/es kann sein
és probable	es ist wahrscheinlich
negar	leugnen/bestreiten
no és (gens) segur	es ist ungewiss

És possible que jo m'hagi equivocat.	Es kann sein, dass ich mich getäuscht habe.
Dubto que la meva germana canviï d'idea.	Ich zweifle, dass es sich meine Schwester anders überlegt.

Anmerkung: Nach *no dubto que/és mentida que/no nego que* kann der *indicatiu* oder der *subjuntiu* stehen: *No dubto que ets/siguis sincera.* – Ich zweifle nicht daran, dass du aufrichtig bist. *No nego que és/sigui veritat.* – Ich bestreite nicht, dass das die Wahrheit ist/sein soll. *És mentida que els preus no han/hagin pujat.* – Es ist eine Lüge, dass die Preise nicht gestiegen sind/sein sollen. Wie aus den Beispielen zu ersehen ist, wird durch den *subjuntiu* die Einstellung des Sprechers zum Geschehen (Anteilnahme oder Distanzierung) ausgedrückt.

Beachte: Nach den Verben des Geschehens kann nur der Indikativ stehen: *Passa/succeeix/ocorre/s'esdevé/s'escau que ni tan sols em saluda.* – Es kommt vor, dass er mich nicht einmal grüßt.

Der *subjuntiu* nach Verben des Meinens **201**

Der *subjuntiu* steht nach den Verben und Ausdrücken des **Glaubens** und **Meinens**, wenn sie in verneinter oder mitunter in fragender Form gebraucht werden:

afigurar-se/creure's	(irrtümlich) meinen
comprendre/entendre	verstehen/Verständnis haben
creure	glauben
estar convençut	überzeugt sein
estar d'acord/opinar/ser de l'opinió/ser del parer	der Meinung sein
imaginar	vermuten/denken
imaginar-se/pensar-se	sich einbilden
pensar	denken/meinen
presumir/sospitar/suposar	vermuten
sembla/pareix	es scheint (mir)
tenir la impressió	den Eindruck haben
tenir la sospita/el recel	den Verdacht haben
trobar	finden/meinen, dass
veure	sehen/überzeugt sein

No comprenem que hagi refusat la invitació.	Wir verstehen nicht, dass sie die Einladung abgelehnt hat.
No crec que hagi guanyat un premi pel seu llibre.	Ich glaube nicht, dass er für sein Buch einen Preis gewonnen hat.
No teníem la impressió que la situació hagués millorat.	Wir hatten nicht den Eindruck, dass sich die Lage gebessert hatte.
No sembla que estigui fatigat.	Es hat nicht den Anschein, dass sie müde sind.
No trobem que sigui gaire divertida, aquesta pel·lícula.	Wir finden diesen Film nicht sehr unterhaltsam.
No veig que corregueu gaire.	Ich sehe nicht gerade, dass ihr viel lauft.

Anmerkung 1: Mit dem *indicatiu* und *subjuntiu* nach *sembla que* wird zwischen Feststellung und Unsicherheit unterschieden: *(Em) Sembla que en Jordi està cansat.* – Ich glaube, dass Jordi müde ist. *Sembla que en Jordi estigui cansat.* – Es scheint, dass Jordi müde ist./Es sieht so aus, als ob Jordi müde wäre.

Anmerkung 2: Nach *comprendre/entendre* in der Bedeutung 'geistig erfassen' steht der Indikativ, in der Bedeutung 'Verständnis haben' der *subjuntiu*: *De les seves paraules comprenc/entenc que no li agrada Mallorca.* – Seinen Worten entnehme ich, dass ihm Mallorca nicht gefällt. *Comprenc/Entenc que no li agradi Mallorca.* – Ich verstehe/Ich habe Verständnis dafür, dass ihm Mallorca nicht gefällt.

Anmerkung 3: In verneinten Fragesätzen können auch andere Zeiten und Modi gebraucht werden. Vgl. *No creus/No trobes que hauríem de trucar la Maria?* – Meinst du nicht, dass wir Maria anrufen sollten? *No creus que haurà guanyat un premi?* – Glaubst du nicht, dass er einen Preis gewonnen hat?

202 Der *subjuntiu* nach Ausdrücken des Behauptens

Der *subjuntiu* steht nach den Ausdrücken des **Behauptens, Versicherns** und **Wissens**, wenn sie in verneinter Form gebraucht werden:

afirmar	behaupten
anunciar	ankündigen
assabentar/avisar/fer saber	benachrichtigen
assabentar-se	Kenntnis erlangen/erfahren
assegurar/asseverar	versichern
dir	sagen/behaupten
és clar	es ist klar
és evident/obvi	es ist offenkundig
és veritat	es ist wahr
garantir	garantieren
jurar	schwören
mantenir/sostenir	behaupten
observar	bemerken/sagen
recordar(-se)	sich erinnern
saber	wissen
significar/voler dir	bedeuten

No afirma que això fos veritat.	Er behauptet nicht, dass das die Wahrheit ist.
No va anunciar que hagués arribat.	Er kündigte nicht an, dass er angekommen war.
No dic que hi siguin tots.	Ich behaupte nicht, dass alle da sind.
No ens garanteixen que no s'apugi el lloguer.	Man garantiert uns nicht, dass sich die Miete nicht erhöht.
No he mantingut mai que els altres no en fossin capaços.	Ich habe niemals behauptet, dass die anderen nicht dazu fähig wären.

No va observar que hi hagués núvols.	Sie bemerkte nicht, dass Wolken da waren.
Jo no recordava que hi fossis.	Ich vergaß, dass du da sein könntest.
Això no significa/vol dir que hagi abandonat el meu projecte.	Das bedeutet/heißt nicht, dass ich meinen Plan aufgegeben habe.
No és veritat que l'hagi ofesa.	Es ist nicht wahr, dass ich sie beleidigt habe.

Anmerkung 1: Nach den Verben *assabentar-se, observar, saber* und *significar/voler dir* kann auch der Indikativ stehen, je nachdem ob der Sprecher seine Bewertung der im Nebensatz ausgedrückten Tatsache oder Handlung einbringen will: *No ho sabia que s'haguessin/s'havien separat.* – Ich wusste nicht, dass sie sich getrennt hatten. *No m'havia assabentat que s'haguessin/ s'havien burlat de mi.* – Ich hatte nicht bemerkt, dass sie sich über mich lustig machten.

Anmerkung 2: Werden die oben genannten Ausdrücke unpersönlich gebraucht, so steht immer (auch bei Unsicherheit) der Indikativ: *Es diu/Diuen que el seu oncle és molt ric.*

Der *subjuntiu* nach Konjunktionen 203

Der *subjuntiu* kann durch bestimmte **Konjunktionen** ausgelöst werden (vgl. hierzu auch Kap. 23 unter den jeweiligen Konjunktionen):

a condició que/sota la condició que/amb la condició que	unter der Bedingung, dass
abans que	bevor
així que/de manera que	sobald/so dass
amb que/sempre que/tota vegada que	nur, wenn
en cas que/donat cas que/posat cas que	falls
mentre	während/solange
no perquè	nicht weil
per molt que	obwohl/obgleich
perquè/per tal que/a fi que	damit
sense que	ohne dass
suposat que/admès que	vorausgesetzt, dass

Així que arribis, telefona'm.	Ruf mich an, sobald du ankommst.
T'ho explico de manera que ho entenguis.	Ich erkläre es dir so, dass du es verstehst.
T'ajudarem mentre treballis.	Wir helfen dir, solange du arbeitest.

Accepto la plaça amb la condició que em paguin bé.	Ich nehme die Stelle unter der Bedingung an, dass sie gut bezahlt wird.
Us comunico això perquè n'estigueu al corrent.	Ich teile euch das mit, damit ihr auf dem Laufenden seid.
Han tancat la porta abans que jo hi arribés/arribi.	Sie haben die Tür geschlossen, bevor ich dort ankam.
No perquè tu creguis que ell és culpable m'ho faràs creure a mi.	Nicht weil du glaubst, dass er schuldig ist, wirst du mich davon überzeugen.

Anmerkung 1: Mit Indikativ werden *si per cas/si de cas* 'falls' und *malgrat que/ tot i que* 'obwohl/obgleich' gebraucht: *Si de cas plou, no venim/vindrem.* – Falls es regnet, kommen wir nicht. *Tot i que plou, hi anem/anirem.* – Obwohl es regnet, gehen wir hin.

Anmerkung 2: Sowohl mit *indicatiu* als auch mit *subjuntiu* wird *si no és que* 'es sei denn, (dass)' und *encara que/per més que/(per) bé que/a pesar que* 'obgleich/obwohl/wenngleich' benutzt. Während bei *si és que* der Indikativ gebräuchlicher ist, wird bei *encara que* usw. eher der *subjuntiu* eingesetzt: *Jo no faré aquesta feina si no és que ell m'ho demana/demani.* – Ich mache diese Arbeit nicht, es sei denn, er bittet mich darum. *A pesar que plou, hi aniré.* – Wenngleich es regnet, gehe ich hin. *Encara que plogui, hi aniré.* – Wenngleich es regnen soll, werde ich hingehen.

204 Der *subjuntiu* nach Indefinita

Der *subjuntiu* steht nach folgenden Indefinitpronomina (vgl. § 59) sowie Konjunktionen (vgl. §§ 299, 300 und 306):

qualsevol/qualsevulla que	wer auch immer/was auch immer
onsevulla/onsevulga que/allà on	wo auch immer/wohin auch immer
com sigui	wie auch immer
on sigui	wo immer
quan sigui	wann immer
quant sigui	wieviel auch immer

Qualssevol que fossin les seves raons, cal acceptar-les.	Welche auch immer seine Gründe waren, man muss sie akzeptieren.
Qualsevol que ho hagi dit, no crec que sigui veritat.	Wer es auch immer gesagt haben mag, ich glaube nicht, dass es wahr ist.
Onsevulla que/allà on vagis,…	Wohin du auch immer gehst, …
Onsevulla que us trobeu,…	Wo ihr euch auch immer befindet,…

Beachte: *sigui com sigui, …* – wie dem auch sei, …; *vagis on vagis, …* – wohin du auch immer gehst, …

Der *subjuntiu* im temporalen Nebensatz 205

Im Unterschied zum Futur, das das zukünftig Mögliche und Wahrscheinliche im temporalen Nebensatz wiedergibt, drückt das *present de subjuntiu* eine unwahrscheinliche oder unmögliche Handlung aus. Diese Unterscheidung wird jedoch heute zumeist nicht mehr wahrgenommen und allgemein das *present de subjuntiu* verwendet:

Tan aviat com pari de ploure, sortirem.	Sobald es aufhört zu regnen, gehen wir hinaus.
M'ho explicaràs quan vinguis.	Du erzählst es mir, wenn du kommst.

Anmerkung: Der Gebrauch des Futurs in diesen Sätzen drückt ein sicheres Geschehen aus (vgl. § 181.4). *Tan aviat com pararà de ploure, sortirem. M'ho explicaràs quan vindràs.*

Der *subjuntiu* im Relativsatz 206

Der *subjuntiu* steht in Relativsätzen,

1. die einen Wunsch oder eine Forderung oder Bedingung enthalten:

Busco una secretària que sàpiga alemany.	Ich suche eine Sekretärin, die Deutsch kann.
Voldria una habitació que donés al pati.	Ich möchte gern ein Zimmer, das auf den Hof hinausgeht.
A l'examen oral s'admeten els candidats que hagin aprovat la prova escrita.	Zur mündlichen Prüfung werden diejenigen Kandidaten zugelassen, die die schriftliche Arbeit bestanden haben.
Formeu deu frases que continguin el subjuntiu.	Bildet zehn Sätze, die den Konjunktiv enthalten.

Anmerkung: Dagegen heißt es, wenn es sich um eine Tatsache handelt: *Busco la/una secretària que sap alemany.* – Ich suche die/eine Sekretärin, die Deutsch kann. *He trobat la/una secretària que sap alemany.* – Ich habe die/eine Sekretärin gefunden, die Deutsch kann.

2. wenn der Vordersatz verneint ist, eine Frage oder einen superlativischen Ausdruck enthält:

No hi havia ningú que volgués venir amb mi.	Es gab niemanden, der mit mir kommen wollte/hätte kommen wollen.

Aquí no hi ha ningú que parli japonès.	Hier gibt es niemanden, der Japanisch spricht.
No hi ha ningú que em pugui donar noves del meu germà?	Gibt es hier jemanden, der mir Neuigkeiten von meinem Bruder berichten kann?
Coneixes alguna medecina que la pugui curar?	Kennst du eine Arznei, die sie heilen kann/könnte?
No hi ha res que brilli com l'or.	Es gibt nichts, was so glänzt wie Gold.

Beachte: *Vaig prendre la primera cosa que em va caure a les mans.* – Ich nahm das erstbeste, das mir in die Hände fiel.

Anmerkung: Es findet sich jedoch auch der Indikativ, der in der gesprochenen Sprache häufiger ist: *Ais de Provença és la ciutat més bonica que he/hagi visitat mai.* – Aix-en-Provence ist die schönste Stadt, die ich je besucht habe. *Era la pitjor resolució que podies/poguessis prendre.* – Es war der schlechteste Entschluss, den du fassen konntest.

3. wenn darin ein ungewöhnlicher Vergleich ausgedrückt wird:

T'assembles més aviat a un diputat que no pas a un cambrer que hagi corregut amunt i avall tot el dia.	Du gleichst mehr einem Abgeordneten als einem Kellner, der den ganzen Tag lang herumgelaufen ist.

4. die konditionalen Charakter haben:

El qui acabi primer, abans se'n anirà.	Wer zuerst fertig wird, kann gehen.
El qui gosés afirmar això, demostraria que no ha comprès res del que he dit.	Wer das zu behaupten wagte, würde zeigen, dass er nichts von dem verstanden hat, was ich gesagt habe.
El qui ho hagués vist, s'hauria espantat.	Wer es gesehen hätte, wäre erschrocken.

Beachte: In der normativen Grammatik wird hier zwischen dem Gebrauch des *present de subjuntiu* und des Futurs unterschieden. Die substantivierten Relativsätze mit *present de subjuntiu* drücken eigentlich einen unwahrscheinlichen oder unmöglichen Vorgang aus, wogegen Wahrscheinlichkeit oder das zukünftig Mögliche mit Futur wiedergegeben werden (vgl. § 181). Heute ist diese Unterscheidung aber vielerorts nicht mehr lebendig.

Anmerkung: *El qui gosés afirmar…* bedeutet soviel wie *Si algú afirmés/Qui afirmés…* (Zum Gebrauch des *subjuntiu* im indirekten Fragesatz vgl. § 336).

Die Zeitenfolge im konjunktivischen Nebensatz **207**

Bei den Tempora des *subjuntiu* gilt die Regel der Zeitenfolge:

1. Steht im Hauptsatz eine Zeit der **Gegenwartsgruppe** (*present, futur, perfet d'indicatiu*) oder ein Imperativ, so folgt im Nebensatz (*que*-Satz) zur Angabe der Gleichzeitigkeit oder Nachzeitigkeit ein *present de subjuntiu*, sollte das erforderlich sein. Zur Angabe von Vorzeitigkeit steht im Nebensatz ein *perfet de subjuntiu*, wenn es verlangt wird:

Vull que vinguis amb nosaltres.	Ich möchte, dass du mit uns kommst.
Permeti que em presenti.	Gestatten Sie, dass ich mich vorstelle.
T'ho diré a condició que no en parlis.	Ich sage es dir unter der Bedingung, dass du nicht darüber sprichst.
Serà millor que torneu a casa.	Es wird besser sein, wenn ihr nach Hause zurückgeht.
És possible que ja se n'hagin anat.	Es ist möglich, dass sie schon weggegangen sind.
Tinc por que (no) s'hagi fet mal.	Ich habe Angst, dass sie sich wehgetan hat.

Anmerkung 1: Manchmal kann im Nebensatz auch ein *passat perifràstic de subjuntiu* mit *anar + infinitiu* stehen; so *Tinc por que (no) es vagi fer mal.* – Ich habe Angst, dass sie sich wehgetan hat.

Anmerkung 2: Wenn der Sachverhalt seit langem vergangen ist und nicht mehr mit der Gegenwart des Hauptsatzes zusammengehängt, kann im *que*-Satz nach einer Zeit der Gegenwartsgruppe auch das *imperfet de subjuntiu* oder ein *plusquamperfet de subjuntiu* stehen: *No estic convençuda que ho sabés.* – Ich bin nicht davon überzeugt, dass er es wusste. *És possible que el 1981 ja hagués vingut a Catalunya.* – Es ist möglich, dass er 1981 schon nach Katalonien gekommen war.

2. Steht im Hauptsatz eine Zeit der **Vergangenheitsgruppe** (*passat simple* oder *perifràstic, imperfet d'indicatiu, plusquamperfet, passat anterior d'indicatiu*) oder Konditional (*conditional, condicional perfet*), so folgt im Nebensatz zur Angabe der Gleichzeitigkeit und Nachzeitigkeit ein *imperfet de subjuntiu* und zur Angabe der Vorzeitigkeit ein *plusquamperfet de subjuntiu*:

Faríem tot això perquè sortís bé.	Wir würden das alles tun, damit es gut ausgeht.

Hi hauríem anat mentre hi fóssiu vosaltres.	Wir wären hingegangen, solange ihr dagewesen wart.
Hi vam anar abans que obrissin/haguessin obert les portes.	Wir sind dorthin gegangen, bevor man die Tore öffnete/geöffnet hatte.
Em va demanar que li portés l'article.	Er bat mich, ihm den Artikel zu bringen.
Ens ho donà a condició que ens ho repartíssim.	Er gab es uns unter der Bedingung, dass wir es unter uns aufteilen.
Teníem por que no fos bo.	Wir hatten Angst, dass es nicht gut wäre.
Ningú no havia pensat que ja haguéssim tornat.	Niemand hatte gedacht, dass wir schon zurückgekommen wären.
No podíem creure que hagués estat ell.	Wir konnten nicht glauben, dass er es war.

Anmerkung: Nach Ausdrücken der Hoffnung, Furcht und Erwartung kann im *que*-Satz auch Konditional oder Konditional Perfekt stehen: *Esperava que faria/hauria fet bon temps.* – Er hoffte, dass schönes Wetter sein würde.

3. Erscheinen im Hauptsatz die Verben und Ausdrücke der Willensäußerung (vgl. § 198), der subjektiven Bewertung (vgl. § 199) sowie des Zweifelns und der Unsicherheit (vgl. § 200) im *condicional* oder *condicional perfet*, so wird im *que*-Satz zur Angabe der Gleichzeitigkeit des *imperfet de subjuntiu*, zur Angabe der Vorzeitigkeit das *plusquamperfet de subjuntiu* und zur Angabe der Nachzeitigkeit der Konditional gebraucht:

Li demanaria que em portés el llibre.	Ich würde ihn bitten, mir das Buch zu bringen.
Seria possible que ens deixessin passar sense entrades?	Wäre es möglich, dass man uns ohne Eintrittskarten hineinlässt?
Jo hauria volgut que l'haguéssim ajudada tots dos.	Ich hätte gewollt, dass wir ihr beide geholfen hätten.
En aquest cas hauria pensat que acceptarien.	In diesem Fall hätte ich geglaubt, dass sie annehmen würden.

Anmerkung 1: Der Konditional eines Verbs des Sagens und Denkens im verneinten oder fragenden Hauptsatz, das als eine abgeschwächte Form des Indikativs verwendet wird, zieht im *que*-Satz *present de subjuntiu* oder *imperfet de subjuntiu* nach sich: *No diria que ho hagi fet expressament.* – Ich würde nicht sagen, dass er es absichtlich getan hat. *No asseguraria que guanyés el suficient.* – Ich wage nicht zu behaupten, dass er genug verdient.

Anmerkung 2: Bei einer abgeschwächten Behauptung im Konditional folgt bei den Verben des Glaubens, Meinens, Behauptens, Versicherns und Wissens auch in verneinter oder fragender Form das Futur im Nebensatz. Z. B. *No m'ho creuria que vindrà l'endemà.* – Ich würde mich nicht darauf verlassen, dass er anderntags kommt. *Jo no asseguraria que farà mal temps.* – Ich wage nicht zu behaupten, dass wir schlechtes Wetter haben werden.

Der Imperativ 208

1. Der bejahte Imperativ der 2. Person Singular ist in allen drei Konjugationen mit der 3. Person *present d'indicatiu* identisch:

Perdona!	Entschuldige!	*Parla!*	Sprich!
Tem!	Fürchte!	*Perd!*	Verliere!
Serveix!	Diene!	*Dorm!*	Schlafe!

Anmerkung: Die anderen Personen des bejahten Imperativ entsprechen den jeweiligen Personen des *present d'indicatiu* (vgl. §§ 156, 160 und 162).

2. Die Imperativform der 3. Person Singular und Plural sowie der 1. Person Plural entspricht dem *present de subjuntiu* (vgl. § 196.4):

Parli!	*Parlin!*	Sprechen Sie!	*Parlem!*	Sprechen wir!
Escolti!	*Escoltin!*	Hören Sie!	*Escoltem!*	Hören wir!
Temi!	*Temin!*	Fürchten Sie!	*Temem!*	Fürchten wir!
Perdi!	*Perdin!*	Verlieren Sie!	*Perdem!*	Verlieren wir!

Dormi!	*Dormin!*	Schlafen Sie!	*Dormim!*	Schlafen wir!
Llegeixi!	*Llegeixin!*	Lesen Sie!	*Llegim!*	Lesen wir!

Beachte: Die bejahte Imperativform der 2. Person Plural wird vom *present d'indicatiu* abgeleitet! (Zur verneinten Form vgl. § 208.3 und 4)

3. Der verneinte Imperativ wird mit den Formen des *present de subjuntiu* gebildet (vgl. §§ 183, 185 und 187):

1. Konjugation ***-ar***	
No parlis!	Sprich nicht!
No parli!	Sprechen Sie nicht!
No parlem!	Sprechen wir nicht!
No parleu!	Sprecht nicht!/Sprechen Sie nicht!
No parlin!	Sprechen Sie nicht!

2. Konjugation ***-er, -re***	
No corris!	Lauf nicht!
No corri!	Laufen Sie nicht!
No correguem!	Laufen wir nicht!
No corregueu!	Lauft nicht!/Laufen Sie nicht!
No corrin!	Laufen Sie nicht!

3. Konjugation ***-ir***	
Verben mit Stammerweiterung	
No pateixis!	Sorg dich nicht!
No pateixi!	Sorgen Sie sich nicht!
No patim!	Sorgen wir uns nicht!
No patiu!	Sorgt euch nicht!/Sorgen Sie sich nicht!
No pateixin!	Sorgen Sie sich nicht!
Verben ohne Stammerweiterung	
No dormis!	Schlaf nicht!
No dormi!	Schlafen Sie nicht!
No dormim!	Schlafen wir nicht!
No dormiu!	Schlaft nicht!/Schlafen Sie nicht!
No dormin!	Schlafen Sie nicht!

Merke: In der 2. Person Plural sind die Formen der 1. und 3. Konjugation im *indicatiu* und *subjuntiu* gleich.

4. Besonders bei den Verben der 2. Konjugation ist zu beachten, dass die 2. Person Plural des verneinten Imperativs nicht mit der 2. Person Plural des bejahten übereinstimmt, wenn das Verb sich im *present d'indicatiu* in dieser Person vom *present de subjuntiu* unterscheidet: *Correu!* – Lauft! *No corregueu!* – Lauft nicht! Aber: *Correguem!* – Laufen wir! *No correguem!* – Laufen wir nicht!

Beu!	Trink!	*No beguis!*	Trink nicht!
Begui!	Trinken Sie!	*No begui!*	Trinken Sie nicht!
Beguem!	Trinken wir!	*No beguem!*	Trinken wir nicht!
Beveu!	Trinkt!	*No begueu!*	Trinkt nicht!
Beguin!	Trinken Sie!	*No beguin!*	Trinken Sie nicht!
Digues!	Sag!	*No diguis!*	Sag nicht!
Digui!	Sagen Sie!	*No digui!*	Sagen Sie nicht!
Diguem!	Sagen wir!	*No diguem!*	Sagen wir nicht!
Digueu!	Sagt!	*No digueu!*	Sagt nicht!
Diguin!	Sagen Sie!	*No diguin!*	Sagen Sie nicht!

Anmerkung: Durch die Übereinstimmung der 2. Person Plural in den anderen Konjugationen wird in der Umgangssprache dieses Paradigma häufig vermischt. So sagt man *No bevem tant de vi* statt *No beguem tant de vi.* – Trinken wir nicht so viel Wein, oder *Begueu aigua* statt *Beveu aigua!* – Trinkt Wasser! In der Umgangssprache treten weiterhin folgende, nicht zu empfehlende Analogiebildungen auf: *Caigueu* statt *Caieu* – Fallt! *Encengueu* statt *Enceneu* – Zündet an! *Escrigueu* statt *Escriviu* – Schreibt! *Mogueu* statt *Moveu* – Bewegt! *Segueu* statt *Seieu* – Setzt euch! *Tragueu* statt *Traieu* – Zieht heraus! *Vingueu* statt *Veniu* – Kommt!

5. Der Imperativ der 2. Person Plural wird in formellen Aufforderungen, Arbeitsanweisungen und Bedienungsanleitungen gebraucht:

Agiteu abans d'obrir.	Vor Gebrauch schütteln!
Estireu!/Empenyeu!	Ziehen!/Drücken! (Tür)
Poseu en plural.	Setzt in den Plural!
No fumeu.	Rauchen verboten.
No passeu.	Zutritt verboten.
No entreu ni sortiu després del senyal acústic.	Nach dem Klingelzeichen nicht mehr ein- oder aussteigen!

6. Wendungen:

Passi-ho bé!	Machen Sie's gut!/Auf Wiedersehen!

Zur Stellung der Pronomina beim Imperativ vgl. § 120 und der Reflexivpronomina vgl. § 220.1; zum Gebrauch des Futurs mit Imperativbedeutung vgl. § 181.2

Kapitel 14 Das Passiv (La veu passiva)

209 Das Hilfsverb *ésser/ser*

Das Passiv wird mit dem Hilfsverb *ésser/ser* + Partizip Perfekt gebildet, das in Genus und Numerus mit dem dazugehörigen Substantiv übereinstimmt.

Die einfachen Zeiten des Hilfsverbs *ésser/ser*:

Indikativ			
Präsens		Imperfekt	
(jo)	*sóc (só)*	*(jo)*	*era*
(tu)	*ets*	*(tu)*	*eres*
(ell, ella)	*és*	*(ell, ella)*	*era*
(nosaltres)	*som*	*(nosaltres)*	*érem*
(vosaltres)	*sou*	*(vosaltres)*	*éreu*
(ells, elles)	*són*	*(ells, elles)*	*eren*

passat simple		Futur	
(jo)	*fui*	*(jo)*	*seré*
(tu)	*fores*	*(tu)*	*seràs*
(ell, ella)	*fou*	*(ell, ella)*	*serà*
(nosaltres)	*fórem*	*(nosaltres)*	*serem*
(vosaltres)	*fóreu*	*(vosaltres)*	*sereu*
(ells, elles)	*foren*	*(ells, elles)*	*seran*

Konditional			
Form auf ***-ria***		Form auf ***-ra***	
(jo)	*seria*	*(jo)*	*fóra*
(tu)	*series*	*(tu)*	*fores*
(ell, ella)	*seria*	*(ell, ella)*	*fóra*
(nosaltres)	*seríem*	*(nosaltres)*	*fórem*
(vosaltres)	*seríeu*	*(vosaltres)*	*fóreu*
(ells, elles)	*serien*	*(ells, elles)*	*foren*

subjuntiu			
Präsens		Imperfekt	
(jo)	*sigui*	*(jo)*	*fos*
(tu)	*siguis*	*(tu)*	*fossis*
(ell, ella)	*sigui*	*(ell, ella)*	*fos*
(nosaltres)	*siguem*	*(nosaltres)*	*fóssim*
(vosaltres)	*sigueu*	*(vosaltres)*	*fóssiu*
(ells, elles)	*siguin*	*(ells, elles)*	*fossin*

Imperativ	
sigues!	sei!
sigui!	seien Sie!
siguem!	seien wir!
sigueu!	seid!/seien Sie!
siguin!	seien Sie!

Anmerkung 1: Im Valencianischen lauten die Formen im Konjunktiv Präsens und Imperfekt (von den zwei Formen ist *-ra* die geläufigere) sowie im Imperativ wie folgt: *present de subjuntiu: siga, sigues, siga, siguem/sigam, sigueu/sigau, siguen; imperfet de subjuntiu* lit./schriftl.: *fos, fosses, fos, fóssem, fósseu, fossen;* ugspr./ mündl.: *fóra, fores, fóra, fórem, fóreu, foren;* Imperativ: *sigues, siga, siguem/sigam, sigueu/sigau, siguen.*

Anmerkung 2: In den balearischen Dialekten ist die 1. Person Singular Indikativ Präsens gleich der 1. Person Plural *som.* Der Konjunktiv Präsens verfügt neben den Formen *sigui, siguis,...* über ein weiteres Paradigma: *sia, sies, sia, siam, siau, sien;* der Imperativ lautet auch: *sigues, sia, siguem, sigau/siau, sien.*

Die Zeiten im Passiv 210

Indikativ			
Präsens		Imperfekt	
(jo)	*sóc estimat/-da*	*(jo)*	*era estimat*
(tu)	*ets estimat/-da*	*(tu)*	*eres estimat*
(ell, ella)	*és estimat/-da*	*(ell, ella)*	*era estimat*
(nosaltres)	*som estimats/-des*	*(nosaltres)*	*érem estimats*
(vosaltres)	*sou estimats/-des*	*(vosaltres)*	*éreu estimats*
(ells, elles)	*són estimats/-des*	*(ells, elles)*	*eren estimats*

passat simple		*passat perifràstic*	
(jo)	*fui estimat*	*(jo)*	*vaig ser estimat*
(tu)	*fores estimat*	*(tu)*	*vas ser estimat*
(ell, ella)	*fou estimat*	*(ell, ella)*	*va ser estimat*
(nosaltres)	*fórem estimats*	*(nosaltres)*	*vam ser estimats*
(vosaltres)	*fóreu estimats*	*(vosaltres)*	*vau ser estimats*
(ells, elles)	*foren estimats*	*(ells, elles)*	*van ser estimats*

Perfekt		Plusquamperfekt	
(jo)	*he estat estimat*	*(jo)*	*havia estat estimat*
(tu)	*has estat estimat*	*(tu)*	*havies estat estimat*
(ell, ella)	*ha estat estimat*	*(ell, ella)*	*havia estat estimat*
(nosaltres)	*hem estat estimats*	*(nosaltres)*	*havíem estat estimats*
(vosaltres)	*heu estat estimats*	*(vosaltres)*	*havíeu estat estimats*
(ells, elles)	*han estat estimats*	*(ells, elles)*	*havien estat estimats*

passat anterior simple		*passat anterior perifràstic*	
(jo)	*haguí estat estimat*	*(jo)*	*vaig haver estat estimat*
(tu)	*hagueres estat estimat*	*(tu)*	*vas haver estat estimat*
(ell, ella)	*hagué estat estimat*	*(ell, ella)*	*va haver estat estimat*
(nosaltres)	*haguérem estat estimats*	*(nosaltres)*	*vam haver estat estimats*
(vosaltres)	*haguéreu estat estimats*	*(vosaltres)*	*vau haver estat estimats*
(ells, elles)	*hagueren estat estimats*	*(ells, elles)*	*van haver estat estimats*

futur		*futur perfet*	
(jo)	*seré estimat*	*(jo)*	*hauré estat estimat*
(tu)	*seràs estimat*	*(tu)*	*hauràs estat estimat*
(ell, ella)	*serà estimat*	*(ell, ella)*	*haurà estat estimat*
(nosaltres)	*serem estimats*	*(nosaltres)*	*haurem estat estimats*
(vosaltres)	*sereu estimats*	*(vosaltres)*	*haureu estat estimats*
(ells, elles)	*seran estimats*	*(ells, elles)*	*hauran estat estimats*

Konditional			
condicional		*condicional perfet*	
(jo)	*seria/fóra estimat*	*(jo)*	*hauria estat estimat*
(tu)	*series/fores estimat*	*(tu)*	*hauries estat estimat*
(ell, ella)	*seria/fóra estimat*	*(ell, ella)*	*hauria estat estimat*
(nosaltres)	*seríem/fórem estimats*	*(nosaltres)*	*hauríem estat estimats*
(vosaltres)	*seríeu/fóreu estimats*	*(vosaltres)*	*hauríeu estat estimats*
(ells, elles)	*serien/foren estimats*	*(ells, elles)*	*haurien estat estimats*

subjuntiu			
Präsens		Imperfekt	
(jo)	*sigui estimat*	*(jo)*	*fos estimat*
(tu)	*siguis estimat*	*(tu)*	*fossis estimat*
(ell, ella)	*sigui estimat*	*(ell, ella)*	*fos estimat*
(nosaltres)	*siguem estimats*	*(nosaltres)*	*fóssim estimats*
(vosaltres)	*sigueu estimats*	*(vosaltres)*	*fóssiu estimats*
(ells, elles)	*siguin estimats*	*(ells, elles)*	*fossin estimats*

	Perfekt		Plusquamperfekt
(jo)	*hagi estat estimat*	*(jo)*	*hagués estat estimat*
(tu)	*hagis estat estimat*	*(tu)*	*haguessis estat estimat*
(ell, ella)	*hagi estat estimat*	*(ell, ella)*	*hagués estat estimat*
(nosaltres)	*hàgim estat estimats*	*(nosaltres)*	*haguéssim estat estimats*
(vosaltres)	*hàgiu estat estimats*	*(vosaltres)*	*haguéssiu estat estimats*
(ells, elles)	*hagin estat estimats*	*(ells, elles)*	*haguessin estat estimats*

Aktivsatz und Passivsatz 211

1. Nur Verben mit direktem Objekt können ein persönliches Passiv bilden. Wird der Aktivsatz ins Passiv umgewandelt, erscheint das direkte Objekt des Aktivsatzes im Passivsatz als Subjekt, und das Subjekt des Aktivsatzes wird im Passivsatz mit der Präposition ***per*** angeschlossen:

La noia ha acompanyat els pares.	Das Mädchen hat die Eltern begleitet.
Els pares han estat acompanyats per la noia.	Die Eltern sind von dem Mädchen begleitet worden.
La gent persegueix el lladre.	Die Leute verfolgen den Dieb.
El lladre és perseguit per la gent.	Der Dieb wird von den Leuten verfolgt.
Aquesta revista serà llegida per tothom.	Diese Zeitschrift wird von allen gelesen werden.

Anmerkung: In einigen Fällen kann auch die Präposition *de* benutzt werden: *La professora era estimada dels seus alumnes.* – Die Lehrerin wurde von ihren Schülern geliebt.

Beachte: Bei der Umwandlung des Aktivsatzes in ein Passiv bestehen bestimmte Beschränkungen hinsichtlich der Bestimmung mit Hilfe des Artikels: *La policia dissol manifestacions.* – Die Polizei löst Kundgebungen auf. ***Les*** *manifestacions són dissoltes per la policia.* – Die Kundgebungen werden von der Polizei aufgelöst.

2. Das Subjekt im Aktivsatz braucht im Passivsatz nicht erwähnt zu werden. Das ist vom Interesse oder der Kenntnis des Sprechers abhängig:

La casa va ser venuda ahir.	Gestern wurde das Haus verkauft.
Serem recompensats.	Wir werden entschädigt werden.
Els culpables seran jutjats.	Die Schuldigen werden verurteilt werden.

3. Erscheint das Subjekt des Aktivsatzes nicht im Passivsatz, kann das Passiv mit einem reflexiven Verb in der 3. Person Plural gebildet werden (vgl. § 212):

Els diputats s'elegeixen per votació.	Die Abgeordneten werden durch Abstimmung ermittelt.
Els diputats són elegits pel poble.	Die Abgeordneten werden vom Volk gewählt.

212 Wiedergabe des deutschen Passivs und von dt. 'man'

Das deutsche Passiv und das Indefinitpronomen 'man' können wie folgt wiedergegeben werden:

1. durch das Reflexivpronomen *es* bzw. *se* (*passiva pronominal*),
2. durch die 3. Person Plural,
3. durch das Indefinitpronomen *hom*,
4. durch das Passiv,
5. durch die 2. Person Singular.

1. Die reflexive Konstruktion mit *es* oder *se* wird am häufigsten zum Ausdruck des Passivs oder dt. 'man' benutzt. Das Verb steht dabei im Aktiv, der Sinn jedoch ist passivisch. Dabei ist zu beachten, dass sich die aktivische Verbform im Numerus nach dem Substantiv richtet, auf das sie sich bezieht:

Això no es diu.	Das sagt man nicht.
Aquí es parla català.	Hier wird Katalanisch gesprochen.
No s'admeten més inscripcions.	Weitere Einschreibungen werden nicht zugelassen.
Abans d'ahir es va inaugurar l'exposició.	Die Ausstellung wurde vorgestern eingeweiht.
No es poden resoldre els problemes silenciant-los.	Probleme kann man nicht lösen, indem man sie verschweigt.
Ahir feia tan bon temps que es podia veure Montserrat.	Gestern war so schönes Wetter, dass man Montserrat sehen konnte.
S'ha proposat una nova llei.	Man hat ein neues Gesetz vorgeschlagen.
En aquest restaurant es menja força bé.	In diesem Restaurant isst man sehr gut.
Últimament s'han construït moltes cases.	In der letzten Zeit hat man viele Häuser gebaut.

2. In Fällen, in denen das Subjekt nicht angegeben werden kann oder nicht angegeben werden soll und wenn ihm keinerlei Bedeutung beigemessen wird, erscheint das Verb in der 3. Person Plural. Der Sprecher ist dann nicht eingeschlossen:

Comuniquen.	Es ist besetzt. (Telefon)
Truquen.	Es klopft.
L'han suspès de l'examen oral.	Man hat ihn in der mündlichen Prüfung durchfallen lassen.
No m'han registrat la maleta.	Man hat meinen Koffer nicht kontrolliert.
Han proposat una altra solució.	Man hat eine andere Lösung vorgeschlagen.
Diuen que ara fa de pagès.	Man sagt, er arbeite jetzt als Bauer.

3. Das Indefinitpronomen *hom* wird fast nur in der gehobenen Schriftsprache benutzt. Es entspricht am ehesten unter den hier angegebenen Möglichkeiten dem dt. 'man'. Das Verb steht dabei immer in der 3. Person Singular:

Hom no parla d'aquesta manera.	Man spricht nicht so.
Hom ha de saber moltes coses.	Man muss viele Dinge wissen.
Hom no dóna més permisos que aquests.	Man erteilt keine weiteren Zulassungen als diese.
L'any passat hom va inaugurar l'Estadi Olímpic.	Im vergangenen Jahr wurde das Olympische Stadion eingeweiht.
Hom ha proposat un nou projecte.	Man hat ein neues Projekt vorgeschlagen.
En aquesta ciutat hom viu ben tranquil.	In dieser Stadt lebt man sehr ruhig.

Beachte: In der Umgangssprache wirkt die Konstruktion mit *hom* sehr affektiert.

Anmerkung: Die Konstruktion mit *un/una* sowie *un hom* werden vor allem bei reflexiven Verben gebraucht, die kein weiteres Pronomen (wie *es* oder *se*) zulassen. Daneben kann der Ausdruck dazu dienen, die eigene Lage zu verallgemeinern. Der Sprecher ist stets eingeschlossen. *Un/una* werden mitunter in der Umgangssprache gebraucht, wogegen *un hom* nur noch selten (eventuell in der Schriftsprache) anzutreffen ist: *En aquesta edat una es vesteix una mica més decent.* – In diesem Alter zieht man sich etwas dezenter an. (Der Sprecher ist eine Frau). *Un s'ha d'esperar de tot.* – Man muss sich auf alles gefasst machen. *Davant tanta i tanta injustícia és difícil que un hom s'aguanti.* – Vor so viel Unrecht ist es schwer, sich im Zaum zu halten.

4. Das Passiv tritt zur Wiedergabe von deutschem Passiv oder deutschem 'man' eher selten auf; es wird vor allem in der Schriftsprache benutzt. In der Umgangssprache besteht die Tendenz, es durch die reflexive Konstruktion zu ersetzen:

L'assemblea general fou convocada pel president.	Die Vollversammlung wurde vom Präsidenten einberufen.
El vídeo va ser enregistrat per l'Anna.	Das Video wurde von Anna aufgenommen.
La fàbrica aviat serà venuda.	Die Fabrik wird bald verkauft werden.
L'ús indegut serà sancionat.	Missbrauch wird bestraft/ist strafbar.

5. Nur in der Umgangssprache kommt die 2. Person Singular zur Wiedergabe des Passivs oder von 'man' vor:

No hi pots passar de tants de cotxes.	Dort kommt man vor lauter Autos nicht durch.
Tots estem bastant descontents: fas feina com un ase i guanyes quatre duros.	Wir alle sind ziemlich unzufrieden: Man schuftet wie ein Ochse und bekommt ein Almosen.
Quan ja no saps què fer, fins i tot et desesperes.	Wenn man nicht mehr ein noch aus weiß, kann man sogar die Hoffnung verlieren.

Kapitel 15 Gebrauch von *ésser/ser* und *estar* (*L'ús d'ésser/ser i estar*)

Der Gebrauch von *ésser/ser* bei unbelebtem Subjekt 213

Zwischen *ésser/ser* und *estar* wird unterschieden, wenn das Subjekt des Satzes belebt ist (z. B. ein Mensch, ein Tier oder eine personifizierte Sache). Ist das Subjekt des Satzes unbelebt, so steht ***ésser/ser***:

Entra: la porta és oberta.	Herein! Die Tür ist offen.
La sopa era salada i ara el te és massa calent.	Die Suppe war versalzen, und der Tee jetzt ist zu heiß.
És difícil de dir.	Das ist schwer zu sagen.
La casa era molt bruta i no podíem netejar-la perquè l'aigua era gelada.	Das Haus war sehr schmutzig, und wir konnten es nicht säubern, weil das Wasser gefroren war.
Sant Cugat és prop de Barcelona.	Sant Cugat liegt in der Nähe von Barcelona.

Sonstiger Gebrauch von *ésser/ser* 214

1. Im absoluten Gebrauch bedeutet ***ésser/ser*** 'existieren' oder 'sein':

Déu era, és i serà.	Gott war, ist und wird sein.
Així sigui. (= Amén).	Amen.

2. Als Kopula kann ***ésser/ser*** anzeigen

- Zugehörigkeit zu einer Gruppe, Kategorie, Schicht, Klasse usw.:

Tu ets estudianta, oi?	Du bist Studentin, nicht wahr?
Aquests són uns imbècils.	Das sind ein paar Dummköpfe.
Era professor, però ara sí que és pagès.	Er war Lehrer, aber jetzt ist er tatsächlich Bauer.
El meu pare és el jutge del poble.	Mein Vater ist Dorfrichter.
La balena és un mamífer.	Der Wal ist ein Säugetier.

- Gleichheit oder Übereinstimmung:

Dós i dos són quatre.	Zwei und zwei sind vier.

- Besitz, Herkunft, Beschaffenheit (mit der Präposition *de*):

El boli és de la Carolina.	Der Kuli gehört Carolina.
Això és teu.	Das ist deins.
Les noies són de Reus.	Die Mädchen sind/stammen aus Reus.
Aquesta taula és de fusta.	Dieser Tisch ist aus Holz.

- wesentliche, klassifizierende oder zeitweilige Charakteristika einer Sache:

El carbó és negre.	Die Kohle ist schwarz.
La torre és alta.	Der Turm ist hoch.
La fruita és madura.	Das Obst ist reif.

- ein durch eine Handlung erzielter Zustand einer Sache oder Ergebnis (zumeist mit Hilfe eines Partizips ausgedrückt):

La finestra és oberta.	Das Fenster ist offen.
La sala és destinada a conferències.	Der Raum ist für Konferenzen vorgesehen.

Anmerkung 1: Man benutzt *estar,* wenn der Ergebnischarakter hervorgehoben werden soll: *Ja està fet.* – Es ist schon fertig. *Ja està dit.* – Es ist schon gesagt. *Està escrit.* – Es liegt schriftlich vor.

Anmerkung 2: In der gesprochenen Sprache wird hier im Allgemeinen *estar* benutzt: *La finestra està oberta.*

- eine Eigenschaft oder klassifizierende Charakteristika einer Person, ohne eine zeitliche Eingrenzung vorzunehmen:

La Núria és molt callada.	Núria ist sehr ruhig./Núria hat ein ruhiges Wesen.
En Pere és intel·ligent.	Pere ist intelligent.
Els teus fills no són gaire educats.	Deine Kinder sind nicht gerade wohlerzogen.

Unterscheide: *La Núria està molt callada.* – Núria ist sehr ruhig (z. B. heute im Unterschied zu ihrem sonstigen Verhalten). Vgl. § 215.2

- Zustand einer Person:

El senyor Ferrer és mort.	Herr Ferrer ist gestorben.
En Jordi és solter/casat/jubilat.	Jordi ist ledig/verheiratet/Rentner.
La Maria és prima/morena.	Maria ist dünn/braun gebrannt.

Anmerkung: In der gesprochenen Sprache wird hier häufig *estar* verwendet.

3. Als intransitives Verb, das von einem lokalen oder temporalen Objekt begleitet wird, kann ***ésser/ser*** angeben

- den jetzigen oder ständigen Aufenthaltsort (dt. 'sein', 'sich befinden', 'liegen/stehen'):

On és? – Sóc a Barcelona.	Wo sind Sie? – Ich bin in Barcelona.
Tarragona és a la costa.	Tarragona liegt an der Küste.
En Joan és avui a Saragossa.	Joan ist heute in Saragossa.
Que hi és en Pep? – No, ja no hi és.	Ist Pep da? – Nein, er ist nicht mehr da.
Ara és a casa seva.	Jetzt ist er bei sich zu Hause.
Les taronges són damunt de la taula.	Die Orangen liegen auf dem Tisch.

- Ankunft an einem Ort:

Si marxem ara, serem a casa abans de sopar.	Wenn wir jetzt losgehen, können wir vor dem Abendbrot zu Hause sein.
Quan siguis a casa, truca'm.	Sobald du zu Hause bist, ruf mich an.

- den Zeitpunkt eines Geschehens (dt. 'stattfinden', 'sein'):

La recepció serà al palau.	Der Empfang wird im Palast stattfinden.
La reunió serà el dia vuit.	Die Versammlung ist am 8.
La festa va ser ahir.	Die Feier hat gestern stattgefunden.
Són les tres de la tarda.	Es ist drei Uhr nachmittags.
La conquesta de Mallorca fou el 1232.	Mallorca wurde 1232 erobert.

4. Das Verb ***ésser/ser*** wird als Hilfsverb zur Bildung des Passivs gebraucht (vgl. Kapitel 14).

Der Gebrauch von *estar* 215

1. Im absoluten Gebrauch bedeutet ***estar*** 'fertig sein', 'soweit sein':

Les maletes ja estan.	Die Koffer sind schon fertig.
Espereu-vos un moment, que ja estic.	Wartet einen Moment, denn ich bin gleich soweit.

2. Als Hilfsverb kann ***estar*** ausdrücken

- die Stellung oder Position des Subjekts an einem Ort:

El pal està tort.	Der Pfahl steht schief.
Estic dret/inclinat/ajupit.	Ich stehe gerade/bin gebeugt/gebückt.
L'escoltem mentre estem asseguts.	Wir hören ihn im Sitzen an.

Aber: *El pal és tort.* – Der Pfahl ist krumm/gebogen.

- die Art und Weise (mit Hilfe von Modaladverbien oder -ausdrücken):

Estic bé.	Mir geht es gut.
Estem d'acord.	Wir sind einverstanden.
Això no està bé.	Das ist nicht richtig.
Aquest vestit t'està força bé.	Dieses Kleid steht dir sehr gut.
Estem contents de veure't.	Wir freuen uns, dich zu sehen.

- Verweilen in einem Zustand (dt. 'bleiben', 'dauernd sein'):

La botiga estarà tancada tot l'agost.	Das Geschäft bleibt den ganzen August geschlossen.
Els pares estan de viatge.	Die Eltern sind auf Reisen.
Tothom està de vacances.	Alle sind in den Ferien.
En Joan està contínuament malalt.	Joan ist ständig krank.
Sota l'arbre s'hi està fresc.	Unter dem Baum sitzt man schön kühl.

- eine vorübergehende oder zufällige Eigenschaft einer Person (dt. 'sich fühlen', 'sich befinden'):

No estic de broma.	Ich bin nicht zu Späßen aufgelegt.
En Pere està de bon/mal humor.	Pere ist gut/schlecht gelaunt.
Estic cansat.	Ich bin müde.
Avui la Núria està molt callada.	Heute ist Núria sehr schweigsam.
No pot cantar perquè està constipada.	Sie kann nicht singen, weil sie erkältet ist.

3. Als intransitives Verb, das von Temporal- oder Lokaladverbien begleitet wird, kann ***estar*** angeben

- die Situierung an einem Ort (zusammen mit anderen Objekten; dt. 'liegen'):

El poble està a 500 m sobre el nivell del mar.	Das Dorf liegt 500 m über dem Meeresspiegel.
La sala està al mig de l'edifici.	Der Raum liegt in der Mitte des Gebäudes.

Anmerkung: In einigen Fällen kann es sich lediglich um die Angabe des Aufenthaltsorts handeln. Dann wird *ser* verwendet (vgl. § 214.3).

- einen zeitlich begrenzten und zweckgerichteten Aufenthaltsort eines Objekts:

L'avís estigué una setmana a la porta perquè tothom el llegís.	Der Anschlag war eine Woche an der Tür, damit ihn alle lesen konnten.
La fruita ha d'estar uns dies al sol perquè maduri.	Das Obst muss ein paar Tage in der Sonne liegen, damit es reifen kann.

- den Aufenthalt oder Verbleib einer Person an einem Ort (dt. 'wohnen', 'leben', 'bleiben', 'arbeiten/angestellt sein'). Zum Teil kann hier auch *estar-se* 'wohnen' gebraucht werden:

Vaig estar un any a l'estranger.	Ich habe ein Jahr im Ausland gelebt.
Estarem un parell de dies a París i tornarem.	Wir werden ein paar Tage in Paris bleiben und dann zurückkehren.
M'he estat tot un mes a la platja.	Ich bin einen ganzen Monat lang am Meer geblieben.
La Marta estava/s'estava a Ginebra.	Marta wohnte in Genf.
En Pere està de metge a l'Hospital Clínic.	Pere arbeitet als Arzt im *Hospital Clínic.*

- die Zeit, die man benötigt, um etwas zu tun (dt. 'brauchen um...'):

Estaré un parell d'hores per acabar la feina.	Ich brauche ein paar Stunden, um die Arbeit zu beenden.

El tren està més de dues hores per anar de Barcelona a la frontera.	Der Zug braucht mehr als zwei Stunden von Barcelona bis zur Grenze.

4. Unterschiedliche Bedeutungen erlangt ***estar*** in Verbindung mit Präpositionalobjekten (vgl. auch § 221):

estar amb	übereinstimmen mit/einverstanden sein mit
estar de	gern haben/mögen
estar en	bestehen in
estar-se de	sich enthalten/verzichten auf

La Neus n'està molt del seu fill.	Neus hat ihren Sohn überaus gern.
No es pot estar de fumar.	Er kann sich nicht enthalten zu rauchen.
El futur està en la diversitat.	Die Zukunft besteht in der Vielfalt.
Estem amb vosaltres.	Wir stimmen mit euch überein.

Merke auch: *estar que ...* – meinen, dass ... *Estic que no és necessari.* – Ich meine, dass es nicht nötig ist.

Anmerkung: Die Verbalperiphrase *estar* + *gerundi* (vgl. auch § 246.3) gibt den Ablauf einer noch andauernden Handlung wieder.

216 Bedeutungsunterschiede von Adjektiven und Partizipien nach *ésser/ser* oder *estar*

Je nachdem, ob *ésser/ser* oder *estar* mit den folgenden Adjektiven oder Partizipien gebraucht wird, bestehen Bedeutungsunterschiede:

El nen és molt bo.	Das Kind ist sehr brav.
La meva mare ja està bona.	Meine Mutter ist schon gesund.
El vestit és groc/verd.	Das Kleid ist gelb/grün.
Estàs blanc/pàl·lid.	Du siehst blass aus.
En Joan és molt llest.	Joan ist sehr klug.
Ja estic llesta.	Ich bin schon fertig.
No és mort; encara és viu.	Er ist nicht tot; noch lebt er.
Estem morts de gana/set.	Wir sind halbtot vor Hunger/Durst.
El teu nom ja és passat al registre.	Dein Name ist schon eingereicht.
La sopa està passada.	Die Suppe ist schlecht geworden.

Unterschied zwischen *ésser/ser* und *haver-hi* 217

Steht im Deutschen ein bestimmtes Subjekt, wird im Katalanischen zumeist ***ésser/ser*** gebraucht, während ***haver-hi*** gebraucht wird, wenn das Subjekt unbestimmt ist (steht z. B. ein Indefinitpronomen oder Zahlwort bzw. ein Substantiv, das von einem Indefinitadjektiv, Zahlwort oder unbestimmten Artikel begleitet wird):

Que hi és en Carles? – No, aquí no hi ha cap Carles.	Ist Carles da? – Nein, hier gibt es gar keinen Carles.
On són els ous? – Allà n'hi ha uns quants.	Wo sind die Eier? – Dort liegen ein paar.
Al concert hi havia quatre gats.	Im Konzert war eine Handvoll Leute.
Hi érem només nosaltres.	Nur wir waren da.
Hi deu haver algú.	Es wird wohl jemand da sein.
Hi ha algun banc a la vora?	Gibt es hier eine Bank in der Nähe?
On és el Banc Central?	Wo befindet sich die Zentralbank?

Kapitel 16 Das reflexive Verb (El verb reflexiu)

218 Die Formen des reflexiven Verbs in den einfachen Zeiten

Indikativ Präsens			
vor Konsonant		vor Vokal oder *h* + Vokal	
rentar-se sich waschen		*afaitar-se* sich rasieren	
em rento	ich wasche mich	*m'afaito*	ich rasiere mich
et rentes	du wäschst dich	*t'afaites*	du rasierst dich
es renta	er wäscht sich	*s'afaita*	er rasiert sich
ens rentem	wir waschen uns	*ens afaitem*	wir rasieren uns
us renteu	ihr wascht euch	*us afaiteu*	ihr rasiert euch
es renten	sie waschen sich	*s'afaiten*	sie rasieren sich

219 Die Formen des reflexiven Verbs in den zusammengesetzten Zeiten

passat perifràstic		
rentar-se sich waschen		
mit vorangestelltem Pronomen	mit nachgestelltem Pronomen (nach Konsonant)	
em vaig rentar	*vaig rentar-me*	ich habe mich gewaschen
et vas rentar	*vas rentar-te*	du hast dich gewaschen
es va rentar	*va rentar-se*	er hat sich gewaschen
ens vam rentar	*vam rentar-nos*	wir haben uns gewaschen
us vau rentar	*vau rentar-vos*	ihr habt euch gewaschen
es van rentar	*van rentar-se*	sie haben sich gewaschen

moure's sich bewegen		
mit vorangestelltem Pronomen	mit nachgestelltem Pronomen (nach Vokal)	
em vaig moure	*vaig moure'm*	ich habe mich bewegt
et vas moure	*vas moure't*	du hast dich bewegt
es va moure	*va moure's*	er hat sich bewegt
ens vam moure	*vam moure'ns*	wir haben uns bewegt
us vau moure	*vau moure-us*	ihr habt euch bewegt
es van moure	*van moure's*	sie haben sich bewegt

Beachte: Sowohl das vorangestellte als auch das nachgestellte Pronomen ist gebräuchlich. Die Umgangssprache tendiert jedoch dazu, die Pronomen vor die konjugierte Verbform zu stellen.

Die Stellung des Reflexivpronomens 220

(Zu den Regeln vgl. §§ 111, 118 und 120-122)

1. Beim bejahten Imperativ steht das Pronomen hinter dem Verb und vor dem Verb bei verneintem Imperativ:

Renta't!	Wasch dich!
Mou-te!	Beweg dich!
Afaiti's!	Rasieren Sie (Sg.) sich!
Mogui's!	Bewegen Sie (Sg.) sich!
Rentem-nos!	Waschen wir uns!
Afaiteu-vos!	Rasiert euch!/Rasieren Sie (Pl.) sich!
Rentin-se!	Waschen Sie (Pl.) sich!

No t'afaitis!	Rasier dich nicht!
No et moguis!	Beweg dich nicht!
No es renti!	Waschen Sie (Sg.) sich nicht!
No ens rentem!	Waschen wir uns nicht!
No us afaiteu!	Rasiert euch nicht!/Rasieren Sie (Pl.) sich nicht!
No us mogueu!	Bewegt euch nicht!/Bewegen Sie (Pl.) sich nicht!
No s'afaitin!	Rasieren Sie (Pl.) sich nicht!

2. Beim Infinitiv werden die Pronomen angehängt:

rentar-se	sich waschen
Tenia ganes de moure's.	Er hatte Lust, sich zu bewegen.
per afaitar-se	um sich zu rasieren
abans d'afaitar-se	bevor er sich rasiert
abans de moure'm	bevor ich mich bewege
No vol rentar-se.	Er/Sie will sich nicht waschen.
Volíem moure'ns.	Wir wollten uns bewegen.
Vaig rentar-me.	Ich habe mich gewaschen.
Vau afaitar-vos.	Ihr habt euch rasiert.
Han volgut afaitar-se.	Sie haben sich rasieren wollen.
Has d'afaitar-te.	Du musst dich rasieren.
Heu de moure-us.	Ihr müsst euch bewegen.

Beachte, dass ebenso gebraucht werden:

No es vol rentar.	Er/Sie will sich nicht waschen.
Ens volíem moure.	Wir wollten uns bewegen.
Em vaig rentar.	Ich habe mich gewaschen.
Us vau afaitar.	Ihr habt euch rasiert.
S'han volgut afaitar.	Sie haben sich rasieren wollen.
T'has d'afaitar.	Du musst dich rasieren.
Us heu de moure.	Ihr müsst euch bewegen.

3. Beim *gerundi* werden die Pronomen angehängt:

havent-se rentat	nachdem er/sie sich gewaschen hatte
afaitant-me	wenn ich mich rasiere
Va rentant-se.	Er/Sie wäscht sich allmählich.
Està afaitant-se.	Er rasiert sich gerade.
Estàvem movent-nos.	Wir bewegten uns die ganze Zeit.
T'he vist rentant-te.	Ich habe dich dich waschen sehen.
Seguíem rentant-nos.	Wir wuschen uns weiter.

Beachte, dass ebenso gebraucht werden:

Es va rentant.	Er/Sie wäscht sich allmählich.
S'està afaitant.	Er rasiert sich gerade.
Ens estàvem movent.	Wir bewegten uns die ganze Zeit.
Ens seguíem rentant.	Wir fuhren fort, uns zu waschen.

Gruppen von reflexiven Verben

Die reflexiven Verben lassen sich in folgende Gruppen unterteilen, entsprechend der Möglichkeit, sie in der einfachen Form (ohne Reflexivpronomen) transitiv zu gebrauchen.

221 Nur reflexiv auftretende Verben

1. Reflexive Verben, die niemals transitiv gebraucht werden können:

abstenir-se d'u.c.	sich einer Sache enthalten
adelitar-se en u.c. [lit.]	sich an etw. ergötzen
adonar-se d'alg./d'u.c.	jdn./etw. bemerken
apiadar-se d'alg.	sich jds. erbarmen
atrevir-se	wagen
burlar-se d'alg./d'u.c.	sich über jdn./etw. lustig machen

captenir-se [lit.]	sich betragen/benehmen
embarbussar-se	stammeln/sich verhaspeln
entossudir-se en u.c.	sich auf etw. versteifen
escapar-se	ausbrechen/flüchten
queixar-se	klagen/sich beschweren

Hierzu sind auch die Verben zu rechnen, deren einfache (nicht pronominale) Form eine andere Bedeutung hat als die pronominale:

estar	sein/stehen/bleiben/sich aufhalten
estar-se	wohnen
florir	(er)blühen
florir-se	(ver)schimmeln/sich vor Ungeduld verzehren
passar	vorbeigehen/-kommen
passar-se	verderben/schlecht werden
saltar	springen/hüpfen
saltar-se	etw. überspringen/-gehen

S'han burlat del vell.	Sie haben sich über den Alten lustig gemacht.
Volia pronunciar-ho correctament, però s'ha embarbussat.	Er wollte es richtig aussprechen, aber er hat sich verhaspelt.
L'any passat se'm va escapar el gat.	Im letzten Jahr ist mir die Katze weggelaufen.
Aquest matí el cactus ha florit.	Heute Morgen ist der Kaktus erblüht.
Llavors floriren totes les arts.	Da erblühten alle Künste.
La melmelada s'ha florit.	Die Marmelade ist verschimmelt.
En Jordi es va florir esperant la seva xicota.	Jordi ist vor Ungeduld fast geplatzt, während er auf seine Freundin wartete.
Saltem a l'aigua.	Springen wir ins Wasser!
Vigila, t'has saltat el semàfor.	Pass auf, du hast die Ampel bei rot überfahren.

2. Nur reflexive Verben, die transitiv gebraucht werden könnten, deren einfache Form aber nicht existiert:

acarcanyar-se	sich vollaufen lassen
acorriolar-se	im Gänsemarsch gehen
agenollar-se	(nieder)knien/sich hinknien
amatonar-se	gerinnen (Milch)
balbar-se	vor Kälte erstarren

barallar-se	sich streiten
col·legiar-se	einem Kollegium/einer Kammer beitreten
desenfebrar-se	fieberfrei werden
emmainadar-se	Kinder bekommen
enfebrar-se	Fieber bekommen
escarrassar-se	sich abmühen
escarxofar-se	sich hinlümmeln/sich breit machen
esforçar-se	sich anstrengen/bemühen
immiscir-se	sich einmischen

Ahir feia fred i em vaig balbar completament.	Gestern war es kalt, und ich bin vor Kälte völlig erstarrt.
Ja està millor; s'ha desenfebrat.	Es geht ihm schon besser; er ist jetzt fieberfrei.

3. Verben, die unterschiedslos reflexiv oder nichtreflexiv gebraucht werden:

apregonar(-se)/enfondir(-se) [lit.]	vertiefen
aprimar(-se)	abmagern/abnehmen
aturar(-se)	stehen bleiben
desesperar(-se)	die Hoffnung verlieren
embogir(-se)/enfollir(-se)	verrückt werden
empetitir(-se)	sich verkleinern
empitjorar(-se)	sich verschlechtern
encallar(-se)/ embarrancar(-se) [lit.]	auflaufen/auf Grund laufen
engreixar(-se)	dick werden/zunehmen
millorar(-se)	sich bessern
morir(-se)	sterben
passejar(-se)	spazieren gehen
quedar(-se)	bleiben

El vaixell s'ha encallat.	Das Schiff ist auf Grund gelaufen.
Vam passejar una hora pels voltants del poble.	Wir sind eine Stunde lang in der Umgebung des Dorfes spazieren gegangen.
Ens vam passejar pel parc.	Wir sind im Park spazieren gegangen.
Van quedar amics.	Sie sind Freunde geblieben.
Qui es quedarà aquesta nit?	Wer bleibt diese Nacht da?
La situació econòmica del país ha millorat molt.	Die wirtschaftliche Lage des Landes hat sich stark verbessert.

Rein reziproke Verben

Bei den rein reziproken Verben handelt es sich um Verben, deren Subjekt im Plural steht und die eine wechselseitige Handlung ausdrücken. Ihre einfache Form existiert nicht:

aferrissar-se	sich umklammern
aiguabarrejar-se	zusammenfließen
amigar-se	sich anfreunden
assemblar-se	sich ähneln
avenir-se	sich versöhnen/sich vertragen
bequetejar-se	schnäbeln
intersecar-se	sich schneiden (z. B. Linien)
juramentar-se	einander schwören
querellar-se	sich beklagen

Beachte: Nur die Verben *assemblar-se, juramentar-se* und *querellar-se* lassen ein Subjekt im Singular zu, wenn ein präpositionales Objekt folgt: *En Joan es va querellar amb en Pere.* – Joan hat sich bei Pere beklagt.

Les dues germanes s'assemblen molt l'una a l'altra.	Die beiden Schwestern ähneln einander sehr.
Les línies s'intersequen en el punt x.	Die Linien schneiden sich im Punkt x.

Hierzu gehören auch viele der Verben, die mit dem Präfix *entre-* gebildet wurden:

entrebatre's	sich schlagen
entrebesar-se	einander küssen
entrecreuar-se	sich kreuzen
entreferir-se	sich gegenseitig verwunden
entrematar-se	sich gegenseitig töten
entremirar-se	einander anschauen
entresaludar-se	einander grüßen
entrevistar-se	sich untereinander besprechen
entrexocar-se	aneinanderstoßen

Totes les mares d'aquest curs s'han entrevistat i han adoptat un pla.	Alle Mütter dieser Klassenstufe haben sich untereinander besprochen und einen Plan gefasst.
En aquella cantonada, el camió i el cotxe d'en Joan es van entrexocar.	An der Ecke da sind der Lastwagen und Joans Auto zusammengestoßen.

223 Transitive Verben mit reziproker Funktion

Eine Reihe von transitiven Verben kann pronominal mit reziproker Funktion gebraucht werden. Die meisten weisen im Deutschen das gleiche Verhalten auf:

abraçar-se	sich umarmen
ajudar-se	sich helfen
besar-se/petonejar-se	sich küssen
buscar-se/cercar-se	sich suchen
cartejar-se	gegenseitig Briefe wechseln
conèixer-se	sich kennen (lernen)
entendre's	sich verstehen
escriure's	sich schreiben
estimar-se	sich lieben/sich mögen
insultar-se	sich beschimpfen
mirar-se	sich anschauen
saludar-se	sich (be)grüßen
separar-se	sich trennen
veure's	sich sehen

Es van cartejar durant dos anys.	Sie schrieben sich zwei Jahre lang.
Ja us coneixeu?	Kennt ihr euch schon?
Els germans s'insulten contínuament, però s'ajuden sempre.	Die Geschwister beschimpfen sich ständig, aber sie helfen sich immer.
Ens veurem demà passat.	Wir sehen uns übermorgen.

Zur Verstärkung können hinzutreten: *l'un a l'altre, els uns als altres, l'un amb l'altre, l'un contra l'altre, entre ells, recíprocament, mútuament* usw.:

Els pares de la noia i els del noi es visiten entre ells.	Die Eltern des Mädchens und die des Jungen besuchen sich gegenseitig.
No han volgut separar-se l'un de l'altre.	Sie wollten sich nicht voneinander trennen.

Zugleich kann damit der rein reflexive Gebrauch eines Verbs vom reziproken Gebrauch unterschieden werden:

Les noies es van mirar al mirall.	Die Mädchen betrachteten sich im Spiegel.
Les noies es van mirar l'una a l'altra.	Die Mädchen betrachteten einander.

Reflexiv gebrauchte Verben mit Veränderung der Rektion 224

Bei den reflexiv gebrauchten Verben mit Veränderung der Rektion handelt es sich um transitive und intransitive Verben, die pronominal gebraucht werden, wobei die reflexive Verwendung die Rektion dieser Verben verändert.

1. Das direkte Objekt wird zum Subjekt, und das Subjekt wird zum präpositionalen Objekt:

compondre	zusammensetzen/bilden
compondre's d'alg./d'u.c.	aus jdm./etw. bestehen
cuidar	pflegen/versorgen/betreuen
cuidar-se d'alg./d'u.c.	für jdn./etw. sorgen
espantar	erschrecken/jdm. Angst einjagen
espantar-se d'alg./d'u.c.	über jdn./etw. erschrecken
meravellar	in Bewunderung versetzen/wundern
meravellar-se d'alg./d'.u.c.	sich über jdn./etw. wundern

M'espanta la teva cara.	Dein Gesicht jagt mir Angst ein.
M'espanto de la teva cara.	Ich erschrecke über dein Gesicht.
M'espanta de veure com pugen els preus.	Es erschreckt mich zu sehen, wie die Preise steigen.
M'espanto de veure com pugen els preus.	Ich erschrecke angesichts der steigenden Preise.

2. Das indirekte Objekt wird zum Subjekt, und das Subjekt wird zum präpositionalen Objekt:

interessar	interessieren/Interesse haben
interessar-se per alg./u.c.	sich interessieren für jdn./etw.

Li interessa molt la moda.	Mode interessiert sie sehr.
S'interessa molt per la moda.	Sie interessiert sich sehr für Mode.
Li interessa molt veure aquesta pel·lícula.	Sie ist sehr daran interessiert, diesen Film zu sehen.
S'interessa molt per veure aquesta pel·lícula.	Sie interessiert sich sehr dafür, diesen Film zu sehen.

3. Das Subjekt bleibt unverändert, jedoch die Rektion ändert sich:

admirar alg./u.c.	jdn./etw. bewundern/bestaunen
admirar-se d'alg./u.c.	sich über jdn./etw. wundern/über jdn./etw. staunen
compadir alg.	jdn. bemitleiden
compadir-se d'alg.	jdn. bemitleiden
equivocar u.c.	etw. verfehlen
equivocar-se d'u.c.	sich in etw. irren
oblidar alg./u.c.	jdn./etw. vergessen
oblidar-se d'alg./d'u.c.	jdn./etw. vergessen
recordar alg./u.c.	jdn./etw. ins Gedächtnis rufen/erinnern/mahnen
recordar-se d'alg./d'u.c.	sich erinnern an jdn./etw.
resistir a alg./u.c.	jdm./etw. Widerstand leisten
resistir u.c.	etw. aushalten
resistir-se a alg./u.c.	sich jdm./etw. widersetzen, standhalten

Recordo els anys de la nostra infantesa.	Ich erinnere mich an die Jahre unserer Kindheit.
Mai no em recordo de res.	Ich erinnere mich nie an etwas.
El noi la compadeix.	Der Junge bemitleidet sie.
El noi es compadeix d'ella.	Der Junge bemitleidet sie.

225 Reflexiv gebrauchte Verben mit Spezifizierung des direkten Objekts

1. Unter reflexiv gebrauchten Verben mit Spezifizierung des direkten Objekts sind transitive Verben zu verstehen, bei denen durch den reflexiven Gebrauch das direkte Objekt näher bestimmt wird. Das direkte Objekt kann dabei nicht ohne Determinant (Artikel, Zahlwort usw.) stehen:

beure's u.c.	etw. trinken
clavar-se u.c.	sich etw. einziehen/etw. verschlingen
cruspir-se	auffuttern
fumar-se u.c.	etw. rauchen
llegir-se u.c.	etw. lesen
menjar-se u.c.	etw. aufessen/leer essen/ etw. auffressen
saber-se u.c.	etw. wissen/können

Beachte: Im Deutschen gibt es dafür in der Regel keine Entsprechung; mitunter steht jedoch der Dativ. Im Katalanischen wird durch den reflexiven Gebrauch eine verstärkte innere Anteilnahme des Subjekts an der von ihm selbst ausgeübten Handlung ausgedrückt.

Va fumar-se un paquet sencer de tabac.	Er hat ein ganzes Paket Tabak geraucht.
Menja-t'ho tot.	Iss alles auf!
No et beguis tot el sou.	Vertrink nicht dein ganzes Gehalt.

2. Das direkte Objekt kann dabei durch ein unbetontes Pronomen ersetzt werden:

Els mosquits se'ns menjaven de viu en viu.	Die Mücken haben uns buchstäblich aufgefressen.
No tinguis por, no te'ns menjarem pas.	Hab keine Angst, wir werden dich schon nicht auffressen!

3. Ebenso kann noch ein indirektes Objekt in Form eines unbetonten Pronomens hinzugefügt werden:

Me li va donar/clavar una bufetada, pobre nen!	Er hat ihm eine Ohrfeige verabreicht, dem armen Kind! (Der Sprecher meint zu Unrecht und stellt sich auf die Seite des Kindes.)

4. Neben dem Reflexivpronomen können durchaus auch zwei Personalpronomen stehen:

No tinguis por, que no se te'l fumaran, el cigarret.	Hab keine Angst, sie werden sie dir schon nicht wegrauchen, die Zigarette!

Reflexiv gebrauchte Verben mit Bedeutungsveränderung 226

1. Dazu gehören transitive Verben, deren Bedeutung sich ändert, sobald sie reflexiv gebraucht werden:

aixecar	hochheben
aixecar-se	aufstehen
casar	trauen
casar-se	heiraten
dir	sagen
dir-se	heißen
fer	machen/herstellen
fer-se	entstehen/sich bilden/werden
fer-se (amb)	verkehren/Umgang haben (mit)

llevar	wegnehmen
llevar-se	aufstehen
matar	töten
matar-se	umkommen/sich umbringen
pensar	denken/nachdenken
pensar-se	meinen/glauben
pixar	pinkeln
pixar-se (de)	sich bepinkeln/sich nicht halten können (vor)
treure	herausziehen/entlassen
treure's	ausziehen (Kleidung)
trobar	finden/meinen
trobar-se	sich befinden/sich fühlen

2. Hierzu gehören auch die Verben, die sich im Unterschied zu den einfachen Formen wie idiomatische Wendungen (mit dem Adverbialpronomen *en*) verhalten:

anar-se'n	weggehen/-fahren
fer-se'n	jdn. etw. kosten
sortir-se'n	heil aus einer Sache hervorgehen
tornar-se'n	zurückgehen (an denselben Punkt)
venir-se'n	zusammenfallen/-brechen

Sé només que es diu Ferrer.	Ich weiß nur, dass er Ferrer heißt.
Em deia que tu te'n sortiries.	Er sagte mir, du würdest da heil herauskommen.
És una persona que pensa molt; però jo em penso que és boja.	Sie gehört zu denjenigen, die viel nachdenken; ich aber glaube, sie ist verrückt.
No em van treure, jo me'n vaig anar.	Man hat mich nicht entlassen. Ich bin selbst gegangen.
Vaig arribar a les set i a les vuit ja me'n tornava.	Um sieben bin ich angekommen und um acht schon zurückgefahren.
D'aquest vestit, me n'he fet cinc-cents euros.	Dieses Kleid hat mich fünfhundert Euro gekostet.

227 Reflexiv gebrauchte Verben mit reflexiver Funktion

Hierbei handelt es sich um transitive Verben, die tatsächlich reflexiv funktionieren, d. h., die Handlung fällt auf das Subjekt zurück. Das Reflexivpronomen kann dabei u. a. direktes oder indirektes Objekt sowie benefaktives Objekt (*complement benefactiu*) sein.

1. Das Reflexivpronomen ist direktes Objekt:

acostar-se	sich nähern
acostumar-se/habituar-se	sich gewöhnen
adreçar-se/dirigir-se a alg.	sich an jdn. wenden
afanyar-se	sich mühen
amagar-se	sich verstecken
amoïnar-se	sich Sorgen machen
apressar-se	sich beeilen
avergonyir-se	sich schämen
avorrir-se	sich langweilen
constipar-se	sich erkälten
defensar-se	sich verteidigen
despullar-se	sich ausziehen
divertir-se	sich amüsieren
dutxar-se	sich duschen
enfadar-se	sich ärgern
excusar-se	sich entschuldigen
familiaritzar-se	sich vertraut machen
ferir-se	sich verletzen
preparar-se	sich vorbereiten
sentir-se	sich fühlen
unir-se	sich vereinen

T'acostumes a tot.	Man gewöhnt sich an alles.
Dutxa't i vesteix-te d'una vegada.	Dusch dich und zieh dich endlich an!
Avui em sento molt millor que no pas ahir.	Heute fühle ich mich sehr viel besser als gestern.
Ens vam quedar tot l'estiu a la platja.	Wir sind den ganzen Sommer am Strand geblieben.
S'ha amagat darrere l'excusa que no té temps.	Er hat sich hinter der Ausrede versteckt, keine Zeit zu haben.
Ens defensàrem a cops de puny.	Wir verteidigten uns mit Faustschlägen.

2. Das Reflexivpronomen ist indirektes Objekt:

afaitar-se u.c.	sich etw. rasieren
cremar-se u.c.	sich etw. verbrennen
emprovar-se u.c.	etw. anprobieren
mirar-se u.c.	sich etw. anschauen
posar-se u.c.	sich etw. anziehen

tapar-se u.c.	sich etw. bedecken
torçar-se u.c.	sich etw. verrenken/verstauchen
trencar-se u.c.	sich etw. brechen
treure's u.c.	sich etw. ausziehen

La Mireia s'ha trencat la cama esquiant.	Mireia hat sich beim Schilaufen das Bein gebrochen.
El davanter s'ha torçat el peu jugant a futbol.	Der Stürmer hat sich beim Fußballspielen das Bein verstaucht.
La Maria es va emprovar la jaqueta.	Maria hat das Jackett anprobiert.
Afaita't la barba.	Rasier dir den Bart!
Es van tapar els ulls amb les mans.	Sie bedeckten die Augen mit den Händen.
Avui em posaré el jersei nou.	Heute ziehe ich den neuen Pullover an.
Es va haver de treure les sabates.	Er musste sich die Schuhe ausziehen.

3. Das Reflexivpronomen ist benefaktives Objekt:

comprar-se u.c.	sich etw. kaufen
concedir-se u.c.	sich etw. genehmigen
permetre's u.c.	sich etw. leisten
preparar-se u.c.	sich etw. zubereiten
vendre's u.c.	etw. verkaufen

Em prepararé un plat de mongetes tendres.	Ich werde mir einen Teller grüne Bohnen zubereiten.
S'han comprat un cotxe caríssim.	Sie haben sich ein superteures Auto gekauft.
Ens hem venut les terres.	Wir haben den Boden verkauft (zu unseren Gunsten oder zu unserem Schaden).

Anmerkung: Wie bei den reflexiv gebrauchten Verben, deren direktes Objekt spezifiziert wird, können auch hier weitere Pronomen hinzugefügt werden, die die innere Anteilnahme des Subjekts an der ausgeübten Handlung ausdrücken: *Se m'ha venut la casa.* – Er hat das Haus verkauft (zu meinem Nutzen oder Schaden). *Se me li ha venut la casa.* – Er hat das Haus verkauft (der Sprecher empfindet es als ungerecht, dass jemand eines anderen Haus verkauft hat).

Besonderheiten im Gebrauch der reflexiven Verben

Das Deutsche und das Katalanische stimmen in einer Reihe von Fällen im Gebrauch der reflexiven Verben nicht überein.

Verben, die im Gegensatz zum Deutschen reflexiv gebraucht werden: 228

abonar-se a u.c.	etw. abonnieren
adir-se	zusammenpassen/stimmen
adonar-se d'u.c.	merken/bemerken
adormir-se	einschlafen
aixecar-se	aufstehen
apagar-se	erlöschen/ausgehen
assemblar-se a alg./u.c.	jdm./etw. ähneln
atrevir-se	wagen
barallar-se	streiten
cansar-se	müde werden
casar-se	heiraten
compondre's d'u.c.	aus etw. bestehen
confessar-se	beichten
descuidar-se d'alg./u.c.	jdn./etw. vergessen
despertar-se	wach werden
detenir-se	ein-/inne-/aufhalten
empassar-se	(ver)schlucken
emportar-se/endur-se	wegtragen/-bringen
espantar-se d'u.c.	über etw. erschrecken
espatllar-se	kaputt gehen
esquitllar-se	abrutschen/entwischen
estar-se	wohnen/bleiben
estimar-se alg./u.c.	jdn./etw. mögen
estripar-se	zerreißen
fer-se (amb alg.)	(mit jdm./miteinander) verkehren
fiar-se d'alg.	jdm. trauen
infiltrar-se	einsickern
introduir-se	eindringen
lamentar-se d'u.c./per u.c.	etw. bedauern
llicenciar-se	das Staatsexamen ablegen
marejar-se	übel werden
mullar-se	nass werden
penedir-se d'u.c.	etw. bereuen

posar-se d'acord	einig werden
prendre's u.c.	etw. aufnehmen/ertragen/trinken
quedar-se	bleiben
queixar-se d'u.c.	über etw. klagen
rebel·lar-se contra alg./u.c.	gegen jdn./etw. rebellieren
subscriure's a u.c.	etw. subskribieren/abonnieren
trencar-se	zerbrechen

No us baralleu amb ell.	Streitet nicht mit ihm!
L'Anna es va llicenciar en dret.	Anna hat das Staatsexamen in Rechtswissenschaft abgelegt.
M'he abonat a l'"Avui'.	Ich habe den *Avui* abonniert.
Hem canviat de pis; ara ens estem al barri vell.	Wir sind umgezogen; wir wohnen jetzt in der Altstadt.
Aquests cosins gairebé no es fan.	Diese Cousins verkehren kaum miteinander.
Jo ja li deia que no se'n fiés, però ell no em feia cas.	Ich habe ihm ja gesagt, er soll dem nicht trauen, aber er hat nicht auf mich gehört.
Aquest matí s'ha espatllat la nevera.	Heute Morgen ist der Kühlschrank kaputtgegangen.
Les dues germanes s'assemblaven molt.	Die zwei Schwestern ähnelten sich sehr.
Sempre es queixa de la seva situació.	Er klagt immer über seine Lage.
Volíem fer-ho, però ens n'hem descuidat.	Wir wollten es machen, haben es aber vergessen.

229 Verben, die im Gegensatz zum Deutschen nicht reflexiv gebraucht werden:

anotar u.c./prendre nota d'u.c.	sich etw. notieren
canviar	sich ändern
conversar	sich unterhalten
descansar	(sich) ausruhen
diferir de/en u.c.	sich von/in etw. unterscheiden
resultar	sich herausstellen

Has canviat molt.	Du hast dich sehr verändert.
No difereixen gaire.	Sie unterscheiden sich nicht sehr.
Vols prendre'n nota, si us plau?	Würdest du es dir bitte notieren?

Ausdrücke mit *fer-se* + Infinitiv/Substantiv/Adjektiv/Adverb: 230

fer-se a la mar	in See stechen
fer-se a la vela	die Segel setzen
fer-se a miques	in tausend Stücke zerbrechen
fer-se amo d'alg./u.c.	von jdm./etw. Besitz ergreifen
fer-se ben veure	sich ins rechte Licht setzen
fer-se càrrec d'u.c.	die Verantwortung für etw. übernehmen/etw. verstehen
fer-se catòlic	Katholik werden
fer-se clar/de dia	hell/Tag werden
fer-se creus d'u.c.	sich wundern
fer-se d'un club	einem Klub beitreten
fer-se enllà	beiseite gehen
fer-se esperar	sich verspäten
fer-se estimar/odiar	sich beliebt/verhasst machen
fer-se fonedís	verschwinden/verduften
fer-se fosc/de nit	dunkel/Nacht werden
fer-se frare/soldat/metge	Mönch/Soldat/Arzt werden
fer-se gros	angeben
fer-se l'innocent	den Unschuldigen spielen
fer-se l'interessant	sich interessant machen
fer-se la barba d'or/ric	reich werden
fer-se la boca aigua	das Wasser im Mund zusammenlaufen
fer-se la part del lleó	den Löwenanteil bekommen
fer-se mal	sich wehtun
fer-se mala sang	in Zorn geraten/wütend werden
fer-se malbé	schlecht werden/verderben/kaputtgehen
fer-se passar per alg./u.c.	sich als jdn./etw. ausgeben
fer-se pobre	arm werden
fer-se pregar	sich bitten lassen
fer-se tallar els cabells	sich die Haare schneiden lassen
fer-se trossos per alg.	sich für jdn. umbringen
fer-se un nom/una reputació	sich einen Namen/Ruf machen
fer-se un vestit	sich ein Kleid machen
fer-se vell	alt werden
fer-se'n set pedres/fer-se'n un ull de la cara	ein Vermögen kosten

Amb aquest article s'ha fet odiar.	Mit diesem Artikel hat er sich verhasst gemacht.
Ara es fa càrrec del departament de matemàtiques.	Er ist jetzt für den Bereich Mathematik verantwortlich.
Mirant aquells pastissos se m'ha fet la boca aigua.	Als ich das Gebäck da gesehen habe, ist mir das Wasser im Mund zusammengelaufen.
Ell s'ha fet la part del lleó i els altres germans s'han quedat amb no res.	Er hat den Löwenanteil erhalten, und für die anderen Brüder ist nichts übrig geblieben.
Porta ulleres, que no les necessita, per fer-se l'interessant.	Er trägt eine Brille, die er nicht braucht, um sich interessant zu machen.
Tots han marxat abans de fer-se de dia.	Alle sind gegangen, bevor es Tag wurde.
Li va caure el gerro i va fer-se-li a miques.	Ihr fiel der Krug herunter und zerbrach in tausend Stücke.
El peix s'ha fet malbé.	Der Fisch ist schlecht geworden.
Fes-te enllà.	Geh beiseite!

Kapitel 17 Die Partizipien (Els participis)

Das Partizip Präsens (el participi present)

Das Partizip Präsens funktioniert heute als ein von einem Verb abgeleitetes Adjektiv, das häufig auch als Substantiv gebraucht wird.

Die Bildung des Partizip Präsens 231

1. Die 1. Konjugation bildet das Partizip Präsens auf ***-ant***, die 2. und 3. Konjugation bilden es auf ***-ent***. Damit stimmen Gerundium und Partizip Präsens in der 1. und 2. Konjugation überein, während in der 3. Konjugation der Unterschied deutlich wird (zum Gerundium auf ***-int***; vgl. Kap. 18):

errar	umherschweifen	*errant*	umherschweifend
córrer	laufen	*corrent*	laufend
venir	kommen	*vinent*	kommend
bullir	kochen	*bullent*	kochend

Beachte: *Ha begut aigua bullent.* – Er hat kochendes Wasser getrunken. *L'aigua ja bull/està bullint.* – Das Wasser kocht schon/gerade.

2. Das Partizip Präsens ist in der Regel im Genus unveränderlich; im Plural wird ein ***-s*** angefügt:

un home fascinant	ein faszinierender Mann
una dona fascinant	eine faszinierende Frau
els anys vinents	die kommenden Jahre
les setmanes vinents	die kommenden Wochen

Beachte: Im Genus veränderlich sind einige deverbale Adjektive, die häufig substantivisch gebraucht werden und Berufe und Beschäftigungen bezeichnen; z. B. *estudiant/estudianta* – Student/-in, *aprenent/aprenenta* – Lehrling, *servent/serventa* – Diener/-in.

Anmerkung: Umgangssprachlich ist das Partizip Präsens durchaus veränderlich, vor allem die Partizipien, die häufig adjektivisch gebraucht werden; z. B. *l'aigua bullenta* – das kochende Wasser, *una superfície lluenta* – eine schimmernde Oberfläche.

232 Der Gebrauch des Partizip Präsens

Die Partizipien werden als Adjektive, Substantive und Präpositionen gebraucht

- als Adjektiv:

la setmana entrant	die nächste Woche
d'alçada sorprenent	von ungeahnter Größe/Höhe
una persona atraient	eine anziehende Person
una qüestió important	eine bedeutende Frage

Merke: *la bella dorment* – Dornröschen, *la capella ardent* – die Aufbahrung, *el punt culminant* – der Höhepunkt

- als Substantiv:

l'ajudant/l'ajudanta	der Gehilfe/die Gehilfin
el/la parlant	der Sprecher/die Sprecherin
l'oient	der Zuhörer/die Zuhörerin
el/la cantant	der Sänger/die Sängerin
el calmant	das Beruhigungsmittel
el corrent elèctric/d'aigua	der elektrische Strom/ der Wasserlauf

- als Präposition:

tocant a la vostra pregunta	hinsichtlich eurer Frage
no obstant la pluja	trotz des Regens
durant les vacances	während der Ferien
mitjançant l'exercici continu	durch ständiges Üben

- als Adverb:

corrents	eilends

Anmerkung: Viele Partizipien sind lexikalisiert und werden von den Sprechern nicht mehr als solche erkannt; so die erwähnten *durant* und *mitjançant* oder: *bastants amics* – ziemlich viele Freunde, *un milió d'habitants* – eine Million Einwohner.

Unterschiedliche Wiedergabe des deutschen Partizip Präsens im Katalanischen **233**

Das deutsche Partizip Präsens muss mitunter im Katalanischen durch eine andere Konstruktion wiedergegeben werden, nämlich durch

1. einen Relativsatz:

un gat que dorm	eine schlafende Katze
una dona que treballa	eine arbeitende Frau
una dona que plora	eine weinende Frau
Gos que lladra no mossega.	Bellende Hunde beißen nicht.

Aber: In einigen Fällen sind sowohl die Wiedergabe durch einen Relativsatz möglich (*una nina que parla* – eine sprechende Puppe), als auch durch das Partizip Präsens (*una nina parlant*). In anderen Fällen ist das Partizip Präsens auch im Katalanischen möglich, so *un noi somrient* – ein lächelnder Junge. Es handelt sich hierbei vor allem um Partizipien, die als Adjektive grammatikalisiert sind (z. B. *pertanyent* – zugehörig, *corresponent* – entsprechend).

2. einen präpositionalen Ausdruck:

el tren d'arribada/de partida	der ankommende/abfahrende Zug
un carrer de pujada/de baixada	eine ansteigende/abfallende Straße
una casa en flames	ein brennendes Haus
la persona en qüestió	die betreffende Person
una raça en (curs d') extinció	eine aussterbende Rasse
una població en constant creixement/en creixement constant/en constant augment	eine ständig wachsende Bevölkerung

Aber: *una població creixent* – eine steigende Bevölkerung

3. ein Partizip Perfekt:

un cigarret encès	eine brennende Zigarette
un arbre florit	ein blühender Baum

4. das Gerundium:

Ho va fer sabent que no era correcte.	Er tat es, wohl wissend, dass es nicht in Ordnung war.
Plorant va confessar que li feia vergonya.	Weinend gestand sie, dass sie sich schämte.

5. ***per*** + Infinitiv oder seltener ***a*** + Infinitiv:

el problema per/a resoldre	das zu lösende Problem
les mesures per/a prendre	die zu ergreifenden Maßnahmen
el text per traduir	der zu übersetzende Text
els diputats per reelegir	die wiederzuwählenden/zur Wiederwahl stehenden Abgeordneten

Das Partizip Perfekt (el participi passat)

234 Die Bildung des Partizip Perfekt

1. Die Verben der 1. Konjugation (***-ar***) bilden das Partizip Perfekt auf ***-at***:

treballar	arbeiten	*treballat*	gearbeitet
ocupar	besetzen	*ocupat*	besetzt
anar	gehen	*anat*	gegangen

2. In der 2. Konjugation (betontes und unbetontes ***-er***, ***-re***) wird das Partizip Perfekt auf ***-ut*** gebildet:

saber	wissen	*sabut*	gewusst
vendre	verkaufen	*venut*	verkauft
témer	fürchten	*temut*	gefürchtet
vèncer	siegen	*vençut*	besiegt

Anmerkung 1: Die Verben auf *-ndre* bilden das Partizip Perfekt auf *-s*: *prendre* nehmen – *pres* genommen; *encendre* anzünden – *encès* angezündet. Ausnahmen: *vendre* verkaufen – *venut* verkauft; *compondre* zusammensetzen – *compost* zusammengesetzt; *pondre* Eier legen – *post* gelegt; *respondre* antworten – *respost* geantwortet.

Anmerkung 2: Alle Ableitungen von *metre* [veralt.] 'setzen/stellen/legen', *mes* 'gesetzt/gestellt/gelegt' bilden das Partizip auf *-s*: *prometre* versprechen – *promès* versprochen; *trametre* übersenden – *tramès* übersandt.

Anmerkung 3: Die Verben auf *-soldre* sowie *moldre* bilden das Partizip auf *-t*: *moldre* mahlen – *mòlt* gemahlen; *absoldre* freisprechen – *absolt* freigesprochen. Ausnahme: *doldre* schmerzen – *dolgut* geschmerzt.

3. Die Verben der 3. Konjugation (***-ir***) bilden das Partizip Perfekt auf ***-it***:

sentir	hören/fühlen	*sentit*	gehört/gefühlt
eixir	hinausgehen	*eixit*	hinausgegangen
servir	dienen	*servit*	gedient

Anmerkung: Eine Reihe von Verben auf *-ir* hat ein unregelmäßiges Partizip Perfekt: *imprimir* drucken – *imprès* gedruckt; *establir* festlegen – *establert* festgelegt; *morir* sterben – *mort* gestorben; *obrir* öffnen – *obert* geöffnet; *oferir* anbieten – *ofert* angeboten; *omplir* füllen – *omplert* gefüllt.

4. Wie bereits für andere Verbformen vermerkt (vgl. § 161), werden die Verben (und ihre Ableitungen), die in der 1. Person Singular des Präsens Indikativ auf ***-c*** enden, im Partizip Perfekt entsprechend verändert:

vinc	ich komme	*vingut*	gekommen
tinc	ich habe	*tingut*	gehabt
visc	ich lebe	*viscut*	gelebt
conec	ich kenne	*conegut*	gekannt
caic	ich falle	*caigut*	gefallen

Anmerkung 1: Allerdings kann diese Regel nicht auf alle Verben angewandt werden. Einige bilden das Partizip Perfekt auf andere Weise, so die Verben auf *-ndre* (vgl. § 161) und auch *dir* 'sagen', *dic* 'ich sage', *dit* 'gesagt' oder *escriure* 'schreiben', *escric* 'ich schreibe', *escrit* 'geschrieben'.

Anmerkung 2: Eine Reihe von unregelmäßigen Verben (vgl. § 161) weist zwei Partizipien Perfekt auf: *pertànyer* (dazu)gehören – *pertanyut/pertangut*; *tòrcer* verdrehen – *torçut/tort*; *plànyer* bedauern – *plangut/planyut*; *complir* erfüllen – *complert/complit*.

5. Das Partizip Perfekt ist in Genus und Numerus veränderlich:

cantar singen	*riure* lachen	*ferir* verletzen
cantat	*rigut*	*ferit*
cantada	*riguda*	*ferida*
cantats	*riguts*	*ferits*
cantades	*rigudes*	*ferides*

Zu den unregelmäßigen Partizipien siehe Anhang

Der Gebrauch des Partizip Perfekt 235

1. Das Partizip Perfekt wird zur Bildung der mit *haver* zusammengesetzten Zeiten (vgl. § 170) und des Passivs (vgl. § 210) gebraucht:

Les fotos han sortit molt bé.	Die Fotos sind sehr gut geworden.
Quan vaig arribar, ell ja se n'havia anat.	Als ich ankam, war er schon fortgegangen.
Hauria telefonat si no hagués pogut venir.	Er hätte angerufen, wenn er nicht hätte kommen können.

Quan portaran la carta, nosaltres ja haurem plegat.	Wenn man den Brief bringen wird, werden wir schon Feierabend gemacht haben.
La notícia ha estat confirmada pel ministre.	Die Nachricht ist vom Minister bestätigt worden.

2. Viele Partizipien können als Adjektive gebraucht werden und einige als Substantive:

El gat va trobar un ratolí mort.	Die Katze fand eine tote Maus.
Les persones ferides van ser transportades a l'hospital.	Die verletzten Personen wurden ins Krankenhaus gebracht.
En aquell accident hi va haver dos morts i tres ferits.	Bei dem Unfall gab es zwei Tote und drei Verletzte.

3. Einige wenige Partizipien Perfekt sind grammatikalisiert oder auf dem Weg dazu und leiten zusammen mit *que* wie subordinierende Konjunktionen Nebensätze ein: *atès que* 'weil', *posat que* 'wenn auch/angenommen, dass', *donat que* 'angenommen, dass' und *vist que* 'weil'. Sie werden vorrangig in der Schriftsprache und im Behördenstil verwendet und sind in der Umgangssprache kaum zu finden:

Atès que s'ha acabat el pressupost, hem de recórrer a d'altres mitjans.	Weil das Budget ausgeschöpft ist, müssen wir auf andere Mittel zurückgreifen.
Vist que l'aigua està contaminada, s'ha d'instal·lar una depuradora.	In Anbetracht dessen, dass das Wasser verseucht ist, muss eine Kläranlage installiert werden.

Merke: Als Präposition verwendet werden *tret (de)* und *llevat (de)* 'außer/ausgenommen': *Tret d'ells, tots se n'han anat.* – Außer ihnen sind alle gegangen.

4. Das absolute Partizip Perfekt entspricht einem verkürzten Nebensatz. Es kann folgende Funktionen übernehmen:

- temporal (sehr häufig mit Adverbien und wie Adverbien funktionierenden Präpositionen: *després de* 'nachdem', *abans de* 'bevor', *una vegada/un cop* 'nachdem endlich'):

Després d'examinats els testimonis, el tribunal començà l'interrogatori de l'acusat.	Nachdem die Zeugen vernommen worden waren, begann das Gericht mit der Befragung des Angeklagten.
La meva germana i jo, una vegada arribades, vam seure a taula.	Nachdem meine Schwester und ich angekommen waren, setzten wir uns zu Tisch.

Beachte: Die Konstruktion *fins passat* 'bis nach' wird zumeist in der Umgangssprache als stehende Wendung aufgefasst und nicht mehr verändert: *Fins passat festes, no ens tornarem a veure.* – Bis nach den Feiertagen werden wir uns nicht mehr sehen.

Anmerkung: Im poetischen Stil kann intensivierend *fins* + Partizip 'sogar als/ selbst wenn' verwendet werden, vgl. ... *i fidel viuré amarinat/fins acabat el vent.* (Lluís Llach) – ... und treu werde ich dem Meer leben, selbst wenn der Wind sich gelegt hat.

- konzessiv (häufig mit intensivierenden Konstruktionen wie *bo i* oder *tot i*, seltener im gesuchteren Stil mit *bé que* und *si bé* 'wenn auch/obwohl/ obgleich'):

Bé que torçada la cama, ell va anar a mirar el partit.	Obwohl er sich das Bein verrenkt hatte, ging er sich das Spiel anschauen.
La carta, tot i escrita amb lletra menuda, és molt clara.	Der Brief ist, wenn auch in kleiner Schrift abgefasst, vollkommen klar.

- modal:

Va fer la conferència, molestat pel mal de cap.	Er hielt seinen Vortrag, von Kopfschmerzen gepeinigt.

5. Wenn beim absoluten Partizip Perfekt der Partizipialsatz und der Hauptsatz unterschiedliche Subjekte aufweisen, steht das Partizip gewöhnlich vor dem Subjekt:

Acabades les vacances, vam tornar a casa nostra.	Nachdem die Ferien zu Ende waren, sind wir zu uns nach Hause zurückgefahren.
Passada la primavera, anirem a Londres.	Wenn der Frühling vorbei ist, fahren wir nach London.

Beachte: Diese Konstruktionen sind außer in der Schrift- und Umgangssprache für Sprichwörter und Volksweisheiten typisch: *Morta la cuca, mort el verí.* – Die tote Fliege sticht nicht mehr. (Wörtl.: Ist der Wurm tot, ist auch das Gift tot.) *Feta la llei, feta la trampa.* – Ein Gesetz lässt immer auch ein Hintertürchen offen. (Wörtl.: Gemacht das Gesetz, gestellt auch die Falle.)

236 Deutsche Wendungen mit Partizip Perfekt im Katalanischen

In folgenden deutschen Wendungen mit dem Partizip Perfekt bedient sich das Katalanische einer anderen Ausdrucksweise:

per dir-ho suaument	gelinde gesagt
parlant en plata	nobel ausgedrückt
començant per	angefangen bei
deixant de banda/a part que	abgesehen davon, dass
amb perdó	mit Verlaub gesagt

Auch: *sigui dit amb perdó* – mit Verlaub gesagt

Beachte: *més ben dit/millor dit* – besser gesagt, *sigui dit/dit sigui de passada* – nebenbei gesagt

237 Die Veränderlichkeit des Partizip Perfekt

1. Das Partizip Perfekt ist in den mit *haver* zusammengesetzten Zeiten im Allgemeinen unveränderlich:

He vist la Maria.	Ich habe Maria gesehen.
Espero que hagin rebut les cartes.	Ich hoffe, dass sie die Briefe erhalten haben.
Ja havien parat els cotxes.	Sie hatten schon die Autos gestoppt.

Beachte: In einigen Dialekten, so in den balearischen und valencianischen, richtet sich das Partizip Perfekt jedoch immer in Genus und Numerus nach dem direkten Objekt: *He vista na Maria. Espero que hagin rebudes ses cartes. Ja havien parats es cotxes.* Die Norm lässt deshalb beide Möglichkeiten zu, wenngleich der unveränderte Gebrauch des Partizip Perfekt als allgemeiner und korrekter angesehen wird.

Zur Veränderung des Partizip Perfekt in Genus und Numerus hat die normative Grammatik folgende Regeln empfohlen, die jedoch von der Umgangssprache bis hin zur gehobenen Sprache kaum gegenwärtig sind (vgl. Anmerkungen):

2. Geht dem Partizip Perfekt ein unbetontes Personalpronomen der 3. Person (*el, la, els, les*) oder das Partitivpronomen *en* voraus, so können sich Genus und Numerus nach dem direkten Objekt bzw. nach dem Bezugswort des Partitivpronomens richten:

He comprat una llibreta i no l'he portada.	Ich habe ein Notizbuch gekauft und nicht mitgebracht.

Aquests nens, els he vistos jugar.	Die Kinder hier habe ich spielen sehen.
No trobava les sabates perquè els nens les hi havien amagades.	Er fand seine Schuhe nicht, weil die Kinder sie versteckt hatten.
Les fotos, sí que les hem vistes, però no les hem ensenyades a ningú.	Die Fotos, die haben wir wohl gesehen, aber wir haben sie niemandem gezeigt.
He rebut un correu electrònic i n'he enviats dos.	Ich habe eine E-Mail erhalten und zwei verschickt.
He comprat maduixes i n'he menjades.	Ich habe Erdbeeren gekauft und welche gegessen.

Anmerkung: Wenngleich für die Norm die Angleichung in Genus und Numerus empfohlen wird, geht die Tendenz in der Umgangssprache auch in diesen Fällen vielerorts hin zum unveränderten Gebrauch; z. B. *De pomes, n'he menjat una.* – Von den Äpfeln habe ich einen gegessen. *Les he vist.* – Ich habe sie gesehen.

3. Wird das direkte Objekt durch ein unbetontes Personalpronomen der 3. Person wiedergegeben und folgt nach einer mit *haver* zusammengesetzten Zeit ein Infinitiv, so richtet sich das Partizip Perfekt nur nach dem direkten Objekt, wenn

- das Partizip direktes Objekt der zusammengesetzten Zeit ist:

Has vist ballar la meva filla? – Sí, l'he vista ballar.	Hast du meine Tochter tanzen sehen? – Ja, ich habe sie tanzen sehen.
Aquests nens, els hem sentits apropar-se.	Wir haben die Kinder schon kommen hören.

Beachte: Entsprechend der normativen Grammatik erfolgt keine Angleichung, wenn sich das direkte Objekt auf den Infinitiv bezieht. *Els he vist vendre els plats.* – Ich habe sie die Teller verkaufen sehen. *Hem parlat de la festa, però encara no l'hem començat a organitzar.* – Wir haben von dem Fest gesprochen, haben aber noch nicht angefangen, es zu organisieren.

Anmerkung: Die Umgangssprache neigt je nach Region dazu, entweder gar keine Angleichung des Partizip Perfekt vorzunehmen (z. B. València) oder in den Gegenden, wo das Partizip verändert wird (z. B. in den östlichen Dialekten), Genus und Numerus stets anzugleichen, gleichgültig ob sich das direkte Objekt auf die konjugierte Verbform oder auf den Infinitiv bezieht.

- sich zwar das direkte Objekt auf den Infinitiv bezieht, aber die zusammengesetzte Zeit mit *voler* 'wollen', *poder* 'können', *saber* 'können/ wissen', *fer* 'machen', *gosar* 'wagen', *haver de* 'müssen' gebildet wird:

Aquesta tasca, no l'he poguda resoldre.	Diese Aufgabe habe ich nicht lösen können.
Quants vestits t'has fet? – Me n'he fets tres.	Wie viele Kleider hast du dir machen lassen? – Ich habe mir drei machen lassen.
No l'hem volguda veure, la peça.	Wir haben es nicht sehen wollen, das Stück.

Anmerkung: Die Umgangssprache tendiert auch in diesem Fall einerseits zum unveränderten Gebrauch des Partizip Perfekt – in den Gegenden, in denen die Angleichung zum größten Teil nicht mehr erfolgt (z. B. València). Andererseits erfasst die Angleichung in Genus und Numerus in den Regionen, wo das Phänomen lebendig ist (so auch Barcelona), außer den genannten sechs Verben weitere, so *acabar de* 'gerade getan haben', *deixar de* 'aufhören zu', *començar a* 'anfangen zu'. Vgl. *He comprat uns gravats i els he començats a penjar.* – Ich habe ein paar Stiche gekauft und damit begonnen, sie aufzuhängen. *Hem parlat de la festa, però no l'hem acabada d'organitzar.* – Wir haben von dem Fest gesprochen, sind aber noch nicht fertig damit, es zu organisieren.

Verbalperiphrasen mit Partizip Perfekt

238 Verbalperiphrasen mit Bezug auf das Subjekt

Bei den folgenden Verbalperiphrasen stimmt das Partizip in Genus und Numerus mit dem Subjekt überein.

1. ***anar*** + Part. Perf. drückt einen Zustand unter einem dynamischen Gesichtspunkt aus. Die dabei verwendeten Partizipien beziehen sich meist entweder auf das Äußere oder die psychische Verfassung einer Person:

El meu rellotge sempre va avançat/endarrerit.	Meine Uhr geht immer vor/nach.
Aquesta senyora va molt pintada.	Diese Frau ist stark geschminkt.
El meu home va molt despistat.	Mein Mann ist sehr zerstreut.

Beachte: *Barcelona i Madrid van empatats.* – Barcelona und Madrid sind punktgleich.

2. ***continuar/seguir*** + Part. Perf. bezeichnet die Dauer und Kontinuität. Wiedergabe im Dt. durch 'immer noch':

Ja és mitjanit i els teus fills continuen aixecats.	Es ist schon Mitternacht, und deine Kinder sind immer noch auf.
Aquest pis continua desllogat.	Diese Wohnung steht immer noch leer.

3. ***quedar(-se)*** + Part. Perf. bezeichnet das Fortbestehen eines Zustands:

S'ha quedat parat.	Er war ganz baff.
S'ha aturat un camió a descarregar davant la casa i tot el carrer s'ha quedat embussat.	Vor dem Haus hat ein Lastwagen gehalten um auszuladen, so dass die ganze Straße verstopft ist.
Les negociacions han quedat interrompudes.	Die Verhandlungen wurden unterbrochen.

Verbalperiphrasen mit Bezug auf das Objekt 239

Bei den folgenden Verbalperiphrasen stimmt das Partizip in Genus und Numerus mit dem Objekt überein.

1. ***tenir*** + Part. Perf. hebt den Abschluss einer Handlung hervor:

Tinc enllestida la feina.	Ich habe die Arbeit bereits fertig.
M'ho tenien prohibit.	Sie hatten es mir verboten.

2. ***deixar*** + Part. Perf. betont die Folgen einer abgeschlossenen Handlung:

M'ha deixat parada.	Er hat mich vollkommen überrascht.
La pluja ens ha deixat xops.	Der Regen hat uns vollkommen durchnässt.

3. ***donar per*** + Part. Perf. bedeutet 'halten für/ansehen als':

Dono per acabat aquest assumpte.	Ich halte diese Angelegenheit für erledigt.

Wendungen:

donar per descomptat	als sicher annehmen
donar-se pagat amb	sich zufriedengeben mit

donar-se per al·ludit	sich betroffen fühlen
donar-se per ofès	sich beleidigt fühlen
donar-se per vençut	sich geschlagen geben

240 Zur Wiedergabe des Modalverbs 'werden'

Das deutsche Modalverb 'werden' muss im Katalanischen mit folgenden Verben wiedergegeben werden:

1. ***esdevenir*** entspricht dt. 'werden', wird jedoch heute nur in der Literatur- oder Schriftsprache verwendet:

Aquell pobre home va esdevenir primer ministre.	Dieser arme Mann wurde Premierminister.

2. Daneben wird sehr häufig ***fer-se*** gebraucht (vgl. § 230):

S'ha fet vell.	Er ist alt geworden.
La carn s'ha fet malbé.	Das Fleisch ist schlecht geworden.
El teu fill ja s'ha fet gran.	Dein Sohn ist schon erwachsen.

3. Eine nicht wieder rückgängig zu machende Veränderung eines psychischen oder physischen Zustands wird mit ***tornar-se*** ausgedrückt:

El paper es torna groc.	Das Papier wird gelb/vergilbt.
Si continues fent aquests bromes, em tornaré boig.	Wenn du weiterhin solche Späße treibst, werde ich verrückt.

Beachte: *posar-se/tornar-se vermell* – rot werden, *posar-se/tornar-se de tots els colors* – rot und blass werden/vor Scham in den Erdboden versinken wollen

4. Eine momentane Veränderung eines physischen oder psychischen Zustands wird durch ***posar-se*** wiedergegeben:

S'ha posat verd.	Er ist blass geworden.
Aquest soroll ens posa nerviosos.	Dieser Lärm macht uns nervös.

Beachte: *caure/posar-se malalt* – krank werden

Kapitel 18 Das Gerundium (El gerundi)

Die Bildung des Gerundiums

241

1. Die Verben der 1. Konjugation (*-ar*) bilden das Gerundium auf ***-ant***, die der 2. Konjugation (***-er, -re***) auf ***-ent*** und die der 3. Konjugation (***-ir***) auf ***-int***. Das Gerundium ist unveränderlich (zu seiner Wiedergabe im Deutschen vgl. § 242):

rentar	waschen	*rentant*
conèixer	kennen	*coneixent*
saber	wissen	*sabent*
perdre	verlieren	*perdent*
llegir	lesen	*llegint*
dormir	schlafen	*dormint*

Anmerkung: In der Umgangssprache werden für viele Verben der 2. und 3. Konjugation Gerundien auf *-guent* gebildet; so *beguent, escriguent, poguent, sapiguent, volguent; seguent, tinguent, vinguent.* Von der normativen Grammatik werden diese Formen als Vulgarismen angesehen.

2. Zur Bildung des Gerundiums in der 2. Konjugation können die Formen der 1. und 2. Person Plural des Indikativ Präsens herangezogen werden, weil der Wortstamm im Allgemeinen derselbe ist:

batre	schlagen	*batem, bateu*	*batent*
moldre	mahlen	*molem, moleu*	*molent*
entendre	verstehen	*entenem, enteneu*	*entenent*
creure	glauben	*creiem, creieu*	*creient*
néixer (nàixer)	geboren werden	*naixem, naixeu*	*naixent*

3. Das **e** der Endung ***-ent*** im Gerundium der 2. Konjugation ist meist geschlossen [e]. Ausgenommen sind die Verben auf ***-er*** mit einem offenen **e** [ɛ], deren Gerundium ***-ent*** ebenfalls ein offenes **e** enthält, so:

valer	wert sein	*valent*
caber	(hinein)passen	*cabent*
soler	gewöhnlich tun	*solent*
voler	wollen	*volent*

242 Der Gebrauch des Gerundiums

Das Gerundium wird zur Verkürzung temporaler, kausaler, modaler, instrumentaler, konditionaler und konzessiver Nebensätze verwendet. Im Gebrauch des Gerundiums unterscheidet man zwischen zwei Formen, dem einfachen Gerundium und dem (mit *haver*) zusammengesetzten Gerundium (vgl. § 243). In der Regel stimmen das Subjekt des Gerundiums und das Subjekt des Hauptsatzes überein (zur absoluten Konstruktion vgl. § 245).

Beachte: Das Gerundium hat adverbialen oder verbalen Charakter, niemals jedoch adjektivischen. Es kann daher nur in seltenen Fällen das deutsche Partizip Präsens wiedergeben (vgl. § 233.4).

1. Temporale Beziehung:

- Das Gerundium stimmt zeitlich mit dem konjugierten Verb überein:

Passejaven pel poble rient i bromejant.	Sie spazierten lachend und scherzend durch das Dorf.
Tot caminant pensava en un vell amic.	Beim Gehen dachte er an einen alten Freund.
Es dutxava cantant en veu alta.	Er duschte sich, wobei er laut sang.

Beachte: Dem Gerundium kann *tot* oder *bo i* vorangestellt werden, womit die Gleichzeitigkeit der Handlung unterstrichen wird: *Tot/Bo i xerrant, se'ns ha fet tard.* – Während wir schwätzten, ist es spät geworden. Zum Teil wird damit auch der Gegensatz zwischen zwei Handlungen verdeutlicht: *Tot fent l'innocent és ben capaç d'estafar la gent.* – Obwohl er den Unschuldigen spielt, ist er sehr wohl fähig, die Leute zu betrügen.

- Das Gerundium gibt unmittelbare Vorzeitigkeit wieder:

Buscant pertot arreu el van trobar a la universitat.	Nachdem sie überall gesucht hatten, trafen sie ihn in der Universität an.
Netejant els ganivets m'he tallat el dit.	Während ich die Messer reinigte, habe ich mich in den Finger geschnitten.

2. Kausale Beziehung:

Tenint por no ho vam pas acceptar.	Weil wir Angst hatten, nahmen wir es nicht an.
Estant malalta, no he pogut pas venir.	Weil ich krank war, konnte ich nicht kommen.

3. Modale und instrumentale Beziehung:

Nedant s'enforteix el cos.	Durch Schwimmen kräftigt man den Körper.
Aboqueu la farina escampant-la per tota la paella.	Mehl gleichmäßig verteilt in die ganze Pfanne einstreuen.
El temps passa volant.	Die Zeit vergeht wie im Flug.

4. Konditionale Beziehung:

Forçant-ho encara més, se t'espatllarà.	Wenn du es noch weiter strapazierst, wird es dir kaputtgehen.
Llevant-nos a les sis, arribarem a temps.	Wenn wir um sechs Uhr aufstehen, kommen wir rechtzeitig an.

5. Konzessive Beziehung:

Sent alcalde, no es va aprofitar de les seves relacions.	Obwohl er Bürgermeister war, nutzte er seine Beziehungen nicht aus.
Ni tenint (tan sols) la clau, no podria obrir la porta.	Selbst wenn ich den Schlüssel hätte, könnte ich die Tür nicht öffnen.

Das zusammengesetzte Gerundium 243

1. Das zusammengesetzte Gerundium mit *haver* zeigt immer Vorzeitigkeit an:

Havent dinat, vam fer la migdiada.	Nachdem wir zu Mittag gegessen hatten, hielten wir Mittagsschlaf.
Havent dit aquestes paraules, es va posar el barret i se'n va anar.	Nachdem er diese Worte gesagt hatte, setzte er den Hut auf und ging.

2. Sowohl dem einfachen als auch dem zusammengesetzten Gerundium können unbetonte Personalpronomina nachgestellt werden:

Tot mirant-me em donava la mà.	Während er mich anschaute, gab er mir die Hand.
Tot escrivint-li pensava en la seva feina.	Während sie ihm schrieb, dachte sie an ihre Arbeit.
Havent-nos esforçat tant, no ho vam aconseguir.	Obwohl wir uns so sehr angestrengt hatten, schafften wir es nicht.

244 Das Gerundium in verbaler Funktion

Als Verb kann das Gerundium

- entweder auf das Subjekt des konjugierten Verbs bezogen sein:

Avui, provant d'obrir la llauna, s'ha tallat el dit.	Als er heute die Büchse öffnen wollte, hat er sich in den Finger geschnitten.
Els nens, jugant jugant, no es van adonar que s'acostava un cotxe.	Während die Kinder spielten und spielten, bemerkten sie nicht, dass sich ein Auto näherte.

- oder auf das direkte Objekt des konjugierten Verbs bezogen sein, wenn das Verb im Gerundium eine andauernde oder fortlaufende Handlung bezeichnet:

La vaig veure llegint.	Ich sah sie beim Lesen.
Us vam sentir entrant al bar.	Wir haben euch gehört, als ihr in die Bar hineingegangen seid.

Beachte: Die Sätze werden zumeist nicht zweideutig interpretiert, können aber, um Missverständnisse auf jeden Fall zu vermeiden, mit Relativsätzen wiedergegeben werden: *El vaig veure treballant.* – Ich sah ihn arbeiten. *El vaig veure que treballava.* – Ich sah, wie er arbeitete.

245 Das Gerundium in absoluten Konstruktionen

Der absolute Gebrauch weist dem Gerundium eine eigene Funktion zu, d. h., es bildet dann einen Nebensatz mit einem eigenen Subjekt. Erscheint das Subjekt, so wird es stets nachgestellt:

Sent ell a Madrid, jo l'havia de substituir.	Da er in Madrid war, musste ich ihn vertreten.

Ajudant-lo tanta gent, prescindirà de nosaltres.	Wenn ihm so viele Leute helfen, wird er wohl auf uns verzichten.
Sabent el secret, el comissari no li va poder treure cap paraula.	Obwohl sie das Geheimnis kannte, konnte ihr der Kommissar kein einziges Wort entreißen.

Verbalperiphrasen mit Gerundium 246

1. ***anar*** + *gerundi* charakterisiert einen sich allmählich vollziehenden Vorgang oder eine allmählich fortschreitende Handlung (dt. 'immer (noch) weiter', 'nach und nach'):

Anaven venent tots els seus béns.	Sie verkauften nach und nach all ihr Hab und Gut.
Va cridant i plorant.	Er schreit und weint immer noch weiter.

2. ***continuar/seguir*** + *gerundi* drückt den Fortgang einer Handlung aus (dt. 'weiterhin tun', 'weitermachen'):

Continues/Segueixes treballant a la universitat?	Arbeitest du weiterhin an der Universität?
Me'n vaig anar a les 10 i estaven xerrant. Vaig tornar a les 12 i encara seguien xerrant.	Ich ging um zehn Uhr, und da schwatzten sie. Um zwölf Uhr kam ich wieder, und sie schwatzten immer noch weiter.

Beachte: *La ministra continua a Bonn.* – Die Ministerin ist noch in Bonn. *Segueixes de cambrer al restaurant?* – Bist du noch Kellner im Restaurant? (In diesen Fällen folgt auf *continuar/seguir* kein Gerundium.)

3. ***estar*** + *gerundi* gibt an, dass sich eine Handlung gerade vollzieht (dt. 'gerade etwas tun', 'dabei sein zu tun'):

Estic llegint.	Ich lese gerade.
Mentre hi passàvem, els pagesos estaven collint ametlles.	Während wir dort vorbeifuhren, pflückten die Bauern gerade Mandeln.

4. ***començar*** + *gerundi* drückt den Beginn eines Handlungsverlaufs an:

Vaig començar dient que…	Ich sagte zu Beginn, dass …
Els nois van començar barallant-se.	Die Jungen stritten sich anfangs.

5. ***quedar-se*** + *gerundi* gibt das Fortdauern einer Handlung an, wobei auf einen mehr oder weniger bestimmten Ort Bezug genommen wird:

Es va quedar llegint fins a la matinada.	Er las bis zum Morgengrauen.
Malgrat que la pel·lícula era avorrida, la família es va quedar veient-la.	Obwohl der Film langweilig war, schaute die Familie ihn weiter an.

6. ***sortir*** + *gerundi* bezeichnet eine plötzlich einsetzende Handlung. Es wird vor allem mit den Verben *córrer* 'laufen/rennen', *volar* 'fliegen' und *dir* 'sagen' gebraucht:

Quan ens hi vam acostar, la garsa va sortir volant.	Als wir uns näherten, flog die Elster davon.
Els atracadors han sortit corrent en arribar la policia.	Die Straßenräuber haben das Weite gesucht, als die Polizei kam.
Després de tants anys ha sortit dient que no vol fer-se advocat.	Nach so vielen Jahren hat er plötzlich gesagt, dass er nicht Anwalt werden will.

Wendungen:

sortir-hi guanyant	(schließlich) Vorteil ziehen/gut abschneiden
sortir-hi perdent	den Kürzeren ziehen/schlecht abschneiden
sortir plorant	(schließlich) losheulen
sortir volant	das Weite suchen/ sich schnellstens davonmachen

247 Wendungen mit Gerundium

considerant que	angesichts der Tatsache, dass
suposant que	angenommen, dass
Com anem? – Vaig fent.	Wie geht es dir? – Ganz leidlich./Es geht./So, so.
tornant a això del teu amic	um noch einmal auf die Sache mit deinem Freund zurückzukommen
pensant-ho bé	wenn man es sich richtig überlegt
parlant amb més precisió	um genauer zu sein

Kapitel 19 Der Infinitiv (L'infinitiu)

Die grammatischen Eigenschaften des Infinitivs 248

1. Der Infinitiv kann sowohl verbal als auch nominal gebraucht werden. Er kann wie ein Verb Ergänzungen zu sich nehmen und wie ein Substantiv von einem Artikel, Possessivadjektiv oder Adjektiv begleitet werden:

Viatjar sense bitllet resulta car.	Schwarzfahren kann teuer werden.
El saber no ocupa lloc.	Wissen braucht keinen Platz (Sprichwort).
Prefereixo parlar la meva llengua.	Ich spreche lieber meine Sprache.
En Pere tenia la intenció de comprar sabates.	Pere hatte vor, Schuhe zu kaufen.
La infecció fou provocada per respirar allò.	Die Infektion wurde dadurch ausgelöst, dass er das eingeatmet hat.
Una cosa és dir i l'altra és fer.	Gesagt ist noch lange nicht getan.

Merke: *un bitllet d'anada i tornada* – eine Hin- und Rückfahrkarte

Anmerkung: Infinitive können auch durch mehr oder weniger ihrer Bedeutung entleerte Formeln wie *això* 'das', *allò* 'das', *el fet de* 'die Tatsache zu' und *la manera de* 'die Art und Weise zu' eingeführt werden: *Vaig conèixer la seva manera de viure.* – Ich lernte seine Art zu leben kennen. *Com va això de passejar-se*? – Wie ist es so herumzuspazieren?

2. Einige Verben und ihre Ableitungen besitzen zwei Infinitivformen, von denen die hier an zweiter Stelle angegebene als regional (zumeist valencianisch) angesehen wird:

cabre/caber	hineinpassen
caldre/caler	müssen
jeure/jaure	liegen
néixer/nàixer	geboren werden
treure/traure	herausziehen

Beachte: Die Formen *ésser/ser* 'sein' sind gleichberechtigt im Gebrauch.

Anmerkung 1: Die zweite der folgenden Infinitivformen und deren Ableitungen wird in der normativen Grammatik nicht toleriert: *tenir/tindre* – haben, *venir/vindre* – kommen, *valer/valdre* – kosten.

Anmerkung 2: Ähnlich wie beim Gerundium werden in der Umgangssprache bei den Verben der 2. und 3. Konjugation Formen auf *-guer* gebraucht, die von der normativen Grammatik nicht anerkannt werden: *poguer, sapiguer, tinguer, valguer, volguer* usw.

3. Wird ein Infinitiv von einem unbetonten Pronomen begleitet, so wird dieses nachgestellt. Die unbetonten Pronomen, die unmittelbar auf einen Infinitiv folgen, werden mit Bindestrich angefügt und lauten *me, te, se, lo, la, li, nos, vos, los, les, ne, hi,* wenn der Infinitiv auf *-re* endet. Dagegen werden sie bei einem Infinitiv auf *-e* mit Apostroph angefügt (Ausnahmen *-us* für *-vos* sowie *-la, -li, -les, -hi*) und lauten *'m, 't, 's, 'l, 'n, 'ns, 'ls* (vgl. § 111):

Fes el favor de passar-me el cendrer.	Sei so nett, mir den Aschenbecher zu geben.
Espero veure'l la setmana que ve.	Ich hoffe, ihn nächste Woche zu sehen.
Truco per donar-vos les gràcies.	Ich rufe euch an, um euch zu danken.
Hem vingut per veure-us.	Wir sind gekommen, um euch zu sehen.
Hauríem d'anar-nos-en.	Wir sollten gehen.

Zu den umgangssprachlichen Formen vgl. § 111

4. Der Infinitiv wird zur Bildung des *passat perifràstic* gebraucht (vgl. § 171):

L'any passat vaig anar a París.	Im letzten Jahr bin ich nach Paris gefahren.
Els ho vam fer saber per telegrama.	Wir haben sie durch ein Telegramm benachrichtigt.

249 Der präpositionslose Infinitiv

Der präpositionslose Infinitiv wird gebraucht

1. nach den Modalverben *caldre* 'müssen', *deure* 'sollen', *gosar* 'wagen', *poder* 'können', *saber* 'können', *soler* 'gewöhnlich tun', *voler* 'wollen':

No cal irritar-se tant.	Es ist unnötig, sich derart aufzuregen.
Saps nedar?	Kannst du schwimmen?

Solem dinar a les dues.	Wir essen gewöhnlich um zwei Uhr zu Mittag.
Per què no goseu contestar-li?	Warum wagt ihr nicht, ihm zu antworten?
No en devia saber res.	Er wird nichts davon gewusst haben.
En Lluís vol menjar marisc en un restaurant.	Lluís will in einem Restaurant Meeresfrüchte essen.

Beachte: Das Verb *saber* kann gelegentlich mit präpositionalem Anschluss gebraucht werden, z. B. *En saps de llegir?* – Kannst du lesen?

2. nach Verben der Wahrnehmung *escoltar* 'zu-/anhören', *mirar* 'betrachten/ansehen', *sentir* 'hören', *veure* 'sehen':

Ara els veig entrar al pati.	Jetzt sehe ich sie zum Hof hineinkommen.
La vaig sentir tancar la porta.	Ich hörte sie die Tür zumachen.
Hem escoltat la nostra néta tocar la guitarra.	Wir haben unserer Enkelin beim Gitarrespielen zugehört.

3. nach *fer* 'lassen' in der Bedeutung von 'veranlassen':

Faig arreglar la rentadora.	Ich lasse die Waschmaschine reparieren.
Hem fet copiar el text.	Wir haben den Text kopieren lassen.
Per què l'has fet plorar?	Warum hast du ihn zum Weinen gebracht?

Anmerkung 1: Wenn *fer* + Infinitiv zwei nominale Ergänzungen aufweist, so wird das Personenobjekt indirekt konstruiert: *Faig arreglar la rentadora a l'electricista.* – Ich lasse den Elektriker die Waschmaschine reparieren. *Fes-li veure el monestir.* – Zeig ihm das Kloster! (Zu *fer* + Infinitiv in Verbindung mit Pronomen vgl. § 230).

Anmerkung 2: Der Satz *He fet escriure una carta al secretari* kann wie folgt verstanden werden: 1. Ich habe den Sekretär einen Brief schreiben lassen. 2. Ich habe dem Sekretär einen Brief schreiben lassen. Soll eindeutig ausgedrückt werden, wer der Empfänger des Briefes ist, wird *per a* verwendet: *He fet escriure una carta per al secretari.*

Anmerkung 3: Der Satz 'Ich habe mir die Haare schneiden lassen' heißt *M'he fet tallar els cabells. Fer* kann jedoch auch ausgelassen werden, wenn ein Missverständnis ausgeschlossen ist: *M'he tallat els cabells.*

4. nach *deixar* 'lassen':

Ha deixat caure el gerro.	Er hat die Vase fallen lassen.
Deixa'l passar.	Lass ihn vorbei!
Volíem fer-ho, però ho hem deixat córrer.	Wir wollten es machen, haben es aber sein lassen.

Anmerkung: Wenn *deixar* + Infinitiv zwei nominale Ergänzungen aufweist, so wird das Personenobjekt indirekt konstruiert: *Ahir vaig deixar conduir el cotxe a la meva amiga.* – Ich habe meine Freundin das Auto fahren lassen (zu *deixar de* + Infinitiv vgl. § 258.7).

5. bei Subjektgleichheit in indirekten Fragesätzen, in denen eine Unsicherheit ausgedrückt wird, wobei die Verben 'sollen' oder 'können' mitinbegriffen sind:

No sé on anar.	Ich weiß nicht, wohin ich gehen soll.
Encara no hem pensat què fer.	Wir haben noch nicht darüber nachgedacht, was wir machen sollen.
No té abric amb què protegir-se del fred.	Er hat keinen Mantel, mit dem er sich vor der Kälte schützen könnte.
L'infant necessita una persona a qui adreçar-se.	Das Kind braucht eine Person, an die es sich wenden kann.

250 Der Infinitiv mit *de*

Der Infinitiv mit ***de*** ist obligatorisch bei Verben, die diese Präposition regieren. Er steht

1. nach folgenden Verben, die sonst mit *de*-Objekt konstruiert werden:

acabar/terminar de	aufhören
assajar/mirar/provar/tractar/ veure de	versuchen
buscar/cercar de	versuchen
cessar/deixar/parar de	aufhören
desesperar de	verzweifeln
dir de	vorschlagen
dubtar de	Bedenken haben
entendre de	verstehen
fugir de	ausweichen/fliehen
parlar de	davon sprechen
tractar-se de	sich handeln

Veurem d'anar-hi.	Wir werden versuchen, dorthin zu gehen.
Mirem de resoldre aquest problema.	Versuchen wir, dieses Problem zu lösen.
Dubtem de (no) fer-ho.	Wir haben Bedenken, das zu tun.
Ja desesperen de cobrar.	Sie hoffen nicht mehr, das Geld zu bekommen.
Fugim d'acceptar això.	Wir weichen davor aus, das anzunehmen.

2. nach Verben mit direktem Personenobjekt:

acusar alg. de	jdn. anklagen
advertir alg. de	jdn. hinweisen/warnen
convèncer alg. de	jdn. überzeugen
dispensar/excusar/eximir alg. de	es jdm. ersparen zu
preservar alg. de	jdn. davor bewahren
prevenir alg. de	jdn. warnen
privar alg. de	jdn. hindern

Ens ha advertit de comprar el pis.	Er hat uns gewarnt, die Wohnung zu kaufen.
Et dispensem de buscar un hotel.	Wir ersparen es dir, ein Hotel zu suchen.

3. nach folgenden reflexiven Verben, die sonst mit einem *de*-Objekt verbunden sind:

abstenir-se de	sich enthalten
alegrar-se de	sich freuen
avergonyir-se de	sich schämen
avorrir-se de	sich langweilen
cansar-se de	müde/überdrüssig werden
cuidar-se de	dafür sorgen
descuidar-se de	vernachlässigen
encarregar-se de	übernehmen
enorgullir-se de	sich brüsten
felicitar-se de	sich darüber freuen
gloriejar-se de	sich rühmen
guardar-se de	sich hüten
meravellar-se de	sich wundern
morir-se de	sterben vor
oblidar-se de	vergessen

ocupar-se de	sich damit befassen/beschäftigen
penedir-se de	bereuen
plànyer-se de	sich beklagen
recordar-se de	erinnern
vanagloriar-se de	sich rühmen

S'avergonyeix d'acceptar la invitació.	Er schämt sich, die Einladung anzunehmen.
No es cansen de repetir-ho.	Sie werden nicht müde, es zu wiederholen.
Guarda't d'anar-hi.	Hüte dich davor, dort hinzugehen.
Gairebé ens vam morir de riure.	Wir sind vor Lachen fast gestorben.
S'ha cansat de no fer res.	Er ist es leid geworden, nichts zu tun.

4. nach sehr vielen Ausdrücken und Wendungen:

estar a punt de	bereit sein, etwas zu tun
estar en condició de	in der Lage sein
fer el favor de	jdm. den Gefallen tun
prendre la decisió de	den Beschluss fassen
tenir (el) desig de	den Wunsch haben
tenir (l')ordre de	den Befehl haben
tenir (la) intenció de	die Absicht haben
tenir (la) necessitat de	brauchen/müssen
tenir (la) possibilitat de	die Möglichkeit haben
tenir el deure de	die Pflicht haben
tenir el dret de	das Recht haben
tenir el permís de	die Erlaubnis haben
tenir ganes de	Lust haben
tenir l'aire de	scheinen/so aussehen, als ob
tenir l'amabilitat de	die Liebenswürdigkeit besitzen
tenir l'atenció de	die Freundlichkeit besitzen
tenir la bondat de	die Güte haben
tenir por de	Angst haben
tenir raó de	recht daran tun/Grund haben
tenir temps de/[häufiger] *per*	Zeit haben
tenir/fer el plaer de	die Freude haben/jdm. den Gefallen tun

Beachte: *tenir permís per a* – Erlaubnis haben zu

Ha tingut l'atenció de convidar-nos.	Sie hat die Freundlichkeit besessen, uns einzuladen.

No tenen necessitat de fer això que fas tu.	Sie brauchen nicht das zu tun, was du machst.
Estem a punt de sortir.	Wir sind kurz davor, hinauszugehen.
Tenim tota la raó de queixar-nos.	Wir haben allen Grund dazu, uns zu beklagen.

5. nach Adjektiven, die sonst ein nominales Objekt mit *de* anschließen (vgl. § 261):

cansat/fart/tip de	überdrüssig
capaç de	fähig
content de	zufrieden
convençut de	überzeugt
descontent de	unzufrieden
difícil de	schwer
digne de	wert/würdig
feliç de	froh/glücklich
lliure de	frei
lluny de	weit davon entfernt
orgullós de	stolz
satisfet de	zufrieden
segur de	sicher
trist de	traurig

Ja estic fart de treballar.	Ich habe es satt, zu arbeiten.
Els nens estan contents de reveure'l.	Die Kinder sind froh, Sie wiederzusehen.
Això és difícil de dir.	Das ist schwer zu sagen.
Estic ben lluny de creure que ell sigui el culpable.	Ich bin weit davon entfernt zu glauben, dass er der Schuldige ist.

6. nach *haver* in der Bedeutung 'müssen':

He d'escriure una carta.	Ich muss einen Brief schreiben.
Hauríem de netejar el pis.	Wir müssten eigentlich die Wohnung säubern.

Fakultatives *de* beim Infinitiv

Der Infinitiv mit *de* ist in der Regel **fakultativ**, wenn er die Funktion des Subjekts oder Prädikatsnomens bzw. des direkten Objekts übernimmt.

251 Der Infinitiv mit *(de)* als Subjekt

Der Infinitiv mit *(de)* als Subjekt steht

1. nach Prädikatsnomen (im engen Sinne):

La nostra feina és (de) collir taronges.	Unsere Arbeit besteht darin, Apfelsinen zu ernten.
L'objectiu de l'estada és (de) consultar especialistes.	Der Zweck des Aufenthalts besteht darin, Fachleute zu befragen.

2. nach unpersönlichen Ausdrücken, die aus *ésser/ser* + Adjektiv/Adverb bestehen:

És gairebé impossible (d')aprendre aquest idioma.	Es ist fast unmöglich, diese Sprache zu lernen.
És curiós (de) veure quina cara fa cada vegada que el saludem.	Es ist sonderbar zu sehen, was er jedesmal für ein Gesicht macht, wenn wir ihn grüßen.
No m'havia imaginat que fos tan fàcil (de) convèncer-lo.	Ich hatte mir nicht vorgestellt, dass es so einfach wäre, ihn zu überzeugen.
Considerem preferible (d')usar aquesta forma.	Wir meinen, der Gebrauch dieser Form ist vorzuziehen.
És agradable (de) poder triar.	Es ist angenehm, auswählen zu können.

Anmerkung zu 1 und 2: Im Standard und in der Umgangssprache wird heute gewöhnlich keine Präposition mehr gesetzt. Die Konstruktion mit *de* wird als archaisch und literarisch empfunden.

3. nach folgenden unpersönlichen Ausdrücken:

(em) costa (de)	es fällt (mir) schwer
(m')entusiasma (de)	es stimmt (mich) froh
convé (de)	es ist nötig/notwendig
em toca (de)	es trifft mich/ich bin dran
m'agrada (de)	es gefällt mir

Convé (d')agafar un taxi.	Es ist nötig, ein Taxi zu nehmen.
M'agrada molt (de) llegir ciència-ficció.	Ich lese gern utopische Literatur.

Li agrada molt (de) jugar al tennis.	Er spielt sehr gern Tennis.
Avui em toca a mi (de) rentar els plats.	Heute bin ich an der Reihe, das Geschirr abzuwaschen.
Costa (de) veure com s'esforcen.	Es fällt schwer mitanzusehen, wie sie sich anstrengen.
Entusiasma (de) veure quanta gent ha vingut.	Es stimmt froh zu sehen, wie viele Leute gekommen sind.

4. nach *ésser/ser* + unbestimmer Artikel/Possessivadjektiv + Substantiv:

És un plaer per a mi (de) sentir la teva veu.	Es ist eine Freude für mich, deine Stimme zu hören.
És el nostre deure (d')ajudar-la.	Es ist unsere Pflicht, ihr zu helfen.

5. bei *quin* + Substantiv im Ausruf (als mitverstandenes Prädikatsnomen):

Quina joia (de) reveure't!	Welche Freude, dich wiederzusehen!
Quina vergonya (de) comportar-se d'aquesta manera!	Was für eine Schande, sich derart zu verhalten!
Quina meravella (de) ser aquí a Mallorca!	Was für ein Wunder, hier auf Mallorca zu sein!

Der Infinitiv mit *(de)* als direktes Objekt 252

Der Infinitiv mit *(de)* als direktes Objekt steht

1. nach Verben, die sonst ein direktes Objekt anschließen:

acordar (de)	zustimmen
admetre/permetre (de)	zulassen
decidir (de)	entscheiden
declarar (de)	erklären
deliberar (de)	darüber befinden/entscheiden
desitjar (de)	wünschen
estimar-se més/preferir (de)	vorziehen/lieber mögen
evitar (de)	vermeiden
jurar (de)	schwören
merèixer (de)	verdienen
mostrar/demostrar (de)	zeigen, dass
oblidar (de)	vergessen
oferir (de)	anbieten
ometre (de)	unterlassen

pensar (de)	vorhaben
pretendre (de)	fordern/verlangen
procurar (de)	versuchen
prometre (de)	versprechen
rebutjar/refusar (de)	ablehnen
reconèixer (de)	zugeben
recordar (de)	sich erinnern
resoldre (de)	beschließen
somiar (de)	es sich träumen lassen

Desitjaríem (de) saber a quina hora comença la classe.	Wir möchten gern wissen, wann der Unterricht anfängt.
Prefereixen/S'estimen més (de) quedar-se a casa que (no pas) sortir.	Sie ziehen es vor, zu Hause zu bleiben als auszugehen.
Prometem (de) trobar-hi una solució.	Wir versprechen, dafür eine Lösung zu finden.
Procura (d')enllestir la feina tot seguit.	Versuche, die Arbeit sogleich fertigzustellen.
Proposen (de) procedir d'aquesta manera.	Sie schlagen vor, so vorzugehen.
Hem refusat (d')anar a Viena.	Wir haben es abgelehnt, nach Wien zu fahren.
He decidit (de) presentar la novel·la al concurs.	Ich habe mich entschlossen, den Roman für den Wettbewerb einzureichen.
Pretenen (d')obtenir un ajut financer.	Sie haben vor, eine finanzielle Beihilfe zu bekommen.
Hem promès (d')escriure-li de seguida.	Wir haben versprochen, ihm gleich zu schreiben.
Qui hauria somiat mai (de) reveure't?	Wer hätte es sich jemals träumen lassen, dich wiederzusehen?

2. nach folgenden Verben mit indirektem Personenobjekt:

aconsellar a alg. (de)	jdm. raten
agrair a alg. (de)	jdm. danken
concedir a alg. (de)	jdm. erlauben/gewähren
demanar/pregar a alg. (de)	jdn. bitten/auffordern
desaconsellar a alg. (de)	jdm. abraten
dir a alg. (de)	jdm. sagen, er solle
encarregar/encomanar a alg. (de)	jdn. beauftragen
imposar a alg. (de)	jdn. nötigen
manar a alg. (de)	jdm. befehlen
oferir a alg. (de)	jdm. anbieten

ordenar a alg. (de)	jdm. befehlen
permetre a alg. (de)	jdm. gestatten
prohibir a alg. (de)	jdm. verbieten
prometre a alg. (de)	jdm. versprechen
proposar a alg. (de)	jdm. vorschlagen
recomanar a alg. (de)	jdm. empfehlen
recordar a alg. (de)	jdn. erinnern, dass …
sol·licitar a alg. (de)	jdn. ersuchen
suplicar a alg. (de)	jdn. anflehen

Li vaig aconsellar (de) dirigir-se al seu professor.	Ich habe ihm geraten, sich an seinen Lehrer zu wenden.
A la noia li han concedit (de) sortir.	Dem Mädchen haben sie gestattet auszugehen.
Ens van recomanar (d')anar-nos-en.	Sie empfahlen uns fortzugehen.
Et prego (de) fer-m'ho arribar.	Ich bitte dich, es mir zuzustellen.

Beachte: Wenngleich es möglich ist, den Infinitiv zu gebrauchen, ist es üblicher (vor allem in der gesprochenen Sprache), einen Nebensatz mit *subjuntiu* zu bilden: *Li vaig aconsellar que es dirigís al seu professor. Et prego que m'ho facis arribar.*

3. nach folgenden reflexiven Verben:

ficar-se al cap (de)	sich in den Kopf setzen
imposar-se (de)	sich auferlegen
jurar-se (de)	sich schwören
permetre's (de)	sich erlauben
prometre's (de)	sich geloben
proposar-se (de)	sich vornehmen

M'he proposat (d')acabar aviat.	Ich habe mir vorgenommen, bald aufzuhören.
S'ha ficat al cap (de) pintar tota la casa.	Er hat sich in den Kopf gesetzt, das ganze Haus zu streichen.

Der Infinitiv mit *a* 253

1. Der Infinitiv mit *a* kann nach folgenden Verben stehen, die sonst mit direktem Objekt konstruiert werden. Der Anschluss mit *de* ist möglich, der mit *a* ist aber weitaus häufiger:

aprendre a/de	lernen
començar a/de	anfangen/beginnen
ensenyar a/de	lehren

Ja ha après a/de caminar.	Er hat schon laufen gelernt.
Això faltava: ara comença a/de ploure.	Das fehlte noch: Jetzt fängt es an zu regnen!
Aquesta experiència l'ha ensenyat a/de desconfiar d'ell.	Diese Erfahrung hat sie gelehrt, ihm zu misstrauen.

2. Der Infinitiv mit *a* steht nach den Verben der Bewegung:

aixecar-se/alçar-se a	aufstehen
anar a	gehen
baixar a	hinuntergehen
córrer a	laufen
enviar/trametre a	schicken
pujar a	hinaufgehen
sortir/eixir a	hinausgehen
venir a	kommen

S'han aixecat a saludar el director.	Sie sind aufgestanden, um den Direktor zu begrüßen.
Vaig a obrir la porta.	Ich gehe die Tür öffnen.
Tots vam sortir a veure la manifestació.	Wir sind alle hinausgegangen, um die Demonstration zu sehen.
Vinc a adobar la nevera.	Ich komme, den Kühlschrank zu reparieren.

3. Der Infinitiv mit *a* steht nach Verben, die sonst eine nominale Ergänzung mit *en* anschließen (vgl. §§ 262 und 317). Anstelle von *a* kann auch *de* verwendet werden:

adelitar-se a/de	sich ergötzen
allargar-se/esplaiar-se a/de	sich (bei einem Thema) aufhalten
complaure's a/de	daran Gefallen finden
comprometre's a/de	sich verpflichten
confiar a/de	darauf vertrauen
consistir a/de	darin bestehen
entossudir-se a/de	sich darauf versteifen
insistir a/de	darauf bestehen
interessar-se a/de	daran Anteil nehmen
participar a/de	daran teilnehmen
pensar a/de	daran denken/vorhaben
persistir a/de	darauf bestehen
quedar a/de	vereinbaren
tardar/trigar a/de	verspäten/ausbleiben/zögern

No tardarà a/de venir.	Er wird nicht zögern, zu kommen.
Us complaíeu a/de fer-lo enfadar.	Ihr fandet Gefallen daran, ihn zu verärgern.
Us comprometeu a/de complir això?	Verpflichtet ihr euch, das zu tun?
Tot consisteix a/de córrer més que l'altre.	Alles besteht darin, schneller zu laufen als der andere.
Insisteixen a/d'afirmar que no és veritat.	Sie bleiben bei der Behauptung, dass es nicht wahr ist.
Van quedar a/de discutir el llibre un cop per setmana.	Sie vereinbarten, einmal in der Woche über das Buch zu sprechen.

Beachte: In der literatursprachlichen Norm wird der Anschluss des Infinitivs mit *a* vorgeschrieben, in der Umgangssprache dominiert jedoch *en* wie bei nominalem Anschluss oder durch den phonetischen Zusammenfall von *en* und *amb* sogar *amb* (vgl. § 317): *Només pensen en/amb tu.* – Sie denken nur an dich. *Només pensen a/en/amb divertir-se.* – Sie denken nur daran, sich zu vergnügen.

4. Der Infinitiv mit *a* steht z. T. nach Verben, die sonst eine nominale Ergänzung mit *a* anschließen:

arriscar-se/aventurar-se a	sich trauen/wagen/riskieren
aspirar a	danach streben
atribuir a	zuschreiben
consentir a	darin einwilligen
contribuir a	dazu beitragen
destinar a	dazu bestimmen
invertir a	investieren
obligar a	dazu zwingen
proveir a	dafür sorgen
renunciar a	darauf verzichten

S'ha arriscat a volar amb aquest temps.	Er hat sich getraut, bei diesem Wetter zu fliegen.
Hom atribuí el seu malestar a haver menjat molt.	Man schrieb seinen schlechten Gesundheitszustand dem vielen Essen zu.
La teva actitud no contribueix gaire a resoldre els problemes.	Deine Haltung trägt kaum dazu bei, die Probleme zu lösen.
Han invertit mil milions d'euros a edificar aquest edifici.	Sie haben in den Bau dieses Gebäudes eine Milliarde Euro investiert.

5. Der Infinitiv mit *a* wird nach folgenden Verben mit direktem Personenobjekt gebraucht:

ajudar alg. a	jdm. helfen
animar/encoratjar alg. a	jdn. ermutigen
autoritzar alg. a	jdn. ermächtigen
condemnar alg. a	jdn. verurteilen
convidar/invitar alg. a	jdn. einladen
estimular alg. a	jdn. anregen
incitar alg. a	jdn. antreiben/anstacheln
precedir alg. a	jdm. vorangehen

Ajuda-la a col·locar els plats.	Hilf ihr, die Teller hinzustellen!
Aquests esdeveniments l'han estimulat a escriure la cançó.	Diese Ereignisse haben ihn angeregt, das Lied zu schreiben.
Han condemnat el poble a viure sense dignitat.	Man hat das Volk dazu verurteilt, würdelos zu leben.
El professor l'ha animada a estudiar informàtica.	Der Lehrer hat sie dazu ermutigt, Informatik zu studieren.

abellir-se a [lit.]	einwilligen
acostumar-se/habituar-se a	sich daran gewöhnen
adaptar-se a	sich daran anpassen
afanyar-se/apressar-se a	sich beeilen
atrevir-se a	wagen
aturar-se/deturar-se/parar-se a	stehen bleiben
cenyir-se/limitar-se a	sich beschränken
consagrar-se/dedicar-se/ donar-se a	sich widmen
decidir-se a	sich entschließen
dignar-se a	sich herablassen
disposar-se/preparar-se a	sich anschicken
esforçar-se a	sich bemühen
exposar-se a	sich aussetzen
obligar-se a	sich verpflichten
oferir-se a	sich anbieten
oposar-se a	sich widersetzen
posar-se a	anfangen
prestar-se a	sich hergeben
resistir-se a	widerstehen
sotmetre's a	sich fügen
unir-se a	sich zusammenschließen

Ens apressem a acabar l'estudi.	Wir beeilen uns, die Studie abzuschließen.
No ens vam decidir a trucar-li.	Wir haben uns nicht entschließen können, ihn anzurufen.
En aquell moment tots ens disposàvem a sortir.	In jenem Augenblick schickten wir uns gerade an, auszugehen.
Esforceu-vos a convèncer-la.	Bemüht euch, sie zu überzeugen.
El noi s'ha posat a plorar.	Der Junge hat zu weinen angefangen.
Em vaig oferir a acompanyar-la.	Ich habe mich angeboten, sie zu begleiten.

7. Der Infinitiv mit *a* steht nach folgenden Ausdrücken und Wendungen:

donar/ser/tenir motiu a/per a	Grund dazu bestehen/haben
estar/passar (dues hores) a	(zwei Stunden) damit verbringen
fer/posar atenció a	Acht geben
perdre (dos dies) a	(zwei Tage) damit vergeuden
tenir dret a	(ein) Recht haben
tenir inclinació/tendència a	dazu neigen
tenir molt de gust a	eine Freude sein
tenir pressa a/per	es eilig haben
trobar gust a	Spaß daran haben

He tingut molt de gust a saludar-vos.	Es war mir eine Freude, euch/Sie begrüßen zu dürfen.
Trobeu gust a turmentar-lo.	Ihr findet Gefallen daran, ihn zu quälen.
Té tendència a exagerar.	Er neigt dazu zu übertreiben.

Aber: *tenir el dret de* – das Recht haben zu, *tenir el gust de* – schmecken/ riechen nach

Anmerkung: Bei folgenden Wendungen wird eine nominale Konstruktion mit *en* angeschlossen (vgl. § 262): *estar/passar (dues hores) en, fer/ posar atenció en, tenir dret en, tenir molt de gust en, trobar gust en.*

8. Der Infinitiv mit *a* steht nach einigen Partizipien und Adjektiven:

aclimatat/acostumat a	gewohnt
compromès a	verpflichtet
decidit a	entschlossen
disposat a	bereit
lent a	langsam
obligat a	gezwungen
propens a	geneigt
ràpid a	schnell

Tots estan acostumats a fer la migdiada.	Alle sind daran gewöhnt, Mittagsschlaf zu halten.
Estem decidits a anar-hi.	Wir sind entschlossen, dorthin zu gehen.
Ens sentim obligades a respondre a la seva carta.	Wir fühlen uns verpflichtet, seinen Brief zu beantworten.

Beachte: Einige der Adjektive werden mit *en* konstruiert, wenn nominale Ergänzungen angeschlossen werden: *lent/ràpid en les seves decisions* – langsam/schnell in seinen Entscheidungen.

9. Der Infinitiv mit *a* steht außerdem nach:

el primer a/de	der Erste, der
l'últim/el darrer a/de	der Letzte, der
l'únic a	der Einzige, der

En Francesc és sempre el primer a/de llevar-se.	Francesc ist immer der Erste, der aufsteht/steht immer als Erster auf.
En aquella casa era l'únic a treballar.	In jenem Haus war er der Einzige, der arbeitete.

10. Die Präposition *a* ist Bestandteil folgender Wendungen und wird zwischen einen Infinitiv und *res/alguna cosa (quelcom)* eingeschoben:

No tinc res més a parlar.	Da bleibt mir nichts zu sagen übrig.
No hi ha res a fer.	Da ist nichts zu machen.
Tens alguna cosa a dir?	Hast du etwas zu sagen?
Això no hi té res a veure.	Das hat damit nichts zu tun.
és a dir/(és) a saber	das heißt

11. Die Präposition *a* steht vor einem Infinitiv nach Verben der Wahrnehmung, wobei sie der Konstruktion eine andere Bedeutung verleiht:

se sent a dir…	man hört …/es geht das Gerücht um
No n'havia sentit a parlar mai.	Ich habe noch nie davon gehört.
Aquestes, ja les veig a venir.	Ich sehe schon, mit welchen Absichten sie kommen.

12. Selten erhält der Infinitiv mit *a* imperativische Bedeutung:

A dinar!	Essen!
A treballar!	An die Arbeit!

Beachte: Dieser Imperativ kann sehr autoritär wirken.

Der Infinitiv mit *en* 254

1. Der Infinitiv mit *en* bildet einen Nebensatz und übernimmt die Funktion einer Adverbialbestimmung der Zeit (dt. 'als', 'wenn'):

Corre: en tornar, no t'entretinguis pel camí.	Lauf! Halt dich auf dem Rückweg nicht unnötig auf.
Tots s'indignaren en saber que no era veritat.	Alle waren beleidigt, als sie erfuhren, dass das nicht die Wahrheit war.
En començar el concert, han tancat les portes.	Als das Konzert begann, schloss man die Türen.
L'he trobat en sortir de casa.	Ich traf ihn an, als ich aus dem Haus ging.

Anmerkung: In der Umgangssprache wird anstatt *en* die nicht normative Konstruktion *al/a l'* gebraucht: *Al veure-la arribar, tots han anat a saludar-la.* – Als sie sie kommen sahen, gingen sie alle, sie zu begrüßen.

2. Der Anschluss mit *en* entspricht immer einem Adverbialsatz, während der Infinitiv mit einer anderen Präposition eine andere Funktion (z. B. *a* 'zu') übernimmt:

Han estat un quart a inflar el globus. (= Han esmerçat un quart d'hora per inflar-lo.)	Sie haben eine Viertelstunde damit verbracht, den Luftballon aufzublasen.
Han rigut molt en inflar el globus. (= Han rigut molt mentre l'inflaven.)	Sie haben viel gelacht, als sie den Luftballon aufgeblasen haben.
Heu vist com s'enrojolava en negar-ho?	Habt ihr gesehen, wie er errötete, als er es ablehnte?
Ell s'ha entossudit a negar-ho.	Er hat sich darauf versteift, es abzulehnen.

Der Infinitiv mit *per* 255

Der Infinitiv wird immer mit *per* angefügt, wenn der Zweck, der Grund, die Bestimmung oder das Ziel einer Handlung angegeben wird. Er steht im Einzelnen

- nach Verben:

Ha tornat per resoldre uns quants problemes.	Sie ist zurückgekommen, um ein paar Probleme zu lösen.

Diumenge vam sortir per divertir-nos una mica.	Am Sonntag sind wir ausgegangen, um uns ein wenig zu vergnügen.
Ja poden retirar el carnet per aparcar malament.	Man kann jemandem schon den Führerschein entziehen, wenn er falsch parkt.
No t'han dit res per no portar el DNI?	Haben sie nicht mit dir geschimpft, weil du den Personalausweis nicht dabei hattest?
La infecció fou provocada per respirar allò?	Die Infektion wurde dadurch hervorgerufen, dass er das eingeatmet hatte.
S'usa un passacorreu per planxar.	Man benutzt ein Bügelbrett zum Bügeln.
Aprofitem els menuts per fer una sopa.	Wir verwerten die Innereien und kochen daraus eine Suppe.
Manquen models per iniciar la renovació.	Es fehlt an Modellen, um die Erneuerung einzuleiten.

- nach Substantiven:

la lluita per dominar el mercat	der Kampf um die Vormacht auf dem Markt.
Fem un esforç per avançar el projecte.	Wir strengen uns an, um das Projekt voranzutreiben.
No teniu cap motiu per enfadar-vos.	Ihr habt keinen Grund, euch zu ärgern.
Necessitem un quart (d'hora) per omplir el formulari.	Wir brauchen eine Viertelstunde, um das Formular auszufüllen.
Dóna'm un martell per picar.	Gib mir einen Hammer zum Klopfen.

Unterscheide: *màquina d'escriure* – Schreibmaschine, *màquina de fotografiar* – Fotoapparat, *màquina de batre* – Dreschmaschine, *màquina de cosir* – Nähmaschine

- nach *ser/estar* mit passivischer Bedeutung (auch wenn das Verb nur mitverstanden wird und nicht auftaucht):

Aquest pis encara està per llogar.	Diese Wohnung ist noch zu vermieten.
El cotxe està per rentar.	Das Auto muss gewaschen werden.
el problema per/a resoldre	das zu lösende Problem
les mesures per/a prendre	die zu ergreifenden Maßnahmen

- zur Angabe der Bestimmung nach *una cosa, alguna cosa* [lit-veralt. *quelcom*], *qualsevol cosa, molt* oder *una mica/poc/un xic*:

Encara queda molt/una mica/poc per fer.	Es bleibt noch viel/wenig zu tun.
Porta'm alguna cosa per beure.	Bring mir etwas zu trinken.
Porteu-nos qualsevol cosa per menjar.	Bringt uns irgendetwas zu essen mit.

Beachte: *res a (fer)* – nichts zu (tun), (vgl. § 286)

- nach Adjektiven und Adverbien:

És conegut per fer els millors pastissos del mon.	Er ist dafür bekannt, dass er die besten Torten der Welt macht.
Aquest noi és hàbil per contraure matrimoni.	Dieser Junge ist heiratsfähig.
Això és suficient per fer una sopa de peix.	Das reicht aus, um eine Fischsuppe zuzubereiten.
Em sembla que és massa d'hora per telefonar-li.	Ich glaube, es ist zu früh, um ihn anzurufen.

Anmerkung: Neben diesem Vorschlag zum Gebrauch von *per* (und *per a*), der von Joan Coromines und Joan Solà stammt, gibt es die 'klassische' Norm von Pompeu Fabra, die vom Institut d'Estudis Catalans aufrechterhalten wird. Von den Massenmedien und einer Vielzahl von Intellektuellen wird das hier vorgestellte Modell benutzt. Das Bildungswesen folgt ebenfalls weitestgehend dem Vorschlag von Coromines und Solà.

Der Infinitiv zur Verkürzung von Nebensätzen 256

Der Infinitiv steht nach Präpositionen und präpositionalen Wendungen, wenn das Subjekt des Infinitivs und das Subjekt des Hauptsatzes übereinstimmen. Er wird gebraucht nach

1. temporalen Präpositionen:

Després de dinar, sortirem.	Nach dem Mittagessen gehen wir hinaus.
Abans d'anar al cinema, has de fer els deures.	Bevor du ins Kino gehst, musst du die Hausaufgaben machen.

2. einigen wenigen konditionalen und konzessiven Präpositionen:

Estic disposada a ajudar-te sota [lit.]*/amb la/a condició de rebre'n la meitat.*	Ich bin bereit, dir zu helfen unter der Bedingung, dass ich die Hälfte davon bekomme.
En cas d'arribar a ser l'entrenador de l'equip, fitxaria un altre massatgista.	Falls er Mannschaftstrainer werden sollte, würde er einen anderen Masseur einstellen.
Parlarà amb el director a risc de [lit.] *perdre la feina.*	Er wird mit dem Direktor sprechen, auch auf die Gefahr hin, dass er seine Arbeit verliert.

3. finalen Präpositionen (außer *per*):

Vam preguntar el camí a fi de no equivocar-nos.	Wir haben nach dem Weg gefragt, um uns nicht zu verirren.
Se'n va anar a dormir per tal d'oblidar les penes.	Er ging schlafen, um das Leid zu vergessen.

4. konsekutiven Präpositionen:

Cridà fins a quedar-se sense veu. [lit.]	Er schrie, bis ihm die Stimme versagte.
Es va emborratxar fins al punt de no poder caminar.	Er betrank sich, bis er nicht mehr laufen konnte.

5. sonstigen Präpositionen:

Vam sobreviure a força de treballar.	Wir haben überlebt durch vieles Arbeiten.
A còpia de fumar t'arruïnes la salut.	Durch vieles Rauchen ruiniert man sich die Gesundheit.
En lloc/En comptes/Per comptes d'estudiar, se n'ha anat al futbol.	Anstatt zu lernen, ist er zum Fußball gegangen.
A més (a més) de conèixer tres llengües romàniques, en parla dues d'eslaves.	Außer drei romanischen Sprachen spricht er zwei slawische.
Han sortit sense acomiadar-se.	Sie sind weggegangen, ohne sich zu verabschieden.

Infinitivkonstruktionen sind auch möglich, wenn das Subjekt des Infinitivs und das Subjekt des Hauptsatzes nicht übereinstimmen. Sie sind allerdings weniger gebräuchlich und unterliegen bestimmten Bedingungen.

Der Infinitiv ist möglich

1. nach Verben der Wahrnehmung:

Hem sentit xiular el vent.	Wir haben den Wind pfeifen hören.
Sento cantar la merla.	Ich höre den Gesang der Amsel.

Anmerkung: In der Umgangssprache würde es heißen: *Hem sentit com xiulava el vent. Sento com canta la merla.*

2. in wenigen anderen Konstruktionen und stets mit nachgestelltem Subjekt:

En sortir el president, els assistents es van aixecar.	Als der Präsident erschien, erhoben sich die Anwesenden.
Abans de treure la pistola el gàngster, el policia ja el va disparar.	Bevor der Gangster die Pistole ziehen konnte, hatte der Polizist ihn schon erschossen.
Impactar el coet i caure l'edifici, va ser un moment.	Zwischen dem Einschlag der Rakete und dem Einsturz des Gebäudes verging nur ein Augenblick.

Anmerkung: In der Umgangssprache würde es heißen: *Quan va sortir el president, els assistents es van aixecar. Abans que el gàngster tragués la pistola, el policia ja el va disparar. L'impacte del coet i la caiguda de l'edifici va ser un moment.*

Die Substantivierung des Infinitivs 257

Der Infinitiv kann im Katalanischen substantiviert werden, wobei folgende Einschränkungen zu beachten sind:

1. Eine Reihe von Infinitiven sind zu Substantiven geworden (lexikalisiert), wie z. B.:

el berenar	das Vesperbrot
el deure/els deures	die Pflicht/die Hausaufgaben
el dinar	das Mittagessen
el menjar	das Essen
el poder	die Macht
el saber	das Wissen
el sopar	das Abendbrot
l'esmorzar	das Frühstück
l'ésser/el ser	das Sein/Dasein

Neben weiteren substantivierten Infinitiven existieren in ihrer Bedeutung häufig ähnliche, wenn nicht sogar synonyme Substantive, die in den meisten Fällen dem substantivierten Infinitiv, insofern er nicht vollständig lexikalisiert ist, vorgezogen werden, z. B.:

el beure	das Trinken	- *la beguda*	das Getränk
el néixer	die Geburt/ das Gebären	- *el naixement/* - *la naixença*	die Geburt
el parlar	das Reden/ die Mundart	- *la parla*	die Sprechweise
el sembrar	die Aussaat	- *la sembra*	die Aussaat/ die Saatzeit
el viure	das Leben	- *la vida*	das Leben
el voler	das Wollen	- *la voluntat*	der Wille

Encara no ens han portat el menjar.	Man hat uns das Essen noch nicht gebracht.
Us faran un dinar esplèndid.	Sie werden euch ein vorzügliches Mittagessen bereiten.
Hem de complir rigorosament els nostres deures.	Wir müssen unsere Pflichten/ Aufgaben strengstens erfüllen.
Pagueu el beure/les begudes.	Bezahlt die Getränke!

2. Im Prinzip ist es möglich, jeden Infinitiv eines katalanischen Verbs zu substantivieren und mit Substantivmarkern (Artikel, Adjektiv usw.) zu versehen. Allerdings ist das nicht üblich und wird nur eingesetzt, um größere Ausdruckskraft zu erzielen (als stilistisches Mittel):

Es posava nerviós a cada trucar a la porta.	Er wurde nach jedem Türklingeln nervös.
Li complau aquest saltar d'una llengua a l'altra.	Er gefällt sich darin, von einer Sprache zur anderen zu springen.

Anmerkung: Der Infinitiv verliert seinen verbalen Charakter und schließt das Subjekt mit *de* an; z. B. *el florir dels ametllers* [poet.]/*la florida dels ametllers* – die Mandelblüte. In allen übrigen Fällen regiert er die üblichen Ergänzungen: *el seu insistir sobre l'eternitat* – sein Beharren auf der Ewigkeit, *el voler oferir novetats* – der Wille, Neuheiten anzubieten.

258 Verbalperiphrasen mit Infinitiv

1. Zum Ausdruck von Wahrscheinlichkeit oder Vermutung steht im Katalanischen die Verbalperiphrase mit dem Modalverb ***deure*** + *infinitiu* zur Verfügung. Im Deutschen kann sie mit 'müssen' (Vermutung) oder 'werden wohl', 'bestimmt', 'sicher', 'wahrscheinlich' u. a. wiedergegeben werden.

1.1. Zweifel oder Wahrscheinlichkeit hinsichtlich eines gegenwärtigen Geschehens wird ausgedrückt:

- mit dem *present d'indicatiu + inf.* (nicht rückschauend):

Deuen ser les nou.	Es wird neun Uhr sein.
Deu ser professor.	Er wird wohl Lehrer sein.
La Maria ho deu saber millor que no pas jo.	Maria wird es besser wissen als ich.

- mit dem *present d'indicatiu + inf. compost,* wobei die Handlung rückschauend wird:

Deu haver vingut.	Er muss gekommen sein./Er wird wohl gekommen sein.
Avui li dec haver donat molta feina?	Heute habe ich Ihnen wohl viel Arbeit gemacht?
Hi deu haver hagut molta gent.	Es müssen viele Leute dagewesen sein.
A hores d'ara ja deuen haver tornat.	Um diese Uhrzeit werden sie wohl schon zurück sein.

1.2. Zweifel, eine Vermutung oder Annahme über ein vergangenes Geschehen kann wiedergegeben werden:

- mit *deure* im *imperfet d'indicatiu + inf.*:

Devien ser les deu.	Es musste zehn Uhr sein.
Devia ser el sistema d'alarma.	Es war wohl die Alarmanlage.
Devia ser-li penós de trobar-se amb mi.	Wahrscheinlich war es ihm mühselig, sich mit mir zu treffen.
Va pensar que devia ser meravellós.	Er dachte, dass es wunderbar sein würde/musste.

Anmerkung: Sehr selten (dialektal oder literarisch) wird auch *deure* im *passat simple* benutzt, so *Degué venir ahir.* – Er hätte gestern kommen müssen.

- mit *deure* im *imperfet d'indicatiu + inf. compost*:

Devia haver sonat el sistema d'alarma.	Es wird die Alarmanlage geläutet haben.
Teníem la impressió que no devien haver estat canviats els llençols des de feia temps.	Wir hatten den Eindruck, dass die Laken schon lange nicht mehr gewechselt worden waren.

Anmerkung 1: Selten (dialektal oder literarisch) erscheint hier auch *deure* im *passat simple,* so *Degueren haver vingut ahir.* – Sie hätten gestern kommen müssen.

Anmerkung 2: In der Umgangssprache werden an Stelle der genannten Tempora andere verwendet. In der normativen Grammatik werden sie jedoch nicht toleriert, und ihr Gebrauch wird als vulgär eingestuft. Zum Beispiel:
- *futur* anstatt *present d'indicatiu + inf.*: *Seran les nou.* – Es wird neun Uhr sein.
- *futur perfet* anstatt *present d'indicatiu + inf. compost*: *A hores d'ara ja hauran tornat.* – Inzwischen werden sie wohl schon zurück sein.
- *condicional* anstatt *imperfet d'indiactiu + Inf.*: *Serien les deu.* – Es musste zehn Uhr sein.
- *condicional perfet* anstatt *imperfet d'indicatiu + inf. compost*: *Hauria (haguera) sonat el sistema d'alarma.* – Es wird die Alarmanlage geläutet haben.

2. ***acabar de*** + *inf.* bezeichnet eine Handlung, die sich kurz vor der Gegenwart oder einem Zeitpunkt der Vergangenheit vollzogen hat (dt. 'gerade etwas getan haben'):

Acabeu d'arribar o ja hi sou fa temps?	Seid ihr gerade erst angekommen oder seid ihr schon länger hier?
Acabem d'assabentar-nos-en.	Wir haben gerade davon erfahren.

3. ***anar a*** + *inf.* bezeichnet einen unmittelbar bevorstehenden Vorgang:

Ara vaig a comprar.	Ich gehe jetzt einkaufen.
Anàvem a dir això mateix.	Wir wollten gerade genau das Gleiche sagen.

Anmerkung: In der Umgangssprache wird *anar a + inf.* zum Ausdruck der unmittelbaren Zukunft verwendet. *Vaig a sortir a les deu.* – Ich werde um zehn Uhr weggehen. In der normativen Grammatik wird dafür die Verwendung des *present d'indicatiu* oder *futur* empfohlen: *Surto/Sortiré a les deu.*

4. ***arrencar a/rompre a*** [lit.] + *inf.* drücken den plötzlichen Beginn einer Handlung aus, die zumeist mit einer enormen Anstrengung verbunden oder nicht leicht auslösbar ist:

Quan em van veure, tots van arrencar a córrer.	Als sie mich sahen, liefen sie plötzlich alle los.

Malgrat la ferida, l'ocell es va escapar i va arrencar a volar.	Trotz der Verletzung kam der Vogel los und flog plötzlich davon.
La meva mare va arrencar (rompre) a plorar.	Meine Mutter brach in Tränen aus.

5. ***arribar a*** + *inf.* bedeutet 'soweit gehen, etw. zu tun' oder 'schließlich etw. tun'. In verneinter Form drückt die Wendung 'es nicht schaffen, etw. zu tun' aus:

Espero que arribarem a convèncer-lo.	Ich hoffe, wir werden ihn schließlich überzeugen können.
En Foix, tan bon escriptor com és, ha arribat a fer una falta en aquest llibre.	Ein so guter Schriftsteller wie Foix hat in diesem Buch schließlich doch einen Fehler gemacht.
No arribaré mai a comprendre-ho.	Ich werde es nie verstehen.

Anmerkung: Vor allem in der Umgangssprache wird *arribar a + inf.* mit konditionaler Bedeutung gebraucht: *Si arribem a saber-ho (= Si ho haguéssim sabut), no ho hauríem fet.* – Wenn wir es gewusst hätten, hätten wir es nicht getan.

6. ***començar per/acabar per*** + *inf.* drückt den Beginn/das Ende eines Handlungsverlaufs aus:

La noia va començar per riure i va acabar per plorar.	Zuerst lachte das Mädchen, dann weinte es.

7. ***deixar de +*** *inf.* bringt zum Ausdruck, dass eine gewohnheitsmäßige oder erwartete Handlung nicht eingetreten ist. In verneinter Form bedeutet die Wendung, dass die durch das Hauptverb ausgedrückte Handlung nicht unterbrochen wird. Im Futur und im Imperativ bezeichnet sie einen festen Vorsatz oder eine ausdrückliche Bitte:

Solen venir els dijous. Avui, però, han deixat de passar per casa nostra.	Gewöhnlich kommen sie donnerstags. Heute sind sie jedoch nicht zu uns gekommen.
L'esquena no deixa de molestar-me.	Mein Rücken schmerzt mich immerzu.
No deixis de saludar-la.	Grüße sie bitte von mir!
Demà vés al banc a ingressar el xec: no deixis de fer-ho.	Morgen gehst du zur Bank und löst den Scheck ein. Vergiss es nicht!

Anmerkung: *Deixar de + inf.* bedeutet außerdem 'aufhören zu': *He deixat de fumar.* – Ich habe aufgehört zu rauchen.

8. ***donar (a alg.) per*** **+** *inf.* drückt eine Handlung aus, die als übertrieben oder unerwartet empfunden wird (dt. 'auf einmal'):

Li va donar per riure/plorar.	Er lachte/weinte auf einmal.
Ara li ha donat per posar-se un barret.	Jetzt setzt sie auf einmal einen Hut auf.

9. ***estar per*** + *inf.* bezeichnet 'im Begriff sein, etw. zu tun' bzw. eine noch auszuführende Handlung und verneint 'nicht zu etw. aufgelegt sein':

Ja estava per anar-me'n.	Ich war schon im Begriff zu gehen.
Aquesta roba està per rentar.	Diese Wäsche ist noch zu waschen.
No estic per fer broma.	Ich bin nicht zu Scherzen aufgelegt.

10. ***estar a punt de*** + *inf.* bedeutet 'im Begriff sein, etw. zu tun':

Estàvem a punt de fer les maletes.	Wir waren im Begriff, die Koffer zu packen.

11. ***haver de*** + *inf.* bezeichnet eine Notwendigkeit, einen äußeren Zwang oder ein schicksalhaftes Geschehen (dt. 'müssen'); in Verbindung mit *sempre* drückt es einen Tadel aus:

He de contestar-li aviat.	Ich muss ihm bald antworten.
Havíem de quedar-nos a casa.	Wir mussten zu Hause bleiben.
Tots hem de morir.	Wir müssen alle sterben.
Sempre has de fer l'imbècil!	Immer musst du den Dummen spielen!

Beachte: Unpersönliches 'müssen' wird mit *caldre* oder unpersönlichem *es/se* ausgedrückt: *No ho podem rebutjar: cal fer-ho/s'ha de fer.* – Wir können es nicht ablehnen. Es muss getan werden. *Caldrà/S'hauran d'entregar les claus.* – Die Schüssel müssen übergeben werden.

12. ***passar a*** + *inf.* bedeutet 'zu etw. übergehen' und wird in Verbindung mit Verben wie *estudiar, analitzar* und *llegir* u. ä. gebraucht:

Després de parlar de l'escriptor, passem a analitzar el seu estil.	Nachdem wir über den Schriftsteller gesprochen haben, wollen wir nun seinen Stil untersuchen.

13. ***posar-se a*** + *inf.* gibt den Beginn einer Handlung oder eines Geschehens wieder und ist synonym zu *començar a + inf.*:

Es va posar a plorar.	Er begann zu weinen.
Demà ens posarem a treballar.	Morgen fangen wir zu arbeiten an.
Fa una estona s'ha posat a ploure a bots i barrals.	Vor einer Weile hat es angefangen, in Strömen zu regnen.

14. ***quedar de*** + *inf.* entspricht dem dt. Ausdruck 'bei etw. verbleiben/ ausmachen':

Hem quedat de trobar-nos aquesta tarda.	Wir haben ausgemacht, uns heute Nachmittag zu treffen.
Van quedar de fer la propera reunió dilluns a la tarda.	Sie haben ausgemacht, die nächste Sitzung am Montag Nachmittag abzuhalten.

15. ***tornar a*** + *inf.* drückt die Wiederholung einer Handlung aus:

Torna-ho a dir!	Sag es noch einmal!
Aquest llibre, l'hauríem de tornar a llegir.	Dieses Buch, das müssten wir noch einmal lesen.

16. ***venir a*** + *inf.* wird zum Ausdruck einer Annäherung oder ungefähren Angabe (dt. 'ungefähr', 'etwa') verwendet:

La brusa ve a costar cinquanta euros.	Die Bluse kostet ungefähr 50 Euro.
Quant hi ha del poble a l'estació? – Vénen a ser uns 2 km.	Wie weit ist es vom Dorf bis zum Bahnhof? – Es sind ungefähr 2 km.

Kapitel 20 Das Verb und seine Ergänzungen (El verb i els seus complements)

259 Verben mit direktem Objekt

1. Die meisten Verben, die im Deutschen mit direktem Objekt konstruiert werden, werden auch im Katalanischen mit direktem Objekt gebraucht:

En Pere ha escrit una carta.	Pere hat einen Brief geschrieben.
Volem vendre el cotxe.	Wir wollen das Auto verkaufen.

2. Einige Verben, die im Katalanischen mit direktem Objekt verwendet werden, werden im Deutschen mit indirektem Objekt bzw. präpositionalem Objekt konstruiert:

acomiadar alg.	jdm. kündigen/jdn. verabschieden
aconsellar alg./u.c.	jdm. raten/etw. empfehlen
afalagar/adular alg./u.c.	jdm./einer Sache schmeicheln
afrontar alg./u.c.	jdm./einer Sache trotzen/ins Auge blicken/die Stirn bieten
agrair u.c.	für etw. danken
ajudar alg.	jdm. helfen
aplaudir alg./u.c.	jdm./einer Sache Beifall spenden
contradir alg.	jdm. widersprechen
creure alg.	jdm. glauben
desaconsellar u.c.	von etw. abraten
escoltar alg.	jdm. zuhören
esperar alg./u.c.	auf jdn./etw. warten/jdn./etw. erwarten
mossegar u.c.	in etw. beißen
obeir alg.	jdm. gehorchen
olorar u.c.	an etw. riechen
precedir alg./u.c.	jdm./einer Sache vorangehen
seguir alg./u.c.	jdm./einer Sache folgen
socórrer alg.	jdm. helfen/beistehen
trobar alg./u.c.	jdm. begegnen/jdn. treffen

A en Joan, ja el van acomiadar l'any passat.	Joan hat man schon im letzten Jahr entlassen.
No has de fugir, sinó que has d'afrontar el perill.	Du sollst nicht weglaufen, sondern der Gefahr ins Auge sehen.

Agraïm la teva amable carta.	Wir danken für deinen liebenswürdigen Brief.
La van aplaudir entusiasmats.	Man applaudierte ihr begeistert.
Aquest article afalaga la seva vanitat.	Dieser Artikel schmeichelt seiner Eitelkeit.
Escolta-la i segueix-la atentament.	Hör ihr zu und folge ihr aufmerksam!
Avui he trobat una amiga que no veia de fa molt temps.	Heute bin ich einer Freundin begegnet, die ich seit langem nicht gesehen habe.
Mai no han obeït el seu pare.	Sie haben noch nie ihrem Vater gehorcht.

Verben mit indirektem/präpositionalem Objekt

Verben mit *a*-Objekt 260

1. Einer Reihe von deutschen Verben mit indirektem Objekt (Dativobjekt) entsprechen im Katalanischen Verben mit *a*-Objekt:

agradar/plaure a alg.	jdm. gefallen
agrair a alg.	jdm. danken
aprofitar a alg.	jdm. nutzen
apropiar a alg./u.c.	jdm. übereignen/jdm./einer Sache anpassen
assemblar-se a alg./u.c.	jdm./einer Sache ähneln
cedir a alg./u.c.	jdm./einer Sache nachgeben
contestar/respondre a alg.	jdm. antworten
obeir a u.c.	einer Sache entsprechen
pertànyer a alg./u.c.	jdm./einer Sache gehören
resistir a alg./u.c.	jdm./einer Sache widerstehen
semblar/parèixer a alg.	jdm. scheinen, dass

A vostè li agrada el menjar xinès?	Schmeckt Ihnen chinesisches Essen?
Fins al cap de vint dies no li van contestar.	Erst drei Wochen später antworteten sie ihm.
Això obeeix al fet que no disposen de recursos naturals.	Das entspricht der Tatsache, dass sie über keine natürlichen Ressourcen verfügen.
Aquests instruments pertanyen a l'institut.	Diese Instrumente gehören dem Institut.

2. Mit indirektem Objekt werden im Gegensatz zum Deutschen folgende Verben gebildet:

contestar/respondre a u.c.	etw. beantworten/auf etw. antworten
demanar/preguntar a alg.	jdn. fragen
faltar/mancar a alg./u.c.	jdn. beleidigen/gegen etw. verstoßen
mentir a alg.	jdn. belügen
sobreviure a alg./u.c.	jdn. überleben
telefonar/trucar a alg.	jdn. anrufen

Al director, no només li han mentit, sinó que també li han mancat.	Den Direktor, den haben sie nicht nur belogen, sondern auch beleidigt.
Ningú no va sobreviure a l'accident.	Niemand hat den Unfall überlebt.
Un senyor truca a un taller perquè se li ha espatllat el cotxe.	Ein Herr ruft eine Werkstatt an, weil sein Auto kaputt gegangen ist.

3. Folgende katalanische Verben mit *a*-Objekt entsprechen deutschen Verben mit präpositionalem Objekt:

acudir a alg.	sich an jdn. (um Hilfe) wenden
aspirar a u.c.	nach etw. streben/trachten
atendre a u.c.	auf etw. achten
consentir a u.c.	in etw. einwilligen
contribuir a u.c.	zu etw. beitragen
importar a alg.	für jdn. wichtig sein
proveir a u.c.	für etw. sorgen/vorsorgen
reaccionar a u.c.	auf etw. reagieren
recórrer a alg./u.c.	bei jdm. Zuflucht suchen/zu etw. greifen
reduir a u.c.	auf etw. kürzen
renunciar a u.c.	auf etw. verzichten

Aquesta gent aspira a la presidència del partit.	Diese Leute streben nach dem Vorsitz der Partei.
Les deu pàgines es poden reduir a quatre.	Die zehn Seiten kann man auf vier kürzen.
Em sembla que no volen renunciar al seu propòsit.	Mir scheint, sie wollen nicht auf ihren Vorsatz verzichten.

4. Folgenden katalanischen reflexiven Verben mit *a*-Objekt entsprechen deutsche reflexive Verben mit indirektem bzw. präpositionalem Objekt:

aclimatar-se a u.c.	sich in etw. eingewöhnen
acostar-se a alg./u.c.	sich jdm./einer Sache nähern
acostumar-se/avesar-se/habituar-se a alg./u.c.	sich an jdn./etw. gewöhnen
adaptar-se a alg./u.c.	sich jdm./an etw. anpassen
adreçar-se a alg./u.c.	sich an jdn./etw. wenden
aplicar-se a alg./u.c.	sich auf jdn./etw. anwenden lassen
atenir-se a alg./u.c.	sich an jdn./etw. halten/sich nach jdm./etw. richten
consagrar-se/dedicar-se/donarse/ entregar-se/lliurar-se a alg./u.c.	sich jdm./einer Sache widmen
exposar-se a alg./u.c.	sich jdm./einer Sache aussetzen
inscriure's/matricular-se a u.c.	sich für/in etw. einschreiben
limitar-se a alg./u.c.	sich auf jdn./etw. beschränken
oposar-se a alg./u.c.	sich jdm./etw. widersetzen
prestar-se a u.c.	sich für/zu etw. eignen
reduir-se a u.c.	sich auf etw. beschränken
referir-se a alg./u.c.	sich auf jdn./etw. beziehen
remuntar-se a u.c.	auf etw. zurückgehen
sometre's a alg./u.c.	sich jdm./etw. unterwerfen/fügen

No t'acostis massa a l'aigua.	Geh nicht zu nahe ans Wasser!
És una planta que no s'adapta al clima d'aquí.	Das ist eine Pflanze, die sich nicht dem hiesigen Klima anpasst.
No t'exposis tant al sol.	Setz dich nicht so sehr der Sonne aus!
A què et dediques?	Was ist dein Beruf?
T'has matriculat al curs de teatre d'aficionats?	Hast du dich für den Laien-theaterkurs eingeschrieben?
Les troballes es remunten al segle II.	Die Funde stammen aus dem 2. Jahrhundert.
Se sotmeten a les seves ordres i per tant es presten a tota mena de manipulacions.	Sie unterwerfen sich seinen Befehlen und eignen sich somit für jegliche Art von Machenschaften.

Anmerkung 1: Vor der Konjunktion *que* fällt die Präposition *a* aus (vgl. § 317.2): *S'acostuma a tot.* – Er gewöhnt sich an alles. *S'ha acostumat que el vagi a veure cada dia.* – Er hat sich daran gewöhnt, dass er ihn jeden Tag besucht. *S'oposa al viatge.* – Er widersetzt sich der Reise. *S'oposa que marxin.* – Er widersetzt sich dagegen, dass sie gehen. *Renuncia a l'herència.* – Er verzichtet auf das Erbe. *Renuncia que li donin l'herència.* – Er verzichtet darauf, das Erbe zu erhalten.

Anmerkung 2: In einigen Fällen wird *fer* oder *el fet* 'die Tatsache' eingeschoben: *Em refereixo al fet que són bons amics.* – Ich beziehe mich auf die Tatsache, dass sie gute Freunde sind.

261 Verben mit *de*-Objekt

1. Nichtreflexive Verben:

abusar d'alg/u.c.	jdn./etw. ausnutzen
dependre d'alg./u.c.	von jdm./einer Sache abhängen
descendir d'alg.	von jdm. abstammen
diferir d'alg./u.c.	sich von jdm./etw. unterscheiden
disposar d'alg./u.c.	über jdn./etw. verfügen
dissentir d'alg.	mit jdm. nicht übereinstimmen
dubtar d'alg./u.c.	an jdm./etw. zweifeln
fruir d'u.c.	etw. genießen
fugir d'alg./u.c.	vor jdm./etw. fliehen
gaudir d'alg./u.c.	sich jds./einer Sache freuen
morir d'u.c.	an etw. sterben
partir d'alg./u.c.	von jdm./etw. ausgehen
patir/sofrir d'u.c.	an etw. leiden
proveir d'u.c.	mit etw. beliefern/versorgen
sospitar d'alg.	jdn. verdächtigen
tractar d'u.c.	von etw. handeln
traduir d'u.c.	aus etw. übersetzen
viure d'alg./u.c.	von jdm./etw. leben

No abuseu de la meva paciència.	Missbraucht meine Geduld nicht!
El país depèn totalment de les importacions.	Das Land ist vollkommen von den Einfuhren abhängig.
Dubten de la nostra paraula.	Sie zweifeln an unserem Wort.
Segur que moriran de fam.	Sie werden sicherlich verhungern.
Tota la vida ha sofert de migranya.	Er hat sein ganzes Leben lang an Migräne gelitten.
La novel·la és traduïda de l'anglès i tracta d'una història d'amor.	Der Roman ist aus dem Englischen übersetzt und handelt von einer Liebesgeschichte.
Jo no sé de què viuen, si no disposen d'estalvis.	Ich weiß nicht, wovon sie leben, wenn sie über keine Ersparnisse verfügen.

2. Reflexive Verben:

abstenir-se/estar-se d'u.c.	sich einer Sache enthalten
acomiadar-se d'alg./u.c.	sich von jdm./etw. verabschieden
adonar-se d'alg./u.c.	jdn./etw. bemerken
aïllar-se/isolar-se d'alg./u.c.	sich von jdm./etw. absondern
alegrar-se/felicitar-se d'u.c.	sich über etw. freuen
allunyar-se d'alg./u.c.	sich von jdm./etw. entfernen
aprofitar-se d'alg./u.c.	jdn./etw. ausnutzen/sich etw. zunutze machen
armar-se d'u.c.	sich mit etw. bewaffnen
assabentar-se d'u.c.	etw. erfahren
avergonyir-se d'alg./u.c.	sich für jdn./etw. schämen
burlar-se/riure's d'alg./u.c.	sich über jdn./etw. lustig machen
complànyer-se d'alg.	mit jdm. Mitleid haben
compondre's d'u.c.	aus etw. bestehen
consumir-se d'u.c.	sich an einer Sache aufreiben
cuidar-se d'alg./u.c.	sich um jdn./etw. kümmern
curar-se/guarir-se d'u.c.	von etw. genesen
descuidar-se d'u.c.	etw. liegenlassen/vergessen
distingir-se d'alg./u.c.	sich von jdm./etw. unterscheiden
enamorar-se d'alg./u.c.	sich in jdn./etw. verlieben
encarregar-se d'alg./u.c.	etw. übernehmen/betreuen
enorgullir-se d'u.c.	sich mit etw. brüsten
fiar-se d'alg./u.c.	jdm./etw. vertrauen
guardar-se d'alg./u.c.	sich vor jdm./etw. hüten
informar-se d'u.c.	sich nach etw. erkundigen
meravellar-se d'alg./u.c.	sich über jdn./etw. wundern
oblidar-se d'alg./u.c.	jdn./etw. vergessen
ocupar-se d'alg./u.c.	sich mit jdm./etw. beschäftigen
penedir-se d'u.c.	etw. bereuen
plànyer-se d'alg./u.c./queixar-se d'alg./u.c.	über jdn./etw. klagen
proveir-se d'u.c.	sich mit etw. versorgen
recordar-se d'alg./u.c.	sich an jdn./etw. erinnern
tractar-se d'alg./u.c.	sich um jdn./etw. handeln
valer-se d'alg./u.c.	auf jdn. zurückgreifen/sich einer Sache bedienen
vanagloriar-se d'u.c.	sich mit etw. brüsten
venjar-se d'alg./u.c.	sich an jdm./für etw. rächen

S'adonen del seu error.	Sie bemerken ihren Fehler.
M'abstinc/M'estic de fer comentaris.	Ich enthalte mich jeglichen Kommentars.

S'han assabentat del vostre comportament i s'avergonyeixen de vosaltres.	Sie haben von eurem Benehmen erfahren und schämen sich für euch.
Es cuida de la seva mare que està malalta.	Sie kümmert sich um ihre kranke Mutter.
Acabo de curar-me d'una grip.	Ich bin gerade von einer Grippe genesen.
No us oblideu/descuideu d'apagar el llum.	Vergesst nicht, das Licht zu löschen.
Ens penedim de la nostra promesa.	Wir bereuen unser Versprechen.
Es riuen de la teva ingenuïtat.	Sie machen sich über deine Naivität lustig.
Es vanagloria del seu èxit.	Er brüstet sich mit seinem Erfolg.

Anmerkung: Vor der Konjunktion *que* fällt die Präposition *de* aus (vgl. § 317.2): *Es queixen del tracte impertinent.* – Sie beklagen sich über die unverschämte Behandlung. *Es queixen que els tracten de manera impertinent.* – Sie beklagen sich darüber, dass man sie unverschämt behandelt.

262 Verben mit *en*-Objekt

abundar en/d'u.c.	reichlich vorhanden sein
barrejar-se en u.c.	sich in etw. (ein)mischen
basar-se en alg./u.c.	sich auf etw. gründen/auf jdn. stützen
comerciar en/amb u.c.	mit etw. Handel treiben
complaure's en u.c.	an etw. Gefallen finden
confiar en alg./u.c.	auf jdn./etw. vertrauen
consistir en u.c.	aus etw. bestehen
convertir(-se) en alg./u.c.	(sich) in jdn./etw. verwandeln
desembocar en/a u.c.	in etw. münden
entremetre's en u.c./immiscir-se en u.c.	sich in etw. einmischen
esperar en alg./u.c.	auf jdn./etw. vertrauen
fundar(-se) en u.c.	sich auf etw. gründen/stützen
influir en/sobre alg./u.c.	jdn./etw. beeinflussen
insistir en u.c.	auf etw. bestehen
inspirar-se en alg./u.c.	sich von jdm./etw. anregen lassen
participar en u.c.	an etw. teilnehmen
pensar en alg./u.c.	an jdn./etw. denken
persistir en u.c.	auf etw. bestehen
restar en u.c.	etw. vereinbaren
submergir-se en u.c.	in etw. versinken

Confiem en el teu ajut.	Wir vertrauen auf deine Hilfe.
Comercia en articles de pell.	Er handelt mit Lederwaren.
S'ha convertit en un objecte de moda.	Es ist zu einem Modeobjekt geworden.
Aquest carrer desemboca en un altre sense sortida.	Diese Straße mündet in eine Sackgasse.
Aquests arguments es basen/ funden en els resultats de la nostra recerca.	Diese Argumente gründen sich auf die Ergebnisse unserer Forschung.
S'ha inspirat en aquella anècdota i també aquesta peça de teatre ha influït en la seva manera de fer.	Er hat sich von jener Anekdote anregen lassen, und auch dieses Theaterstück hat sein Vorgehen beeinflusst.
Participeu en el congrés de sociologia?	Nehmt ihr am Soziologiekongress teil?
Persistim en el principi de no immiscir-nos en l'assumpte.	Wir bestehen auf dem Prinzip, uns nicht in die Angelegenheit einzumischen.

Verben mit *amb*-Objekt 263

casar-se amb alg.	jdn. heiraten/sich mit jdm. verheiraten
coincidir amb alg./u.c.	mit jdm. übereinstimmen/mit einer Sache zusammentreffen
comerciar amb alg.	mit jdm. verkehren
comptar amb alg./u.c.	mit jdm./etw. rechnen/über etw. verfügen
comunicar amb u.c.	mit einer Sache verbinden
comunicar(-se) amb alg.	sich mit jdm. verständigen
confiar-se amb/a alg.	sich jdm. anvertrauen
enfadar-se amb alg.	sich über jdn. ärgern
enfrontar-se amb alg./u.c.	mit jdm. zusammenprallen/ jdm./einer Sache die Stirn bieten
enrabiar-se amb alg./u.c.	über jdn./etw. wütend werden
ensopegar/entrebancar-se amb alg./u.c.	über jdn./etw. stolpern
entendre's amb alg.	sich mit jdm. gut verstehen
familiaritzar(-se) amb alg./u.c.	(sich) mit jdm./einer Sache vertraut machen
mesurar-se amb alg.	sich mit jdm. messen
negociar amb alg.	mit jdm. verhandeln [Politik]
passar amb u.c.	mit etw. auskommen
quedar amb alg.	sich mit jdm. verabreden

somiar amb alg./u.c.	von jdm./etw. träumen
trobar-se amb alg.	sich mit jdm. treffen
xocar amb/contra alg./u.c.	gegen jdn./etw. stoßen

Comptem amb la vostra presència.	Wir rechnen mit eurer Anwesenheit.
Al fons hi ha una porta que comunica amb la secretaria.	Hinten befindet sich eine Tür, die zum Sekretariat führt.
M'he confiat amb la Maria, però després m'he enfadat amb ella perquè ho ha dit a la seva mare.	Ich habe mich Maria anvertraut, doch dann habe ich mich über sie geärgert, weil sie es ihrer Mutter erzählt hat.
Tots vam ensopegar/entrebancar-nos amb les teves sabates.	Alle sind wir über deine Schuhe gestolpert.
El govern negocia els sous amb els sindicats.	Die Regierung führt mit den Gewerkschaften Verhandlungen über die Gehälter.
A quina hora heu quedat amb la Núria?	Um wie viel Uhr habt ihr euch mit Núria verabredet?
Cada nit somio amb tu.	Ich träume jede Nacht von dir.
Tu i jo entrem pel pàrquing i ens trobem amb els altres.	Du und ich gehen durch die Garage hinein und treffen uns mit den anderen.

Beachte: mit jdm. gehen – *festejar*: *Fa dos anys que festegen.* – Sie gehen seit zwei Jahren miteinander. *Joan i Núria festegen.* – Joan geht mit Núria./Joan und Núria gehen miteinander.

264 Verben mit *per*-Objekt

amoïnar-se/neguitejar-se per alg./u.c./ preocupar-se per alg./u.c.	sich um jdn./etw. Sorgen machen
començar per u.c.	bei etw./mit einer Sache anfangen
desficiar-se per alg./u.c.	sich um jdn. sorgen/nach etw. fiebern
enfadar-se per u.c.	sich über etw. ärgern
interessar-se per alg./u.c.	an jdm./etw. Anteil nehmen/sich für jdn./etw interessieren
irritar-se per alg./u.c.	über jdn./etw. in Wut geraten
mirar per alg./u.c.	für jdn./etw. sorgen/sich um jdn./etw. kümmern
morir per alg./u.c.	für jdn./etw. sterben
passar/prendre per alg./u.c.	für jdn./etw. halten
treballar per alg./u.c.	für jdn./etw. arbeiten

Comencem pel començament.	Fangen wir mit dem Anfang an.
Era una mare que es desficiava per la seva filla.	Sie war eine Mutter, die sich um ihre Tochter beständig sorgte.
Va morir per Déu i per la pàtria.	Er starb für Gott und das Vaterland.
Em prenen sovint pel meu oncle.	Man hält mich oft für meinen Onkel.
Treballem per un futur en pau.	Wir arbeiten für eine friedliche Zukunft.

Verben mit *sobre*-Objekt 265

caure sobre alg./u.c.	auf/über jdn./etw. fallen
dir sobre alg./u.c.	über jdn./etw. reden/ zu jdm./einer Sache sagen
discutir sobre u.c.	über etw. streiten/diskutieren
informar(-se) sobre alg./u.c.	(sich) über jdn./etw. informieren
meditar sobre u.c.	über etw. nachsinnen
opinar sobre alg./u.c.	über jdn./etw. meinen
parlar sobre alg./u.c.	über jdn./etw. reden
recaure sobre alg.	jdm. zufallen

Les sospites queien sobre dues persones.	Der Verdacht fiel auf zwei Personen.
D'això, no en puc dir res.	Dazu kann ich nichts sagen.
Home, et sembla just que tota la feina recaigui sobre ella?	Na, scheint dir das gerecht, dass alle Arbeit ihr zufällt?
Vam començar a discutir sobre política.	Wir begannen, über Politik zu streiten.

Verben mit zwei Objekten

Verben mit direktem Objekt und mit *a*-Objekt 266

advertir u.c. a alg.	jdn. auf etw. hinweisen/jdn. vor etw. warnen
afegir u.c. a u.c.	etw. zu etw. hinzufügen
agrair u.c. a alg.	jdm. für etw. danken/dankbar sein
atorgar u.c. a alg.	jdm. etw. verleihen/gewähren
atribuir u.c. a u.c.	etw. auf etw. zurückführen
comprar u.c. a alg.	jdm. etw. kaufen
contagiar u.c. a alg.	jdn. mit etw. anstecken
contar u.c. a alg.	jdm. etw. erzählen

costar u.c. a alg.	jdm. etw. kosten
dedicar u.c. a alg.	jdm. etw. widmen
deixar u.c. a alg.	jdm. etw. vererben/hinterlassen/ leihen
demostrar u.c. a alg.	jdm. etw. beweisen/nachweisen
desaconsellar u.c. a alg.	jdm. von etw. abraten
destinar alg./u.c. a alg./u.c.	jdn./etw. zu jdm./etw. bestimmen
donar u.c. a alg.	jdm. etw. geben
dur/portar u.c. a alg.	jdm. etw. bringen
ensenyar u.c. a alg.	jdm. etw. zeigen/lehren
escriure u.c. a alg.	jdm. etw. schreiben
facilitar u.c. a alg.	jdm. etw. verschaffen/ besorgen
furtar u.c. a alg.	jdm. etw. stehlen
lliurar u.c. a alg.	jdm. etw. aushändigen/ übergeben
mostrar u.c. a alg.	jdm. etw. zeigen
obligar alg. a u.c.	jdn. zu etw. zwingen
oferir u.c. a alg.	jdm. etw. anbieten
pagar u.c. a alg.	jdm. etw. bezahlen
perdonar u.c. a alg.	jdm. etw. verzeihen
permetre u.c. a alg.	jdm. etw. erlauben
posar u.c. a alg.	jdm. etw. anziehen
prometre u.c. a alg.	jdm. etw. versprechen
regalar u.c. a alg.	jdm. etw. schenken
repetir u.c. a alg.	jdm. etw. wiederholen
retreure u.c. a alg.	jdm. etw. vorwerfen/vorhalten
sol·licitar u.c. a alg.	jdn. um etw. ersuchen
vendre u.c. a alg.	jdm. etw. verkaufen

Cedeix el teu seient a la senyora.	Überlass deinen Platz der Dame!
El mestre ensenya aritmètica als nens del poble.	Der Lehrer lehrt den Kindern des Dorfes das Rechnen.
La mare ha posat les sabates a la filla.	Die Mutter hat der Tochter die Schuhe angezogen.
Una noia mostra unes fotos de la seva família a un amic.	Ein Mädchen zeigt einem Freund einige Familienfotos.
No has promès res a la noia, oi?	Du hast dem Mädchen nichts versprochen, nicht wahr?
Li va regalar una corbata.	Sie schenkte ihm eine Krawatte.
No li perdono això que m'ha fet.	Ich verzeihe ihm das nicht, was er mir angetan hat.

Verben mit direktem Objekt und mit *de*-Objekt 267

acusar alg. d'u.c.	jdn. wegen etw. anklagen
adornar/ornar alg./u.c. amb/d'u.c.	jdn./etw. mit etw. schmücken
advertir alg. d'u.c.	jdn. auf etw. hinweisen/jdn. vor etw. warnen
aïllar/isolar alg. d'alg./u.c.	jdn. von jdm./etw. absondern
allunyar alg. d'alg./u.c.	jdn. von jdm./etw. entfernen
aprendre u.c. d'alg.	etw. von jdm. lernen
cobrir/revestir alg./u.c. d'u.c./amb u.c.	jdn./etw. mit etw. bedecken
convèncer alg. d'u.c.	jdn. von etw. überzeugen
defensar alg./u.c. d'alg./u.c.	jdn./etw. vor jdm./etw. verteidigen
dissuadir alg. d'u.c.	jdm. von etw. abraten
excusar alg. d'u.c.	jdm. etw. ersparen/erlassen
informar alg. d'u.c.	jdn. von/über etw. informieren
omplir alg./u.c. d'u.c.	jdn. mit etw. erfüllen/etw. mit etw. anfüllen
preservar alg./u.c. d'alg./u.c.	jdn./etw. vor jdm./etw. bewahren
privar alg. d'u.c.	jdn. einer Sache berauben
protegir alg./u.c. d'alg./u.c.	jdn./etw. vor jdm./etw. schützen
proveir alg. d'u.c.	jdn. mit etw. versorgen
retreure u.c. d'alg.	jdn. von etw. zurückhalten
saber u.c. d'alg.	etw. von jdm. wissen
sospitar u.c. d'alg.	jdn. einer Sache verdächtigen

L'han acusat d'assassinat.	Sie haben ihn wegen Mordes angeklagt.
No l'he pogut convèncer de l'encert de la meva decisió.	Ich habe ihn nicht von der Richtigkeit meiner Entscheidung überzeugen können.
Les muntanyes defensen el poble del vent.	Die Berge schützen das Dorf vor dem Wind.
El seu èxit ha omplert la mare de joia.	Sein Erfolg hat die Mutter überglücklich gemacht.
La van privar de tots els drets cívics.	Man hat sie aller Bürgerrechte beraubt.

Weitere Verben mit zwei Objekten 268

confondre alg./u.c. amb alg./u.c.	jdn./etw. mit jdm./etw. verwechseln
confrontar u.c. amb u.c.	etw. mit etw. vergleichen
defensar alg./u.c. contra alg./u.c.	jdn./etw. gegen jdn./etw. verteidigen

excusar-se/disculpar-se a/amb alg. per u.c.	sich bei jdm. für etw. entschuldigen
felicitar alg. per u.c.	jdm. zu etw. gratulieren
llançar u.c. contra alg./u.c.	etw. an/gegen jdn./etw. werfen
obsequiar alg. amb u.c.	jdn. mit etw. beschenken
plànyer-se/queixar-se a alg. d'alg./u.c.	sich bei jdm. über jdn./etw. beklagen
preservar alg./u.c. contra u.c.	jdn./etw. gegen etw. schützen
reconèixer alg. per u.c.	jdn. an etw. erkennen
venjar-se d'alg. per u.c.	sich an jdm. für etw. rächen

Va llançar la pilota contra la paret.	Er warf den Ball an die Wand.
Els soldats van defensar el poble contra els agressors.	Die Soldaten verteidigten das Dorf gegen die Angreifer.
S'ha queixat a la tia de les bromes que li vam fer.	Sie hat sich bei der Tante über die Späße beklagt, die wir mit ihr getrieben haben.
L'he reconegut pel nas.	Ich habe ihn an seiner Nase wiedererkannt.

269 Übersicht über Verben mit verschiedenen Ergänzungen

1. ***aguantar(-se)***

aguantar	tragen/halten
aguantar u.c.	etw. halten/etw. aushalten
aguantar-se	sich halten/getragen werden/sich zurückhalten
aguantar-se en/sobre u.c.	von etw. gehalten/getragen werden
aguantar-se sobre u.c.	sich auf etw. stützen
aguantar-se contra u.c.	sich an etw. festhalten

Aguanta'm la bossa.	Halte mir die Tasche!
Aquestes bigues no aguantaran [ugspr.]*/sostindran la teulada.*	Diese Balken werden das Dach nicht tragen.
Aquesta calor no la puc aguantar/ suportar.	Diese Hitze kann ich nicht aushalten.
L'edifici s'aguanta [ugspr.]*/es recolza en uns fonaments poc sòlids.*	Das Gebäude wird von einem wenig festen Fundament getragen.
Es va marejar i per això es va aguantar sobre/repenjar a la balustrada.	Ihr wurde schwindlig, und deshalb stützte sie sich auf das Geländer.

2. ***assistir***

assistir alg.	jdm. beistehen/helfen
assistir a u.c.	einer Sache beiwohnen/an etw. teilnehmen

Hem assistit el malalt.	Wir haben dem Kranken beigestanden.
Assistim a l'assemblea general.	Wir nehmen an der Vollversammlung teil.

3. ***convenir***

convenir u.c.	etw. vereinbaren
convenir en u.c.	in etw. übereinstimmen
convenir u.c. a alg.	für jdn. angebracht sein/jdm. etw. passen

Han convingut una treva.	Sie haben eine Waffenruhe vereinbart.
Tots convenen en la valoració de la situació actual.	Sie stimmen alle in der Bewertung der gegenwärtigen Lage überein.
Li convé que vingui a les vuit?	Passt es Ihnen, wenn ich um acht Uhr komme?

4. ***creure***

creure u.c.	etw. glauben
creure alg.	jdm. glauben
creure alg. [fam.]	jdm. gehorchen
creure a alg./u.c. u.c.	jdn./etw. für etw. halten
creure en alg./u.c.	an jdn./etw. glauben
creure's u.c.	etw. glauben/für möglich halten/meinen
creure's alg. u.c.	sich für etw. halten

Creiem que és veritat.	Wir glauben, dass es wahr ist.
No el crec.	Ich glaube ihm nicht.
No creien mai els pares.	Sie gehorchen nie ihren Eltern.
El creuen un savi.	Man hält ihn für einen Weisen.
La crèiem de vacances.	Wir glaubten sie im Urlaub.
És difícil (de) creure en el futur si no tens feina.	Es ist schwer, an die Zukunft zu glauben, wenn man keine Arbeit hat.

No em crec que fos ell.	Ich glaube nicht, dass er es war.
L'Antoni es creu qui sap què.	Antoni hält sich für sonstwas.
Qui no vol creure amb raons, ha de creure amb bastons.	Wer nicht hören will, muss fühlen.

5. ***demanar/preguntar***

demanar alg./u.c.	nach jdm./etw. fragen/um etw. bitten
demanar u.c. (a alg./u.c.)	etw. (von jdm./etw.) verlangen
preguntar u.c. a alg.	jdn. etw. fragen
demanar/preguntar per alg./u.c.	nach jdm./etw. fragen/sich nach jdm./etw. erkundigen

Tens rellotge? Aquest noi demana l'hora.	Hast du eine Uhr? Dieser Junge fragt nach der Uhrzeit.
Demanen un preu massa alt.	Sie verlangen einen zu hohen Preis.
En una oficina, un empleat demana les dades personals a un client per omplir una fitxa.	In einem Büro fragt ein Angestellter einen Kunden nach seinen persönlichen Angaben, um ein Formular auszufüllen.
Un viatjant entra en un taller i demana per l'amo a un obrer.	Ein Reisender betritt die Werkstatt und fragt einen Arbeiter nach dem Besitzer.

6. ***faltar/mancar***

faltar/mancar	fehlen/mangeln
faltar/mancar a alg. a u.c.	jdn. beleidigen/gegen etw. verstoßen
mancar d'u.c.	an etw. Mangel haben/mangeln an

Falten/Manquen llet i pa.	Es fehlen Milch und Brot.
Li han faltat/mancat perquè no li han fet cas.	Sie haben ihn beleidigt, weil sie ihn nicht beachtet haben.
Li ha faltat/mancat al respecte.	Er hat gegen seine Ehre verstoßen.
Li falta/manca una cama.	Ihm fehlt ein Bein.
Falta/Manca només en Pere.	Nur Pere fehlt.
En aquest país la gent manca de bones idees.	In diesem Land mangelt es den Leuten an guten Ideen.

7. ***lluitar***

lluitar per alg./u.c.	für jdn./etw. kämpfen
lluitar amb alg.	mit jdm. kämpfen
lluitar contra alg./u.c.	gegen jdn./etw. kämpfen

Lluiten per una vida sense guerra.	Sie kämpfen für ein Leben ohne Krieg.
Les tropes del rei lluitaren amb les del comte.	Die Truppen des Königs kämpften mit denen des Grafen.
És una organització que lluita contra la fam al tercer món.	Das ist eine Organisation, die gegen den Hunger in der dritten Welt kämpft.

8. ***parlar***

parlar a alg.	zu jdm. sprechen
parlar amb alg.	mit jdm. sprechen
parlar d'alg./u.c./ parlar sobre alg./u.c.	von jdm./etw./über jdn./etw. sprechen

Parla amb molta vehemència.	Er spricht mit großem Ungestüm.
Amb qui vol parlar?	Mit wem möchten Sie sprechen?
Parlaven dels temps passats.	Sie sprachen von vergangenen Zeiten.
No li agrada (de) parlar sobre l'accident.	Er spricht nicht gern über den Unfall.

9. ***passar***

passar u.c.	etw. überqueren
passar a alg./u.c.	zu etw. übergehen/überwechseln
passar d'u.c.	etw. überschreiten/mehr sein als etw.
passar u.c. a alg.	jdm. etw. reichen
passar amb u.c.	mit etw. auskommen
passar per u.c.	durch etw. hindurchkommen
passar alg./u.c. [= Subj.] *per alg./u.c.*	jdn./etw. für jdn./etw. halten
passar-se a alg.	zu jdm. überlaufen
passar(-se) d'u.c.	auf etw. verzichten/etw. nicht beachten/auf etw. pfeifen/sich einer Sache enthalten

Hem de passar el riu.	Wir müssen den Fluss überqueren.
Passem a l'apartat següent.	Wir gehen zum nächsten Absatz über.
Passa de cinquanta (anys).	Er ist älter als fünfzig.
Em passes el teu plat, si us plau?	Reichst du mir bitte deinen Teller?
No necessitem un altre pis; passem molt bé amb aquest.	Wir brauchen keine andere Wohnung; wir kommen sehr gut mit dieser aus.
Ara passem per la porta del palau.	Jetzt fahren wir durch das Tor des Palastes.
Amb aquests cabells tan rossos, passaria per suec.	Mit diesen blonden Haaren könnte man ihn für einen Schweden halten.
Ja no és membre d'aquell partit; s'ha passat als verds.	Er ist nicht mehr Mitglied in jener Partei; er ist zu den Grünen übergelaufen.
Me'n puc passar.	Ich kann darauf verzichten.
Passo de la família. [fam.]	Ich pfeife auf die Familie.

10. ***pensar***

pensar	(nach)denken
pensar en alg./u.c.	an jdn./etw. denken
pensar sobre/d'alg./u.c.	halten von/denken über

Pensava en tu.	Ich dachte an dich.
No sé què pensen sobre/de tu.	Ich weiß nicht, was sie von dir halten.
Penseu amb precisió.	Denkt genau nach!

11. ***procedir***

procedir	vorgehen/verfahren
procedir d'alg./u.c.	von jdm. abstammen/von etw. stammen
procedir a u.c.	zu etw. übergehen
procedir contra alg.	jdn. gerichtlich belangen

Són molt prudents; sempre procedeixen amb mesura.	Sie sind sehr vorsichtig; sie handeln stets umsichtig.
Procedeix de bona família.	Er stammt aus guter Familie.
I ara procedim al punt següent.	Und jetzt gehen wir zum nächsten Punkt über.

Sembla que ha robat tres cotxes: ara procedeixen contra ell.	Es scheint, er hat drei Autos gestohlen: Jetzt belangt man ihn gerichtlich.

12. ***respondre***

respondre a alg.	jdm. antworten
respondre u.c.	etw. beantworten/auf etw. antworten
respondre d'alg./u.c.	für jdn. bürgen/für etw. haften

No li vols respondre?	Willst du ihm nicht antworten?
He de respondre cinc cartes.	Ich muss fünf Briefe beantworten.
Vosaltres responeu de la nova secretària, oi?	Ihr bürgt für die neue Sekretärin, nicht wahr?

13. ***saber***

saber u.c.	etw. wissen/können
saber d'alg./u.c.	von jdm./einer Sache wissen
saber u.c. d'alg.	von jdm. etw. wissen

No sé nedar.	Ich kann nicht schwimmen.
Ja en sabem alguna cosa.	Wir haben schon etwas davon gehört.
No sabem res de nou del teu amic.	Wir wissen nichts Neues von deinem Freund.

14. ***servir***

servir alg./u.c.	jdm./einer Sache dienen/jdn. bedienen
servir per a u.c.	zu etw. taugen/dienen
servir d'u.c.	als etw. dienen
servir alg. en u.c.	jdm. mit etw. dienen
servir-se d'alg./u.c.	sich jds./einer Sache bedienen

Ningú no pot servir dos senyors.	Niemand kann zwei Herren dienen.
Ja els serveixen, senyors?	Werden Sie schon bedient, meine Herren?
Això no serveix per a res.	Das taugt zu nichts.
L'escola serveix ara d'hospital.	Die Schule dient jetzt als Krankenhaus.
En què puc servir-vos?	Womit kann ich Ihnen dienen?
S'han servit de nosaltres.	Sie haben sich unser bedient.

270 Die prädikative Ergänzung

Prädikative Ergänzungen können sich auf das Subjekt oder auf das direkte Objekt beziehen.

1. Verben mit prädikativer Ergänzung zum Subjekt:

estar-se/quedar/restar/romandre [lit.]	bleiben
fer-se (vgl. § 230)/*esdevenir* [lit.]/ *posar-se/tornar-se*	werden
morir	sterben als
néixer/nàixer	geboren werden als
semblar/parèixer	scheinen
viure	leben

Aquest noi s'ha fet ric.	Dieser Junge ist reich geworden.
Hem quedat bons amics.	Wir sind gute Freunde geblieben.
Ella quedà/restà estupefacta.	Sie war bestürzt.
Va néixer pobre i va morir famós.	Er wurde arm geboren und starb als eine Berühmtheit.
Quan va entrar ell, ella es va posar nerviosa.	Als er eintrat, wurde sie nervös.
Es va tornar vermella com un tomàquet.	Sie wurde rot wie eine Tomate.
Els pares semblaven/pareixien cansats.	Die Eltern schienen müde zu sein.

Beachte: *Parèixer* wird nur in València und auf den Balearen gebraucht.

2. Verben mit prädikativer Ergänzung zum direkten Objekt:

apreciar/estimar	schätzen als
considerar/creure	halten für
declarer	erklären zu/für
denominar	benennen
designar/nomenar (com a)	designieren als
elegir	wählen zu
escollir/seleccionar/triar	auswählen als
fer	machen (zu)
mostrar-se	sich zeigen/sich erweisen (als)
proclamar	erklären (zu)
sentir-se	sich fühlen als
trobar	finden/vorfinden

És considerat el millor tenor del món.	Er wird als der beste Tenor der Welt angesehen.
La crèiem tímida.	Wir hielten sie für schüchtern.
L'han elegida alcaldessa.	Man hat sie zur Bürgermeisterin gewählt.
S'ha mostrat eficaç.	Es hat sich als wirksam erwiesen.
Van proclamar la regió estat independent.	Sie erklärten die Region zum unabhängigen Staat.
El trobo més aviat antipàtic.	Ich finde ihn eher unsympathisch.

3. Ergänzungen zum Subjekt oder Objekt mit Präposition oder ***com a***:

En Jordi fa/treballa de pagès.	Jordi arbeitet als Bauer.
L'han proposada com a presidenta.	Man hat sie als Präsidentin nominiert.
Apreciem/estimem la feina de la Núria com a professora.	Wir schätzen Núrias Arbeit als Lehrerin.
S'han pronunciat públicament com a membres de l'associació.	Sie haben sich öffentlich als Mitglieder der Gesellschaft geäußert.
L'ha escollit com a/per model.	Er hat ihn zum Vorbild gewählt.
L'estimava tant, que la volia per esposa.	Er liebte sie so sehr, dass er sie zur Frau nehmen wollte.

Unterscheide: *arribar el primer/l'últim* – als Erster/Letzter ankommen, *arribar primer/últim* – zuerst/zuletzt ankommen.

Beachte: Bei *com a* kann kein Artikel stehen.

Kapitel 21 Das Adverb (L'adverbi)

271 Die Funktion des Adverbs

Adverbien dienen dazu, Verben, Adjektive, andere Adverbien oder ganze Sätze näher zu bestimmen (in Ausnahmefällen auch Substantive):

Hem de contestar ràpidament.	Wir müssen schnell antworten.
Aquesta ciutat és realment maca.	Diese Stadt ist wirklich schön.
Parla molt bé el xinès.	Er spricht sehr gut Chinesisch.
Per sort ha guanyat el concurs.	Glücklicherweise hat sie den Wettbewerb gewonnen.
És una situació així.	Das ist eine solche Lage.

272 Die Formen des Adverbs

Nach ihrer Form werden die Adverbien in ursprüngliche, zusammengesetzte und abgeleitete Adverbien unterteilt.

Ursprüngliche Adverbien sind solche, die sich von keinem anderen Wort herleiten lassen, wie z. B. *ja* – schon, *més* – mehr, *aquí* – hier.

Zusammengesetzte Adverbien sind solche, die aus zwei oder mehr Wörtern gebildet sind, wie z. B. *enlaire* – nach oben, *almenys* – wenigstens.

Abgeleitete Adverbien sind solche, die durch Anhängen des Suffixes *-ment* an ein Adjektiv gebildet sind, wie *breument* – kurz (von *breu*).

Neben den eigentlichen Adverbien gibt es **adverbiale Ausdrücke**, d. h. mehr oder weniger fest gefügte Wortgruppen, die wie Adverbien gebraucht werden, so: *amb prou feines* – mit Mühe und Not, *de cop i volta* – plötzlich.

Anmerkung: Das Adverb *avui* 'heute' besitzt im Valencianischen die Form *hui*; die Wendung *a la tarda* 'am Nachmittag/nachmittags' wird im Mallorquinischen mit *a l'horabaixa* wiedergegeben.

Zum Gebrauch der Wochentage vgl. § 38.5

Zur Uhrzeit vgl. §§ 38.2 und 87.4

Adverbklassen 273

Nach ihrer Bedeutung unterscheidet man folgende Klassen von Adverbien:

Adverbien der Art und Weise (adverbis de manera) wie *lentament* – langsam, *bé* – gut,

Adverbien der Zeit (adverbis de temps) wie *ara* – jetzt, *demà passat* – übermorgen,

Adverbien des Ortes (adverbis de lloc) wie *allà* – dort, *al mig/enmig* – inmitten,

Adverbien der Menge (adverbis de quantitat) wie *prou* – genug, *massa* – zu viel, *mig* – halb,

Adverbien des Zweifelns (adverbis de dubte) wie *potser* – vielleicht,

Adverbien der Bejahung (adverbis d'afirmació) wie *sí* – ja, *també* – auch, *i tant* – und ob/wie,

Adverbien der Verneinung (adverbis de negació) wie *no* – nein, *no … mai* – nie, *no … tampoc* – auch nicht,

Frageadverbien (adverbis interrogatius) wie *on?* – wo/wohin?, *per què?* – warum?, *quan?* – wann?

Die Bildung der abgeleiteten Adverbien 274

1. Die von Zweiendungsadjektiven (vgl. § 134) abgeleiteten Adverbien werden gebildet, indem man an die feminine Form das Suffix ***-ment*** anhängt:

completa	*completament*	völlig
lenta	*lentament*	langsam
rara	*rarament*	selten
violenta	*violentament*	gewaltsam

Beachte: Schwierigkeiten bei der Schreibung bieten besonders jene (gleich lautenden) Zweiendungsadjektive, deren feminine Form auf *-a* und maskuline auf *-e* endet (vgl. § 134.5): *directament (directe/-a)* – direkt, *dignament (digne/-a)* – würdig, *còmodament (còmode/-a)* – bequem.

Anmerkung: Der Akzent des Adjektivs bleibt erhalten (vgl. §§ 7.3 und 8.4): *contínuament* – fortgesetzt, *pràcticament* – praktischerweise.

2. Handelt es sich um ein Einendungsadjektiv (vgl. § 135), werden die abgeleiteten Adverbien gebildet, indem man das Suffix ***-ment*** anfügt:

abundant	*abundantment*	reichlich
fàcil	*fàcilment*	leicht
feliç	*feliçment*	glücklicherweise
lliure	*lliurement*	frei

3. Folgen zwei abgeleitete Adverbien aufeinander, so kann in der Literatursprache das Suffix ***-ment*** des zweiten Adverbs wegfallen:

Escriu correctament i fàcil.	Sie schreibt richtig und leicht.
Hi han guanyat moralment i material.	Sie haben dort moralisch und materiell gesiegt.
Tornaven pobrament i desesperada.	Sie kehrten arm und verzweifelt zurück.

4. Abweichende Adverbbildungen weisen auf:

bona	*bé* bzw. *ben* (vor Adj./Adv.)	gut, wohl
mala	*mal*	schlecht, schlimm

Beachte: Das Adverb *malament* hat die Bedeutung 'falsch': *Ho he entès malament.* – Ich habe es falsch verstanden.

Anmerkung: Eine andere Form vor einem Adjektiv oder Adverb hat neben *bé/ben* auch *tant/tan* 'so/so sehr/so viel': *No ho sé ben bé.* – Ich weiß es nicht genau. *No corris tant.* – Lauf nicht so viel. *No em sembla tan decidit.* – Er scheint mir nicht sehr entschieden.

275 Die Steigerung der Adverbien

1. Der regelmäßige Komparativ wird durch Voranstellen von *més* gebildet:

de pressa	*més de pressa*	schneller
lentament	*més lentament*	langsamer
tard	*més tard*	später

Merke: *tard o d'hora* – früher oder später/über kurz oder lang

2. Folgende Adverbien bilden einen unregelmäßigen Komparativ:

bé	*millor*	besser
mal/dolent	*pitjor*	schlechter
molt	*més*	mehr
poc	*menys*	weniger

Anmerkung: An Stelle von *millor, pitjor* und *menys* werden auch *més bé, més malament* und *més poc* verwendet: *Ho hauríem fet millor/més bé.* – Wir hätten es besser gemacht. *Canteu encara pitjor/més malament que ells.* – Ihr singt noch schlechter als sie. *Guanya menys/més poc que jo.* – Er verdient weniger als ich.

3. Der absolute Superlativ der abgeleiteten Adverbien entsteht durch Anfügen von *-íssimament* an den Adjektivstamm:

urgentment	*urgentíssimament*	äußerst dringend
fermament	*fermíssimament*	sehr fest

Anmerkung: Wegen ihrer Länge werden diese Formen verhältnismäßig selten gebraucht. Statt *urgentíssimament* verwendet man z. B. *molt urgentment* oder die Umschreibung *amb tota urgència.*

4. Eine kleine Anzahl ursprünglicher Adverbien bildet den absoluten Superlativ in der Umgangssprache auf *-íssim*. Dazu gehören *lent* 'langsam', *ràpid* 'schnell', *aviat* 'früh', *tard* 'spät', *prop* 'nahe', *molt* 'sehr' und *poc* 'wenig':

aviat	*avia**d**íssim*	sehr früh
poc	*po**qu**íssim*	sehr wenig

Anmerkung: Einige Adverbien können eine Diminutivform bilden: *a prop* – nahe, *a propet* – ganz nahe, *a poc a poc* – langsam/sachte, *a poc a poquet* – ganz sachte, so auch *d'hora* (synonym zu *aviat*) – früh/bald/rechtzeitig, *d'horeta* – schön zeitig.

5. Ausdrücke und Wendungen:

al més tard	spätestens
almenys/si més no/com a mínim	wenigstens
anar de mal a pitjor/de mal en pitjor	immer schlechter gehen
com a màxim/pel cap alt	höchstens
com a mínim/pel cap baix	mindestens/zumindest
el millor que puguis	so gut du kannst
en el millor dels casos	bestenfalls
en el pitjor dels casos/en el cas pitjor	schlimmstenfalls
més (que res/ningú)	am meisten
més o menys	mehr oder weniger
preparar-se per al pitjor	sich auf das Schlimmste gefasst machen

6. Einen relativen Superlativ, der den deutschen Ausdrücken wie 'am besten, am schnellsten' usw. entspricht, gibt es im Katalanischen nicht. Zur Wiedergabe solcher Ausdrücke verwendet man Umschreibungen mit Hilfe von Relativsätzen:

La que més menjava era l'Anna.	Am meisten aß immer Anna.
L'assignatura que més m'agrada és la geografia.	Am besten gefällt mir das Fach Geographie.
El que més ràpidament l'hi porta és l'autobús.	Am schnellsten kommen Sie mit dem Bus hin.

Aber: *Us prego que me l'envieu al més aviat possible.* – Ich bitte euch, ihn mir schnellstmöglich zu schicken. *Eren el més a prop que els va ser permès.* – Sie waren so dicht herangekommen, wie ihnen erlaubt war.

276 Die Stellung der Adverbien

1. Die Stellung der Adverbien ist im Katalanischen sehr frei:

Encara no s'ha acabat./No s'ha acabat encara.	Es ist noch nicht zu Ende.
Ja comença la funció./La funció ja comença./La funció comença ja.	Die Vorstellung beginnt schon.
Sempre arribes tard./Arribes sempre tard./Arribes tard sempre.	Du kommst immer zu spät.
Dissortadament, el metge no pot venir./El metge, dissortadament, no pot venir./El metge no pot venir, dissortadament.	Der Arzt kann leider nicht kommen.

Anmerkung 1: Bei den zusammengesetzten Zeiten und Verbalperiphrasen steht zwischen Hilfsverb und Partizip, Gerundium oder Infinitiv im Allgemeinen kein Adverb.

Anmerkung 2: Die Adverbien *clar* 'natürlich', *segur(ament)* 'sicherlich' und *cert(ament)* 'selbstverständlich/freilich' u. a. können mit dem Rest des Satzes durch *que* verbunden werden: *Clar que ho sé.* – Natürlich weiß ich es. *Segur que vindran.* – Sicherlich werden sie kommen.

2. Die Adverbien *amunt* 'hinauf', *avall* 'hinunter', *endins* 'hinein', *enfora* 'hinaus' u. a. können einem Substantiv, das einen Ort angibt, nachgestellt werden:

mar endins	seewärts
muntanya amunt	bergauf
riu avall	flussabwärts

Zur Stellung der Pronominaladverbien *en* und *hi* vgl. §§ 117-118; zur Stellung von adverbialen Bestimmungen vgl. § 319

Adverbial gebrauchte Adjektive 277

1. Adjektive, die einen körperlichen oder seelischen Zustand bezeichnen, oder in festen Verbindungen vorkommen, können prädikativ gebraucht werden:

Vam tornar molt feliços.	Wir kehrten sehr glücklich zurück.
Va venir tota sola.	Sie kam ganz allein.
No els tallis tan estrets.	Schneid sie nicht so schmal ab!
La casa, la vaig comprar cara.	Das Haus kam mich teuer zu stehen.

2. Bestimmte Adjektive können – in Verbindung mit bestimmten Verben – in adverbialer Form gebraucht werden:

anar tot dret	geradeaus gehen
cantar alegre/trist	fröhlich/traurig singen
córrer ràpid	schnell laufen/fahren
esmorzar fort	kräftig frühstücken
parlar alt/baix	laut/leise sprechen
parlar clar	deutlich/offen sprechen
parlar tranquil	ruhig sprechen

Anmerkung: In familiärer Ausdrucksweise können auch einige Substantive adverbiale Funktion haben: *passar-s'ho pipa* – eine tolle Zeit verbringen, *costar un ronyó* – ein Heidengeld kosten/sündhaft teuer sein.

3. Bei einigen adverbial gebrauchten Adjektiven ist die Kongruenz z. T. fakultativ:

Els alumnes arriben puntualment/ puntuals.	Die Schüler kommen pünktlich.
Les orenetes volen baix/baixes.	Die Schwalben fliegen tief.
Els trens d'alta velocitat sortiran retardats/amb retard.	Die Hochgeschwindigkeitszüge werden mit Verspätung abfahren.

278 Besonderheiten bei der Wiedergabe deutscher Adverbien im Katalanischen

Nicht immer muss einem deutschen Adverb ein katalanisches Adverb entsprechen. Sehr häufig werden dagegen adverbiale Wendungen bzw. verbale Umschreibungen verwendet:

1. Oft werden deutsche Adverbien im Katalanischen durch adverbiale Wendungen wiedergegeben. Sie bestehen u. a. aus:

- *a* + Substantiv oder *a* + Adjektiv:

a corre-cuita/a corre-corrents	schnell/eilig/eilends
a estones	zuweilen
a gratcient/a posta	wissentlich
a poc a poc/a pas de bou/a pas de tortuga/a pas de formiga	langsam/allmählich
a tota hora	jederzeit
a vegades	manchmal

- *de* + Substantiv oder *de* + Adjektiv:

d'hora	rechtzeitig/früh
de bat a bat	sperrangelweit
de bell nou	wieder/noch einmal
de bon matí	frühmorgens
de cop i volta/tot d'un plegat	plötzlich
de debò	wirklich/wahrhaftig
de dia/nit	tags/nachts
de franc	umsonst/gratis
de gust	gern
de mala gana	ungern
de pas	nebenbei
de seguida	sofort
de vegades	manchmal

- *en* + Substantiv oder *en* + Adjektiv:

en aparença	offenbar
en conseqüència	folglich
en efecte	tatsächlich
en gran part	größtenteils
en particular	insbesondere/im Besonderen
en veu baixa/alta	laut/leise (sprechen)

- *amb* + Substantiv:

amb entusiasme	begeistert/enthusiastisch
amb penes i treballs	mühsam
amb prou feines	kaum
amb ràbia	wütend
amb temps	(recht)zeitig/früh

- andere Typen:

fins i tot	sogar
més aviat	eher
pel cap alt/pel cap baix	höchstens/mindestens
per descomptat	zweifellos
per força	unbedingt/gezwungenermaßen
si fa no fa	ungefähr
una mica	ein wenig

2. Adverbiale Wendungen, die aus Präposition + Substantiv bestehen, können ein Adverb auf *-ment* ersetzen:

casualment	*per casualitat*	zufällig
completament	*per complet*	völlig
cortesament	*amb cortesia*	höflich
desgraciadament	*per desgràcia*	unglücklicherweise
fàcilment	*amb facilitat*	leicht
freqüentment	*amb freqüència*	häufig
indubtablement	*sens dubte*	zweifellos
precisament	*amb precisió*	genau
totalment	*del tot*	ganz/gänzlich

Beachte: *actualment* – *en/a l'actualitat* – gegenwärtig/zur Zeit

3. Daneben werden Umschreibungen mit Hilfe von *de manera* usw. + Adjektiv gebraucht:

explicar u.c. de manera convincent	etw. überzeugend erklären
procedir d'una altra manera	anders verfahren
prendre-s'ho de manera tràgica/ tràgicament	tragisch nehmen
resoldre un problema de forma ràpida i eficaç	ein Problem schnell und wirksam lösen
donar a entendre u.c. de forma dissimulada	etw. indirekt zu verstehen geben/geheimnisvoll sprechen
La població creix a ritme accelerat.	Die Bevölkerung wächst rasch.
dir amb aire reprovador	vorwurfsvoll sagen

4. Folgende weitere Adverbien werden im Katalanischen durch adverbiale Wendungen wiedergegeben:

actuar amb coneixement de causa	überlegt/bewusst handeln
anar a l'estranger en pla d'estudi	studienhalber ins Ausland gehen
aprendre de memòria/de cor	auswendig lernen
arribar sense novetat/sa i estalvi	wohlbehalten ankommen
casar-se pel civil	standesamtlich heiraten
casar-se per l'Església	kirchlich heiraten
donar u.c. per escrit	etw. schriftlich geben
esclafir/esclatar en riallades	schallend lachen
pagar en efectiu/al comptat/en metàl·lic/en diners comptats	bar (be)zahlen
viatjar per assumptes de negoci	geschäftlich reisen

5. In folgenden Fällen werden deutsche Adverbien im Katalanischen verbal umschrieben:

No tardaran a venir.	Sie werden bald kommen.
Comences a tenir son?	Wirst du langsam müde?
El tren acaba de sortir.	Der Zug ist soeben/gerade abgefahren.
No acabo de comprendre-ho.	Ich verstehe das nicht ganz.
Continuo cantant.	Ich singe weiter.
Estem rentant els plats.	Wir waschen gerade die Teller ab.
M'agrada ballar.	Ich tanze gern.
Allà solíem aixecar-nos d'hora.	Dort standen wir gewöhnlich früh auf.
Esperem que aconsegueixi (de) convèncer-la.	Hoffentlich gelingt es ihm, sie zu überzeugen.
En Brauli no deixa de parlar.	Brauli redet pausenlos.
Els polítics coincideixen a afirmar que…	Die Politiker behaupten übereinstimmend, dass …
Prefereixo anar a peu.	Ich gehe lieber zu Fuß.
Torna a nevar.	Es schneit wieder.
El meu oncle insisteix a convidar-me.	Mein Onkel will mich unbedingt einladen.

Anmerkung: Die Verbindung 'gern essen/trinken' + direktes Objekt wird im Katalanischen einfach durch *agradar* ausgedrückt: *M'agrada el pa amb oli.* – Ich esse gern *Pa amb oli. Li agrada el vi.* – Er trinkt gern Wein. 'Gern', absolut gebraucht, wird durch *(amb molt) de gust* wiedergegeben: *M'acompanyes? – Amb molt de gust.* – Begleitest du mich? – Gern.

Kapitel 22 Verneinung und Einschränkung (Negació i restricció)

Die einfache Verneinung 279

1. Die Verneinung wird durch ***no*** ausgedrückt, das vor dem Verb und vor einem eventuellen Objektpronomen steht:

Avui no anem a l'escola.	Heute gehen wir nicht zur Schule.
No ho sé.	Ich weiß es nicht.
No l'he vist.	Ich habe sie nicht gesehen.

Beachte: *No* wird nie durch Apostroph mit einem Pronomen gekoppelt.

Anmerkung: Je nach Stellung des *no* in Satzgefügen ergeben sich z. T. feine Bedeutungsunterschiede: *Cal que no els aviseu.* – Ihr dürft sie nicht benachrichtigen. *No cal que els aviseu.* – Ihr braucht sie nicht zu benachrichtigen. *No hem dit que vingués.* – Wir haben nicht gesagt, dass er kommen soll. *Hem dit que no vingués.* – Wir haben gesagt, dass er nicht kommen soll.

2. Soll nur ein Satzteil oder ein Element des Satzes verneint werden, so steht ***no*** vor diesem Satzteil oder Element:

Només van parlar amb les persones no afectades.	Sie haben nur mit den nichtbetroffenen Personen gesprochen.
No tots diuen el mateix.	Nicht alle sagen dasselbe.

3. Im Unterschied zum Deutschen kann in Nebensätzen nach Verben des Fürchtens, nach *abans que* und *fins que* sowie in Komparativsätzen *no* stehen, ohne dass es verneinende Wirkung hat (pleonastischer Gebrauch):

Tenim por que no se n'hagin anat.	Wir fürchten, dass sie fortgegangen ist.
Això se sent més a França que no a Espanya.	Das hört man eher in Frankreich als in Spanien.
Espera fins que jo no hagi tornat.	Warte, bis ich zurück bin.

4. Das deutsche 'kein' kann ebenfalls mit ***no*** wiedergegeben werden:

No és mecànic.	Er ist kein Mechaniker.
No tinc benzina.	Ich habe kein Benzin.
No sóc saxó.	Ich bin kein Sachse.

5. ***No*** wird außerdem in der Bedeutung 'nein' gebraucht:

Que m'has telefonat? – No.	Hast du mich angerufen? – Nein.
No tens gana? – No, no en tinc.	Hast du Hunger? – Nein, ich habe keinen Hunger.

Beachte: *Dic que no.* – Ich sage Nein. Ebenso: *Crec que no.* – Ich glaube nein; *votar que no* – mit Nein stimmen.

280 Die mehrteilige Verneinung

1. Zu ***no*** können Adverbien/adverbiale Ausdrücke, Pronomen oder Kombinationen von Pronomen und Adverbien hinzutreten:

encara no	noch nicht
ja no/no … més	nicht mehr
no … pas	doch nicht/bloß nicht/aber nicht (vgl. § 281)
no … tampoc	auch nicht
no … cap	(gar) kein (vgl. § 282)
no … gens	durchaus nicht/gar nicht (vgl. § 283)
no … gaire	nicht sehr/nicht viel, -e, -es (vgl. § 284)
no … ningú	keiner/niemand (vgl. § 285)
no … res	nichts (vgl. § 286)
no … mai	nie(mals) (vgl. § 287)
no … mai més	nie mehr
no … enlloc	nirgends
no … sinó	nur/bloß
no … ni tan sols/ni solament	nicht einmal
no … ni/no … ni … ni …	weder … noch
no … ni res/no … ni	nicht einmal
no … ni un	nicht einer
no … ni l'un ni l'altre	weder der eine noch der andere
no … a ningú	niemandem
no … res a ningú	niemandem etwas
no … mai res a ningú	niemals jemandem etwas
no … mai res més	nie mehr etwas
no … de cap manera	überhaupt nicht
no … en cap cas/de cap de les maneres	keinesfalls/keineswegs
no … en ma/ta/sa vida	nie in meinem/deinem/seinem/ihrem Leben/niemals

no ... (no-)res en absolut	überhaupt nichts/gar nichts
no ... gens ni mica/gens ni gota	nicht im Geringsten
no ... en absolut	ganz und gar nicht
no ... prou/no ... del tot	nicht genug/nicht ganz
no ... ni una sola vegada/ni un sol cop/cap vegada	keinmal/nicht einmal

No he vist ningú.	Ich habe niemanden gesehen.
No ho sabem tampoc.	Wir wissen es auch nicht.
Això no m'agrada gens ni mica.	Das gefällt mir ganz und gar nicht/nicht im Geringsten.
No tinc ni tan sols una bicicleta.	Ich habe nicht einmal ein Fahrrad.
Molts no saben ni llegir ni escriure.	Viele können weder lesen noch schreiben.
No te'l puc deixar en cap cas.	Ich kann es dir keinesfalls überlassen.

Merke: Soll eine negative Antwort auf eine partielle Frage gegeben werden, darf *no* nicht erscheinen: *On vas? – Enlloc.* – Wo gehst du hin? – Nirgendwohin.

2. Stehen *cap, res, ningú, enlloc, mai, gens* und *tampoc* sowie Ausdrücke wie *en ma/ta vida, ni un, ni l'un ni l'altre* vor dem Verb, so ist *no* fakultativ:

Cap d'ells (no) ha vingut.	Keiner von ihnen ist gekommen.
Ni tan sols (no) sap nedar.	Er kann nicht einmal schwimmen.
En ma vida (no) he conegut una persona més impertinent.	Nie habe ich eine unverschämtere Person kennen gelernt.
Ningú (no) m'ha ajudat.	Niemand hat mir geholfen.
Avui ha fet sol; ahir tampoc (no) feia mal temps.	Heute hat die Sonne geschienen; gestern war auch kein schlechtes Wetter.

Anmerkung: Von der normativen Grammatik wird die Einfügung von *no* als obligatorisch betrachtet. In der Umgangssprache wird es ausgelassen.

3. In direkten und indirekten Fragesätzen, in Konditional- und Konzessivsätzen u. a., nach einem Komparativ sowie nach *sense (que)* erhalten *cap, res, ningú, enlloc, mai* und *gens* positive Bedeutung; im Deutschen werden sie meist als 'irgendein', 'etwas', 'jemand', 'irgendwo', 'jemals' und 'auch nur' wiedergegeben:

Saps res de nou?	Weißt du etwas Neues?
Demana-li si ha anat mai a Bilbao.	Frag ihn, ob er jemals nach Bilbao gefahren ist.

Si el bellugueu gens, caurà.	Wenn ihr ihn auch nur anrührt, fällt er ab.
Mireu si la trobeu enlloc.	Schaut zu, ob ihr sie irgendwo findet.
Ara guanyo més que mai.	Jetzt verdiene ich mehr denn je zuvor.
Que tens cap problema?	Hast du irgendein Problem?
La conec millor que ningú.	Ich kenne sie besser als sonst jemand.
Se'n va anar sense mirar-me gens.	Er ging weg, ohne mich auch nur anzusehen.

281 *no ... pas*

Die Negationspartikel *no ... pas* nuanciert die Verneinung und wird gesetzt

1. um die adversative Bedeutung zu verstärken (dt. 'doch nicht', 'gar nicht', 'aber nicht' bzw. Betonung des entsprechenden Satzgliedes):

Demà porta'm la carpeta. – No vindré pas, demà.	Bring mir morgen den Hefter! – Morgen komme ich aber nicht.
No farà pas la conferència.	Er wird den Vortrag doch nicht halten.
Qui ho ha fet? – No he estat pas jo.	Wer hat das getan? – **Ich** bin es nicht gewesen.

Anmerkung 1: Es kann auch nur ein einziger Satzteil verneint werden: *Vindrà, però no pas avui, sinó demà.* – Er wird kommen, aber nicht heute, sondern morgen.

Anmerkung 2: Das Adverb *poc* kann, wenn es am Satzanfang steht, die Bedeutung von *no ... pas* haben: *Poc t'ho dirà./No t'ho dirà pas.* – Er wird es dir bestimmt nicht sagen. *Poc ho sé./No ho sé pas.* – Ich weiß es (aber) nicht. *Poc em pensava que vingués./No em pensava pas que vingués.* – Ich dachte gar nicht, dass er käme.

2. um einem Befehl, Wunsch oder einer Aufforderung Nachdruck zu verleihen (dt. 'bloß nicht', 'ja nicht', 'nur nicht'):

No li diguis pas que jo t'he deixat el cotxe.	Sag ihm bloß nicht, dass ich dir das Auto geliehen habe!
No hi vagis pas.	Geh ja nicht hin!
No li facis pas cas.	Mach bloß kein Aufhebens darum!

3. wenn sich der Sprecher in einer Frage eines vermuteten Ereignisses oder einer angenommenen Sache vergewissern will (dt. ‘vielleicht’, ‘etwa’, ‘womöglich’, ‘am Ende’):

No trobo les claus. – No les has pas perdudes?	Ich finde die Schlüssel nicht. – Hast du sie etwa verloren?
La moto no s’engega. – Has mirat si no tens pas descarregada la bateria?	Das Motorrad springt nicht an. – Hast du nachgeschaut, ob vielleicht die Batterie leer ist?
No tens pas un cigarret?	Hast du vielleicht eine Zigarette?

4. wenn in elliptischen Sätzen ein Teil des Inhalts eines anderen Satzes verneint werden soll (dt. ‘aber nicht’, ‘jedoch nicht’):

Va comprar papers de tots colors. – Però no pas de vermells.	Er hat Papier in allen Farben gekauft. – Aber kein rotes.
Sempre surt amb el seu gos, però no pas quan plou.	Er geht immer mit seinem Hund raus; jedoch nicht, wenn es regnet.

5. um in Komparativsätzen den Vergleich zwischen ungleichen Teilen besonders hervorzuheben:

Sap cuinar millor que no pas ella.	Er kann besser kochen als sie.
Estudiem més que no pas vosaltres.	Wir lernen mehr als ihr.

Beachte: Der Gebrauch von *pas* ist im Valencianischen und auf den Balearen unbekannt. Im Nordosten Kataloniens, genauer nördlich von Girona, wird *pas* anstelle von *no* verwendet; so *T’ho diré pas./No t’ho diré.* – Ich werde es dir nicht sagen.

no … cap 282

Die Verneinung mit *no … cap* kann verwendet werden

1. vor einem Substantiv, wenn dieses zählbar ist (dt. ‘kein, -e’ + Subst.):

No té cap amiga.	Er hat keine Freundin.
No hi ha cap taula?	Gibt es keinen Tisch hier?
No hi vas anar mai? – Cap vegada.	Warst du nie dort? – Keinmal.

2. mit der Präposition *de* vor einem Personalpronomen (dt. 'keiner/keine von' + Personalpronomen):

Cap de vostès (no) ha aprovat l'examen.	Keiner von Ihnen hat die Prüfung bestanden.
No hi va participar cap de nosaltres.	Keiner von uns hat daran teilgenommen.
N'hi havia tres; cap d'ells (no) em va donar la mà.	Es waren drei da; keiner von ihnen gab mir die Hand.

3. in elliptischen Sätzen, d. h. unter Auslassung des Substantivs, das verneint wird (dt. 'keiner, -e'):

Quants germans tens? – Cap./No en tinc cap.	Wie viele Geschwister hast du? – Keine./Ich habe keine.
Quants n'has comprat? – Jo, cap.	Wie viele hast du gekauft? – Ich, keinen.
Ella només ha trobat un bolet, i el noi cap.	Sie hat nur einen Pilz gefunden und der Junge keinen.
Vols una poma? – No en vull cap.	Möchtest du einen Apfel? - Ich will keinen.
N'hi havia tres; cap em va donar la mà.	Es waren drei da; keiner gab mir die Hand.

Beachte: Auch hier muss das Bezugswort zählbar sein.

Merke: Soll eine negative Antwort auf eine partielle Frage gegeben werden, darf *no* nicht erscheinen.

Zur positiven Bedeutung von *cap* vgl. § 280.3

283 *no ... gens*

Die Partikel *no ... gens* verstärkt die Verneinung und steht

1. mit der Präposition *de* vor einem Substantiv, wenn das Bezugswort nicht zählbar ist (dt. 'gar/überhaupt kein, -e, -es' + Subst.):

No tinc gens de diners.	Ich habe gar kein Geld.
Ja no queda gens de farina.	Es ist gar kein Mehl mehr da.
No tenia gens de paciència.	Er hatte überhaupt keine Geduld.

2. in elliptischen Sätzen, d. h. unter Auslassung des Bezugswortes (dt. 'gar kein/überhaupt kein, -e, -es'):

Ja no en queda gens.	Es ist überhaupt keins mehr übrig.
De diners, tu en tenies molts; ella, gens.	Geld hattest du viel; sie gar keins.

3. als Adverb für dt. 'gar nicht', 'überhaupt nicht', 'durchaus nicht' oder 'kein bisschen':

No m'agrada gens.	Es gefällt mir überhaupt nicht.
No ha canviat gens.	Er hat sich gar nicht verändert.
Et fa mal, la cama? – No, gens./Gens.	Tut dir das Bein weh? – Nein, gar nicht.

Anmerkung: Es kann auch nur ein einziger Satzteil verneint werden: *M'han presentat un noi (no) gens simpàtic ni gens maco.* – Man hat mir einen ganz unsympathischen und gar nicht hübschen Jungen vorgestellt.

Zur positiven Bedeutung von *gens* vgl. § 280.3

no ... gaire 284

No ... gaire ist die Negation zu *molt, força* usw. und kann verwendet werden

1. adjektivisch (dt. 'nicht viel, -e, -es' + Substantiv):

No tinc gaire temps.	Ich habe nicht viel Zeit.
No portàvem gaires diners.	Wir hatten nicht viel Geld bei uns.
Aquest any no hi ha gaires pomes.	In diesem Jahr gibt es nicht viele Äpfel.

Anmerkung: *Gaire* kann überhaupt nur in verneinten Sätzen, Frage- und Bedingungssätzen sowie nach *sense* gebraucht werden: *De pomes, n'hi ha gaires?* – Gibt es viele Äpfel? *Si el necessites gaire, te'l deixarem.* – Wenn du ihn öfter brauchst, überlassen wir ihn dir. *Ho explicava sense gaire gràcia.* – Er erklärte es ohne großes Geschick.

2. pronominal (dt. 'nicht viel, -e, -es'):

No en tinc gaire.	Davon habe ich nicht viel.
No en portàvem gaires.	Wir hatten nicht viel.
Aquest any no n'hi ha gaires.	In diesem Jahr gibt es nicht viele.

3. adverbial für dt. 'nicht sehr' oder 'nicht viel' (auch neben einem weiteren Adverb oder Prädikatsnomen):

La teva filla no estudia gaire.	Deine Tochter lernt nicht viel.

Aquests pantalons no t'estan gaire bé.	Diese Hosen stehen dir nicht sehr gut.
Els teus pares no han tornat gaire abans.	Deine Eltern sind nicht viel eher zurückgekehrt.
No és gaire tímid.	Er ist nicht sehr schüchtern.

Aber: *no … (ni) poc ni gaire* – sehr viel/ungemein. *No ens vam divertir ni poc ni gaire!* – Wir haben uns ungemein vergnügt!

Merke: *no fa gaire* – vor kurzem, *abans de gaire* – in Kürze

4. in elliptischen Antworten (*no gaire*), d. h. unter Auslassung des Substantivs, Adverbs, der adverbialen Verbindung oder des Prädikatsnomens, auf das sich die Verneinung bezieht (dt. 'nicht besonders'):

T'ha agradat l'exposició? – No gaire.	Hat dir die Ausstellung gefallen? – Nicht besonders.
Ve sovint? – No gaire.	Kommt er öfters? – Nicht besonders.
És bona, la melmelada? – No gaire.	Ist die Marmelade gut? – Nicht besonders.

285 *no … ningú*

no … ningú ist unveränderlich (dt. 'niemand, keiner, keine, kein(e)s') und wird verwendet

1. pronominal:

Encara no ha arribat ningú.	Es ist noch keiner angekommen.
No he trobat ningú.	Ich habe niemanden angetroffen.
Ningú (no) us ajudarà.	Niemand wird euch helfen.

Anmerkung: Auf *ningú* kann eine Ergänzung mit *de* vor einem Personalpronomen oder *per a* vor einem Infinitiv folgen: *Ningú de vosaltres (no) té raó.* – Niemand von euch hat Recht. *Tu no ets ningú per a criticar-me.* – Du hast kein Recht, mich zu kritisieren.

2. in elliptischen Sätzen:

Qui ha vingut? – Ningú.	Wer ist gekommen? – Niemand.

Zur positiven Bedeutung von *ningú* vgl. § 280.3

no ... res ist unveränderlich (dt. 'nichts') und wird gebraucht

1. pronominal:

Res (no) funciona.	Nichts funktioniert.
No es veu res.	Man sieht nichts.
No en sé res.	Ich weiß nichts davon.

Anmerkung: Infinitive werden mit *a* angeschlossen: *Això no té res a veure amb ...* – Das hat nichts zu tun mit ... *No hi ha res a fer.* – Da ist nichts zu machen.

2. in ellliptischen Sätzen:

Saps res de l'Anna? – No, (no en sé) res.	Hast du etwas von Anna gehört? – Nein, (ich habe) nichts (von ihr gehört).

3. in Ausdrücken und Wendungen:

De res.	Keine Ursache!/Gern geschehen./ Bitteschön!
No hi comptes per a res.	Du kannst da nichts machen.
Això no em diu res.	Das sagt mir nichts.
No hi fa res.	Das macht nichts.
Avui no he entès res de res a classe.	Heute habe ich überhaupt nichts im Unterricht verstanden.
abans de res/abans que res/ primer que res	vor allem
com si (no passés) res	als wäre nichts geschehen
Ens tornem a veure d'aquí no res/en menys d'un no res.	Wir sehen uns gleich wieder.
en un no res/en un tres i no res	im Nu
per un no res/per un tres i no res	für nichts/wegen einer Kleinigkeit
Estic decebuda; aquest llibre no és res de l'altre món.	Ich bin enttäuscht; das Buch ist nichts Außergewöhnliches.
el no-res	das Nichts

Zur positiven Bedeutung von *res* vgl. § 280.3

287 *no … mai*

no … mai (dt. 'nie') erscheint

1. adverbial:

Mai (no) ho hauria fet.	Das hätte ich nie getan.
No he volat mai.	Ich bin noch nie geflogen.

2. in elliptischen Sätzen:

Hi vaig sovint, però mai tota sola.	Ich gehe oft dorthin, aber niemals allein.

3. in Wendungen:

Mai més!	Nie wieder!
Ni mai!	Dann eben nicht!
Ara o mai!	Jetzt oder nie!
Mai de la vida!	Nie und nimmer!
Ni mai que li ho hagués dit!	Hätte ich es ihm nie gesagt!

4. mit positiver Bedeutung (vgl. § 280.3):

M'agrada més que mai.	Er gefällt mir mehr denn je.
Mai que fos milionari, deixaria la feina.	Wenn ich je Millionär wäre, würde ich aufhören zu arbeiten.
Si mai per mai tinguessis criatures, m'entendries.	Solltest du jemals Kinder haben, würdest du mich verstehen.
Si mai de la vida rebéssiu una invitació, no vacil·leu d'anar-hi.	Solltet ihr je eine Einladung erhalten, so geht auf jeden Fall hin.

288 Das deutsche 'kein'

Das deutsche 'kein' kann gemäß § 279 durch katalanisch *no* oder *no … cap* (vgl. § 282) sowie verstärkend durch *no … gens* (vgl. § 283) wiedergegeben werden:

No tinc (gens de) diners ni cap xec.	Ich habe (gar) kein Geld und auch keinen Scheck.

No importa que no tinguis gens d'experiència ni cap títol.	Es macht nichts, dass du überhaupt keine Erfahrung hast und keinen Titel.
No hi ha cap bistec? – Ho sento, no queda gens de carn.	Gibt es kein Steak? – Bedaure, es ist gar kein Fleisch mehr da.

Wendungen zur Verneinung 289

De cap manera.	Keinesfalls.
Dic que no!/No, home!	Aber nein!
Doncs ara encara menys!	Nun erst recht nicht!
Mai més!	Nie wieder!
Ni idea!/No en tinc ni idea!	Keine Ahnung!
Ni pensar-ho!/Ni pensar-hi!/I ara!	Kommt überhaupt nicht in Frage!
No (pas) del tot.	Nicht ganz.
No cal ni pensar-ho.	So siehst du aus!/Keine Spur!
No s'hi val.	Das gilt nicht!
No s'ho val.	Keine Ursache!/Gern geschehen.
No, que jo sàpiga./Que jo ho sàpiga, no.	Nicht, dass ich wüsste.
Res d'això!/Ni parlar-ne!/D'això, ni parlar-ne!	Davon kann keine Rede sein.
Sense cap mena de dubte.	Ohne jeden Zweifel.

Die Einschränkung 290

1. Zur Einschränkung des Subjekts und des Objekts gebraucht man *només/(tan) sols/solament/no … sinó/no … més que* (oder *de*)*/l'unic que … és*:

Només ma germana/Sols ma germana/Solament ma germana ho sap./Ningú sinó ma germana/Ningú més que ma germana (no) ho sap./L'única que ho sap és ma germana.	Nur meine Schwester weiß es.
Em queden només/tan sols/solament deu minuts./No em queden sinó/No em queden més de deu minuts.	Mir bleiben nur noch zehn Minuten.
Només porto/Porto només/tan sols/solament quinze euros./No porto sinó/més de quinze euros.	Ich habe nur 15 Euro bei mir.

Conec només/sols/solament en Joan./No conec ningú sinó en Joan./No conec ningú més que en Joan./L'únic que conec és en Joan.	Ich kenne nur Joan.

2. Wird eine finite Verbform eingeschränkt, so gebraucht man *no fer més que*:

Ella no feia més que queixar-se.	Sie beklagte sich stets nur.
Tu no fas més que parlar-ne.	Du redest nur davon/von nichts anderem.

3. Bezieht sich 'nur' auf einen ganzen Satz, so steht *només que* oder *el que passa és que*:

M'agradaria anar a l'òpera, només que no sé què posar-me.	Ich würde gern in die Oper gehen, nur weiß ich nicht, was ich anziehen soll.
L'habitació està bé, el que passa és que no té dutxa.	Das Zimmer ist in Ordnung, nur, dass es keine Dusche hat.

291 Wendungen zur Wiedergabe von dt. 'nur'

Només de pensar-hi ja em poso malalt.	Wenn ich nur daran denke, werde ich krank.
Només que plogués una mica!/ Tant de bo (que) plogués una mica!	Wenn es nur ein wenig regnete!
Tot menys fer el ridícul.	Alles, sich nur nicht blamieren!
N'hi ha prou amb/a preguntar./ Només cal que pregunti.	Man braucht nur zu fragen.
Que no tinguis por!	Nur keine Angst!
Que mengis!	Iss nur!
Que entri!	Nur herein!

Kapitel 23 Konjunktionen (Les conjuncions)

Mit Hilfe von Konjunktionen werden Sätze oder Satzglieder miteinander verbunden. Man unterscheidet beiordnende Konjunktionen (conjuncions de coordinació), die gleichrangige Sätze oder Satzglieder verbinden und unterordnende Konjunktionen (conjuncions de subordinació), die Nebensätze einleiten.

Beiordnende Konjunktionen (les conjuncions de coordinació)

Die aneinanderreihenden Konjunktionen (les conjuncions copulatives) 292

i	und
ni	und nicht/auch nicht
que	und

Ha estudiat geografia i història.	Sie hat Geographie und Geschichte studiert.
No plou ni fa fresca.	Es regnet nicht, und es ist auch nicht kühl.
Vés rient que ja veuràs: qui riu l'últim…	Lach nur so weiter, und du wirst schon sehen: Wer zuletzt lacht …
El senyor Rovira se'n va cansar: va agafar la maleta i va sortir de l'habitació.	Herr Rovira hatte es satt; er nahm den Koffer und ging aus dem Zimmer.

Die ausschließenden Konjunktionen (les conjuncions disjuntives i distributives) 293

o/o bé/o si no	oder
o … o	entweder … oder
ara … ara/adés … adés	oder/besser gesagt/bzw.
ni … ni	weder … noch
sia … sia	bald … bald/mal … mal
mig … mig	teils … teils
d'una banda … d'altra banda/ de l'altra/per una part … per altra part/per un costat … per l'altre	einerseits … andererseits
tant … com/així … com	sowohl … als auch
no només/no tan sols/no solament … sinó també	nicht nur … sondern auch
així com/tal com	sowie/wie auch
entre … i/entre que … i que	halb … halb/teils … teils

O em dius la veritat o no ens veurem mai més.	Entweder sagst du mir die Wahrheit oder wir sehen uns nie wieder.
Ara diu que sí, ara diu que no.	Bald sagt er Ja, bald sagt er Nein.
Ni té gana ni té set.	Er hat weder Hunger noch Durst.
Viuen mig aquí mig a Mallorca.	Sie leben teils hier, teils auf Mallorca.
D'una banda estan contents, de l'altra s'avorreixen.	Einerseits sind sie zufrieden, andererseits langweilen sie sich.
Tant Grècia com Dinamarca són membres de la Comunitat Europea.	Sowohl Griechenland als auch Dänemark sind Mitglieder der Europäischen Gemeinschaft.
No vol només menjar, sinó també viure.	Er will nicht nur essen, sondern (auch) leben.
El portuguès, així com el català, són llengües romàniques.	Portugiesisch wie auch Katalanisch sind romanische Sprachen.
Entre que els nens ploraven i que la ràdio era massa alta no vam sentir el telèfon.	Teils weinten die Kinder, teils war das Radio zu laut, und so hörten wir das Telefon nicht.

294 Die entgegensetzenden Konjunktionen

(les conjunciones adversatives)

però/emperò/mes [lit.]	aber/jedoch
ara/ara bé	aber/doch/dagegen
sinó (que)	sondern
altrament	sonst/andernfalls
en canvi	dagegen/hingegen
no obstant això/això no obstant/ malgrat que/a pesar que/tot i això	trotzdem
tanmateix	dennoch/vielmehr
nogensmenys [lit.]	jedoch/dennoch/trotzdem
així i tot/tot i això/així sí	jedoch/dennoch/immerhin
amb tot/tot i així	immerhin/nichtsdestoweniger

Aquesta brusa és bastant cara, però em quedo amb ella.	Diese Bluse ist ziemlich teuer, aber ich nehme sie.
Volia anar al cinema; ara bé, si tens una idea millor, podem fer una altra cosa.	Ich wollte ins Kino gehen; aber wenn du eine bessere Idee hast, können wir etwas anderes machen.

N'estan molt segurs; em sembla, però, que s'equivoquen.	Sie sind sich sehr sicher, mir scheint jedoch, sie irren sich.
No tinc gaire temps; no obstant això, revisaré el teu article.	Ich habe nicht viel Zeit; trotzdem sehe ich deinen Artikel durch.
La teva filla no estudia gaire; tanmateix treu bones notes.	Deine Tochter lernt nicht viel; dennoch bekommt sie gute Noten.
L'hotel no és gaire modern; això sí, molt net i tranquil.	Das Hotel ist nicht sehr modern, jedoch sehr sauber und ruhig.

Anmerkung: Je nach der Stellung im Satz erhält *però* eine andere Bedeutung. In Frontstellung bedeutet es 'aber': *Es van separar, però han quedat amics.* – Sie haben sich getrennt, sind aber Freunde geblieben. Wenn *però* einem oder mehreren Elementen im Satz nachgestellt wird, erhält es die Bedeutung von 'jedoch': *Te'l portaran amb la condició, però, que tu els facis un favor.* – Sie werden ihn dir bringen, jedoch unter der Bedingung, dass du ihnen einen Gefallen tust.

Die folgernden Konjunktionen (les conjuncions il·latives) 295

doncs	also
així doncs	also/dann also/nun also
per tant	also/daher
per tant/doncs	(nachgestellt) demnach
per això/per aquesta raó/per aquesta causa/per tant	demzufolge/deshalb/deswegen
per consegüent/en conseqüència	folglich
segons això/conforme a això	demgemäß/demzufolge

Penso, doncs sóc.	Ich denke, also bin ich.
Em sembla que neva; val més, doncs, que no ens moguem de casa.	Ich glaube, es schneit; es ist demnach besser, wenn wir zu Hause bleiben.
Així doncs, te'n vols anar?	Dann also willst du gehen?
Ja no s'entenen; per tant, se separaran.	Sie verstehen sich nicht mehr; daher werden sie sich trennen.
Li fas nosa; per això t'apujarà el lloguer.	Du störst ihn; deshalb erhöht er dir die Miete.
Estic nerviós; en conseqüència no em molestis.	Ich bin nervös, folglich störe mich nicht!

Anmerkung: Der folgernden Konjunktion *doncs* wird sehr häufig in der gesprochenen und in der geschriebenen Sprache kausale Funktion zugeordnet.

296 Die weiterführenden und erläuternden Konjunktionen
(les conjuncions continuatives)

... i encara	und außerdem/und (noch) dazu
... i tot	sogar
fins (i tot)	sogar/selbst
a més (a més)	außerdem/ferner/obendrein/ (noch) dazu/darüber hinaus
demés/endemés	übrigens/andererseits
així mateix	desgleichen
d'altra banda	überdies/außerdem/zum anderen
encara més/ ... i encara	darüber hinaus
és a dir	das heißt/nämlich
a saber	nämlich
això vol dir/això és	das heißt
ni tan sols	nicht einmal

L'ha fet plorar i encara se'n riu.	Er hat sie zum Weinen gebracht und lacht noch dazu.
Aquesta pel·lícula és força interessant i, a més (a més), molt entretinguda.	Dieser Film ist sehr interessant und noch dazu sehr unterhaltsam.
Va venir amb la dona, les criatures i la sogra i tot.	Er kam mit seiner Frau, den Kindern und sogar der Schwiegermutter.
Ens han pagat la factura i, d'altra banda, han presentat una reclamació.	Sie haben unsere Rechnung bezahlt und zum anderen eine Reklamation vorgelegt.
Ens veurem demà passat, això vol dir, diumenge.	Wir sehen uns übermorgen, das heißt, am Sonntag.
No em va saludar, ni tan sols em va mirar.	Sie grüßte mich nicht und schaute mich nicht einmal an.

297 Die kausalen beiordnenden Konjunktionen
(les conjuncions de coordinació causals)

perquè/ja que/que	denn

Deu ser fora, perquè no contesta al telèfon.	Er muss nicht da sein, denn er geht nicht ans Telefon.
Vés de pressa, que és molt tard.	Beeil dich, denn es ist sehr spät.
No vinguis, que t'avorriràs.	Komm nicht, denn du würdest dich nur langweilen.

Anmerkung: Die Konjunktion *car* hat archaisch-literarischen Charakter und ist nur noch selten in der Schriftsprache anzutreffen: *Respecteu els vells, car vosaltres no sempre sereu joves.* – Achtet die alten Leute, denn ihr werdet nicht immer jung sein.

Die unterordnenden Konjunktionen
(les conjuncions de subordinació)

Unterordnendes *que* 298

Unterordnendes *que* 'dass' kann gebraucht werden:

1. kompletiv:

Crec que és fora.	Ich glaube, dass er nicht da ist.
Estic molt satisfet que hagis aprovat l'examen.	Ich bin sehr zufrieden, dass du die Prüfung bestanden hast.

2. temporal:

Vam entrar que ell ja sortia.	Wir traten ein, als er schon hinausging.

3. final:

Aneu amb compte que no caigueu.	Gebt Acht, dass ihr nicht hinfallt.

4. konsekutiv:

Tinc una fam que no m'hi veig.	Ich habe einen Hunger, dass ich umfallen könnte!

5. modal:

Que jo sàpiga, no ha trucat ningú.	So viel ich weiß, hat niemand angerufen.

6. konditional:

No sortiràs que no t'hagis acabat el menjar.	Du darfst nicht hinausgehen, wenn du dein Essen nicht aufisst.

Anmerkung: Fragesätze werden häufig mit der Konjunktion *que* im Sinne von 'denn' eingeführt: *Que no hi ha ningú?* – Ist denn niemand da? *Que ja ho sabien?* – Wussten sie es denn schon? *Que riuen?* – Lachen sie denn?

299 **Die temporalen Konjunktionen** (les conjuncions temporals)

quan	als, wenn/jedesmal, wenn
llavors que/aleshores que [lit.]	als
cada vegada/cop/volta que	jedesmal, wenn/wenn
sempre que	immer, wenn/wenn
mentre (que)	während
ara que	sobald/jetzt, wo
tan aviat com/tan bon punt/tot just	sobald
així que/de seguida que/tot seguit	sowie/sobald
que [Schriftspr.]	
després que	nachdem
abans que/abans que no	bevor/ehe
fins que/fins que no	bis
des que/d'ençà que [lit.]	seitdem
a penes (… que)	kaum … als/sowie

Von den temporalen Konjunktionen ist *abans que* die einzige, nach der immer der *subjuntiu* steht. Die anderen werden mit dem Konjunktiv verbunden, wenn die Handlung des Temporalsatzes in der Zukunft liegt.

Zu *que* vgl. § 298

Quan fa calor, vaig a la platja.	Wenn es heiß ist, gehe ich an den Strand.
Quan tenia la teva edat, viatjava molt.	Als ich so alt war wie du, reiste ich viel.
Quan vaig arribar-hi, em sentia força fluix.	Als ich dort ankam, fühlte ich mich sehr schwach.
Quan en Joan em veia, em saludava.	Jedesmal, wenn/Wenn Joan mich sah, grüßte er mich.
Quan ens preguntin, no els direm res.	Wenn sie uns fragen, sagen wir ihnen nichts.
Quan hagis aprovat l'examen, anirem a Mallorca.	Wenn du die Prüfung bestanden hast, fahren wir nach Mallorca.
Cada vegada que et ve a veure la Núria, et porta una cosa.	Jedesmal, wenn dich Núria besucht, bringt sie dir etwas mit.
Mentre baixava l'escala, van trucar a la porta.	Während er die Treppe hinunterging, klingelte es an der Tür.
Ara que tenim una mica de calma, em pots ensenyar les fotos.	Jetzt, wo wir ein wenig Ruhe haben, kannst du mir die Fotos zeigen.

Tan aviat com jo ho sàpiga, t'avisaré.	Sobald ich es erfahre, sage ich dir Bescheid.
Així que seia, va sonar el telèfon.	Sowie ich saß, läutete das Telefon.
Abans que te'n vagis, deixa'm la teva adreça.	Bevor du abfährst, lass mir deine Adresse da.
Volia tornar abans que es fes de nit.	Er wollte zurück sein, bevor es dunkel wurde.
No els avisareu fins que estarà acabat del tot.	Benachrichtigt sie nicht, bis nicht alles fertig ist.
Busca la clau, fins que la trobis.	Such den Schlüssel, bis du ihn findest.
No fuma d'ençà que va caure tan malalt.	Er raucht nicht, seitdem er so krank war.

Anmerkung 1: Hat 'während' adversative Bedeutung, so wird es durch *mentre que* (seltener durch einfaches *mentre*) + Indikativ wiedergegeben: *Jo he de treballar, mentre que tu et diverteixes.* – Ich muss arbeiten, während du dich vergnügst.

Anmerkung 2: Bei Subjektgleichheit im Haupt- und Nebensatz wird zumeist anstatt *abans que* und *després que* der Anschluss mit *abans de* bzw. *després de* + Infinitiv gebraucht: *Després d'acabar els deures, te'n pots anar a jugar.* – Nachdem du die Hausaufgaben gemacht hast, kannst du spielen gehen.

Die lokalen Konjunktionen (les conjuncions locals) 300

on/allà on	(da/dort/dorthin,) wo/wohin

Anirem on vulguis.	Wir gehen (dort)hin, wo du willst.
No et fiquis allà on no et demanen.	Misch dich nicht da ein, wo du nichts zu suchen hast.

Die kausalen Konjunktionen (les conjuncions causals) 301

perquè	weil
ja que/com (que)	da/weil
puix (que)/per tal com [lit.]	da/weil
vist que	in Anbetracht dessen, dass

No venim perquè tenim feina.	Wir kommen nicht, weil wir Arbeit haben.
Ja que no ho sé, no t'ho puc dir.	Da ich es nicht weiß, kann ich es dir nicht sagen.
Com que fa molta calor, no tinc ganes de treballar.	Da es sehr heiß ist, habe ich keine Lust zu arbeiten.

Anmerkung 1: Ein mit *ja que* oder (vor allem in der gesprochenen Sprache mit) *com (que)* eingeleiteter Kausalsatz geht meist dem Hauptsatz voraus. *Com no coneixia ningú, no m'hi vaig trobar a gust.* – Da ich niemanden kannte, fühlte ich mich dort nicht wohl.

Anmerkung 2: Die Konjunktionen *puix* und *per tal com* haben archaisch-literarischen Charakter und sind nur noch selten in der Schriftsprache anzutreffen.

Anmerkung 3: Wird ein Grund ausgeschlossen, so gebraucht man *no perquè* + Konjunktiv: *No vaig a l'òpera, no perquè no tingui cap vestit de nit, sinó perquè no m'agrada.* – Ich gehe nicht in die Oper, nicht weil ich kein Abendkleid hätte, sondern weil ich sie nicht mag.

Anmerkung 4: Zu *perquè* mit finaler Funktion (im Konjunktiv) vgl. § 302.

302 **Die finalen Konjunktionen** (les conjuncions finals)

perquè/per tal que [lit.]/*a fi que* [Schriftspr.]	damit
de/per por que (no)	aus Angst/Furcht, dass

Alle finalen Konjunktionen werden mit Konjunktiv gebraucht.

Zu *que* vgl. § 298.3

Hem de fer grans sacrificis perquè la nostra filla pugui anar a la unversitat.	Wir müssen große Opfer bringen, damit unsere Tochter die Universität besuchen kann.
Ho vam comunicar al responsable per tal que prengués les mesures adequades.	Wir haben es dem Verantwortlichen mitgeteilt, damit er die angemessenen Maßnahmen ergreift.
No vaig dir-li-ho per por que (no) ho refusés.	Ich habe es ihm nicht gesagt aus Angst, dass er es ablehnen könnte.
Va mentir per por que sa mare la renyés.	Sie log aus Furcht, dass ihre Mutter mit ihr schimpfen würde.

Beachte: Die Konjunktion *perquè* + Indikativ hat kausalen Charakter, mit Konjunktiv jedoch finalen: *Paga-la perquè t'ajuda.* – Bezahl sie, weil sie dir hilft. *Paga-la perquè t'ajudi.* – Bezahl sie, damit sie dir hilft.

303 **Die konsekutiven Konjunktionen** (les conjuncions consecutives)

tant que	so viel/sehr, dass
tan(t) … que/fins a tal punt que	so …, dass
de (tal) manera/forma que [lit.]	so, dass

Die konsekutiven Konjunktionen werden mit dem Indikativ gebraucht; es steht jedoch der Konjunktiv, wenn auf etwas Erwünschtes, der Konditional, wenn auf etwas Mögliches Bezug genommen wird.

Zu *que* vgl. § 298.4

Ha estudiat tant que ara té mal de cap.	Er hat so viel gelernt, dass er jetzt Kopfschmerzen hat.
En Martí sap tanta història de la ciutat que et podria contar una anècdota sobre qualsevol edifici.	Martin kennt sich so gut in der Geschichte der Stadt aus, dass er dir über jedes Gebäude eine Anekdote erzählen könnte.
Llavors la meva germana escrivia de tal forma que podia llegir les seves cartes.	Damals schrieb meine Schwester so, dass ich ihre Briefe lesen konnte.
Descriu-m'ho de manera que m'ho pugui imaginar!	Beschreibe es mir so, dass ich es mir vorstellen kann!

Anmerkung 1: Dt. 'zu viel/zu sehr + Adj./Adv. + als dass' wird durch *massa* + Adj./Adv. + *perquè* + Konjunktiv wiedergegeben: *Vivim massa amunt perquè pugui sentir-se el soroll del carrer.* – Wir wohnen zu weit oben, als dass man den Straßenlärm hören könnte. *Camina massa de pressa perquè puguem aconseguir-lo.* – Er läuft zu schnell, als dass wir ihn einholen könnten.

Anmerkung 2: Nach *no* + *ser* + *tan* + Adj./Adv. steht der Konjunktiv: *Jo no sóc tan beneit que m'ho cregui.* – Ich bin nicht so dumm, dass ich es glauben würde.

Die konzessiven Konjunktionen (les conjunciones concessives) 304

encara que/malgrat que/(per) bé que/si bé/tot i que/a pesar que/ per més que	obwohl/obgleich
encara que/per més que + subj./ àdhuc si + ind. [lit.]	selbst wenn
(encara) a risc que + subj. [lit.]	selbst auf die Gefahr hin, dass
per (més/molt) + Adj./Adv. + *que + subj.*	wie … auch/soviel … auch

Encara que tenia raó, el meu germà no va aconseguir (de) convèncer els altres.	Obwohl mein Bruder Recht hatte, gelang es ihm nicht, die anderen zu überzeugen.
Per bé que fossin professors, no ho semblaven.	Obgleich sie Lehrer waren, sahen sie nicht so aus.

A risc que perdi la feina, discuteix amb la directora.	Selbst auf die Gefahr hin, dass er die Arbeit verliert, diskutiert er mit der Direktorin.
Per molt espavilat que sigui, no trobarà la solució.	So gewitzt er auch sein mag, er wird die Lösung nicht finden.

Anmerkung 1: Bei Subjektgleichheit im Haupt- und Nebensatz wird zumeist anstatt *a pesar que, malgrat que* oder *a risc que* der Anschluss mit *a pesar de, malgrat, a risc de* + Infinitiv gebraucht: *Malgrat ser ric, no està content.* – Obwohl er reich ist, ist er nicht glücklich.

Anmerkung 2: Nach *encara que/malgrat que/(per) bé que/si bé/tot i que/a pesar que/per més que* steht der Konjunktiv, wenn auf ein zukünftiges oder mögliches Ereignis Bezug genommen wird: *Per més que els renyi, no em fan cas.* – Selbst wenn ich mit ihnen schimpfe, hören sie nicht auf mich. Der Indikativ steht, wenn von einem ablaufenden oder abgelaufenen Ereignis die Rede ist: *Per més que els renyo, no em fan cas.* – Obwohl ich mit ihnen schimpfe, hören sie nicht auf mich. Ebenso: *Encara que ho intenti, no ho aconseguirá.* – Selbst wenn er es versuchte, würde er es nicht erreichen. *Encara que ho intenta, no ho aconsegueix.* – Obwohl er es versucht, erreicht er es nicht.

305 **Die konditionalen Konjunktionen** (les conjuncions condicionals)

si (zu den Tempora und Modi im *si*-Satz vgl. § 195)	wenn/falls
en cas que/si de cas/si per cas	falls/im Falle, dass
sempre que/atès que/posat que [lit.]	vorausgesetzt, dass
només que/sols que [lit.]*/amb que* [lit.]	wenn nur/insofern
a condició que	unter der Bedingung, dass
si no/si doncs no [lit.]*/a menys que/si no fos que* (alle mit Konjunktiv)	falls nicht
llevat que/exceptuant que/a menys que/fora que + subj.	es sei denn, dass/außer dass

Zu *que* vgl. § 298.6

Crida'm en cas que sigui necessari.	Ruf mich, falls es nötig ist.
Anirem d'excursió sempre que no plogui.	Wir machen einen Ausflug, vorausgesetzt, dass es nicht regnet.

Només que ens faci arribar l'adreça, hi escriurem.	Insofern er uns die Adresse zukommen lässt, werden wir dorthin schreiben.
T'ho dic a condició que no en parlis a ningú.	Ich sage es dir unter der Bedingung, dass du niemandem davon erzählst.
Si no fos que s'ha trencat la cama, podria jugar el partit.	Hätte er sich nicht das Bein gebrochen, könnte er mitspielen.
Vindrem demà, llevat que passi qualsevol imprevist.	Wir werden morgen kommen, es sei denn, es geschieht etwas Unvorhergesehenes.

Die modalen Konjunktionen (les conjuncions modals) **306**

com/segons com	wie
tan … com/tant … com	so … wie
tal com/així com	so wie
com si	als ob
a mesura que	in dem Maße, wie
segons (que) + subj.	je nachdem, ob/in dem Maße, wie
sense que + subj.	ohne dass

Zu *que* vgl. § 298.5

Com he sentit dir, els Solà volen vendre la seva casa de camp.	Wie ich gehört habe, wollen die Solàs ihr Landhaus verkaufen.
Tal com arribaven, rebien una invitació a la recepció.	So wie sie ankamen, erhielten sie eine Einladung zum Empfang.
La Núria i les seves companyes van coincidir com si s'ho haguessin proposat.	Núria und ihre Kolleginnen trafen sich, als hätten sie es sich vorgenommen.
A mesura que ens acostàvem, reconeixíem millor la veu del nen.	In dem Maße, wie wir näher kamen, erkannten wir immer besser die Stimme des Kindes.
Segons (que) el bon temps duri fins demà o demà passat, la gent tornarà a la ciutat.	Je nachdem, ob das schöne Wetter bis morgen oder übermorgen anhält, werden die Leute in die Stadt zurückkehren.
Van anar al cinema sense que ho sabessin els pares.	Sie gingen ins Kino, ohne dass es ihre Eltern wussten.

307 Die vergleichenden Konjunktionen
(les conjuncions comparatives)

tal … com/així … com	so … wie
tant … com/tan … com	so (sehr/viel) … wie
més … que/més ... del/ de la/dels/de les que	mehr … als
menys … que/menys ... del/ de la/dels/de les que	weniger … als
com més … més (menys)	je mehr … desto mehr (weniger)
com menys … menys (més)	je weniger … desto weniger (mehr)

Va parlar tal com havien convingut.	Er sprach so, wie sie es vereinbart hatten.
És tan blanca com la neu.	Sie ist so weiß wie Schnee.
N'estic (tan) convençut com dos i dos fan quatre.	Ich bin so davon überzeugt, wie zwei und zwei vier sind.
Corre tant com tu.	Er läuft so schnell wie du.
És més ric que no pas tots nosaltres.	Er ist reicher als wir alle.
Aparenta més anys dels que no té.	Er sieht älter aus, als er ist.
L'exposició és menys interessant del que van anunciar.	Die Ausstellung ist weniger interessant als angekündigt.
Com més treballa, més guanya.	Je mehr er arbeitet, desto mehr verdient er.
Com més guanya, menys diners estalvia.	Je mehr er verdient, desto weniger spart er.

Kapitel 24 Die Präpositionen (Les preposicions)

Im Katalanischen unterscheidet man zwischen unbetonten (preposicions febles) und betonten Präpositionen (preposicions fortes), Zusammensetzungen aus betonten und unbetonten Präpositionen sowie präpositionalen Fügungen. Die unbetonten Präpositionen sind *a, amb, de, en, per* sowie *per a*, das sich aus zwei unbetonten Präpositionen zusammensetzt. Zu den betonten Präpositionen zählen u. a. *contra, entre, vers, malgrat, segons, sobre, sota, ultra* und *vora*. Zusammengesetzte Präpositionen sind z. B. *cap a, des de* und *fins a*. Weitere wie *a causa de, a favor de* oder *en lloc de* gehören zu den präpositionalen Fügungen.

Übersicht über die Präpositionen und präpositionalen Fügungen 308

a vgl. § 309		
abans de	*abans de les cinc*	vor fünf Uhr
d'acord amb	*d'acord amb les instruccions*	gemäß den Weisungen
amb vgl. § 311		
per amor de/per consideració de/ per esguard de	*per amor de la seva situació*	aus Rücksicht auf seine Lage
arran de	*arran del carrer* *arran de terra*	am Rande der Straße dicht am Boden
a base de	*a base d'arrós*	aus/mit Reis (hergestellt)
cap a	*cap a Reus* *cap a la nit*	nach/in Richtung Reus gegen Abend
al cap de	*al cap de tres hores*	nach drei Stunden
a causa de	*a causa de la pluja*	wegen des Regens
en comparació amb/en esguard de/en vist de	*en comparació amb el nostre sou* *en esguard de la seva situació*	im Vergleich zu unserem Gehalt im Vergleich zu seiner Lage
en comptes de	*en comptes d'una maleta*	anstatt eines Koffers
conforme a/amb	*conforme a la llei*	gemäß dem Gesetz
contra	*lluita contra la fam*	Kampf gegen den Hunger
en contra de	*votar en contra del govern*	gegen die Regierung stimmen
no contrastant	*no contrastant els seus consells*	trotz seiner Ratschläge

a còpia de	*a còpia de pràctica*	durch viel Üben
al costat de	*al costat de l'hospital*	neben dem Krankenhaus
per culpa de	*per culpa del soroll*	wegen des Lärms
damunt	*damunt la taula*	auf/über den Tisch
al damunt de	*al damunt de l'armari*	auf/über dem Schrank
darrere	*darrere l'església*	hinter der Kirche
al darrere de	*al darrere de la casa*	hinter dem Haus
davall	*davall del llit*	unter dem Bett
al davall de	*al davall de l'edifici*	unter dem Gebäude
davant	*davant el monument*	vor dem Denkmal
al davant de	*al davant de l'oficina*	vor dem Büro
de vgl. § 312		
al defora de	*al defora de la botiga*	draußen vor dem Laden
des de	*des de l'avió* *des del tres de març*	vom Flugzeug aus seit dem dritten März
a despit de	*a despit de les circumstàncies*	trotz der Umstände
després de	*després de les sis*	nach sechs Uhr
al dessota de	*al dessota de l'estufa*	unter dem Ofen
de dret a	*de dret a casa* *de dret al tema*	direkt nach Hause direkt zum Thema
a la dreta de	*a la dreta del cinema*	rechts vom Kino
(a) dins (de)/(de) dins (de)/dintre	*(de) dins la cova* *(a) dins (de) cinc minuts*	in der Höhle (drinnen) binnen fünf Minuten
durant	*durant les vacances*	während der Ferien
en vgl. § 313		
d'ençà de .../ de ... ençà	*d'ençà de la costa/de la costa ençà hi havia boira* *d'ençà de la guerra/ de la guerra ençà*	von der Küste an/ab der Küste war es neblig seit dem Krieg
endret/enfront de	*enfront del museu* *enfront dels seus adversaris*	gegenüber dem Museum gegenüber seinen Feinden
(a l')enfora de	*enfora dels teus amics*	außer deinen Freunden/ mit Ausnahme deiner Freunde
enmig de	*enmig de tanta gent*	inmitten so vieler Leute
entre	*entre Reus i Tarragona* *entre els alumnes*	zwischen Reus und Tarragona unter den Schülern
a l'esquerra de	*a l'esquerra de l'escola*	links von der Schule

a excepció de	*a excepció del Brasil*	mit Ausnahme Brasiliens
excepte	*excepte els menors*	außer Minderjährigen
a favor de	*a favor dels clients*	zugunsten der Kunden
a fi de	*a fi de veure-hi millor*	um besser sehen zu können
fins a (fins)	*arribar fins (a) dilluns* *venir fins al centre* *anar fins a París* *Ens quedarem fins a les nou/aquell dia.*	bis Montag ankommen bis zum Zentrum kommen bis nach Paris fahren Wir bleiben bis neun Uhr/ bis zu jenem Tag.
fora de	*fora del port* *fora del teu germà*	außerhalb des Hafens außer deinem Bruder
a força de	*a força de treballar*	durch viel Arbeit
a frec (de)	*a frec de paret*	dicht an der Wand
gràcies a	*gràcies a tu*	dank dir
al llarg de	*al llarg dels anys*	im Verlaufe der Jahre
de llarg a llarg de	*de llarg a llarg de la costa*	entlang der Küste
llevat (de)	*llevat aquells llibres*	außer jenen Büchern
en lloc de	*en lloc de nosaltres*	an unserer Stelle
lluny de	*lluny de l'estació*	weit vom Bahnhof entfernt
malgrat/a desgrat de	*malgrat les dificultats*	trotz der Schwierigkeiten
menys	*tots menys la Carla*	alle außer Carla
mercès a	*mercès a la teva bonesa*	dank deiner Güte
al mig de	*al mig del camí*	inmitten des Weges
per mitjà de	*per mitjà d'una carta*	durch einen Brief
mitjançant	*mitjançant les tisores*	mittels der Schere
no obstant	*no obstant la neu*	trotz des Schnees
a partir de	*a partir d'avui*	von heute an
per vgl. § 314		
per a vgl. § 315		
a pesar de	*a pesar dels obstacles*	trotz der Hindernisse
al peu de	*al peu de la muntanya*	am Fuße des Berges
de/per por de	*de por de la gent*	aus Furcht vor den Leuten
(a) prop de	*a prop de l'estació* *Estem a prop de Nadal.* *prop de mil persones*	in der Nähe des Bahnhofs Es ist/Wir haben bald Weihnachten. etwa tausend Menschen
quant a	*quant a l'economia*	was die Wirtschaft betrifft
a sabuda de	*a sabuda dels pares*	mit Wissen der Eltern

sense sabuda de	*sense sabuda dels seus professors*	ohne Kenntnis seiner Lehrer
salvant/salvat	*salvant els errors*	Fehler ausgenommen
segons	*segons les indicacions*	gemäß der Hinweise
sense	*sense diners*	ohne Geld
sobre vgl. § 316		
sota/dessota	*sota la foto* *sota la direcció* *dessota el llit*	unter dem Foto unter der Leitung unter dem Bett
a tall de	*el diari a tall de paraigües*	die Zeitung als Regenschirm
tocant	*tocant el contingut* *tocant el mercat*	bezüglich des Inhalts in der Nähe des Markts
a través de	*a través del desert* *a través del meu amic*	durch die Wüste durch meinen Freund
tret (de)	*tret del divendres*	außer freitags
ultra	*ultra els problemes*	zusätzlich zu den Problemen
vers/envers/ devers	*vers/envers/devers Vic* *la relació vers/envers el seu pare* *vers/devers les 10*	in Richtung Vic die Beziehung zu seinem Vater gegen 10 Uhr
en/per virtut de	*en virtut de la meva funció*	kraft meiner Funktion
al voltant de	*al voltant del jardí* *al voltant de dos anys*	um den Garten herum ungefähr zwei Jahre
vora	*vora el parc*	nahe dem Park
(a la) vora de	*a la vora del poble*	in der Nähe des Dorfes

309 Die Präposition *a*

Die Präposition *a* wird verwendet

1. zur Angabe des indirekten Objekts:

Què has dit als teus pares? *No li ho van donar, a ell.*	Was hast du deinen Eltern gesagt? **Ihm** haben sie es nicht gegeben.

2. zur Angabe des direkten Objekts, wenn dieses durch ein betontes Personalpronomen oder reziproke Ausdrücke (z. B. *l'un a l'altre*) vertreten ist, sowie vor *tothom, tots, el qual, qui,* wenngleich hier die Form ohne *a* in der gehobenen Literatursprache vorgezogen wird:

L'has vist? – A ell? Sí que l'he vist.	Hast du ihn gesehen? – Ihn? Und ob ich ihn gesehen habe.

En Toni coneix (a) tothom.	Toni kennt einen jeden.
No esperem (a) tots.	Wir warten nicht auf alle.
A qui/Qui has vist?	Wen hast du gesehen?

Anmerkung: Des Weiteren wird *a* gesetzt, um Mehrdeutigkeit zu vermeiden: *L'estima com a la seva germana.* – Er liebt sie wie seine Schwester (d. h. so, als wäre sie seine Schwester). *L'estima com la seva germana.* – Er liebt sie genau so sehr wie seine Schwester (d. h. er und seine Schwester lieben sie sehr).

3. zur Richtungsangabe (wohin?), insofern nicht die Einschränkungen des § 310 vorliegen:

sortir a l'aire lliure	ins Freie hinausgehen
girar a la dreta/a l'esquerra	nach rechts/links abbiegen
asseure's a l'ombra/al balcó	sich in den Schatten/auf den Balkon setzen
Van a les Illes Balears/al metge/ al concert.	Sie fahren/gehen auf die Balearen/zum Arzt/zum Konzert.

4. zur Richtungsangabe bei Orten (abstrakte Begriffe, Institutionen, verschiedene wissenschaftliche oder kulturelle Domänen usw.):

La direcció ha arribat a la conclusió que…	Die Leitung ist zu der Schlussfolgerung gelangt, dass …
Anem a l'última sessió de l'any.	Wir kommen zur letzten Sitzung des Jahres.

5. zur Richtungs- und Ortsangabe bei Ortsnamen ohne bestimmten Artikel:

Van a Maó/a Espanya.	Sie fahren nach Maó/nach Spanien.
Són a Barcelona/a Suïssa.	Sie sind in Barcelona/in der Schweiz.

6. zur Angabe des Zeitpunkts, des Endes eines Zeitraums und des Alters:

a les sis	um sechs Uhr
als quinze dies de l'arribada	14 Tage nach der Ankunft
a migdia/mitjanit	am Mittag/um Mitternacht
a l'estiu/al matí	im Sommer/am Morgen
treballar de sol a sol	von Sonnenaufgang bis Sonnenuntergang arbeiten

arribar a final de mes	am Ende des Monats ankommen
a començament/a mitjan segle XIX/al final del segle XIX	zu Beginn/in der Mitte/am Ende des 19. Jahrhunderts

Ausnahmen: Vor Monaten, Feiertagen u. ä. wird auch *per* (vgl. § 314.3) benutzt.

7. zur Angabe der Entfernung und einer Menge:

Halle és a trenta quilòmetres de Leipzig.	Halle ist 30 km von Leipzig entfernt.
a uns quants metres	wenige Meter entfernt
anar a cinquanta per hora	50 km/h fahren
vendre una brusa a vint euros	eine Bluse für 20 Euro verkaufen

8. zur Angabe der Art und Weise:

a (la) meitat de preu	zum halben Preis
a fons	gründlich
a l'atzar/a l'aventura/ a la bona de Déu	aufs Geratewohl
a llarg termini/a mitjà termini/ a curt termini	langfristig/mittelfristig/kurzfristig
a penes	mit knapper Not
a torna/volta de correus	postwendend
a tot drap/a tota pastilla/a tota màquina/a tota marxa	mit voller Geschwindigkeit
a tot volum/a tot drap	in voller Lautstärke
al revés/a l'inrevés	verkehrt (herum)
fer les coses a desgrat	alles zähneknirschend machen
fer les coses a mitges	alles nur halb machen
odiar-se a mort	sich auf den Tod hassen
pagar a termes/terminis	in Raten zahlen
parlar el català a la perfecció	perfekt Katalanisch sprechen
ploure a bots i barrals	in Strömen regnen
viure al dia	in den Tag hineinleben

9. zur Angabe des Mittels:

escriure a màquina	mit der Maschine schreiben
dibuixar a llapis	mit Bleistift zeichnen
anar a peu	zu Fuß gehen
anar a cavall	reiten
jugar a (les) cartes	Karten spielen
fet a mà	handgearbeitet

10. in distributiver Bedeutung:

dues vegades al dia	zweimal am Tag
un parell de vegades a la setmana	ein paarmal in der Woche

Auch: *per dia, per setmana*

11. nach folgenden Substantiven:

l'amor a	die Liebe zu
el dret a	das Recht auf
l'odi a	der Hass auf
l'oposició a	der Widerstand gegen
la inclinació a	die Neigung zu
la reacció a	die Reaktion auf
la tendència a	der Hang zu
un monument als caiguts	ein Denkmal für die Gefallenen
un pròleg a	ein Vorwort zu
una introducció a	eine Einführung in
una visita a la ciutat	ein Besuch der Stadt

Beachte: Geschmack nach – *gust de* und Geruch nach – *olor de*: *Té gust de/Fa olor de cremat.* – Es schmeckt/riecht verbrannt. *Té gust d'oli/olor d'oli.* – Es schmeckt/riecht nach Öl.

12. nach folgenden Adjektiven:

accessible a	zugänglich (+ Dat.)/erschwinglich für
adjacent/contigu a	angrenzend an
al·lèrgic a	allergisch gegen
conforme a	entsprechend (+ Dat.)
decidit a	entschlossen zu
disposat a	bereit zu
essencial a	wesentlich für
idèntic a	identisch mit
inferior/superior a	unterlegen/überlegen (+ Dat.)
lligat a	verbunden mit
necessari a/per a	notwendig für

13. in Wendungen:

arribar a temps	rechtzeitig ankommen
a cor què vols/a gust de tothom	nach Herzenslust/nach Wunsch

a costa de	auf Kosten von
a demanda/prec/petició de	auf Bitten/Wunsch von
a favor de	zugunsten von
a imitació de	nach dem Vorbild von
a l'instant/a l'acte	sofort
a la fi/a fi de comptes	schließlich
a la vegada	gleichzeitig
a les bones o a les males	wohl oder übel
a/de vegades	bisweilen
Això va a compte meu.	Das geht auf meine Rechnung.
al cap i a la fi	zuletzt/zuallerletzt
Aquí estic molt a gust.	Hier fühle ich mich sehr wohl.
cridar a l'ordre	zur Ordnung rufen
estar a punt	gar/fertig sein
menjar a la carta	nach der Karte essen
posar u.c. a nom de	jdm. etw. überschreiben
posar-ho/jugar-s'ho tot a una carta	alles auf eine Karte setzen
respecte a	in Bezug auf

310 Schwankender Gebrauch der Präpositionen *a* und *en*

Bei Orts- und Richtungsangaben schwankt der Gebrauch der Präpositionen ***a*** und ***en*** in einigen Fällen.

1. Insgesamt wird der Gebrauch von *a* für wirklich vorhandene Orte empfohlen, während *en* vor abstrakt gebrauchten Orten empfehlenswert ist (das heißt, Dokumente und Veröffentlichungen, Versammlungen, Institutionen aus Politik, Wissenschaft und Kultur usw.):

Ara som al Caire i després anirem a la Costa d'Ivori.	Jetzt sind wir in Kairo und dann fliegen wir an die Elfenbeinküste.
La vaig conèixer quan treballava a la fàbrica.	Ich habe sie kennen gelernt, als sie in der Fabrik arbeitete.
Encara no s'ha traslladat a la casa nova.	Er ist noch nicht in die neue Wohnung umgezogen.
És de gran importància en l'àmbit de les relacions internacionals.	Das ist im Bereich der internationalen Beziehungen von großer Wichtigkeit.
Ho va proposar en el debat parlamentari.	Er schlug es in der Parlamentsdebatte vor.

Aquesta informació, l'he trobada en l'enciclopèdia.	Diese Angabe habe ich im Lexikon gefunden.
En la pàgina 341 del volum hi ha una errada.	Auf Seite 341 des Bandes ist ein Fehler.

Anmerkung: In der Umgangssprache werden auch alle abstrakt gebrauchten Ortsangeben mit der Präposition *a* eingeleitet; so: *A la pàgina 341 del volum hi ha una errada.*

2. Das Zusammentreffen von Vokalen wird vermieden. In diesem Sinne werden der Gebrauch von *en* vor Vokal und der Gebrauch von *a* vor Konsonant empfohlen. Dementsprechend wird *en* vor den Demonstrativa (*aquest, aquell*), dem unbestimmten Artikel (*un*) sowie *algun* verwendet:

Vol pujar en aquesta muntanya.	Er will auf diesen Berg da steigen.
Anirem en aquella ciutat.	Wir werden in jene Stadt fahren.
La vaig conèixer quan treballava en una fàbrica.	Ich lernte sie kennen, als sie in einer Fabrik arbeitete.
S'han traslladat en un edifici del centre de la ciutat.	Sie sind in ein Gebäude im Zentrum der Stadt umgezogen.
Asseieu-vos en alguna cadira.	Setzt euch auf irgendeinen Stuhl.

Anmerkung: Auch in diesen Fällen wird in der Umgangssprache *a* gesetzt; so: *Asseieu-vos a alguna cadira.*

3. Beim Fragepronomen *quin* wird zur Richtungs- und Ortsangabe immer *a* benutzt:

A quin cinema vas?	In welches Kino gehst du?
A quin carrer vius?	In welcher Straße wohnst du?

4. Verben, die die Präpositionen *a* oder *en* regieren, behalten diese jedoch bei (außer in den in § 317 beschriebenen Fällen):

El cuc s'ha infiltrat en el sistema operatiu.	Der Wurm hat sich im Betriebssystem eingenistet.
No han participat en la cursa de marató.	Sie haben nicht am Marathonlauf teilgenommen.
Contribuïm a la pau mundial.	Wir tragen zum Weltfrieden bei.

Anmerkung: Auch hier neigt die Umgangssprache dazu, die mit *en* gebrauchten Verben (z. B. *infiltrar-se en, participar en*) mit der Präposition *a* einzuleiten; so: *El cuc s'ha infiltrat al sistema operatiu.*

311 Die Präposition *amb*

Die Präposition *amb* wird verwendet

1. zur Angabe der Begleitung, der Gemeinschaft:

Anem al teatre amb els Badia.	Wir gehen mit den Badias ins Theater.
viure amb els pares	bei den Eltern wohnen
la senyora amb el gos	die Dame mit dem Hund

2. zur Angabe der Art und Weise:

amb prou feines	mit knapper Not
amb raó	mit Recht
amb tot (el) dret	mit Fug und Recht
amb veu tremolosa	mit zitternder Stimme
amb/a sang freda	kaltblütig
aplaudir amb entusiasme	begeistert Beifall klatschen
escoltar amb atenció	aufmerksam zuhören
esperar amb paciència	geduldig warten
Ho he vist amb els meus propis ulls.	Ich habe es mit eigenen Augen gesehen.
mirar algú amb desconfiança	jdn. misstrauisch ansehen
saber amb tota seguretat	ganz sicher wissen

3. zur Angabe des Mittels und besonders auch des Transportmittels:

anar amb bicicleta/amb cotxe	mit dem Fahrrad/Auto fahren
escriure amb bolígraf	mit dem Kugelschreiber schreiben
menjar amb els dits	mit den Fingern essen
menjar amb forquilla/amb la forquilla	mit der Gabel essen
pujar amb ascensor	mit dem Fahrstuhl fahren
tancar la porta amb clau	die Tür abschließen
viatjar amb tren	mit dem Zug reisen

Aber: *a màquina, llapis …* – mit der Maschine, mit dem Bleistift … (vgl. § 309.9)

4. zur Angabe des Begleitumstandes:

amb el fred que fa	bei dieser Kälte
amb un vent tan fort	bei so starkem Wind
arribar amb retard	mit Verspätung ankommen

5. mit konzessiver Bedeutung:

Amb tota la sort que té, no és feliç.	Obwohl er so viel Glück hat, ist er nicht glücklich.

6. zur Angabe des Merkmals, einer Eigenschaft:

M'agraden les sabates amb taló alt.	Mir gefallen Schuhe mit hohem Absatz.
un edifici amb vint pisos	ein Gebäude mit zwanzig Stockwerken
una habitació amb vista al mar	ein Zimmer mit Blick aufs Meer

7. nach folgenden Substantiven:

la convivència amb els àrabs	das Zusammenleben mit den Arabern
en col·laboració amb	unter Mitwirkung von
en comparació amb	im Vergleich zu
en relació amb	im Verhältnis zu

8. nach folgenden Adjektiven:

amable amb	freundlich zu
atent amb	zuvorkommend zu
content amb	zufrieden mit
cruel amb	grausam zu
generós amb	großzügig zu

9. in Wendungen:

amb motiu de la festa	anlässlich der Feier
amb perdó/permís sigui dit	mit Verlaub gesagt
amb vista a	im Hinblick auf/hinsichtlich
batejar amb el nom de	auf den Namen von … taufen

Die Präposition *de* 312

Die Präposition *de* wird verwendet

1. zur Wiedergabe des deutschen Genitivs:

l'apartament dels meus avis	die Wohnung meiner Großeltern
la dona del nostre veí	die Frau unseres Nachbarn

2. zur näheren Bestimmung eines Substantivs:

un pis de quatre habitacions	eine Vierzimmerwohnung
un arbre de tres cents anys	ein dreihundertjähriger Baum
la ciutat de Barcelona	die Stadt Barcelona
el títol de doctor	der Doktortitel
la batalla de les nacions	die Völkerschlacht
la batalla del 1813	die Schlacht von 1813
un cinema de les Rambles	ein Kino auf den Rambles

3. zur Angabe der Herkunft, Entfernung, Trennung und des Ausgangspunkts:

Sóc de Terrassa.	Ich bin aus Terrassa.
El meu oncle és originari/oriünd d'Elx.	Mein Onkel stammt aus Elx.
Vinc de Lleida.	Ich komme aus Lleida.
tornar d'Alemanya	aus Deutschland zurückkommen
sortir de l'estació	den Bahnhof verlassen
baixar del tren	aus dem Zug steigen
fer fora de casa	aus dem Haus jagen
els viatjants procedents de Portugal	die Reisenden aus Portugal
anar de casa en casa	von Haus zu Haus gehen
passar de mort a vida	von den Toten auferstehen
a dos quilòmetres de distància	in 2 km Entfernung

4. zur Angabe einer Dauer oder eines Zeitraums:

Obren de nou a una.	Es ist von neun bis eins geöffnet.
anar-hi de nit/de dia	in der Nacht/am Tag hingehen
De petit/De gran va viure a Reus.	Als Kind/Im Alter lebte er in Reus.

5. in partitiver Funktion:

un tall de pernil	eine Scheibe Schinken
una tallada de síndria	ein Stück Wassermelone
una llesca de pa	eine Scheibe Brot
un terròs de sucre	ein Stück Zucker
un filet de vedella	ein Kalbsschnitzel
una copa de vi	ein Glas Wein
una ampolla d'aigua mineral	eine Flasche Mineralwasser
un got de cervesa	ein Glas Bier

Aber: *un got per a cervesa* – ein Bierglas

6. vor qualifizierenden Adjektiven sowie vor Demonstrativa und Possessiva, wenn sich diese auf ein durch das Partitivpronomen *en* wiedergegebenes Substantiv beziehen (vgl. § 115):

Tens un llapis vermell? – En tinc només un de blau.	Hast du einen roten Stift? – Ich habe nur einen blauen.
Si necessiteu més arguments, encara en tinc de més convincents.	Falls ihr noch mehr Argumente braucht: Ich habe noch überzeugendere.
Quantes pomes vols? – En vull tres d'aquestes.	Wie viele Äpfel möchtest du? – Ich möchte drei von diesen.
Veig que hi ha dues pinyes. – Sí, n'hi ha una de meva.	Wie ich sehe, sind zwei Ananas da. – Ja, eine ist von mir.

7. vor qualifizierenden Adjektiven sowie vor Possessiva und Demonstrativa, wenn sich diese auf ein mitverstandenes Substantiv beziehen, das die Ergänzung zu einem ausgelassenen Verb bildet:

Han arribat quatre estudiants estrangers, un d'italià, dos de francesos i un d'anglès.	Es sind vier ausländische Studenten angekommen, ein italienischer, zwei französische und ein englischer.
Tinc dues germanes més petites i una de més gran.	Ich habe zwei jüngere Schwestern und eine ältere.
Van premiar una obra d'ell i una de meva.	Man hat eines seiner Werke und eins von mir ausgezeichnet.
Compro dos bolígrafs, un d'aquests i un d'aquells.	Ich kaufe zwei Kugelschreiber, einen von diesen und einen von denen da.

8. in pleonastischen Konstruktionen zur Hervorhebung eines Satzteils, in denen die Nominalgruppe noch einmal durch das Pronomen *en* aufgenommen wird (vgl. § 322):

En tinc molta, de gana.	Ich habe **großen** Hunger.
Ja en portarem nosaltres, de cava.	Den Sekt, den bringen wir schon mit.
El fuster us en donarà, de llenya.	Das Brennholz, das wird euch der Tischler geben.

9. zur Angabe der Art und Weise:

anar de puntetes	auf Zehenspitzen gehen
aprendre de memòria/cor	auswendig lernen
d'aquesta manera	auf diese Weise

de broma	im Spaß/im Scherz
fer les coses d'amagat	alles heimlich machen
parlar de pressa	schnell sprechen
prendre's de debò	ernst nehmen
vestit de blanc	weiß gekleidet

10. zur Angabe des Materials:

una taula de fusta	ein Tisch aus Holz/Holztisch
un full de paper	ein Blatt Papier
una americana de llana	eine Jacke aus Wolle/Wolljacke

11. zur Angabe des Grundes:

cridar de dolor	vor Schmerz schreien
plorar de ràbia	vor Wut heulen
saltar d'alegria	vor Freude springen

12. nach folgenden Partizipien:

acompanyat de/seguit de	begleitet von/gefolgt von
odiat de	gehasst von
temut de/estimat de	gefürchtet von/geliebt von

13. nach den Verben *penjar/prendre* u. a.:

penjar de la paret	an der Wand hängen
prendre del/pel braç	am Arm nehmen

Beachte: *prendre el pèl a algú* – jdn. auf den Arm nehmen, jdn. verschaukeln

14. nach folgenden Substantiven:

la causa/la raó/el motiu de	der Grund für
la falta de	der Mangel an
un exemple de	ein Beispiel für
por de (a)	Furcht vor

15. nach folgenden Adjektiven:

(in)capaç de	(un)fähig zu
(in)dependent de	(un)abhängig von
cansat/fart de	überdrüssig (+ Genitiv)
característic de	charakteristisch für
culpable de	schuldig an
diferent de	verschieden von

dotat de/amb	ausgestattet mit
envejós de	neidisch auf
gelós de	eifersüchtig auf
ple de	voll von
proveït de	versehen mit
típic de	typisch für

Beachte: *curt de cames* – kurzbeinig, *dur d'orella* – schwerhörig

16. teilweise fakultativ nach quantifizierenden Indefinita und Adverbien wie z. B. *molt, poc, tant, bastant, prou, més, menys, quant, gens, gota, (una) mica, un poc* (vgl. § 59):

Mai no he vist tant de gent/tanta gent.	Ich habe noch nie so viele Leute gesehen.
Van inscriure's prou d'interessats.	Es haben sich genügend Interessenten eingeschrieben.
Quant de temps sense veure't.	Wie lange ist es her, dass ich dich nicht gesehen habe!
Saps si ens queda gens de llet?	Weißt du, ob wir noch etwas Milch haben?
Hi arribarem amb una mica/un poc de retard.	Wir werden mit etwas Verspätung dort ankommen.

Beachte: Die Präposition *de* steht auch nach der partiellen Verneinung: *Hi ha begudes de totes menes, però no pas d'alcohòliques.* – Es gibt alle möglichen Getränke, aber keine alkoholischen.

17. zur Bildung von präpositionalen Fügungen mit Hilfe von Adverbien und adverbialen Fügungen:

Viuen lluny de casa nostra.	Sie wohnen weit weg von uns.
Darrere del/el jardí començava el bosc.	Hinter dem Garten begann der Wald.
El gat dormia al damunt de l'estufa.	Die Katze schlief auf dem Ofen.

Anmerkung 1: Eine Reihe von Adverbien, so *davant, damunt, dins, fora* u. a., kann mit der Präposition *de* gebraucht werden, wenn das Objekt nicht direkt folgt oder ein Personalpronomen ist: *davant mateix de casa* – direkt vor dem Haus, *davant d'ell* – vor ihm. In allen anderen Fällen zieht die Literatursprache den Gebrauch ohne *de* vor. In der Umgangssprache sind Schwankungen zu verzeichnen: *dins la sala/dins de la sala* – drinnen im Saal, *davant la porta/davant de la porta* – vor der Tür.

Anmerkung 2: An Stelle von präpositionalen Fügungen des Ortes mit *de* und einem Personalpronomen wird normalerweise unter Auslassung von *de* das Possessivpronomen gebraucht: *darrere de vosaltres/darrere vostre* – hinter euch, *davant de mi/davant meu* – vor mir.

18. zur Einführung des Agens im Passiv:

Això és fet de la Marta.	Das hat Marta gemacht.
És sabut de tothom.	Das wissen alle.

19. in Ausrufesätzen:

Pobre de tu!	Du Armer!
Dimoni d'home!	So ein mieser Kerl!

20. in Wendungen:

de cap manera/de cap de les maneres	unter keinen Umständen/ keinesfalls
de cop (i volta)	auf einmal
de moment	zur Zeit/im Augenblick
de seguida	sofort
de sobte	plötzlich
de tant en tant	bisweilen/ab und zu
de tota forma/de totes maneres/ de tota manera	jedenfalls
de totes maneres	unter allen Umständen
de/per la seva banda	seinerseits/ihrerseits
estar de moda	modern sein/in Mode sein
preferir de lluny/de bon tros/ de molt	bei weitem vorziehen
tenir de què viure	genug zum Leben haben

Zu Verben mit *de*-Objekt vgl. § 261, zum Infinitiv mit *de* vgl. § 250, zur Bildung von dt. 'müssen' vgl. § 258.11

313 Die Präposition *en*

Die Präposition *en* wird verwendet

1. zur Ortsangabe (wo?):

Vivia en aquesta casa.	Er lebte in diesem Haus.
Estudiem en una universitat privada.	Wir studieren an einer privaten Universität.
Ens vam trobar en algun restaurant desconegut.	Wir trafen uns in irgendeinem unbekannten Restaurant.

2. zur Ortsangabe bei Orten (abstrakte Begriffe, in Wissenschaft, Kultur u. a.):

Això es pot llegir en l'"Atlàntida' de Verdaguer.	Das kann man in *Atlantis* von Verdaguer lesen.
En l'última sessió de l'any es va decidir que…	Auf der letzten Versammlung des Jahres wurde entschieden, dass …

3. zur Angabe eines Zeitraums:

llegir una novel·la en dos dies	einen Roman in zwei Tagen lesen
tornar en un moment	in einem Augenblick zurück sein
enllestir una feina en quinze dies	eine Arbeit in 14 Tagen abschließen
en els anys 70/en els 70	in den siebziger Jahren/in den Siebzigern
Vaig néixer en 1963.	Ich bin 1963 geboren.
en plena guerra civil	mitten im Bürgerkrieg
en un futur pròxim	in naher Zukunft
en un no res/en un instant/en un girar d'ulls/en un tancar i obrir d'ulls	im Nu

Beachte: Geläufiger ist bei Jahreszahlen: *Vaig néixer el 1963/l'any 1963.*

4. zur Angabe der Art und Weise:

frenar en sec	plötzlich bremsen
parlar en veu baixa/alta	leise/laut sprechen
en/de broma	zum Spaß

5. nach folgenden Adjektiven:

abundant en	überreich an
competent en	kompetent in
experimentat en	erfahren in
fort/fluix en (una assignatura)	stark/schwach in (einem Fach)
interessat en	interessiert/beteiligt an
ric/pobre en	reich/arm an

6. zur näheren Bezeichnung des Fachgebiets nach einem akademischen Titel:

doctor en filosofia i lletres	Doktor der Philosophie
màster en dret	Master der Rechtswissenschaft
grau en informàtica	Bachelor der Informatik

7. in Wendungen:

a les tres en punt	Punkt drei Uhr
avui en dia/en els nostres dies	heutzutage
en (el) nom del rei	im Namen des Königs
en benefici de	zugunsten von
en canvi	dagegen
en cap cas	unter keinen Umständen/keinesfalls
en comparació amb/ *en esguard de* [lit.]	im Vergleich zu
en conseqüència	folglich
en consideració a/en vista de	im Hinblick auf/hinsichtlich
en el fons	im Grunde
en general	im Allgemeinen
en honor de	zu Ehren von
en memòria/recordança [lit.] *de*	zur Erinnerung an
en ocasió del seu aniversari	anlässlich seines Geburtstages
en principi	prinzipiell
en realitat	in Wirklichkeit/eigentlich
en relació a	in Bezug auf
en senyal/signe de	zum Zeichen von
en tot cas	jedenfalls
en tots els casos	unter allen Umständen
estar/posar en ordre	in Ordnung sein/bringen
prendre part en u.c.	an etw. teilnehmen
Què faries en el meu lloc?	Was tätest du an meiner Stelle?

Zu Verben mit *en*-Objekt vgl. § 262, zum Infinitiv mit *en* bzw. zur Einführung eines temporalen Nebensatzes mit *en* vgl. §§ 254 und 317

314 Die Präposition *per*

Die Präposition *per* wird verwendet

1. zur ungefähren Angabe eines Ortes:

No hi ha cap farmàcia per aquí?	Gibt es denn hier keine Apotheke?
Per aquí, si us plau.	Hier entlang, bitte.

2. zur Angabe des Weges oder der Richtung:

Hem anat per l'autopista.	Wir sind die Autobahn gefahren.
Van entrar per la finestra.	Sie sind durch das Fenster eingestiegen.
Passi per la duana, si us plau.	Gehen Sie bitte durch den Zoll.

3. zur Angabe des Zeitraums und der ungefähren Zeit, vor allem bei Monaten und Feiertagen:

Vindrà per Nadal.	Er wird zu Weihnachten kommen.
Pel setembre comencen els cursos.	Im September fangen die Vorlesungen an.
Em deixes el llibre per tres dies?	Leihst du mir das Buch für drei Tage?
El vaig llogar per l'abril.	Ich habe es im April gemietet.

Aber: *al matí* – am Morgen, *de matí* – morgens

4. zur Angabe des Mittels:

M'ho van enviar per correu.	Sie haben es mit der Post geschickt.
saber per la premsa	aus der Presse wissen
per experiència	aus Erfahrung

5. zur Angabe der Art und Weise:

per escrit	schriftlich
per força	mit Gewalt
El vam trobar per casualitat.	Wir trafen ihn zufällig.
per ordre alfabètic	in alphabetischer Reihenfolge
enviar per separat	getrennt schicken

Aber: Sie leben getrennt. – *Viuen separats/per separat.*

6. zur Angabe des Grundes:

Per què?	Warum?
per això	darum/daher
per aquesta raó	aus diesem Grund
Aquesta és la raó per la qual …	Das ist der Grund, weshalb …
per por al càstig	aus Furcht vor Strafe
per culpa meva	durch meine Schuld
per falta de diners	mangels Geld

7. in distributiver Funktion:

per dia/setmana	pro Tag/Woche
En prens una per hora.	Du nimmst jede Stunde eine davon.
un paquet per nen	ein Paket pro Kind

8. in prädikativer Funktion:

M'han pres per la meva germana.	Sie haben mich für meine Schwester gehalten.
La teníem per dona fidel.	Wir hielten sie für eine treue Frau.
Tothom ens tenia per estudiants.	Alle hielten uns für Studenten.

9. in Wendungen:

cent euros per cap/persona	hundert Euro pro Kopf/Nase
en reconeixença/recompensa per la vostra fidelitat	zum Dank für Ihre Treue
Moltes gràcies per avançat/ per endavant!	Vielen Dank im Voraus!
per ara	vorläufig/einstweilen
per conseqüent	folglich
per darrera vegada	zum letzten Mal
per excel·lència	im wahrsten Sinne des Wortes/schlechthin
per exemple	zum Beispiel
per fortuna/sort	zum Glück
per iniciativa/ordre de	auf Veranlassung von
per l'estil	so etwas/dergleichen
Per mi que ho faci.	Meinetwegen soll er es tun!
per part dels esportistes	vonseiten der Sportler
per sorpresa del seu pare	zur Überraschung seines Vaters
per un costat/cantó … per l'altre costat/cantó/per una part …, per l'altra part	einerseits …, andererseits …
Què s'entén per …?	Was versteht man unter …?

10. nach folgenden Substantiven:

una aversió/repugnància/ repulsió per (envers) algú/u.c.	eine Abneigung gegen jdn./etw.
la guerra/lluita per u.c.	der Krieg/Kampf um etw.
tenir interès per algú/u.c.	sich für jdn./etw. interessieren
una pregària per algú	ein Gebet für jdn.

11. nach folgenden Adjektiven:

conegut per	bekannt für
famós/cèlebre per	berühmt für

Zu Verben mit *per*-Objekt vgl. § 264, zum Infinitiv mit *per* vgl. § 255 sowie zum Anschluss des Agens im Passiv vgl. § 211

Die Präposition *per a* 315

Die Präposition *per a* wird verwendet

1. zum Ausdruck des Zweckes oder der Bestimmung, insofern kein Verb im Infinitiv folgt:

Aquestes flors són per a tu.	Diese Blumen sind für dich.
Compra una medecina per a la tos.	Kauf eine Medizin gegen den Husten.
És una escola per als rics.	Das ist eine Schule für Reiche.
És prou per al dinar d'avui.	Es ist genug für das heutige Mittagessen.
Hem arribat massa d'hora/aviat per a la reunió.	Wir sind zu früh zur Versammlung da.

2. zur Angabe der Richtung oder des Ziels, insofern kein Verb im Infinitiv folgt:

el tren per a Madrid	der Zug nach Madrid
embarcar-se per a Mallorca	sich nach Mallorca einschiffen
sortir per a Perpinyà	nach Perpinyà reisen

Anmerkung: Meist wird hier aber *cap a* gebraucht: *un tren cap a Madrid.*

3. in Vergleichen:

Per als seus dotze anys toca bé el violí.	Für seine zwölf Jahre spielt er gut Geige.
Per a novembre fa massa fred.	Für November ist es zu kalt.

4. zur Angabe eines bestimmten Zeitpunkts:

Ho deixarem per a demà.	Wir lassen es für morgen.
Per a quan t'ho han encarregat? – Per a dissabte.	Für wann haben sie dir den Auftrag gegeben? – Für Sonnabend.
Tenim una invitació per a la tarda.	Wir haben eine Einladung für den Nachmittag.

5. zum Ausdruck der Meinung:

Per a l'Estat, aquell terrorista era molt perillós.	Für den Staat war dieser Terrorist sehr gefährlich.
Per a mi, s'equivoca.	Ich denke, er irrt sich.

6. nach folgenden Adjektiven:

adequat per a	angebracht für
apte per a	geeignet für
dotat per a	begabt für
(in)hàbil per a	(un)fähig zu
nociu per a	schädlich für
útil per a	nützlich für

7. in Wendungen:

No n'hi ha per a tant.	Es ist nicht halb so schlimm.
És per a tenir por.	Da bekommt man ja Angst.

316 Die Präposition *sobre*

Die Präposition *sobre* wird verwendet

1. zur Angabe des Platzes, worauf oder worüber sich etwas/jemand befindet (auch im übertragenen Sinn):

Les revistes són sobre la taula.	Die Zeitschriften liegen auf dem Tisch.
Són quatre graus sobre zero.	Es sind vier Grad über Null.
Han apujat l'impost sobre la renda.	Man hat die Einkommenssteuer erhöht.

Beachte: Zum Ausdruck des konkreten Sinns wird häufig *damunt* gebraucht: *Les revistes són damunt la taula.*

2. zur Angabe der Richtung (auch im übertragenen Sinn):

la marxa sobre Roma	der Marsch auf Rom
Va fixar la mirada sobre les noies.	Sie heftete ihren Blick auf die Mädchen.
Tota la culpa va caure a sobre meu.	Alle Schuld fiel auf mich.

3. in Verbindung mit der Angabe eines Themas:

un film sobre la vida d'una dona xinesa	ein Film über das Leben einer chinesischen Frau
parlar sobre el descobriment d'Amèrica	über die Entdeckung Amerikas sprechen

4. in Wendungen:

dificultats sobre dificultats	Schwierigkeiten über Schwierigkeiten
sobretot	vor allem/besonders
sobre el terreny	vor Ort/an Ort und Stelle
sobre la marxa	zum gegebenen Zeitpunkt
sobre manera	übermäßig (viel)

Zur Einleitung eines einschränkenden Nebensatzes wird *a sobre de* 'obendrein' gebraucht:

A sobre de venir tard encara s'entreté.	Nicht genug, dass er sich verspätet; er trödelt auch noch!
A sobre de criticar-lo davant de tots li va posar un suspens.	Er kritisierte ihn vor allen und ließ ihn obendrein noch durchfallen.

Veränderung und Wegfall von Präpositionen 317

1. Vor einem Infinitiv werden die Präpositionen ***en*** und ***amb***, die ein Objekt o. Ä. einführen, zu ***a*** oder ***de***. Vor der Konjunktion *que* fallen sie ganz aus:

Pensa en ell.	Er denkt an ihn.
Pensa a/de venir.	Er hat vor, zu kommen.
Pensa que has de trucar l'Anna.	Er denkt, dass du Anna anrufen solltest.
L'amenaçava d'explicar-ho tot a la premsa.	Er drohte ihm damit, alles der Presse zu erzählen.
L'amenaçava que ho explicaria a la premsa.	Er drohte ihm damit, es der Presse zu erzählen.

Anmerkung: Auch vor den Konjunktionen *si, com* und *quan* kann die Präposition ausfallen: *Pensa com/quan/si ho vols fer. Pensa en com/quan/si ho vols fer.* – Überlege dir, wie/wann/ob du es machen willst.

2. Die Präpositionen ***a*** und ***de*** entfallen, wenn sie allein oder mit einer anderen Präposition stehen, vor der Konjunktion *que*:

Tenim dret a una indemnització.	Wir haben Anspruch auf eine Entschädigung.
Tenim dret que ens indemnitzin.	Wir haben Anspruch darauf, dass man uns entschädigt.
Parlem de la feina.	Wir reden über die Arbeit.
Parlem que volem fer una excursió.	Wir reden darüber, dass wir einen Ausflug machen wollen.

Anmerkung 1: Die Präposition *de* kann auch vor *qui* ausfallen: *Et recordes (de) qui ha trucat?* – Erinnerst du dich daran, wer angerufen hat?

Anmerkung 2: Mitunter wird die durch den Ausfall der Präposition entstehende Konstruktion stilistisch als zu steif empfunden und deshalb *fer* oder *el fet* eingefügt: *Les flors ajuden a fer que l'habitació sigui més agradable.* – Die Blumen tragen dazu bei, dass das Zimmer angenehmer wirkt. *Tot prové del fet que s'han equivocat.* – Alles kommt daher, dass sie sich geirrt haben.

3. Bei den Präpositionen ***cap a*** und ***fins a*** fällt das ***a*** aus, wenn sie vor bestimmten Adverbien, den Demonstrativa oder der Konjunktion *que* stehen:

Anem cap a casa.	Wir gehen nach Hause.
Anem cap aquella casa.	Wir gehen zu dem Haus da.
Anem cap aquí.	Wir gehen in diese Richtung/hier entlang.
Anem fins a Badalona.	Wir fahren bis nach Badalona.
Anem fins aquella ermita.	Wir fahren bis zu jener Einsiedelei.
Anem fins allà.	Wir gehen bis dorthin.

Anmerkung zu 1-3: In der Umgangssprache bleibt die Präposition vor *que* zumeist erhalten.

4. Die Präposition ***de*** wird gewöhnlich vor Straßennamen und Namen von Plätzen ausgelassen:

carrer (de) Maragall	Maragallstraße
plaça (de) Gaudí	Gaudí-Platz
avinguda (d') Aragó	Aragó-Allee

5. Die Präposition ***amb*** kann in absoluten Konstruktionen ausgelassen werden:

Va aparèixer amb el vestit desfet i la cara bruta./Va aparèixer, el vestit desfet i la cara bruta. [lit.]	Sie erschien mit einem zerfetzten Kleid und schmutzigem Gesicht.

Kapitel 25 Die Struktur des katalanischen Satzes
(L'estructura de l'oració en català)

Im Katalanischen unterscheidet man zwischen einfachen Sätzen (oració simple o independent) und zusammengesetzten Sätzen (oració composta). Der einfache Satz ist stets ein Hauptsatz. Der zusammengesetzte Satz besteht aus zwei oder mehr aneinandergereihten Hauptsätzen (Satzreihe - oració de coordinació) oder aus einem Hauptsatz und einem oder mehreren Nebensätzen, die vom Hauptsatz abhängen (Satzgefüge - oració de subordinació).

Die Struktur des einfachen Satzes 318

In der folgenden Übersicht erscheinen die wichtigsten Typen des einfachen Satzes. Die Satzglieder stehen in der üblichen Reihenfolge (zur Stellung der adverbialen Bestimmung vgl. § 319; zur Umordnung einzelner Satzglieder vgl. §§ 320-322; zur Hervorhebung bestimmter Satzglieder vgl. §§ 323-326):

1. finites Verb:

Plou.	Es regnet.
Neva.	Es schneit.

Anmerkung: Dt. 'es' wird hier nicht ausgedrückt!

2. finites Verb + direktes Objekt (zum Gebrauch der Subjektpronomen vgl. § 108):

He vist la Maria.	Ich habe Maria gesehen.
Necessitem ajuda.	Wir brauchen Hilfe.
Convideu uns amics.	Ladet ein paar Freunde ein!

3. Subjekt + finites Verb:

El pare fuma.	Der Vater raucht.
Les noies canten.	Die Mädchen singen.

4. Subjekt + finites Verb + direktes Objekt:

En Joan va acompanyar les senyores.	Joan begleitete die Damen.
El meu germà amaga un regal.	Mein Bruder versteckt ein Geschenk.

5. Subjekt + finites Verb + indirektes Objekt:

La Costa Brava (els) agrada als turistes.	Die Costa Brava gefällt den Touristen.

Zum Gebrauch der unbetonten Objektpronomen zur Vorwegnahme des indirekten Objekts vgl. § 123.

6. Subjekt + finites Verb + direktes Objekt + indirektes Objekt:

La mare dóna consells a la filla.	Die Mutter gibt der Tochter Ratschläge.
L'alcalde adreça la paraula als convidats.	Der Bürgermeister richtet das Wort an die Gäste.

Anmerkung: Die Folge von direktem Objekt und indirektem Objekt wird umgekehrt, wenn das direkte Objekt durch einen Relativsatz erweitert wird, wenn es bedeutend länger ist oder wenn es den Schwerpunkt der Mitteilung darstellt: *L'escriptor envia a l'editor una novel·la que acaba d'escriure.* – Der Schriftsteller schickt dem Verleger einen Roman, den er soeben beendet hat. *L'escriptor envia a l'editor la seva última novel·la.* – Der Schriftsteller schickt dem Verleger seinen letzten Roman.

7. Subjekt + finites Verb + präpositionales Objekt:

El pobre somnia amb un milió de dòlars.	Der Arme träumt von einer Million Dollar.
Tots renunciem a la nostra participació.	Wir verzichten alle auf unsere Teilnahme.

8. Subjekt + finites Verb + direktes Objekt + präpositionales Objekt:

L'avi va reconèixer el seu nét pels ulls.	Der Großvater erkannte seinen Enkel an den Augen.

9. Subjekt + finites Verb + indirektes Objekt + präpositionales Objekt:

Els vells parlen als joves de la guerra.	Die Alten berichten den Jungen vom Krieg.

10. Subjekt + *ser* oder *estar* + Prädikatsnomen (zum Gebrauch von *ser* und *estar* vgl. §§ 213-217):

En Jordi és simpàtic.	Jordi ist sympathisch.
La meva família està contenta.	Meine Familie ist zufrieden.

11. Subjekt + finites Verb + Prädikativum:

Aquell noi sembla policia.	Der Junge da scheint Polizist zu sein.
La Gemma s'ha posat elegant.	Gemma hat sich fein gemacht.

12. Subjekt + finites Verb + direktes Objekt + Prädikativum:

En Manel considera el seu amic molt intel·ligent.	Manel hält seinen Freund für sehr intelligent.
Trobo el seu actual llibre el més important.	Ich halte sein neues Buch für das beste.

Die Stellung der adverbialen Bestimmung 319

1. Ebenso wie im Deutschen können adverbiale Bestimmungen der Art, des Ortes und der Zeit entweder am Satzanfang oder am Satzende stehen. Dabei hängt die Stellung vom Schwerpunkt der Mitteilung ab. Was am Satzende erscheint, wird stärker hervorgehoben:

Començarem les vacances a mitjan juliol.	Wir gehen Mitte Juli in Urlaub.
Durant un any hi vaig treballar.	Ich habe dort ein Jahr lang gearbeitet.
Deixeu la bossa damunt la taula.	Stellt die Tasche auf den Tisch!
Va contestar amb molta calma.	Er antwortete sehr gelassen.

2. Adverbiale Bestimmungen, die eine Aussage bewerten, stehen gewöhnlich am Satzanfang:

Per sort, no ha caigut a l'aigua.	Zum Glück ist er nicht ins Wasser gefallen.
Segons el meu parer, hem de canviar d'oficina.	Meiner Meinung nach müssen wir das Büro wechseln.
Inesperadament va entrar el director.	Unerwarteterweise trat der Direktor ein.
Potser no hagi dit res.	Vielleicht hat er nichts gesagt.

3. Adverbiale Ergänzungen, die das Verb wie ein Objekt ergänzen, stehen nach dem Verb:

No ens vam veure abans de Nadal.	Wir haben uns vor Weihnachten nicht gesehen.
M'agrada viatjar amb tren.	Ich reise gern mit dem Zug.

Hem de procedir amb prudència.	Wir müssen vorsichtig vorgehen.
El gat s'ha amagat sota el llit.	Die Katze hat sich unter dem Bett versteckt.
Passem les vacances a Mallorca.	Wir verbringen die Ferien auf Mallorca.

4. Wenn mehrere adverbiale Bestimmungen zusammentreffen, stehen die Ortsangaben im Unterschied zum Deutschen zumeist vor weiteren Angaben:

Vaig néixer a Sóller el 1967.	Ich wurde 1967 in Sóller geboren.
Aneu a Cadis amb cotxe o amb avió?	Fahrt ihr mit dem Auto oder fliegt ihr nach Cádiz?

5. Am Satzanfang können ebenfalls adverbiale Bestimmungen stehen; Einschübe sind auch möglich:

Cada matí em llevo a les sis.	Jeden Morgen stehe ich um sechs Uhr auf.
Avui, a causa de la pluja, no hem pogut fer res.	Heute haben wir aufgrund des Regens nichts tun können.
Hi va veure, per primera vegada, un escorpí.	Er sah dort zum ersten Mal einen Skorpion.

Die Umordnung einzelner Satzglieder

Je nach Mitteilungsabsicht und Textzusammenhang kann die in § 318 dargestellte übliche Reihenfolge der Satzglieder verändert werden.

320 Die Reihenfolge von Subjekt und Prädikat

Abweichend von der üblichen Reihenfolge steht das Prädikat vor dem Subjekt:

1. wenn das Subjekt den Schwerpunkt der Aussage bildet (zumeist mit einem präsentativen Verb):

Sonen les campanes.	Die Glocken läuten.
Fa falta un mapa.	Es fehlt eine Landkarte.
Ja ve el compte.	Die Rechnung kommt schon.
Creix la lluna.	Der Mond nimmt zu.

2. sehr häufig beim reflexiven Passiv:

A Catalunya es parla català.	In Katalonien spricht man Katalanisch.
S'ofereixen totes les assignatures.	Es werden alle Fächer angeboten.

3. bei der absoluten Partizipialkonstruktion (vgl. § 235.5):

Passades les festes, l'Anna va tenir el seu fill.	Nach den Feiertagen bekam Anna ihr Kind.
Arribat l'estiu, la majoria de les plantes s'adapten a la sequia.	Sobald es Sommer wird, passt sich die Mehrzahl der Pflanzen der Trockenheit an.
Una vegada celebrada la inauguració, els pilots van començar l'entrenament.	Nach den Eröffnungsfeierlichkeiten begannen die Piloten mit dem Training.

4. beim Gerundium (§ 245):

Ajudant-la en Carles, no ens necessitarà a nosaltres.	Wenn Carles ihr hilft, wird sie uns nicht brauchen.

5. bei Infinitivkonstruktionen (vgl. auch § 256):

En contestar-li la Montse, es va adonar que tot era mentida.	Als Montse ihm antwortete, stellte er fest, dass alles gelogen war.
D'haver-ho sabut jo, tothom hagués vingut.	Wenn ich es gewusst hätte, wären alle gekommen.
Després de resoldre els problemes, anirem a sopar.	Nachdem wir die Probleme gelöst haben werden, gehen wir Abendbrot essen.

6. bei Sätzen, die in die direkte Rede eingeschoben bzw. nachgestellt werden:

«Com t'has comportat així?», el va renyar la mare.	„Wie hast du dich nur so benehmen können?“ schimpfte die Mutter mit ihm.

7. in Fragesätzen:

Que hi és el senyor Pi?	Ist Herr Pi da?
A quina hora surt l'últim autobús?	Wann fährt der letzte Autobus ab?
On és l'estació?	Wo ist der Bahnhof?

Anmerkung: Bei Entscheidungsfragen kann auch die übliche Reihenfolge beibehalten werden. Die Intonation steigt zum Satzende hin an: *El senyor Pi, hi és? El tren, ha arribat?* – Ist der Zug angekommen?

321 Die Voranstellung des direkten und indirekten Objekts

1. Ebenso wie im Deutschen kann das direkte oder das indirekte Objekt vor dem Verb stehen. Es wird dann durch die entsprechenden Personalpronomen wieder aufgenommen (vgl. auch § 123):

El senyor Pla el veig cada dia.	Herrn Pla sehe ich jeden Tag.
A la Pilar li ho explicaré després.	Pilar werde ich es später erklären.

2. Besteht das vorangestellte direkte Objekt aus einem Substantiv, dem ein unbestimmter Artikel oder ein Indefinitadjektiv vorausgeht, so unterbleibt die pronominale Wiederaufnahme:

Una cosa sabem amb certesa:...	Eins wissen wir mit Gewissheit: ...
Alguna raó hi haurà per què/per la qual no hagi vingut.	Es wird schon einen Grund geben, weshalb er nicht gekommen ist.

Beachte: Es ist nicht üblich, Indefinitpronomen voranzustellen.

Anmerkung: Partitiv gebrauchte Substantive, die als direktes Objekt fungieren, werden mit *en* wiederaufgenommen (vgl. § 115): *De prunes, no en tenim.* – Pflaumen haben wir keine.

3. In Frage- und Ausrufesätzen wird das direkte Objekt ebenfalls nicht wieder aufgenommen:

Quantes taronges has menjat?	Wie viele Apfelsinen hast du gegessen?
Quina alegria em dónes!	Welche Freude bereitest du mir!

322 Die Voranstellung des präpositionalen Objekts

Ebenso wie im Deutschen kann auch im Katalanischen das präpositionale Objekt an den Satzanfang treten, muss dann aber durch das Adverbialpronomen ***en*** bzw. ***hi*** wiederaufgenommen werden:

Amb això no m'hi conformaré mai.	Damit werde ich mich nie zufrieden geben.
A Londres no hi hem anat mai.	Nach London sind wir noch nie gefahren.

De pomes, en vull mig quilo.	Von den Äpfeln möchte ich ein halbes Kilo.
Del viatge a Amèrica, encara no n'hem parlat.	Von der Reise nach Amerika haben wir noch nicht gesprochen.

Die Hervorhebung einzelner Satzglieder 323

Zur Hervorhebung einzelner Satzglieder stehen im Katalanischen grundsätzlich drei Möglichkeiten zur Verfügung:

- hervorzuhebendes Satzglied + *ser* + Relativsatz (Spaltsatz),

- *ser* + hervorzuhebendes Satzglied + Relativsatz (Spaltsatz),

- Relativsatz + *ser* + hervorzuhebendes Satzglied (Sperrsatz).

Als Relativpronomen können *qui*, *el/la/els/les qui*, *aquell/aquella/aquells/aquelles qui* (nur für Personen und nur in der Schriftsprache), *el/la/els/les que, aquell/aquella/aquells/aquelles que, què* (nach Präposition) bzw. *el que/allò que/la cosa que* verwendet werden. Das Verb *ser* steht entweder in derselben Zeit wie das Verb des Relativsatzes oder im *present d'indicatiu*. Geht dem hervorzuhebenden Satzglied eine Präposition voraus, so erscheint diese in der Regel auch im Relativsatz.

Die Hervorhebung des Subjekts, des direkten, indirekten und präpositionalen Objekts 324

1. Bezieht sich das hervorzuhebende Satzglied auf eine **Person,** so wird der Relativsatz in der gesprochenen Sprache und in der Umgangssprache zumeist durch *el/la/els/les que* eingeleitet (seltener *aquell/aquella/aquells/aquelles que*). Nach Präposition steht *qui*. In der Schrift- und Literatursprache wird *el/la/els/les qui* oder *aquell/aquella/aquells/aquelles qui* bevorzugt.

- Hervorhebung des Subjekts:

Les noies estudien geografia.	Die Mädchen studieren Geographie.
Les noies són les qui/que estudien geografia. *Són les noies, les qui/que estudien geografia.* *Les qui/que estudien geografia són les noies.*	**Die Mädchen** studieren Geographie.

Anmerkung: Wird ein Personalpronomen im Singular hervorgehoben, so kann sich das Verb im Relativsatz entweder nach dem Bezugswort des Relativpronomens richten oder in der 3. Person stehen: *Has estat tu la qui/que m'has telefonat avui?/Has estat tu la qui/que m'ha telefonat avui?* – Hast du mich heute angerufen? Geht der Relativsatz voraus, ist nur die 3. Person möglich: *La qui/que m'ha telefonat avui has estat tu, oi?* – Du hast mich heute angerufen, nicht wahr?

Wird ein Personalpronomen im Plural hervorgehoben, so richtet sich das Verb des Relativsatzes nach dem Bezugswort: *Nosaltres som els qui/que us convidem./Som nosaltres els qui/que us convidem.* – Wir laden euch ein. Aber: *Els qui/que us conviden som nosaltres.*

- Hervorhebung des direkten Objekts:

Avui hem trobat l'Anna.	Heute haben wir Anna getroffen.
L'Anna és la que hem trobat avui. *És l'Anna la que hem trobat avui.* *La que hem trobat avui és l'Anna.*	**Anna** haben wir heute getroffen.

Anmerkung: Steht vor dem direkten Objekt der unbestimmte Artikel oder ein Indefinitadjektiv, so gebraucht man zur Hervorhebung *ser + el que*: *Un cambrer és el que busquem.* – Einen Kellner suchen wir. *Molts japonesos és el que hem trobat.* – Viele Japaner haben wir getroffen.

- Hervorhebung des indirekten Objekts:

El metge va receptar una medicina al malalt.	Der Arzt verschrieb dem Kranken eine Medizin.
Al malalt va ser a qui el metge va receptar una medicina. *Va ser al malalt, a qui el metge va receptar una medicina.* *A qui el metge va receptar una medicina va ser al malalt.*	**Dem Kranken** verschrieb der Arzt eine Medizin.

- Hervorhebung des präpositionalen Objekts:

Sempre somiava amb en Jordi.	Sie träumte immer von Jordi.
Amb en Jordi era amb qui somiava sempre. *Era amb en Jordi, amb qui somiava sempre.* *Amb qui somiava sempre era amb en Jordi.*	**Von Jordi** träumte sie immer.

2. Bezieht sich das hervorzuhebende Satzglied auf eine **Sache**, verwendet man *el/la/els/les que* und nach Präposition *què* als Relativpronomen:

- Hervorhebung des Subjekts:

Aquesta brusa m'agrada més.	Diese Bluse gefällt mir besser.
Aquesta brusa és la que m'agrada més. *És aquesta brusa, la que m'agrada més.* *La que m'agrada més és aquesta brusa.*	**Diese Bluse** gefällt mir besser.

Anmerkung: Geht dem direkten Objekt der unbestimmte Artikel oder ein Indefinitadjektiv voraus, so gebraucht man zur Hervorhebung *ser* + *el que*: *El que em fa falta és un vestit.* – Ein Kleid brauche ich. *Moltes sabates és el que m'he emprovat.* – Viele Schuhe habe ich anprobiert.

- Hervorhebung des direkten Objekts:

Ha trencat aquell vidre.	Er hat die Fensterscheibe da zerschlagen.
Aquell vidre és el que ha trencat. *És aquell vidre, el que ha trencat.* *El que ha trencat és aquell vidre.*	**Die Scheibe da** hat er zerschlagen.

- Hervorhebung des indirekten Objekts:

Ens hem dedicat a la ciència.	Wir haben uns der Wissenschaft verschrieben.
A la ciència és a què ens hem dedicat. *És a la ciència, a què ens hem dedicat.* *A què ens hem dedicat és a la ciència.*	**Der Wissenschaft** haben wir uns verschrieben.

- Hervorhebung des präpositionalen Objekts:

El lladre es penedia del delicte.	Der Dieb bereute die Tat.
Del delicte era de què es penedia el lladre. *Era del delicte, de què es penedia el lladre.* *De què es penedia el lladre era del delicte.*	**Die Tat** bereute der Dieb.

3. Werden ein neutrales Pronomen, eine Wortgruppe oder ein ganzer Satz hervorgehoben, so verwendet man das Relativpronomen *el que/allò que/la cosa que* und *què* (nach Präposition).

- Hervorhebung des Subjekts:

No tenir res a fer em posa trist.	Nichts zu tun zu haben, macht mich traurig.
No tenir res a fer és el/allò/la cosa que em posa trist. *És no tenir res a fer, el/allò/la cosa que em posa trist.* *El/Allò/La cosa que em posa trist és no tenir res a fer.*	**Nichts zu tun zu haben**, macht mich traurig.

- Hervorhebung des direkten Objekts:

Fuma tabac anglès.	Er raucht englischen Tabak.
Tabac anglès és el/allò/la cosa que fuma. *És tabac anglès, el/allò/la cosa que fuma.* *El/Allò/La cosa que fuma és tabac anglès.*	**Englischen Tabak** raucht er.

- Hervorhebung des indirekten Objekts:

Es consagren a això.	Sie widmen sich dieser Sache.
A això és a què es consagren. *És això, a què es consagren.* *A què es consagren és a això.*	**Dieser Sache** widmen sie sich.

- Hervorhebung des präpositionalen Objekts:

Confiàvem més en aquell cotxe.	Wir hatten mehr Vertrauen in jenes Auto.
En aquell cotxe era en què més confiàvem. *Era en aquell cotxe, en què més confiàvem.* *En què més confiàvem era en aquell cotxe.*	**In jenes Auto** hatten wir mehr Vertrauen.

Die Hervorhebung des Prädikatsnomens 325

1. Ist das hervorzuhebende Prädikatsnomen ein Substantiv, so verwendet man *ser* + *el que/allò que*:

És pagès. *Pagès és el/allò que és.*	Er ist Bauer. **Bauer** ist er.

2. Ist das hervorzuhebende Prädikatsnomen ein Adjektiv, so gebraucht man *ser* + *el que/allò* oder *com*:

Està content. *Content és que està./Content és allò que està./Content és com està.*	Er ist zufrieden. **Zufrieden** ist er.

Hervorhebung von Adverbien und adverbialen Bestimmungen 326

1. Zur Hervorhebung von Ortsangaben gebraucht man *ser* + *on*:

Els pares vivien a Tarragona.	Die Eltern lebten in Tarragona.
A Tarragona era on vivien els pares. *Era a Tarragona, on vivien els pares.* *On vivien els pares era a Tarragona.*	**In Tarragona** lebten die Eltern.

Vivim en aquesta casa.	Wir wohnen in diesem Haus.
En aquesta casa és on vivim. *És en aquesta casa, on vivim.* *On vivim és en aquesta casa.*	**In diesem Haus** wohnen wir.

- Vom Verb abhängende Präpositionen wie *de, des de, per* erscheinen vor *on*:

Vinc de l'oficina.	Ich komme aus dem Büro.
De l'oficina és d'on vinc. *És de l'oficina d'on vinc.* *D'on vinc és de l'oficina.*	**Aus dem Büro** komme ich.

L'avió arriba des de Madrid.	Das Flugzeug kommt aus Madrid.
Des de Madrid és des d'on arriba l'avió. *És des de Madrid, des d'on arriba l'avió.* *Des d'on arriba l'avió és des de Madrid.*	**Aus Madrid** kommt das Flugzeug.

Van entrar per la finestra.	Sie sind durch das Fenster eingedrungen.
Per la finestra va ser per on van entrar. *Va ser per la finestra, per on van entrar.* *Per on van entrar va ser per la finestra.*	**Durch das Fenster** sind sie eingedrungen.

- Vom Verb abhängende Präpositionen wie *fins a* und *cap a* erscheinen vor *on*, aber ohne *a*:

T'acompanyem fins a la parada.	Wir begleiten dich bis zur Haltestelle.
Fins a la parada és fins on t'acompanyem. *És fins a la parada, fins on t'acompanyem.* *Fins on t'acompanyem és fins a la parada.*	**Bis zur Haltestelle** begleiten wir dich.

Vaig cap a casa.	Ich gehe nach Hause.
Cap a casa és cap on vaig. *És cap a casa, cap on vaig.* *Cap on vaig és cap a casa.*	**Nach Hause** gehe ich.

Anmerkung: Die Präpositionen *davant, darrere, damunt, sobre, dessota* und präpositionale Wendungen wie *prop de, lluny de, al davant de* usw. stehen nicht vor *on*: *Damunt la taula va ser on vaig deixar les claus.* – Auf dem Tisch hatte ich die Schlüssel liegen lassen.

2. Zur Hervorhebung von Zeitangaben verwendet man *ser* + *quan*:

Va passar a l'agost.	Es geschah im August.
A l'agost va ser quan va passar. *Va ser a l'agost, quan va passar.* *Quan va passar va ser a l'agost.*	**Im August** geschah es.

3. Zur Hervorhebung einer modalen Bestimmung gebraucht man *ser* + *com*:

Has de comportar-te així.	Du musst dich so benehmen.
Així és com has de comportar-te. *És així com has de comportar-te.* *Com has de comportar-te és així.*	**So** musst du dich benehmen.

4. Zur Hervorhebung einer kausalen bzw. finalen adverbialen Bestimmung gebraucht man *ser* + *perquè* bzw. *pel què:*

No sortim perquè estem malalts.	Wir gehen nicht hinaus, weil wir krank sind.
Perquè estem malalts és perquè no sortim.	Weil wir krank sind, gehen wir nicht hinaus.
Anem a la platja per prendre el sol.	Wir gehen an den Strand, um uns zu sonnen.
Pel que anem a la platja és per prendre el sol.	Um uns zu sonnen, gehen wir an den Strand.

Die Satzreihe 327

Zwei oder mehr durch beiordnende Konjunktionen (vgl. §§ 292-297) verbundene Hauptsätze bilden eine Satzreihe:

Ni treballa ni té diners.	Er arbeitet nicht und hat auch kein Geld.
La tia és molt alta, però l'oncle és més aviat baixet.	Die Tante ist sehr groß, aber der Onkel ist eher klein.

Das Satzgefüge

Ein Satzgefüge besteht aus einem Hauptsatz und einem oder mehreren Nebensätzen, die vom Hauptsatz abhängen. Je nachdem, welches Satzglied ein Nebensatz vertritt, unterscheidet man zwischen Subjektsätzen, direkten Objektsätzen, Objektsätzen, die ein präpositionales Objekt vertreten, Adverbialsätzen und Attributsätzen.

Der Subjektsatz 328

Ein Subjektsatz kann nach unpersönlichen Ausdrücken stehen oder durch die Konjunktionen *que, el que, el fet que* eingeleitet werden (zum Modusgebrauch im Subjektsatz vgl. §§ 197-203):

Fa nosa que crideu tant.	Es ist lästig, dass ihr so schreit.
El (fet) que encara no hagi acabat el projecte, m'estranya bastant.	Dass er das Projekt noch nicht abgeschlossen hat, befremdet mich ziemlich.

329 Der direkte Objektsatz

Ein direkter Objektsatz kann ein Aussagesatz sein (zum Modusgebrauch vgl. §§ 197-203) oder ein indirekter Fragesatz (vgl. § 336):

Penso que ja no vindrà.	Ich denke, dass er nicht mehr kommt.
No sabem quan arriba.	Wir wissen nicht, wann sie ankommt.
No sabem qui té raó.	Wir wissen nicht, wer Recht hat.
Podria dir-me a quina hora surt l'autocar?	Könnten Sie mir sagen, wann der Autobus abfährt?

330 Objektsätze, die ein präpositionales Objekt vertreten

Objektsätze, die ein präpositionales Objekt vertreten, werden mit der Konjunktion *que* eingeleitet. Die Präpositionen entfallen dabei (vgl. § 317):

Tenen interès que ho resolguem nosaltres.	Sie sind daran interessiert, dass wir es lösen.
Em temo que no la trobaran.	Ich fürchte, dass sie sie nicht finden werden.
Estem convençuts que no hi teniu gens de culpa.	Wir sind davon überzeugt, dass ihr keine Schuld habt.
Ens acostumem que ens mirin amb curiositat.	Wir gewöhnen uns daran, dass man uns neugierig anschaut.

Anmerkung: Sollte die Auslassung der Präposition zu Missverständnissen oder ungewöhnlichen Konstruktionen führen, so wird die Präposition + *el fet que* verwendet: *Insisteix molt en el fet que jo acabi l'escola.* – Er besteht sehr darauf, dass ich die Schule beende. *Això prové del fet que ens han acceptat.* – Das kommt daher, dass sie uns akzeptiert haben.

331 Der Adverbialsatz

Nach ihrem inhaltlichen Bezug zum Hauptsatz unterscheidet man folgende Adverbialsätze: Temporalsatz, Kausalsatz, Finalsatz, Konsekutivsatz, Konzessivsatz, Konditionalsatz und Modalsatz (zu den hierbei verwendeten Konjunktionen vgl. §§ 298-307):

Et portaré el llibre tan aviat com l'hagi acabat.	Ich bringe dir das Buch, sobald ich es ausgelesen habe.
No hi participarem perquè no ens dóna la gana.	Wir nehmen nicht daran teil, weil wir nunmal keine Lust haben.
T'ho explico perquè et preparis.	Ich erkläre es dir, damit du dich darauf vorbereitest.
Escriu de forma que t'entenguin tots.	Schreib so, dass dich alle verstehen!
Malgrat que estudiava dia i nit, no va passar l'examen.	Obwohl er Tag und Nacht lernte, bestand er die Prüfung nicht.
Si fos més a prop, hi podríem anar i tornar en un dia.	Wenn es näher wäre, könnten wir an einem Tag hin- und zurückfahren.
Com ens van informar, hem de passar pel pont.	Wie uns mitgeteilt wurde, müssen wir die Brücke überqueren.

Der Attributsatz 332

Ein Attributsatz bestimmt ein Substantiv näher. Er hat die Form eines Relativsatzes (vgl. Kap. 10) oder eines mit *que* eingeleiteten Nebensatzes:

Hem llogat un cotxe que té cent cavalls de potència.	Wir haben ein Auto geliehen, das 100 PS hat.
Tinc la sensació que aquesta és la millor solució.	Ich habe das Gefühl, dass das die beste Lösung ist.

Die indirekte Rede 333

Eine Äußerung kann in direkter oder in indirekter Rede erfolgen:

direkte Rede	indirekte Rede
M'encanten les platges tranquil·les. Mich entzücken die ruhigen Strände.	*La senyora Ferrer diu que li encanten les platges tranquil·les.* Frau Ferrer sagt, sie entzückten die ruhigen Strände.
Em fa por la tranquil·litat. Die Stille macht mir Angst.	*La seva filla deia que li feia por la tranquil·litat.* Ihre Tochter sagte, dass ihr die Stille Angst mache.

334 Die Umsetzung von der direkten in die indirekte Rede

Bei der Umsetzung von der direkten in die indirekte Rede sind folgende Regeln zu beachten:

1. Steht im einleitenden Satz eine Zeit der **Gegenwartsgruppe** (Indikativ Präsens, Futur, Perfekt oder Konditional Präsens), so wird im abhängigen Satz die Zeit gesetzt, die auch im unabhängigen Satz steht. Imperativ wird zu *present de subjuntiu;* ein Vokativ wird dabei zum indirekten Objekt des Verbs im einleitenden Satz. Ebenso wie im Deutschen wird die Person des Subjekts verändert, wenn das sinngemäß erforderlich ist. Im Gegensatz zum Deutschen kann die Konjunktion *que* nicht wegfallen:

direkte Rede	indirekte Rede
No m'ho crec. Ich glaube es nicht.	*En Joan diu que no s'ho creu.* Joan sagt, er glaube es nicht.
Hauria d'anar al gimnàs. Sie müssten zur Gymnastik gehen	*La metgessa li dirà que hauria d'anar al gimnàs.* Ihre Ärztin wird Ihnen sagen, dass Sie zur Gymnastik gehen müssten.
Ens en tornarem a les sis. Wir werden um sechs Uhr zurückkommen.	*Els fills ens han promès que se'n tornaran a les sis.* Unsere Kinder haben uns versprochen, dass sie um sechs Uhr zurückkommen werden.
No ho sap. Sie weiß es nicht.	*Probablement la Núria et contestaria que no ho sap.* Wahrscheinlich würde Núria dir antworten, sie wisse es nicht.
Si m'acompanyes, et descobriré un secret. Wenn du mich begleitest, verrate ich dir ein Geheimnis.	*M'ha dit que si l'acompanyo, em descobrirà un secret.* Er hat mir gesagt, dass er mir ein Geheimnis verrate, wenn ich ihn begleiten würde.
Jordi, no et moguis pas. Jordi, rühr dich nicht von der Stelle!	*La mare diu a en Jordi que no es mogui pas.* Die Mutter sagt zu Jordi, er solle sich nicht von der Stelle rühren.

2. Steht im Hauptsatz eine Zeit der **Vergangenheitsgruppe** (*passat simple* oder *perifràstic,* Imperfekt, Plusquamperfekt, *passat anterior* oder Konditional), so ergeben sich im abhängigen Satz folgende Veränderungen:

- Indikativ Präsens wird zu Indikativ Imperfekt bzw. bleibt heute oft unverändert;

- Futur wird zu Konditional bzw. Indikativ Imperfekt (= Nachzeitigkeit in der Vergangenheit);

- Perfekt wird zu Plusquamperfekt;

- *passat (perifràstic o compost)* bleibt (= Vorzeitigkeit in der Vergangenheit) bzw. wird zu Plusquamperfekt.

Unverändert bleiben Indikativ Imperfekt, Plusquamperfekt und Konditional. Imperativ wird zu *imperfet de subjuntiu*:

direkte Rede	**indirekte Rede**
Torno dilluns. Ich komme am Montag zurück.	*Deia que tornava dilluns.* Er sagte, er würde am Montag zurückkommen.
Hi aniré dimecres. Ich werde am Mittwoch hingehen.	*Va dir que hi aniria/anava dimecres.* Er sagte, er würde am Mittwoch hingehen.
Hem arribat a les sis. Wir sind um sechs Uhr angekommen.	*Van contestar que havien arribat a les sis.* Sie antworteten, sie seien um sechs Uhr angekommen.
Ens vam casar fa deu anys. Wir haben vor zehn Jahren geheiratet.	*Deien que es van casar/s'havien casat fa deu anys.* Sie sagten, dass sie vor zehn Jahren geheiratet hätten.
Hauríem de fer exercici. Wir müssten Gymnastik machen.	*Deien que haurien de fer exercici.* Sie sagten, sie müssten Gymnastik machen.
Si m'acompanyes, et descobriré un secret. Wenn du mich begleitest, verrate ich dir ein Geheimnis.	*Em prometia que si l'acompanyava, em descobriria un secret.* Er versprach mir, dass er mir ein Geheimnis verrät/verrate/verraten werde, wenn ich ihn begleite.
No et moguis pas. Rühr dich nicht von der Stelle!	*La mare em deia que no em mogués pas.* Die Mutter sagte zu mir, ich solle mich nicht von der Stelle rühren.

Anmerkung: Wird im unabhängigen Nebensatz eine allgemein gültige Aussage gemacht, so steht auch nach einer Zeit der Vergangenheit das Präsens Indikativ: *El professor ens va explicar que l'aigua es dilata en gelar-se.* – Der Lehrer erklärte uns, dass sich das Wasser ausdehnt, wenn es gefriert.

3. Die irrealen Bedingungssätze bleiben unverändert:

direkte Rede	indirekte Rede
Si fes bo, sortiríem. Wenn schönes Wetter wäre, würden wir hinausgehen.	*Els pares deien que si fes bo, sortiríem.* Die Eltern sagten, dass wir hinausgingen/hinausgehen würden, wenn schönes Wetter wäre.
Si jo ho hagués sabut, ho hauria resolt. Wenn ich es gewusst hätte, hätte ich es gelöst.	*Em va contestar que si ell ho hagués sabut, ho hauria resolt.* Er antwortete mir, dass er es gelöst hätte, wenn er es gewusst hätte.

Anmerkung: Die Regel gilt auch für die mit *com si* eingeleiteten Nebensätze: *Fa/Feia com si hagués acabat la feina.* – Sie tut/tat so, als ob sie die Arbeit beendet hätte. *Deia que feia com si l'hagués acabada.* – Sie sagte, sie tue so, als ob sie sie beendet hätte.

4. Die Zeitenfolge gilt auch für die konjunktivischen Nebensätze:

direkte Rede	indirekte Rede
Digues-li que compri llet. Sag ihr, sie soll Milch kaufen.	*Li vaig dir que comprés llet.* Ich sagte ihr, sie solle Milch kaufen.

335 Veränderungen bei Adverbien und Demonstrativa

direkte Rede		indirekte Rede	
aquí	hier	*allà*	da/dort
ara	jetzt	*aleshores/ llavors*	damals
avui	heute	*aquell dia*	an jenem Tag
ahir	gestern	*el dia anterior*	am Vortag/tags zuvor
demà	morgen	*l'endemà/el dia següent*	am folgenden Tag/tags darauf
aquest matí	heute Morgen	*aquell matí*	an jenem Morgen
aquesta tarda	heute Nachmittag	*aquella tarda*	an jenem Nachmittag
aquest vespre	heute Abend	*aquell vespre*	an jenem Abend
la setmana que ve/la pròxima setmana	nächste Woche	*la setmana següent*	in der darauf folgenden Woche

direkte Rede	indirekte Rede
Te'l portaré demà. Ich werde ihn dir morgen bringen.	*Em va prometre que me'l portaria el dia següent.* Er versprach mir, dass er ihn mir am folgenden Tag bringen werde.
Ara no estic de bromes. Ich bin jetzt nicht zu Späßen aufgelegt.	*Va contestar que llavors no estava de bromes.* Er antwortete, dass er damals nicht zu Späßen aufgelegt gewesen sei.

Die indirekte Frage 336

1. Die indirekte Frage wird an ein Verb des Sagens oder Fragens angeschlossen und durch die Konjunktion ***si*** ('ob') bzw. durch Fragewörter eingeleitet, die dieselben sind wie in der direkten Frage (vgl. § 96). Im Unterschied zum Deutschen steht im Katalanischen in der indirekten Frage der Indikativ:

direkte Frage	indirekte Frage
On és l'hotel Ritz? Wo ist das Hotel Ritz?	*Podria dir-me on és l'hotel Ritz?* Können Sie mir sagen, wo das Hotel Ritz ist?
Qui fa de guia en aquesta exursió? Wer ist der Leiter auf dieser Exkursion?	*Saps qui fa de guia en aquesta excursió?* Weißt du, wer der Leiter auf dieser Exkursion ist?
Ho portaran demà? Bringen sie es morgen?	*Els he preguntat si ho portaran demà.* Ich habe sie gefragt, ob sie es morgen bringen.
Ja ha sortit l'"Avui'? Ist der *Avui* schon erschienen?	*Va preguntar si ja havia sortit l'"Avui'.* Er fragte, ob der *Avui* schon erschienen sei.

2. Drückt die indirekte Frage Zweifel oder Unsicherheit aus, so kann auch der Infinitiv gebraucht werden (vgl. § 249.5):

No sé on anar.	Ich weiß nicht, wohin ich gehen soll.
No sabíem què pensar.	Wir wussten nicht, was wir denken sollten.

Kapitel 26 Die Wortbildung (La formació de paraules)

Durch Ableitung mit Hilfe von Suffixen (sufixos), Präfixen (prefixos) oder durch Zusammensetzung (composició) von zwei oder mehr Wörtern u. a. können in einer Sprache neue Wörter gebildet werden. In der nachfolgenden Übersicht sind nur die gebräuchlichsten Typen der katalanischen Wortbildung aufgeführt.

Die Wortbildung mittels Suffixen

Ausgangsbasis von Ableitungen mittels Suffixen kann ein Substantiv, ein Verb oder ein Adjektiv sein. In der Regel wird das Suffix an den Wortstamm angehängt, wie in *full-a* Blatt → *full-atge* Laub, *pens-ar* denken → *pens-ament* Gedanke, *malalt* krank → *malalt-ís* kränklich. Das abgeleitete Wort kann gegenüber dem Stamm lautliche und orthographische Veränderungen aufweisen, wie *faig* Buche → *fageda* Buchenwald, *pi* Pinie → *pineda* Pinienwald, *bèstia* Tier → *bestiam* Vieh, *groc* gelb → *groguís* gelblich, *blau* blau → *blavós* bläulich.

Vermehrt treten in der modernen Sprache Suffixreihen auf, so *nació* Nation → *nacio-nal* national → *nacio-nal-itzar* verstaatlichen → *nacio-nal-itza-ció* Verstaatlichung. Suffixe können verschiedene Bedeutungen haben: Einige können sowohl zur Ableitung von Substantiven als auch zur Bildung von Adjektiven eingesetzt werden.

337 Suffixe zur Bildung von Substantiven

-ada	1. Kollektiva	*gent*	*gentada*	Menschenmenge
	2. Intensivierung	*any*	*anyada*	Jahr/Jahrgang
	3. Handlung	*baixar*	*baixada*	Abstieg
-aire, m./f.	tätige Person	*dansar*	*dansaire*	Tänzer(in)
-all, m.	1. Ort	*mirar*	*mirall*	Spiegel
	2. Mittel	*fermar*	*fermall*	Verschluss/ Brosche
-alla	Kollektiva	*jove*	*jovenalla*	junge Leute
-am, m.	Kollektiva	*branca*	*brancam*	Geäst
-ància/ -ència	Eigenschaft	*ignorant*	*ingorància*	Unwissenheit
-ança/ -ença	Handlung	*ensenyar*	*ensenyança*	Lehre
-ant/-ent, m./f.	tätige Person	*aprendre*	*aprenent*	Lehrling

-*ar*, m.	1. Kollektiva	*pi*	*pinar*	Pinienwald
	2. Ort	*colom*	*colomar*	Taubenschlag
-*at*, -*ada*	tätige Person	*emplear*	*empleat*	Angestellter
-*at*, m.	1. Ort	*bisbe*	*bisbat*	Bistum
	2. Kollektiva	*veí*	*veïnat*	Nachbarschaft
-*atge*, m.	1. Kollektiva	*fulla*	*fullatge*	Laub
	2. techn. Operation	*sondar*	*sondatge*	Sondierung
-*ció*, f.	Handlung	*invitar*	*invitació*	Einladung
-*dissa*	Intensivierung	*cridar*	*cridadissa*	Geschrei
-*dor*, m.	1. Ort	*menjar*	*menjador*	Esszimmer
	2. Mittel	*penjar*	*penjador*	Kleiderbügel
-*dora*	Mittel	*tapar*	*tapadora*	Deckel
-*dor*, -*a*	tätige Person	*cosir*	*cosidora*	Näherin
-*eda*	Kollektiva	*faig*	*fageda*	Buchenwald
-*edat*/ -*itat*, f.	Eigenschaft	*clar*	*claredat*	Helligkeit
-*er*, -*a*	tätige Person	*porta*	*porter*	Pförtner
-*er*, m.	Ort	*cendra*	*cendrer*	Aschenbecher
-*era*	Ort	*sucre*	*sucrera*	Zuckerdose
-*eria*	1. Eigenschaft	*boig*	*bogeria*	Verrücktheit
	2. Ort	*sastre*	*sastreria*	Schneiderei
	3. Kollektiva	*cristall*	*cristalleria*	Kristallwaren
-*esa*	Eigenschaft	*feble*	*feblesa*	Schwäche
´-*ia*	Eigenschaft	*audaç*	*audàcia*	Kühnheit
-*ia*	Eigenschaft	*alegre*	*alegria*	Freude
-*ió*, f.	Handlung	*unir*	*unió*	Vereinigung
-*isme*, m.	1. polit./wiss. Lehre	*social*	*socialisme*	Sozialismus
	2. Leiden	*alcohol*	*alcoholisme*	Alkoholismus
-*ista*, m./f.	1. Anhänger einer Lehre	*social*	*socialista*	Sozialist
	2. tätige Person	*art*	*artista*	Künstler
-*itud*, f.	Eigenschaft	*exacte*	*exactitud*	Genauigkeit
-*ment*, m.	Handlung	*finançar*	*finançament*	Finanzierung
-*or*, f.	Eigenschaft	*calent*	*calentor*	Wärme
-*tat*, f.	Eigenschaft	*lliure*	*llibertat*	Freiheit
-*tor*, m.	tätige Person	*dirigir*	*director*	Direktor
-*tori*, m.	Ort	*dormir*	*dormitori*	Schlafzimmer

Anmerkung: Sogenannte Nullableitungen liegen vor, wenn nicht etwa ein Suffix an das Verb angefügt wird, sondern das Verb seine Endung verliert: *desitjar* → *desig* – Wunsch, *treballar* → *treball* – Arbeit, *perdonar* → *perdó* – Verzeihung.

338 Suffixe zur Bildung von Adjektiven

-able/	Möglichkeit	*agradar*	*agradable*	angenehm
-ible		*llegir*	*llegible*	lesbar
-al	in Beziehung zu	*setmana*	*setmanal*	wöchentlich
-ant/ *-ent*, m./f.	Bewirken	*picar*	*picant*	pikant
-dís, *-dissa*	leicht geneigt zu	*trencar*	*trencadís*	zerbrechlich
-dor, -a	Eigenschaft	*treballar*	*treballador*	arbeitsam
-er, -a	in Beziehung zu	*mentida*	*mentider*	verlogen
(-aner)		*plorar*	*ploraner*	weinerlich
-esc, -a	in Beziehung zu	*gegant*	*gegantesc*	riesig
´-ic	in Beziehung zu	*història*	*històric*	historisch
-ífic	in Beziehung zu	*ciència*	*científic*	wissenschaftlich
-iu, -iva/	in Beziehung	*instint*	*instintiu*	instinktiv
-tiu, -tiva	zu	*produir*	*productiu*	produktiv
-ívol, -a	Eigenschaft	*menjar*	*mengívol*	essbar
-ós, -osa	Eigenschaft	*perill*	*perillós*	gefährlich
-tori, -tòria	Eigenschaft	*contradir*	*contradictori*	widersprüchlich

Anmerkung 1: Die Suffixe, mit deren Hilfe Adjektive und Substantive von Namen von Ländern, Regionen, Städten und Inseln abgeleitet werden, sind sehr vielfältig. Zu den wichtigsten gehören: *-à, -ana* (*València → valencià* – valenzianisch), *-enc, -a* (*el Canadà → canadenc* – kanadisch), *-ès, -esa (Berlín → berlinès* – berlinisch) sowie *-í, -ina (Barcelona → barceloní* – barcelonisch).

Anmerkung 2: Ableitungen von Personennamen werden häufig mit *-ià, -iana* vorgenommen: *Llull → lul·lià* – von Llull, *Krause → krausià* – von Krause.

339 Suffixe zur Bildung von Verben

-ar	Bewirken	*fum*	*fumar*	rauchen
-ejar	Bewirken	*aire*	*airejar*	lüften
-ificar	Bewirken	*intens*	*intensificar*	intensivieren
-itzar	Bewirken	*militar*	*militaritzar*	militarisieren

Anmerkung: Das heute produktivste Suffix zur Ableitung von Verben ist *-itzar.*

Modifizierende Suffixe **340**

Das Katalanische besitzt eine Reihe von Suffixen, mit denen man einem Substantiv oder einem Adjektiv eine bestimmte Färbung verleihen kann. Man unterscheidet drei Gruppen: Vergrößerungsformen (sufixos augmentatius), Verkleinerungsformen (sufixos diminutius) und abwertende Formen (sufixos despectius). Jedoch ist die Zuordnung eines Suffixes zu einer der drei Gruppen nicht immer eindeutig.

1. Verkleinerungssuffixe:

-et/-eta	*casa*	*caseta*	Häuschen
-ó/-ona	*carrer*	*carreró*	Gässchen

Verkleinerungssuffixe mit besonderer Bedeutung haben einige Adjektive, vor allem Farbadjektive:

-enc/-enca	*blau*	*blavenc*	bläulich
-ís/-issa	*groc*	*groguís*	gelblich
-ós/-osa	*negre*	*negrós*	schwärzlich

Anmerkung: Einige Adverbien und Partizipien können das Verkleinerungssuffix -*et* zu sich nehmen: *Viu a propet.* – Er wohnt ganz nahe. *Tornarà aviadet.* – Er wird ziemlich bald zurückkommen. *Deixa-ho tot arregladet.* – Lass alles schön aufgeräumt!

2. Vergrößerungssuffixe (vgl. auch § 340.3):

-ot/-ota	*lleig*	*lletjot*	sehr hässlich
-às/-assa	*plat*	*platàs*	sehr großer Teller

Anmerkung 1: Das Suffix *-ot* hat oft auch abwertende Bedeutung: *Viu en una casota.* – Er lebt in einer Bruchbude. *Quina panxota/panxa més grossota!* – Was für ein hässlich dicker Bauch!

Anmerkung 2: Beachte, dass einige Ableitungen mit *-ot* eine eigenständige Bedeutung angenommen haben: *abella* Biene → *abellot* Drohne, *bruixa Hexe* → *bruixot* Hexer, *dida* Amme → *didot* Mann der Amme, *merla* Amsel → *merlot* Amselmännchen, *pebre* Pfeffer → *pebrot* Paprikaschote.

3. Abwertende Suffixe:

Die beiden Vergrößerungssuffixe *-arro* und *-atxo* können zugleich auch abwertende Bedeutung haben:

-arro/-arra	*cotxe*	*cotxarro*	Karre [fam.]
-atxo/-atxa	*cavall*	*cavallatxo*	Gaul

Anmerkung 1: Je nach Kontext werden die beiden Suffixe in abwertender oder vergrößernder Funktion aktualisiert: *Quin cotxarro t'has comprat!* – Was für eine Schrottkiste/Karre hast du dir gekauft./Was für einen tollen Wagen hast du dir gekauft!

Anmerkung 2: Das Suffix *-alla* (vgl. § 337) kann auch abwertende Bedeutung haben, z. B. *gent* → *gentalla* Pack/Pöbel.

341 Die Wortbildung mittels Präfixen

a-	1. Negation 2. Bewirken	*normal* *dormir*	*anormal* *adormir*	anormal einschläfern
ante-/ *avant-*	vor (räuml. o. zeitl.)	*posar* *projecte*	*anteposar* *avantprojecte*	voranstellen Vorentwurf
anti-	gegen	*feixista*	*antifeixista*	Antifaschist
co- *(com-/* *con-/* *col-/* *cor-)*	zusammen	*existir* *patriota* *viure* *lateral* *relació*	*coexistir* *compatriota* *conviure* *col·lateral* *correlació*	koexistieren Landsmann zusammenleben Seiten-, Neben- Wechselbeziehung
contra-	gegen	*llum*	*contrallum*	Gegenlicht
des-/dis-	Verneinung	*ordre* *sort*	*desordre* *dissort*	Unordnung Unglück
en-/em-	hinein	*menar*	*emmenar*	herführen
entre-	zwischen	*obrir*	*entreobrir*	halb öffnen
ex-	aus/ ehemals	*posició* *director*	*exposició* *exdirector*	Ausstellung ehem. Direktor
extra-	außerhalb	*escolar*	*extraescolar*	außerschulisch
hiper-	über	*tensió*	*hipertensió*	Bluthochdruck
hipo-	unter	*tensió*	*hipotensió*	niedriger Blutdruck
in- (im-/ *il-/ir-)*	Verneinung	*segur* *precís* *regular*	*insegur* *imprecís* *irregular*	unsicher undeutlich unregelmäßig
infra-	unterhalb	*estructura*	*infraestructura*	Unterbau

inter-	zwischen	*dental*	*interdental*	interdental
no(-)	Verneinung	*fumador*	*no-fumador*	Nichtraucher
		violent	*no violent*	gewaltfrei/-los
para-	gegen/ neben	*militar*	*paramilitar*	paramilitärisch
post-	nach	*guerra*	*postguerra*	Nachkriegszeit
pre-	vor	*escolar*	*preescolar*	vorschulisch
pro-	anstatt/ für	*nom*	*pronom*	Pronomen
		americà	*proamericà*	proamerikanisch
re-	wieder/	*construir*	*reconstruir*	wiederaufbauen
	sehr	*sec*	*ressec*	sehr trocken
retro-	zurück	*propulsió*	*retropropulsió*	Rückstoßantrieb
sobre-	über	*posar*	*sobreposar*	überziehen
sots-/	unter	*llogater*	*sotsllogater*	Untermieter
sub-		*ocupació*	*subocupació*	Unterbeschäftigung
super-	darüber	*potència*	*superpotència*	Supermacht
trans-	jenseits	*atlàntic*	*transatlàntic*	überseeisch
ultra-	äußerst	*dreta*	*ultradreta*	die äußerste Rechte

Anmerkung 1: Sehr häufig werden auch Wörter mit Präfixen gebildet, die Anzahl, Umfang oder Größe angeben, so *mono-, bi-, tri-, quadri-, poli-, semi-, mini-, micro-, macro-*: *monocolor* – einfarbig, *bipolar* – zweipolig, *policèntric* – polyzentrisch, *microfilm* – Mikrofilm.

Anmerkung 2: Eine Reihe von Elementen, die häufig zur Zusammensetzung gerechnet werden, neigt heute den Präfixen zu, so *auto-, euro-, foto-, neo-, no-*: *autocensura* – Selbstzensur, *autodefensa* – Selbstverteidigung, *autodestructiu* – selbstzerstörerisch, *autosuficient* – selbstgenügsam.

Anmerkung 3: Wörter mit Präfixen werden laut Neuregelung über den Gebrauch des Bindestrichs durch das *Institut d'Estudis Catalans* (15.3.1996) ohne Bindestrich geschrieben.

Die Zusammensetzung 342

Das Katalanische kennt verschiedene Möglichkeiten der Zusammensetzung. Hier werden nur die wichtigsten vorgestellt:

1. Substantiv + Substantiv → Substantiv:

el filferro	der Draht
el ferrocarril	die Eisenbahn

2. Substantiv + Adjektiv → Substantiv:

el celobert	der Innenhof
l'aiguardent	der Branntwein
el vinagre	der Essig
el capgròs	die Kaulquappe

3. Adjektiv + Substantiv → Substantiv:

el migdia	der Mittag
l'altaveu	der Lautsprecher
el malnom	der Spitzname

4. Verb + Substantiv → Substantiv:

l'obrellaunes	der Büchsenöffner
l'eixugamà	das Handtuch
el tocadiscs	der Plattenspieler
el trencaglaç	der Eisbrecher
el paraigua	der Regenschirm
el mata-segells	der Poststempel

5. Adjektiv + Adjektiv → Adjektiv:

agredolç	süßsauer
clarobscur	helldunkel
economicopolític	politisch-ökonomisch
francoamericà	französisch-amerikanisch

6. Substantiv + Adjektiv → Adjektiv:

camacurt	kurzbeinig
llenguallarg	geschwätzig

7. Substantiv + Verb → Verb:

capgirar	umdrehen
corprendre	jdn. für sich einnehmen

8. Adjektiv + Verb → Verb:

carvendre	teuer verkaufen
primfilar	genau sein

9. Adverb + Verb → Verb:

malentendre	missverstehen
malgastar	vergeuden/verschwenden
menysvalorar	unterschätzen

Anmerkung: Zusammensetzungen (von zwei katalanischen Elementen oder einem Element auf *-o* bzw. *-i*) werden seit der Neuregelung über den Gebrauch des Bindestrichs durch das *Institut d'Estudis Catalans* (15.3.1996) ohne Bindestrich geschrieben. Das erste Element verliert, insbesondere wenn es sich um ein präfixähnliches Element handelt, seinen graphischen Akzent. Für die nicht wenigen Ausnahmen ist das vom Institut herausgegebene *Diccionari de la llengua catalana* (1995, ^{2}2007) zu empfehlen.

Die Wiedergabe deutscher zusammengesetzter Substantive 343

Neben den in § 342.1-4 aufgeführten Möglichkeiten können deutsche zusammengesetzte Substantive im Katalanischen wiedergegeben werden durch:

1. Präpositionale Fügungen (zur Funktion der einzelnen Präpositionen vgl. Kap. 24)

- Fügungen mit *de*:

el consell de redacció	der Redaktionsbeirat
els mitjans de comunicació	die Massenmedien
l'àrea d'influència	der Einflussbereich

- Fügungen mit *a*:

el treball a mida	die Maßarbeit
el dret a vot/sufragi	das Wahlrecht
el viatge a Itàlia	die Italienreise

- Fügungen mit *amb*:

el cafè amb llet	der Milchkaffee
l'arròs amb llet	der Milchreis

- Fügungen mit *en*:

la fabricació en sèrie	die Serienfertigung
la llet en pols	das Milchpulver

- Fügungen mit *per a*:

el curs per a avançats	der Fortgeschrittenenkurs
el compartiment per a no-fumadors	das Nichtraucherabteil

- Fügungen mit *per*:

la televisió per cable	das Kabelfernsehen
la intoxicació per fum/pel fum	die Rauchvergiftung

- Fügungen mit *sobre*:

el patinatge sobre gel	der Eislauf
l'impost sobre la renda	die Einkommenssteuer

- Fügungen mit *contra*:

l'assegurança contra robatori	der Diebstahlversicherung
la protecció contra incendis	der Feuerschutz

- Fügungen mit *sense*:

el carreró sense sortida	die Sackgasse

2. Aneinanderreihung von Substantiven:

la ciutat dormitori	die Schlafstadt
la indústria clau	die Schlüsselindustrie
la guerra llampec	der Blitzkrieg
el vagó restaurant	der Speisewagen

3. Fügungen von Substantiv + Adjektiv:

la política exterior/estrangera	die Außenpolitik
el producte final	das Endprodukt
el dret natural	das Naturrecht

4. Substantiv + Partizip Präsens:

el professor visitant	der Gastprofessor
el pont penjant	die Hängebrücke

5. Substantiv + Partizip Perfekt:

el pont suspès	die Hängebrücke
el pagament anticipat	die Vorauszahlung

6. Substantiv + präpositionaler Infinitiv:

la màquina de fotografiar	der Fotoapparat
el sac de dormir	der Schlafsack

7. Substantiv + Suffix:

el cirerer	der Kirschbaum
el mocador	das Taschentuch

8. einfaches Substantiv:

el guant	der Handschuh
el detergent	das Waschpulver

Anhang

Die wichtigsten unregelmäßigen Verben

Die Liste beinhaltet die wichtigsten unregelmäßigen Verben sowie eine Reihe von Verben, bei denen häufig Unsicherheiten in der Schreibung sowie in der Zuordnung zu den Konjugationsschemata (z. B. Verben der 3. Konjugation mit bzw. ohne Stammerweiterung) auftreten. Ein Verweis auf die entsprechende Gruppe ist zumeist beigefügt. Die restlichen Verben müssen über das Register erschlossen werden.
Die in Klammern angegebenen Varianten verweisen im Allgemeinen auf dialektale Formen (z. B. des Valencianischen). Dagegen werden mit Schrägstrich andere mögliche Konjugationsformen angegeben.

absoldre frei-/lossprechen (§ 161.2)
pres. ind.: *absolc, absols, absol, absolem, absoleu, absolen*
passat: *absolguí, absolgueres, absolgué, absolguérem, absolguéreu, absolgueren*
imperf. ind.: *absolia, absolies, absolia, absolíem, absolíeu, absolien*
futur: *absoldré, absoldràs, absoldrà, absoldrem, absoldreu, absoldran*
condic.: *absoldria, absoldries, absoldria, absoldríem, absoldríeu, absoldrien*
pres. subj.: *absolgui, absolguis, absolgui, absolguem, absolgueu, absolguin*
imperf. subj.: *absolgués, absolguessis, absolgués, absolguéssim, absolguéssiu, absolguessin*
imperatiu: *absol, absolgui, absolguem, absoleu, absolguin*
part.: *absolt, absolta, absolts, absoltes*
gerundi: *absolent*
anar gehen
pres. ind.: *vaig, vas, va, anem, aneu, van*
passat: *aní, anares, anà, anàrem, anàreu, anaren*
imperf. ind.: *anava, anaves, anava, anàvem, anàveu, anaven*
futur: *aniré* (oder *iré*), *aniràs* (oder *iràs*), *anirà* (oder *irà*), *anirem* (oder *irem*), *anireu* (oder *ireu*), *aniran* (oder *iran*)
condic.: *aniria* (oder *iria*), *aniries* (oder *iries*), *aniria* (oder *iria*), *aniríem* (oder *iríem*), *aniríeu* (oder *iríeu*), *anirien* (oder *irien*)
pres. subj.: *vagi, vagis, vagi, anem, aneu, vagin*
imperf. subj.: *anés, anessis, anés, anéssim, anéssiu, anessin*
imperatiu: *vés, vagi, anem, aneu, vagin*
part.: *anat, anada, anats, anades*
gerundi: *anant*

aprendre lernen	(§ 161.2)
pres. ind.: *aprenc, aprens, aprèn, aprenem, apreneu, aprenen* passat: *aprenguí, aprengueres, aprengué, aprenguérem, aprenguéreu, aprengueren* imperf. ind.: *aprenia, aprenies, aprenia, apreníem, apreníeu, aprenien* futur: *aprendré, aprendràs, aprendrà, aprendrem, aprendreu, aprendran* condic.: *aprendria, aprendries, aprendria, aprendríem, aprendríeu, aprendrien* pres. subj.: *aprengui, aprenguis, aprenguem, aprengueu, aprenguin* imperf. subj.: *aprengués, aprenguessis, aprengués, aprenguéssim, aprenguéssiu, aprenguessin* imperatiu: *aprèn, aprengui, aprenguem, apreneu, aprenguin* part.: *après, apresa, apresos, apreses* gerundi: *aprenent*	
atendre betreuen/bedienen s. ***aprendre***	(§ 161.2)
aber: pres. ind.: *atenc, atens, atén* usw. imperatiu: *atén* usw.	
beure trinken	(§ 161.3)
pres. ind.: *bec, beus, beu, bevem, beveu, beuen* passat: *beguí, begueres, begué, beguérem, beguéreu, begueren* imperf. ind.: *bevia, bevies, bevia, bevíem, bevíeu, bevien* pres. subj.: *begui, beguis, begui, beguem, begueu, beguin* imperf. subj.: *begués, beguessis, begués, beguéssim, beguéssiu, beguessin* imperatiu: *beu, begui, beguem, beveu, beguin* part.: *begut, beguda, beguts, begudes* gerundi: *bevent*	
cabre (oder ***caber***) passen	(§ 161.1)
pres. ind.: *cabo, caps, cap, cabem, cabeu, caben* passat: *cabí, caberes, cabé, cabérem, cabéreu, caberen* imperf. ind.: *cabia, cabies, cabia, cabíem, cabíeu, cabien* futur: *cabré, cabràs, cabrà, cabrem, cabreu, cabran* cond.: *cabria, cabries, cabria, cabríem, cabríeu, cabrien* pres. subj.: *càpiga, càpigues, càpiga, capiguem, capigueu, càpiguen* imperf. subj.: *cabés, cabessis, cabés, cabéssim, cabéssiu, cabessin* imperatiu: *cap, càpiga, capiguem, cabeu, càpiguen* part.: *cabut, cabuda, cabuts, cabudes* gerundi: *cabent*	

caldre (oder ***caler***)	müssen	(§ 161.2)
pres. ind.: *cal, calen* passat: *calgué, calgueren* imperf. ind.: *calia, calien* futur: *caldrà, caldran* condic.: *caldria, caldrien* pres. subj.: *calgui, calguin* imperf. subj.: *calgués, calguessin* part.: *calgut* gerundi: *calent*		
caure	fallen	(§ 161.4)
pres. ind.: *caic, caus, cau, caiem, caieu, cauen* passat: *caiguí, caigueres, caigué, caiguérem, caiguéreu, caigueren* imperf. ind.: *queia, queies, queia, quèiem, quèieu, queien* pres. subj.: *caigui, caiguis, caigui, caiguem, caigueu, caiguin* imperf. subj.: *caigués, caiguessis, caigués, caiguéssim, caiguéssiu, caiguessin* imperatiu: *cau, caigui, caiguem, caieu, caiguin* part.: *caigut, caiguda, caiguts, caigudes* gerundi: *caient*		
collir	pflücken	(§ 163)
pres. ind.: *cullo, culls, cull, collim, colliu, cullen* pres. subj.: *culli, cullis, culli, collim, colliu, cullin* imperatiu: *cull, culli, collim, colliu, cullin*		
concloure	schließen/folgern	(§ 161.4)
pres. ind.: *concloc, conclous, conclou, concloem, concloeu, conclouen* passat: *concloguí, conclogueres, conclogué, concloguérem, concloguéreu, conclogueren* imperf. ind.: *concloïa, concloïes, concloïa, concloíem, concloíeu, concloïen* futur: *conclouré, conclouràs, conclourà, conclourem, concloureu, conclouran* pres. subj.: *conclogui, concloguis, conclogui, concloguem, conclogueu, concloguin* imperf. subj.: *conclogués, concloguessis, conclogués, concloguéssim, concloguéssiu, concloguessin* imperatiu: *conclou, conclogui, concloguem, concloeu, concloguin* part.: *conclòs, conclosa, conclosos, concloses* gerundi: *concloent*		

conèixer	kennen	(§ 161.1)
pres. ind.: *conec, coneixes, coneix, coneixem, coneixeu, coneixen* passat: *coneguí, conegueres, conegué, coneguérem, coneguéreu, conegueren* pres. subj.: *conegui, coneguis, conegui, coneguem, conegueu, coneguin* imperf. subj.: *conegués, coneguessis, conegués, coneguéssim, coneguéssiu, coneguessin* imperatiu: *coneix, conegui, coneguem, coneixeu, coneguin* part.: *conegut, coneguda, coneguts, conegudes* gerundi: *coneixent*		
contenir	enthalten	s. ***tenir***
aber: imperatiu: *contén* usw.		
convenir	nötig sein	s. ***venir***
aber: imperatiu: *convén* usw.		
córrer	rennen	(§ 161.1)
pres. ind.: *corro, corres, corre, correm, correu, corren* passat: *correguí, corregueres, corregué, correguérem, correguéreu, corregueren* imperf. ind.: *corria, corries, corria, corríem, corríeu, corrien* futur: *correré, correràs, correrà, correrem, correreu, correran* condic.: *correria, correries, correria, correríem, correríeu, correrien* pres. subj.: *corri, corris, corri, correm/correguem, correu/corregueu*, *corrin* imperf. subj.: *corregués, correguessis, corregués, correguéssim, correguéssiu, correguessin* imperatiu: *corre, corri, correm/correguem*, *correu, corrin* part.: *corregut, correguda, correguts, corregudes* gerundi: *corrent*		
cosir	nähen	(§ 163)
pres. ind.: *cuso, cuses, cus, cosim, cosiu, cusen* pres. subj.: *cusi, cusis, cusi, cosim, cosiu, cusin* imperatiu: *cus, cusi, cosim, cosiu, cusin*		
coure	kochen/jucken	(§ 161.4)
pres. ind.: *coc, cous, cou, coem, coeu, couen* passat: *coguí, cogueres, cogué, coguérem, coguéreu, cogueren* imperf. ind.: *coïa, coïes, coïa, coíem, coíeu, coïen* pres. subj.: *cogui, coguis, cogui, coguem, cogueu, coguin* imperf. subj.: *cogués, coguessis, cogués, coguéssim, coguéssiu, coguessin* imperatiu: *cou, cogui, coguem, coeu, coguin* part.: *cuit, cuita, cuits, cuites* (kochen) / *cogut, coguda, coguts, cogudes* (jucken/brennen) gerundi: *coent*		

créixer wachsen (§ 161.1)

pres. ind.: *creixo, creixes, creix, creixem, creixeu, creixen*
passat: *creixí/cresquí, creixeres/cresqueres, creixé/cresqué, creixérem/cresquérem, creixéreu/cresquéreu, creixeren/ cresqueren*
pres. subj.: *creixi, creixis, creixi, creixem/cresquem, creixeu/ cresqueu, creixin*
imperf. subj.: *creixés/cresqués, creixessis/cresquessis, creixés/ cresqués, creixéssim/cresquéssim, creixéssiu/cresquéssiu, creixessin/ cresquessin*
imperatiu: *creix, creixi, creixem/cresquem, creixeu, creixin*
part.: *crescut, crescuda, crescuts, crescudes*
gerundi: *creixent*

creure glauben (§ 161.4)

pres. ind.: *crec, creus, creu, creiem, creieu, creuen*
passat: *creguí, cregueres, cregué, creguérem, creguéreu, cregueren*
imperf. ind.: *creia, creies, creia, crèiem, crèieu, creien*
pres. subj.: *cregui, creguis, cregui, creguem, cregueu, creguin*
imperf. subj.: *cregués, creguessis, cregués, creguéssim, creguéssiu, creguessin*
imperatiu: *creu, cregui, creguem, creieu, creguin*
part.: *cregut, creguda, creguts, cregudes*
gerundi: *creient*

dir sagen

pres. ind.: *dic, dius, diu, diem, dieu, diuen*
passat: *diguí, digueres, digué, diguérem, diguéreu, digueren*
imperf. ind.: *deia, deies, deia, dèiem, dèieu, deien*
futur: *diré, diràs, dirà, direm, direu, diran*
condic.: *diria, diries, diria, diríem, diríeu, dirien*
pres. subj.: *digui, diguis, digui, diguem, digueu, diguin*
imperf. subj.: *digués, diguessis, digués, diguéssim, diguéssiu, diguessin*
imperatiu: *digues, digui, diguem, digueu, diguin*
part.: *dit, dita, dits, dites*
gerundi: *dient*

donar (oder ***dar***)	geben	
pres. ind.: *dono, dónes, dóna, donem* (oder *dem*), *doneu* (oder *deu*), *donen* passat: *doní* (oder *dí*), *donares* (oder *dares*), *donà* (oder *da*), *donàrem* (oder *dàrem*), *donàreu* (oder *dàreu*), *donaren* (oder *daren*) imperf. ind.: *donava* (oder *dava*), *donaves* (oder *daves*), *donava* (oder *dava*), *donàvem* (oder *dàvem*), *donàveu* (oder *dàveu*), *donaven* (oder *daven*) futur: *donaré* (oder *daré*), *donaràs* (oder *daràs*), *donarà* (oder *darà*), *donarem* (oder *darem*), *donareu* (oder *dareu*), *donaran* (oder *daran*) condic.: *donaria* (oder *daria*), *donaries* (oder *daries*), *donaria* (oder *daria*), *donaríem* (oder *daríem*), *donaríeu* (oder *daríeu*), *donarien* (oder *darien*) pres. subj.: *doni, donis, doni, donem* (oder *dem*), *doneu* (oder *deu*), *donin* imperf. subj.: *donés* (oder *des*), *donessis* (oder *dessis*), *donés* (oder *des*), *donéssim* (oder *déssim*), *donéssiu* (oder *déssiu*), *donessin* (oder *dessin*) imperatiu: *dóna, doni, donem* (oder *dem*), *doneu* (oder *deu*), *donin* part.: *donat, donada, donats, donades* (oder *dat, dada, dats, dades*) gerundi: *donant* (oder *dant*)		
dur	tragen	
pres. ind.: *duc, duus/dus, duu/du, duem, dueu, duen* passat: *duguí, dugueres, dugué, duguérem, duguéreu, dugueren* imperf. ind.: *duia, duies, duia, dúiem, dúieu, duien* futur: *duré, duràs, durà, durem, dureu, duran* condic.: *duria, duries, duria, duríem, duríeu, durien* pres. subj.: *dugui, duguis, dugui, duguem, dugueu, duguin* imperf. subj.: *dugués, duguessis, dugués, duguéssim, duguéssiu, duguessin* imperatiu: *duu/du, dugui, duguem, dueu, duguin* part.: *dut, duta, duts, dutes* gerundi: *duent*		
escopir	spucken	(§ 163)
pres. ind.: *escupo, escups, escup, escopim, escopiu, escupen* pres. subj.: *escupi, escupis, escupi, escopim, escopiu, escupin* imperatiu: *escup, escupi, escopim, escopiu, escupin*		

escriure schreiben (§ 161.3)

pres. ind.: *escric, escrius, escriu, escrivim, escriviu, escriuen*

passat: *escriví/escriguí, escrivires/escrigueres, escriví/escrigué, escrivírem/escriguérem, escrivíreu/escriguéreu, escriviren/escrigueren*

imperf. ind.: *escrivia, escrivies, escrivia, escrivíem, escrivíeu, escrivien*

futur: *escriuré, escriuràs, escriurà, escriurem, escriureu, escriuran*

condic.: *escriuria, escriuries, escriuria, escriuríem, escriuríeu, escriurien*

pres. subj.: *escrigui, escriguis, escrigui, escriguem, escrigueu, escriguin*

imperf. subj.: *escrivís/escrigués, escrivissis/escriguessis, escrivís/escrigués, escrivíssim/escriguéssim, escrivíssiu/escriguéssiu, escrivissin/escriguessin*

imperatiu: *escriu, escrigui, escriguem, escriviu, escriguin*

part.: *escrit, escrita, escrits, escrites*

gerundi: *escrivint*

ésser oder ***ser*** (§ 209)

estar sein/sich befinden

pres. ind.: *estic, estàs, està, estem, esteu, estan*

passat: *estiguí, estigueres, estigué, estiguérem, estiguéreu, estigueren*

imperf. ind.: *estava, estaves, estava, estàvem, estàveu, estaven*

futur: *estaré, estaràs, estarà, estarem, estareu, estaran*

condic.: *estaria, estaries, estaria, estaríem, estaríeu, estarien*

pres. subj.: *estigui, estiguis, estigui, estiguem, estigueu, estiguin*

imperf. subj.: *estigués, estiguessis, estigués, estiguéssim, estiguéssiu, estiguessin*

imperatiu: *estigues, estigui, estiguem, estigueu, estiguin*

part.: *estat, estada, estats, estades*

gerundi: *estant*

fer machen

pres. ind.: *faig, fas, fa, fem, feu, fan*

passat: *fiu, feres, féu, férem, féreu, feren*

imperf. ind.: *feia, feies, feia, fèiem, fèieu, feien*

futur: *faré, faràs, farà, farem, fareu, faran*

condic.: *faria, faries, faria, faríem, faríeu, farien*

pres. subj.: *faci, facis, faci, fem, feu, facin*

imperf. subj.: *fes, fessis, fes, féssim, féssiu, fessin*

imperatiu: *fes, faci, fem, feu, facin*

part.: *fet, feta, fets, fetes*

gerundi: *fent*

fondre	schmelzen	(§ 161.2)
pres. ind.: *fonc, fons, fon, fonem, foneu, fonen* passat: *fonguí, fongueres, fongué, fonguérem, fonguéreu, fongueren* imperf. ind.: *fonia, fonies, fonia, foníem, foníeu, fonien* futur: *fondré, fondràs, fondrà, fondrem, fondreu, fondran* condic.: *fondria, fondries, fondria, fondríem, fondríeu, fondrien* pres. subj.: *fongui, fonguis, fongui, fonguem, fongueu, fonguin* imperf. subj.: *fongués, fonguessis, fongués, fonguéssim, fonguéssiu, fonguessin* imperatiu: *fon, fongui, fonguem, foneu, fonguin* part.: *fos, fosa, fosos, foses* gerundi: *fonent*		
fugir	fliehen	(§ 163)
pres. ind.: *fujo, fuges, fuig, fugim, fugiu, fugen* pres. subj.: *fugi, fugis, fugi, fugim, fugiu, fugin* imperatiu: *fuig, fugi, fugim, fugiu, fugin*		
haver		(§§ 168, 189)
jeure (oder ***jaure***)	liegen	(§ 161.4)
pres. ind.: *jec* (oder *jac*), *jeus* (oder *jaus*), *jeu* (oder *jau*), *jaiem, jaieu, jeuen* (oder *jauen*) passat: *jaguí, jagueres, jagué, jaguérem, jaguéreu, jagueren* imperf. ind.: *jeia, jeies, jeia, jèiem, jèieu, jeien* futur: *jauré, jauràs, jaurà, jaurem, jaureu, jauran* condic.: *jauria, jauries, jauria, jauríem, jauríeu, jaurien* pres. subj.: *jegui* (oder *jagui*), *jeguis* (oder *jaguis*), *jegui* (oder *jagui*), *jaguem, jagueu, jeguin* (oder *jaguin*) imperf. subj.: *jagués, jaguessis, jagués, jaguéssim, jaguéssiu, jaguessin* imperatiu: *jeu* (oder *jau*), *jegui* (oder *jagui*), *jaguem, jaieu, jeguin* (oder *jaguin*) part.: *jagut, jaguda, jaguts, jagudes* gerundi: *jaient*		
moure	bewegen	(§ 161.3)
pres. ind.: *moc, mous, mou, movem, moveu, mouen* passat: *moguí, mogueres, mogué, moguérem, moguéreu, mogueren* imperf. ind.: *movia, movies, movia, movíem, movíeu, movien* pres. subj.: *mogui, moguis, mogui, moguem, mogueu, moguin* imperf. subj.: *mogués, moguessis, mogués, moguéssim, moguéssiu, moguessin* imperatiu: *mou, mogui, moguem, moveu, moguin* part.: *mogut, moguda, moguts, mogudes* gerundi: *movent*		

néixer (oder ***nàixer***)	geboren werden	(§ 161.1)
pres. ind.: *neixo* (oder *naixo*), *neixes* (oder *naixes*), *neix* (oder *naix*), *naixem, naixeu, neixen* (oder *naixen*) passat: *naixí/nasquí*, *naixeres/nasqueres*, *naixé/nasqué*, *naixérem/nasquérem*, *naixéreu/nasquéreu*, *naixeren/nasqueren* imperf. ind.: *naixia, naixies, naixia, naixíem, naixíeu, naixien* futur: *naixeré, naixeràs, naixerà, naixerem, naixereu, naixeran* condic.: *naixeria, naixeries, naixeria, naixeríem, naixeríeu, naixerien* pres. subj.: *neixi*, *neixis*, *neixi*, *naixem/nasquem*, *naixeu/nasqueu*, *neixin* imperf. subj.: *naixés/nasqués*, *naixessis/nasquessis*, *naixés/nasqués*, *naixéssim/nasquéssim*, *naixéssiu/nasquéssiu*, *naixessin/nasquessin* imperatiu: *neix*, *neixi*, *naixem/nasquem*, *naixeu*, *neixin* part.: *nascut, nascuda, nascuts, nascudes* gerundi: *naixent*		
obrir	öffnen	(§ 163)
pres. ind.: *obro, obres, obre, obrim, obriu, obren* pres. subj.: *obri, obris, obri, obrim, obriu, obrin* imperatiu: *obre, obri, obrim, obriu, obrin* part.: *obert, oberta, oberts, obertes*		
omplir	füllen	(§ 163)
pres. ind.: *omplo, omples, omple, omplim, ompliu, omplen* pres. subj.: *ompli, omplis, ompli, omplim, ompliu, omplin* imperatiu: *omple, ompli, omplim, ompliu, omplin* part.: *omplert, omplerta, omplerts, omplertes*		
plànyer	beklagen	
pres. ind.: *planyo, planys, plany, planyem, planyeu, planyen* passat: *planyí/planguí*, *planyeres/plangueres*, *planyé/plangué*, *planyérem/planguérem*, *planyéreu/planguéreu*, *planyeren/plangueren* imperf. ind.: *planyia, planyies, planyia, planyíem, planíeu, planyien* futur: *planyeré, planyeràs, planyerá, planyerem, planyereu, planyeran* condic.: *planyeria, planyeries, planyeria, planyeríem, planyeríeu, planyerien*		

ploure	regnen		(§ 161.3)
pres. ind.: *plou, plouen* passat: *plogué, plogueren* imperf. ind.: *plovia, plovien* futur: *plourà, plouran* condic.: *plouria, plourien* pres. subj.: *plogui, ploguin* imperf. subj.: *plogués, ploguessin* part.: *plogut* gerundi: *plovent*			
poder	können		
pres. ind.: *puc, pots, pot, podem, podeu, poden* passat: *poguí, pogueres, pogué, poguérem, poguéreu, pogueren* imperf. ind.: *podia, podies, podia, podíem, podíeu, podien* futur: *podré, podràs, podrà, podrem, podreu, podran* condic.: *podria, podries, podria, podríem, podríeu, podrien* pres. subj.: *pugui, puguis, pugui, puguem, pugueu, puguin* imperf. subj.: *pogués, poguessis, pogués, poguéssim, poguéssiu, poguessin* imperatiu: *pugues, pugui, puguem, pugueu, puguin* part.: *pogut, poguda, poguts, pogudes* gerundi: *podent*			
prendre	nehmen	s. ***aprendre***	(§ 161.2)
aber: pres. ind.: *prenc, prens, pren* usw. imperatiu: *pren* usw. part.: *pres, presa, presos, preses*			
pudir	stinken		(§ 163)
pres. ind.: *pudo, puts, put, pudim, pudiu, puden* pres. subj.: *pudi, pudis, pudi, pudim, pudiu, pudin* imperatiu: *put, pudi, pudim, pudiu, pudin*			
rebre	empfangen/erhalten		(§ 161.1)
pres. ind.: *rebo, reps, rep, rebem, rebeu, reben* imperatiu: *rep, rebi, rebem, rebeu, rebin*			
reeixir	Erfolg haben/gelingen		(§ 163)
pres. ind.: *reïxo, reïxes, reïx, reeixim, reeixiu, reïxen* pres. subj.: *reïxi, reïxis, reïxi, reeixim, reeixiu, reïxin* imperatiu: *reïx, reïxi, reeixim, reeixiu, reïxin*			

riure	lachen		(§ 161.4)
pres. ind.: *ric, rius, riu, riem, rieu, riuen* passat: *riguí, rigueres, rigué, riguérem, riguéreu, rigueren* imperf. ind.: *reia, reies, reia, rèiem, rèieu, reien* pres. subj.: *rigui, riguis, rigui, riguem, rigueu, riguin* imperf. subj.: *rigués, riguessis, rigués, riguéssim, riguéssiu, riguessin* imperatiu: *riu, rigui, riguem, rieu, riguin* part.: *rigut, riguda, riguts, rigudes* gerundi: *rient*			
saber	wissen		
pres. ind.: *sé, saps, sap, sabem, sabeu, saben* passat: *sabí, saberes, sabé, sabérem, sabéreu, saberen* imperf. ind.: *sabia, sabies, sabia, sabíem, sabíeu, sabien* futur: *sabré, sabràs, sabrà, sabrem, sabreu, sabran* condic.: *sabria, sabries, sabria, sabríem, sabríeu, sabrien* pres. subj.: *sàpiga, sàpigues, sàpiga, sapiguem, sapigueu, sàpiguen* imperf. subj.: *sabés, sabessis, sabés, sabéssim, sabéssiu, sabessin* imperatiu: *sàpigues, sàpiga, sapiguem, sapigueu, sàpiguen* part.: *sabut, sabuda, sabuts, sabudes* gerundi: *sabent*			
sortir	hinausgehen		(§ 163)
pres. ind.: *surto, surts, surt, sortim, sortiu, surten* pres. subj.: *surti, surtis, surti, sortim, sortiu, surtin* imperatiu: *surt, surti, sortim sortiu, surtin*			
tenir	haben		
pres. ind.: *tinc, tens, té, tenim, teniu, tenen* passat: *tinguí, tingueres, tingué, tinguérem, tinguéreu, tingueren* imperf. ind.: *tenia, tenies, tenia, teníem, teníeu, tenien* futur: *tindré, tindràs, tindrà, tindrem, tindreu, tindran* condic.: *tindria, tindries, tindria, tindríem, tindríeu, tindrien* pres. subj.: *tingui, tinguis, tingui, tinguem, tingueu, tinguin* imperf. subj.: *tingués, tinguessis, tingués, tinguéssim, tinguéssiu, tinguessin* imperatiu: *té/ten/tingues, tingui, tinguem, teniu/tingueu, tinguin* part.: *tingut, tinguda, tinguts, tingudes* gerundi: *tenint*			
tòrcer	verbiegen/drehen/ verstauchen	s. ***témer***	(§§ 160, 161.1, 185)
aber: pres. ind.: *torço, torces, torç* usw. imperatiu: *torç* usw. part.: *torçut, torçuda, torçuts, torçudes* (veraltet *tort, torta, torts, tortes*)			

valer	taugen/kosten		
pres. ind.: *valc, vals, val, valem, valeu, valen* passat: *valguí, valgueres, valgué, valguérem, valguéreu, valgueren* imperf. ind.: *valia, valies, valia, valíem, valíeu, valien* futur: *valdré, valdràs, valdrà, valdrem, valdreu, valdran* condic.: *valdria, valdries, valdria, valdríem, valdríeu, valdrien* pres. subj.: *valgui, valguis, valgui, valguem, valgueu, valguin* imperf. subj.: *valgués, valguessis, valgués, valguéssim, valguéssiu, valguessin* imperatiu: *val, valgui, valguem, valeu, valguin* part.: *valgut, valguda, valguts, valgudes* gerundi: *valent*			
vèncer	siegen	s. ***témer***	(§§ 160, 161.1, 185)
aber: pres. ind.: *venço, vences, venç* usw. imperatiu: *venç* usw. part.: *vençut, vençuda, vençuts, vençudes*			
vendre	verkaufen	s. ***aprendre***	(§ 161.2)
aber: pres. ind.: *venc, vens, ven* usw. imperatiu: *ven* usw. part.: *venut, venuda, venuts, venudes*			
venir	kommen		
pres. ind.: *vinc, véns, ve, venim, veniu, vénen* passat: *vinguí, vingueres, vingué, vinguérem, vinguéreu, vingueren* imperf. ind.: *venia, venies, venia, veníem, veníeu, venien* futur: *vindré, vindràs, vindrà, vindrem, vindreu, vindran* condic.: *vindria, vindries, vindria, vindríem, vindríeu, vindrien* pres. subj.: *vingui, vinguis, vingui, vinguem, vingueu, vinguin* imperf. subj.: *vingués, vinguessis, vingués, vinguéssim, vinguéssiu, vinguessin* imperatiu: *vine, vingui, vinguem, veniu, vinguin* part.: *vingut, vinguda, vinguts, vingudes* gerundi: *venint*			

veure	sehen	(§161.4)
pres. ind.: *veig, veus, veu, veiem, veieu, veuen* passat: *viu, veieres/veres*, *veié/véu*, *veiérem/vérem*, *veiéreu/véreu*, *veieres/veren* imperf. ind.: *veia, veies, veia, vèiem, vèieu, veien* futur: *veuré, veuràs, veurà, veurem, veureu, veuran* condic.: *veuria, veuries, veuria, veuríem, veuríeu, veurien* pres. subj.: *vegi, vegis, vegi, vegem, vegeu, vegin* imperf. subj.: *veiés, veiessis, veiés, veiéssim, veiéssiu, veiessin* imperatiu: *veges/ves*, *vegi, vegem, vegeu/veieu*, *vegin* part.: *vist, vista, vists, vistes* gerundi: *veient*		

viure	leben	(§ 161.3)
pres. ind.: *visc, vius, viu, vivim, viviu, viuen* passat: *visquí, visqueres, visqué, visquérem, visquéreu, visqueren* imperf. ind.: *vivia, vivies, vivia, vivíem, vivíeu, vivien* futur: *viuré, viuràs, viurà, viurem, viureu, viuran* condic.: *viuria, viuries, viuria, viuríem, viuríeu, viurien* pres. subj.: *visqui, visquis, visqui, visquem, visqueu, visquin* imperf. subj.: *visqués, visquessis, visqués, visquéssim, visquéssiu, visquessin* imperatiu: *viu, visqui, visquem, viviu, visquin* (In Zurufen gebraucht man *visca* oder archaisch *viva*; z. B. *Visca Catalunya!*) part.: *viscut, viscuda, viscuts, viscudes* gerundi: *vivint*		

voler	wollen	
pres. ind.: *vull, vols, vol, volem, voleu, volen* passat: *volguí, volgueres, volgué, volguérem, volguéreu, volgueren* imperf. ind.: *volia, volies, volia, volíem, volíeu, volien* futur: *voldré, voldràs, voldrà, voldrem, voldreu, voldran* condic.: *voldria, voldries, voldria, voldríem, voldríeu, voldrien* pres. subj.: *vulgui, vulguis, vulgui, vulguem, vulgueu, vulguin* imperf. subj.: *volgués, volguessis, volgués, volguéssim, volguéssiu, volguessin* imperatiu: *vulgues, vulgui, vulguem, vulgueu, vulguin* part.: *volgut, volguda, volguts, volgudes* gerundi: *volent*		

Wort- und Sachregister

Die Zahlenangaben verweisen auf die Paragraphen am Seitenrand. Das Register ist zusammen mit dem Inhaltsverzeichnis zu benutzen. Die Abkürzung F bedeutet Formen. Nach Verben erscheint hinter dem F ein Modellverb, ein unregelmäßiges Verb aus dem Anhang oder ein Paragraph. Für die übrigen Abkürzungen vgl. Abkürzungsverzeichnis S. 456.

A

B

C

D

E

F

G

H

I

J

K

L

M

N

O

P

Q

R

S

T

U

V

W

X

Z

Abkürzungen und Zeichen

Adj.	Adjektiv
Adv.	Adverb
alg.	*algú* (dt. jemand)
Anh.	Anhang
Anm.	Anmerkung
Art.	Artikel
Bed.	Bedeutung
Besonderh.	Besonderheit(en)
best.	bestimmt
bet.	betont
d.	der/die/das
dial.	dialektal
DO	direktes Objekt
dt.	deutsch
Dt.	Deutsch
etw.	etwas
F	Formen
f./fem.	feminin
fam.	familiär
fig.	figurativ/übertragen
Gebr.	Gebrauch
geh.	gehoben
Ger.	Gerundium
ind.	indicatiu
Inf.	Infinitiv
IO	indirektes Objekt
jd.	jemand
jdm.	jemandem
jdn.	jemanden
jds.	jemandes
kt.	katalanisch
Kt.	Katalanisch
lit.	literarisch
m.	mit
m./mask.	maskulin
Obj.	Objekt
P./Pers.	Person
pej.	pejorativ
Pl.	Plural
Präp.	Präposition
Pron.	Pronomen
Schriftspr.	Schriftsprache
Sing.	Singular
subj.	subjuntiu
Subst.	Substantiv

u.	und
u.c.	*una cosa* (dt. etwas)
ugspr.	umgangssprachlich
unbet.	unbetont
unterschiedl.	unterschiedlich
unveränderl.	unveränderlich
v.	von
veralt.	veraltet/veraltend
Wiederg.	Wiedergabe
zw.	zwischen

()	In runden Klammern stehen fakultative Elemente (auch Ergänzungen).
[]	In eckigen Klammern stehen grammatische Angaben oder Registermarkierungen.
*	Die nachfolgende Äußerung ist ungrammatisch.